本书列入

2017年国家社会科学基金重大委托项目

“十三五”国家重点图书出版规划项目

中华传统文化百部经典

通典（节选）

杜佑 著

杜文玉 解读

国家图书馆出版社

图书在版编目（CIP）数据

通典：节选／（唐）杜佑著；杜文玉解读．— 北京：国家图书馆出版社，2022.12
（中华传统文化百部经典）
ISBN 978-7-5013-7509-7

Ⅰ．①通… Ⅱ．①杜… ②杜… Ⅲ．①典章制度－中国－唐代②《通典》 Ⅳ．① D691.5

中国版本图书馆 CIP 数据核字（2022）第 009878 号

国家图书馆出版社官方微信

书　　名　通典（节选）
著　　者　（唐）杜佑 著　杜文玉 解读
责任编辑　于　浩
特约编辑　高柯立
责任校对　刘鑫伟　张慧楠
封面设计　敬人设计工作室

出版发行　国家图书馆出版社（北京市西城区文津街 7 号　100034）
　　　　　010-66114536　63802249　nlcpress@nlc.cn（邮购）
网　　址　http://www.nlcpress.com
印　　装　北京科信印刷有限公司
版次印次　2022 年 12 月第 1 版　2022 年 12 月第 1 次印刷

开　　本　710×1000　1/16
印　　张　38.5
字　　数　493 千字
书　　号　ISBN 978-7-5013-7509-7
定　　价　120.00 元（精装）

中华传统文化百部经典

本册审订

瞿林东　胡宝华　韩　昇

中华传统文化百部经典

编纂办公室

张　洁　梁葆莉　徐　慧　张毕晓　马　超　华鑫文

编纂缘起

文化是民族的血脉，是人民的精神家园。党的十八大以来，围绕传承发展中华优秀传统文化，习近平总书记发表了一系列重要讲话，深刻揭示出中华优秀传统文化的地位和作用，梳理概括了中华优秀传统文化的历史源流、思想精神和鲜明特质，集中阐明了我们党对待传统文化的立场态度，这是中华民族继往开来、实现伟大复兴的重要文化方略。2017 年初，中共中央办公厅、国务院办公厅印发《关于实施中华优秀传统文化传承发展工程的意见》，从国家战略层面对中华优秀传统文化传承发展工作作出部署。

我国古代留下浩如烟海的典籍，其中的精华是培育民族精神和时代精神的文化基础。激活经典，熔古铸今，是增强文化自觉和文化自信的重要途径。多年来，学术界潜心研究，钩沉发覆、辨伪存真、提炼精华，做了许多有益工作。编纂《中华传统文化百部经典》（简称《百部经典》），就是在汲取已有成果基础上，力求编出一套兼具思想性、学术性和大众性的读本，使之成为广泛认同、传之久远的范本。《百部经典》所选图书上起先秦，下至辛亥革命，包括哲学、文学、历史、艺术、科技等领域的重要典籍。萃取其精华，加以解读，旨在搭建传统典籍与大众之间的桥梁，激活中华优秀传统文化，用优秀传统文化滋养当代中国人的精神世界，提振当代中国人的文化自信。

这套书采取导读、原典、注释、点评相结合的编纂体例，寻求优秀传统文化与社会主义核心价值观之间的深度契合点；以当代眼光审视和解读古代典籍，启发读者从中汲取古人的智慧和历史的经验，借以育人、资政，更好地为今人所取、为今人所用；力求深入浅出、明白晓畅地介绍古代经典，让优秀传统文化贴近现实生活，融入课堂教育，走进人们心中，最大限度地发挥以文化人的作用。

《百部经典》的编纂是一项重大文化工程。在中宣部等部门的指导和大力支持下，国家图书馆做了大量组织工作，得到学术界的积极响应和参与。由专家组成的编纂委员会，职责是作出总体规划，选定书目，制订体例，掌握进度；并延请德高望重的大家耆宿担当顾问，聘请对各书有深入研究的学者承担注释和解读，邀请相关领域的知名专家负责审订。先后约有 500 位专家参与工作。在此，向他们表示由衷的谢意。

书中疏漏不当之处，诚请读者批评指正。

2017 年 9 月 21 日

凡　例

一、《中华传统文化百部经典》的选书范围，上起先秦，下迄辛亥革命。选择在哲学、文学、历史、艺术、科技等各个领域具有重大思想价值、社会价值、历史价值和学术价值的一百部经典著作。

二、对于入选典籍，视具体情况确定节选或全录，并慎重选择底本。

三、对每部典籍，均设“导读”“注释”“点评”三个栏目加以诠释。导读居一书之首，主要介绍作者生平、成书过程、主要内容、历史地位、时代价值等，行文力求准确平实。注释部分解释字词、注明难字读音，串讲句子大意，务求简明扼要。点评包括篇末评和旁批两种形式。篇末评撮述原典要旨，标以“点评”，旁批萃取思想精华，印于书页一侧，力求要言不烦，雅俗共赏。

四、原文中的古今字、假借字一般不做改动，唯对异体字根据现行标准做适当转换。

五、每书附入相关善本书影，以期展现典籍的历史形态。

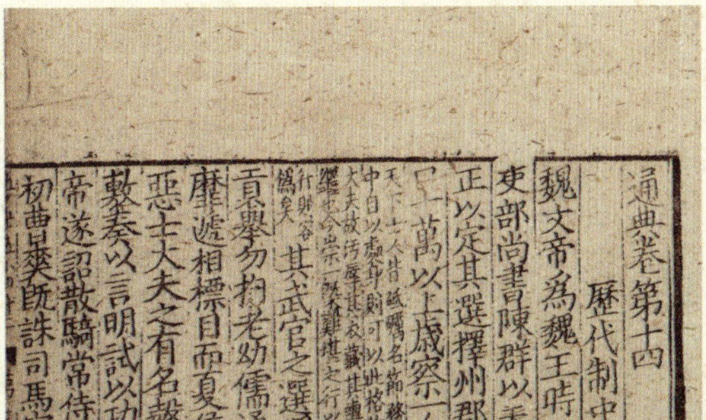

通典卷第十四　選舉二

歷代制中　魏　晉　東晉　宋　齊　梁　陳　後魏　北齊　後周

魏文帝爲魏王時三方鼎立士流播遷四人錯雜詳覈無所延康

吏部尚書陳群以天朝選用不盡人才乃立九品官人之法州郡皆置中

正以定其選擇州郡之賢有識鑒者爲之區別人物第其高下又制郡

口萬以上歲察一人其有秀異不拘戶口

其武官之選俾護軍主之黄初三年始除舊漢限年之制令郡國

貢舉勿拘老幼儒通經術吏達文法到皆試用自明帝太和之後俗用浮

靡遞相標目而夏侯諸葛何鄧之儔有四聰八達之稱帝深所嫉之於是

惡士大夫之有名聲者或禁錮廢黜以懲之吏部尚書盧毓奏古者

敷奏以言明試以功今考績之法久廢而毀稱相進退故真僞混雜也

帝遂詔散騎常侍劉邵作都官考課之法以考覈百官　齊王嘉平

初曹爽既誅司馬宣王秉政詳求理本中護軍夏侯玄言曰夫官才用

通典二百卷　（唐）杜佑撰
宋刻宋元遞修本　国家图书馆藏

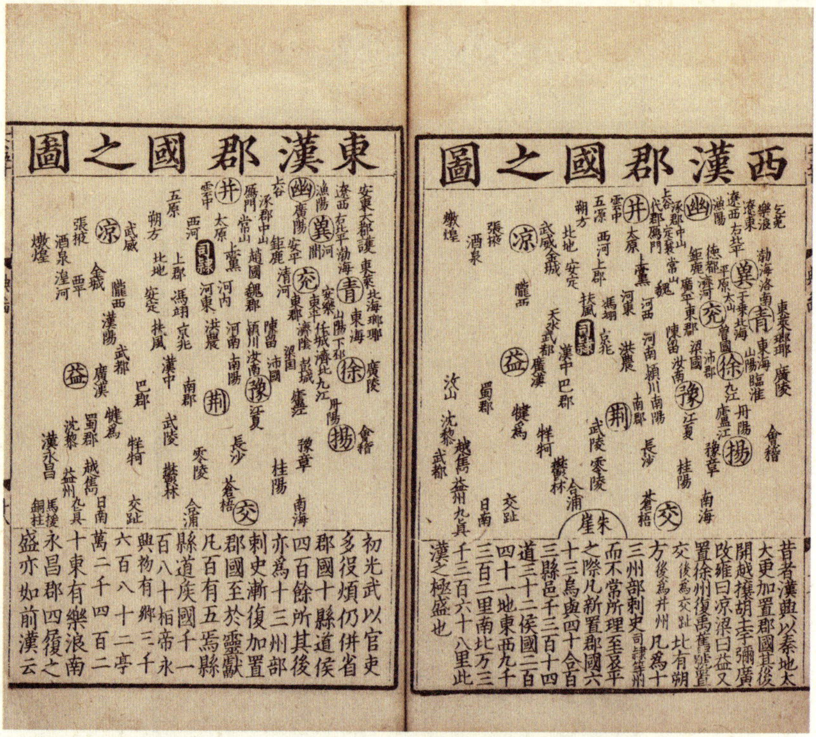

新入诸儒议论杜氏通典详节四十二卷新纂杜氏通典详节图谱一卷
宋绍熙五年（1194）择善堂刻本　国家图书馆藏

目　录

导　读……………………………………………………………（ 1 ）
一、杜佑与《通典》…………………………………………（ 1 ）
二、时代背景与资料来源……………………………………（ 12 ）
三、撰述宗旨与历史价值……………………………………（ 22 ）
四、历史启示与时代价值……………………………………（ 36 ）

通　典……………………………………………………………（ 47 ）
进通典表…………………………………………………………（ 47 ）
通典自序…………………………………………………………（ 52 ）
通典序……………………………………………………………（ 55 ）

卷一　食货典一……………………………………………（ 63 ）
田制上……………………………………………………………（ 63 ）

卷二　食货典二……………………………………………（ 69 ）
田制下……………………………………………………………（ 69 ）

屯田……（ 87 ）

卷四　食货典四……（ 94 ）

赋税上……（ 94 ）

卷五　食货典五……（100）

赋税中……（100）

卷六　食货典六……（109）

赋税下……（109）

卷七　食货典七……（119）

历代盛衰户口……（119）

卷八　食货典八……（136）

钱币上……（136）

卷九　食货典九……（143）

钱币下……（143）

卷十　食货典十……（149）

盐铁……（149）

卷十一　食货典十一……（155）

杂税……（155）

平准……（161）

卷十二　食货典十二……（165）

平籴……（165）

常平……（168）

义仓……（170）

卷十三　选举典一……（175）

选举序……（175）

历代制上……（179）

卷十四　选举典二……（182）

历代制中……（182）

卷十五　选举典三……（191）

考绩……（191）

卷十六　选举典四……（199）

杂议论上……（199）

卷十七　选举典五……（207）

杂议论中……（207）

卷十八　选举典六……（213）

杂议论下……（213）

卷十九　职官典一……（223）

历代官制总序……（223）

官数……（234）

官品……（237）

封爵……（240）

三公……（244）

宰相……（246）

禄秩……（251）

卷二十一 职官典三……(256)
门下省……(256)
中书省……(259)
卷二十二 职官典四……(263)
尚书省……(263)
卷二十四 职官典六……(274)
御史台……(274)
卷二十五 职官典七……(284)
总论诸卿……(284)
卷二十六 职官典八……(289)
秘书监……(289)
殿中监……(295)
卷二十七 职官典九……(298)
内侍省……(298)
国子监……(307)
卷二十八 职官典十……(315)
将军总叙……(315)
卷三十 职官典十二……(326)
东宫官叙……(326)
卷三十一 职官典十三……(332)
王侯总叙……(332)

卷三十二 职官典十四……（342）
司隶校尉……（342）
州牧刺史……（353）

卷三十三 职官典十五……（369）
京尹……（369）
郡太守……（376）
县令……（393）

卷三十四 职官典十六……（403）
后妃……（403）

卷四十一 礼典一……（412）
礼序……（412）

卷一百六 礼典六十六……（429）
五礼篇目……（429）

卷一百三十四 礼典九十四……（443）
总论制度……（443）

卷一百四十一 乐典一……（446）
乐序……（446）

卷一百四十五 乐典五……（450）
歌……（450）
舞……（460）

卷一百四十六 乐典六……（466）
清乐……（466）

散乐……（472）

卷一百四十八 兵典一……（479）
兵序……（479）
立军……（486）

卷一百五十一 兵典四……（494）
间谍……（494）

卷一百五十五 兵典八……（498）
避锐……（498）

卷一百六十三 刑法典一……（503）
刑法序……（503）

卷一百六十五 刑法典三……（506）
刑制下……（506）

卷一百六十六 刑法典四……（514）
杂议上……（514）

卷一百六十七 刑法典五……（519）
杂议下……（519）

卷一百七十一 州郡典一……（526）
州郡序……（526）

卷一百七十二 州郡典二……（530）
序目下……（530）

卷一百八十五 边防典一……（535）

东夷序略……(535)

卷一百八十七 边防典三……(543)

南蛮序略……(543)

卷一百八十九 边防典五……(548)

西戎序略……(548)

卷一百九十四 边防典十……(561)

北狄序略……(561)

卷二百 边防典十六……(576)

契丹……(576)

回纥……(581)

主要参考文献……(585)

导 读

《通典》是唐代史学家杜佑撰写的我国第一部历代典章制度的通史[①]，从而开创了中国古代史书的又一新体裁，在中国史学史上占有十分重要的地位，影响后世至为深远。

一、杜佑与《通典》

1. 籍贯与生平

杜佑（735—812），字君卿，京兆万年（今陕西西安）人，出身于著名士族京兆杜氏，社会地位极高。这个家族自北朝以来，以显赫的武功而著称，然入唐后却脱武转文，以文史著称。杜佑这一房支为晋朝著名大将、经学家杜预的后裔，永嘉之乱后，杜预之子杜尹任西晋的弘农太守，死于乱兵。其后世子孙繁盛，均在北朝任武官，任诸州刺史、征虏将军、征西将军等职。杜佑的曾祖父杜行敏，在唐初任常州刺史、荆益二都督府长史，封南阳郡公。杜行敏之子杜崇悫，任唐右司员外郎、详正学士[②]。杜崇悫之子杜希望，即杜佑之父，在唐玄宗时历任鸿胪卿，河西、陇右节度使。杜希望共生六子，杜佑排行第六。唐朝著名诗人杜牧是杜佑的孙子，京兆杜氏的这一支系以杜佑与杜牧影响最大，前者以史学著称，后者则以文学名世，影响十分深远。

杜氏家族在有唐一代政治地位极高，社会影响极大，其家族仅宰相就出了 11 位，至于尚公主、封公侯，更是平常之事。当时有“城南韦杜，去天尺五”的谚语。城南指长安城南，韦杜指居住这里的韦氏与杜氏家族，“去天尺五”是形容这两个家族地位崇高。杜佑本人并非科举出身，而是门荫出身，这是当时对贵族官僚子弟入仕的一种优待，也是特权的一种表现。《旧唐书》本传曰：“补济南郡参军、剡县丞。”济南郡即齐州（今山东济南），剡县（今浙江嵊州）隶属于越州，这是杜佑入仕之初所任的两种官职，但却没有记载入仕时间。另据权德舆所撰的《杜公墓志铭》载：“在玄宗朝，以门子筮仕，解巾有声。在肃宗朝，以郡掾廷吏，贤侯交辟。”可知杜佑是在唐玄宗时门荫入仕，初任上述官职的时间是在唐肃宗时期。由于杜希望曾有恩于润州刺史韦元甫，于是杜佑又投奔韦元甫，在其关照下杜佑很快就升任该州司法参军，主管一州之司法。韦元甫先后升任浙西观察使、淮南节度使，皆以杜佑为从事，对其十分信任，逐渐升至检校主客员外郎。此后，杜佑入朝任工部郎中，这在当时是很不错的官职，属于清要之职。后来，杜佑又到地方任抚州刺史，兼御史中丞、充容管经略使，已经是地方大员了。唐德宗即位，以杨炎为宰相，调杜佑入京，历任诸司郎中，充水陆转运使，兼和籴等使。这一时期唐朝讨伐叛乱藩镇的战争正在激烈进行，军需调运频繁，杜佑全力以赴，保证了前线的供给，因此又升任为户部侍郎、判度支，从而掌握了唐朝的财政大权。但却引起了另一宰相卢杞的反感，遂将杜佑贬到地方任职。

卢杞是唐朝有名的奸相，与杨炎有很深的矛盾，而杜佑为杨炎重用之人，遂迁怒于其，将其贬官。关于这一点，《新唐书·桑道茂传》有明确的记载，所谓“杜佑与杨炎善，卢杞疾之，佑惧，以问道茂”。桑道茂劝其外任避祸，遂任饶州刺史。不久，升任岭南节度使。旧制，岭南节度使兼五管经略使，卢杞不欲杜佑权重，遂令不再兼任，自此桂管地区遂脱离了岭南节度的管辖。卢杞罢相后，唐德宗于贞元三年（787）召杜佑回朝，担任尚书左丞。时间不长，又任命其为陕州观察使、扬州大都督府长史、淮南节度使。淮南镇治所为扬州，地理位置十分重要，是唐朝江淮财赋的转运基地，在唐后期也是宰相回翔之地，故杜佑在此任上加同平章事，即所谓使相。贞元十九年（803），杜佑被召回朝中任宰相。德宗死后，王叔文集团掌握朝中大政，加杜佑检校司徒、度支盐铁等使、弘文馆大学士，实际上居于首席宰相的地位，但大权却归之于王叔文。王叔文集团失败后，杜佑因财政部门权太重，人员繁多，效率低下，遂将营造之务归之于将作监，木炭供给之务归于司农寺，染练之务归之少府监，度支、户部等财政部门只掌财政收支，责任明确，条理清楚，极大地提高了效率，得到了好评。唐宪宗元和元年（806），晋封其为岐国公。因为年事已高，杜佑上奏请求致仕，宪宗不许，但允许其每三五日一入政事堂，商议军国大事。宪宗对杜佑十分尊重，每次入见，从不称其名，而以司徒相称。

杜佑在长安城南的樊川有别业，林木茂郁，池水环绕，风景十分优美。杜佑晚年常在此大会宾客，奏乐饮酒，赋诗唱和。其诸子皆在朝廷任官，故《旧唐书》本传说：“当时贵盛，莫之与比。”

元和七年（812）六月，杜佑患病，遂再三上疏请求致仕，唐宪宗不得已，只好同意其请求，并遣使赐绢五百匹、钱五百贯。同年十一月，杜佑病死，终年七十八岁。据此推算，其当生于开元二十三年（735）。

杜佑一生为官数十载，所到之处，皆能兴利除弊，稳定社会、造福百姓。如其任岭南节度使时，修筑道路、发展商业，讨平阻碍交通的不法之徒。其在淮南时，开垦沿海荒地为农田，引雷陂之水灌溉，积米五十万斛，减轻了百姓的负担。在政治上，杜佑主张节省经费，休养民力，而省费的关键在于省官，因而上疏皇帝请求减省官吏。杜佑还主张保境安民，不轻启边衅。元和初，党项人联合吐蕃，骚扰边境，诸将邀功，力主出兵讨伐。杜佑认为边境不稳，是缺乏良吏安抚边民，因而导致叛乱，主张慎选良将，安抚边民，示以诚信，边境自然安宁，何必劳师兴众，浪费资财。这些主张得到了宪宗的支持。杜佑的长处是善于理财，短处是拙于用兵。其任淮南节度使时，徐州节度使张建封病死，其子张愔自立，请命于朝，德宗不许，并命杜佑出兵讨伐。杜佑命大将孟准率军讨伐，失败而归，只好固守疆界，防止叛军势力坐大。据《旧唐书》本传记载："佑性勤而无倦，虽位极将相，手不释卷；质明视事，接对宾客，夜则灯下读书，孜孜不怠。"正因为其如此勤奋，才能完成《通典》这部传世巨著。

杜佑在德宗、顺宗、宪宗三朝任相，这在唐朝的宰相群体中是不多见的。加之其生性宽厚，故当时人爱重之，宪宗也称其为国之元老，而褒扬有加。杜佑的结发妻梁氏在淮南时已亡故，遂将其妾李氏扶正，后来封为密国夫人。《新唐书》本传说："议者称佑治行无缺。惟晚年以妾为夫人，有所蔽云。"也就是说，此举影响了他的清誉。这实际上是当时人陈腐观念的反映，不足为训。

2. 成书经过

关于杜佑撰写此书的动机，他在《通典自序》中说："佑少尝读书，而性且蒙固，不达术数之艺，不好章句之学。所纂《通典》，实采群言，征诸人事，将施有政。"也就是说他要总结历代典章制度的沿革及得失，总结历史的经验和教训，期望对国家与社会的治理有用。关于这一点，权德舆在《岐公淮南遗爱碑铭》中也说："作为《通典》，以究理道。上下数千百年间，损益讨论而折衷之。佐王之业，尽在是矣。”[③]也认为杜佑所撰《通典》为实用之学，有资于国家治理。

关于杜佑此书的修撰时间，李翰在《通典序》中指出：“淮南元戎之佐曰尚书主客郎京兆杜公君卿，雅有远度，志于邦典，笃学好古，生而知之。以大历之始，实纂斯典，累纪而成。”序中所说“大历之始”，即大历元年（766），此年杜佑三十二岁，开始修撰此书。序中所说的“淮南元戎”指淮南节度使韦元甫，说明李翰此序修撰于韦元甫任淮南节度使期间，时杜佑任淮南从事、检校主客员外郎。查《旧唐书·代宗纪》，韦元甫任淮南节度使是在大历三年（768）六月，大历六年（771）八月因病死于任上。这样看来，《通典》最迟在大历六年八月以前就已经脱稿了，前后共计六年时间[④]。

如此煌煌巨著，仅仅六年时间就撰成了，时间确实有些短了。关于这一问题，清代著名史学家王鸣盛在其所著的《十七史商榷》卷九十中认为杜佑此书成书之所以如此之快，有两个原因：一是其得到了刘秩的《政典》35卷，“以为条目未尽，因而广之”；一是“俱撮取《大唐开元礼》之文钞誊入之”。因为这两个原因，所以此书很快就撰成了。对于这种现象王鸣盛是持批评态度的，他接着说：“既以刘秩书为蓝本，乃自序中只字不及，复袭取官书攘为己有，以佑之事力，撰集非难，而又取之他人者若是之多，则此书之成亦可云易也。”其实《旧唐书·杜佑传》已提出过这一点，王鸣盛的意见在其后。关于王鸣盛对杜佑《通典》的批评，后世学者并不赞同[⑤]。刘秩《政典》仿开元时成书的《唐六典》，以《周礼》六官比附，而通述古今制度。杜佑彻底打破了这种不合理的做法，另起炉灶。关于杜佑的篇目布局，其在自序中说“夫理道之先在乎行教化，教化之本在乎足衣食”，所以他将食货门列为全书之首。又说“夫行教化在乎设职官，设职官在乎审官才，审官才在乎精选举”，于是次列选举门，再次为职官门，后面依次是礼、乐、刑、兵、州的郡、边防等门。关于《通典》篇目这种排列顺序的原因，杜佑也有明确的说明，所谓“制礼以端其俗，立乐以和其心，此先哲王致治之大方也。故职官设然后兴礼乐焉，教化隳然后用刑罚焉，列州郡俾分领焉，置边防遏戎敌焉”。杜佑的政治观点是以“足衣食”即先解决财政问题为本，然后才是“精选举”“审官才”“兴礼乐”“用刑罚”“列州郡”“置边防”。这种谋篇布局，不仅远超《政典》拘泥于《周礼》六官的做法，也比后来出现的《唐会要》首列帝号要高明得多⑥。更何况刘秩《政典》仅有区区 35 卷，而《通典》除“礼典”之外，尚有 100 卷，无论是资料之详尽程度，还是门类之多寡，都是《政典》所不能比拟的。

至于王鸣盛批评《通典》抄录《大唐开元礼》之事，也是不客观的。前面已说过《通典》之“礼典”100 卷，其中“开元礼纂类”共 35 卷，其余 65 卷则与《开元礼》无涉，如何能说“复袭取官书攘为己有”呢？这 65 卷记述了自上古以来至开元礼成书前的历代礼制的发展变化情况，其中不乏今已亡佚的许多资料。此外，这 65 卷中还记述了开元以前的唐朝礼制变化情况，而唐前期编纂的几部礼典，如《贞观礼》《显庆礼》均已亡佚，故《通典》所涉及的唐前期礼制情况就更显得宝贵。这一部分甚至还包括了贞元十七年（801）成书的《大唐元陵仪注》的内容，对研究唐代皇帝凶丧之仪制有着重要的意义⑦。

李翰之序所说的《通典》，实际上只是此书的初稿，此后杜佑还花了大约三十年的时间进行补充修订。关于《通典》的最后成书时间，有三种不同的说法，即贞元十年（794）、贞元十七年（801）、贞元十九年（803）。经过学术界多年的研究，认为贞元十七年是正确的⑧。

3．主要内容

关于《通典》记事之范围，李翰在《通典序》中说：“上自黄帝，至于我唐天宝之末。”这实际上是指此书初稿的情况，在今本《通典》正文中有大量天宝以后的记事，就说明初稿完成后，杜佑仍在不断地进行修订增补。关于这些情况，已有学者列举了不少例子，其中涉及天宝之后的诸帝年号就有：至德、乾元、上元、宝应、广德、永泰、大历、建中、贞元等，其中贞元年最后的记事是贞元十三年（797）。至于书中的永贞时期与元和前期的记事，是杜佑所补还是后人增补，就不好论定了。不过元和七年以后的记事，因为杜佑已于此年十一月离世，则肯定是后人增补的。此外，在宋本及明刻大字本中多次看到咸通的年号，这是唐懿宗的年号，杜佑肯定是不知道的，但是又不像后人增加的，通常认为是杜佑为避唐肃宗李亨之讳，而把唐高宗咸亨的年号改为咸通，所以殿本又把其改回为咸亨[9]。

此外，李翰所撰之序说："凡有八门，勒成二百卷"云云。而《旧唐书》本传所收杜佑进书表中却说"书凡九门，计贰百卷"，多出了一门。这两种说法都是正确的，前者反映的是初稿的情况，后者则是全书最终完成时的变化情况，即将原来的"兵刑"一门，分成了"兵"门与"刑"门。

现将《通典》全书200卷的主要内容简述如下：

卷一至卷十二为食货典：主要记载了从陶唐至唐朝中期的历代土地、户籍、赋税、货币等经济制度以及调节物价、专卖政策与漕运措施等方面的内容。其中土地制度除了记载历代田制的变化外，还包括军屯、民屯以及农田水利建筑方面的内容；专卖制度包括盐铁、酒曲等的专卖；调节物价的措施包括设立平准机构以调节市场物价，设立常平机构在丰收粮价下降时由官府大量收购粮食，在歉收之年粮价上涨之时抛售粮食，以平抑粮价，保护农民的利益，防止谷贱伤农；创立义仓制度，以防止荒年影响农业生产。

卷十三至卷十八为选举典：记载了从西周至唐代的历代选举制度，包括举贤、征辟、察举、九品官人法、科举制度等，还包括了历代考课制度的内容。值得注意的是，杜佑用了整整三卷的篇幅收集历代有识之士对选举制度的评论，既有肯定，又有批评，对研究我国古代选举制度颇有参考价值。

卷十九至卷四十为职官典：分门别类地记载了历代职官制度的发展演变情况，包括三公、门下省、中书省、尚书省、九卿、诸监、御史台等以及太子东宫系统、武官、地方官、封爵、品阶、散官、后妃、俸禄等制度的渊源与历代演变情况。需要说明的是，在俸禄制度中还涉及职田与公廨田，这又与土地制度有一定的关联。此外，致仕官禄牵涉到退休官员的待遇问题，这些都是很有用的资料。

卷四十一至卷一百四十卷为礼典：其中前 65 卷为历代礼制的沿革，后 35 卷为“开元礼纂类”。其中前者先从礼序写起，叙述了礼的重要性以及周礼的兴盛与衰落过程，强调了唐朝在恢复古代礼制方面发挥的重要作用。然后以吉礼、嘉礼、宾礼、军礼、凶礼为序，记述了历代礼制的变化情况。由于唐之前历代礼制的史料散佚严重，所以这一部分内容的史料价值非常珍贵，实际上是唐朝以前的历代礼制简史。后者将 150 卷的《开元礼》压缩为 35 卷。前三卷记述了开元礼的五礼篇目、各类卤簿（仪仗）、君臣后妃冠服制度等。后面的内容仍分为五礼：即吉礼，祭祀神与祖先之礼仪；嘉礼，将其他礼仪无法包括的内容都收入其中，包括冠礼、婚礼、朝参与朝贺、册命与初上、读时令、宣赦与宣抚、养老与乡饮酒等；宾礼，即接待宾客之礼，包括番国主来朝、戒番国主见、番主奉见、受番使表及币、宴番国主、宴番国使等六种礼仪，而没有收入二王三恪的内容；军礼，即与军事相关的礼仪，如亲征与巡狩、命将出征、宣露布、劳军将、献俘与饮至、讲武与田狩、大射与观射、祭马祖、先牧、马社、马步（与马相关的四种神）、合朔伐鼓（每遇日食时，责阴助阳以救之）、傩（驱除灾疫的仪式）等；凶礼，即与丧葬有关的各种礼仪。

卷一百四十一至卷一百四十七为乐典：我国自古以来为礼乐文明之

国，故对乐制十分重视。《通典》的这部分内容记载了上至远古三代下至唐肃宗时期的乐舞演变情况，实际上是一部文字精练的音乐史。内容包括历代音乐沿革、十二律、五声八义、权量、乐悬、歌与杂歌曲、舞与杂舞曲、清乐、坐部伎、立部伎、四方乐、散乐、前代杂乐等方面，此外还专辟“乐议”一目，专论中国古代雅乐传统。尤其“四方乐”一目，对了解我国周边诸族及外国的乐舞有着重要的价值。在研究我国古代音乐史方面，《通典》具有十分重要的史料价值，而且还深刻地影响了郑樵《通志·乐略》、马端临《文献通考·乐考》的编撰体例。

卷一百四十八至卷一百六十二为兵典：与其他书籍不同的是，兵典没有记载历代军事制度的内容，却以《孙子兵法》为经，以历代军事思想、战例、军事设施、器具等为纬，论述了用兵之道。对研究我国军事制度而言，这是一个很大的遗憾，但对了解和研究古代军事的思想、组织、战略、战术、设施、装备、武器等方面，却有着一定的价值。

卷一百六十三至卷一百七十为刑法典：用了三卷的篇幅记载了从黄帝以来历代法律及司法制度的演变情况，实为一部简明的古代法制史。又用了两卷的篇幅评论了历代法制情况，对后世研究有着重要的参考价值。后面数卷记载了肉刑、详谳、决断、考讯、守正、赦宥、禁屠杀赎生、宽恕、囚系、舞紊、峻酷以及开元格等内容，前者属于历代存在的司法现象，后者则罗列了自武周以来的酷吏名录以及对其本人及后世子孙的处置情况，以儆效尤。

卷一百七十一至卷一百八十四为州郡典：记载了历代地方行政区划的演变情况，除了论述历代疆域拓展与国运兴衰的关系外，主要以古九州为纲论述了所在诸郡县的设置情况，包括去两京距离、户数、口数，及郡县之沿革、掌故、山川、关隘、亭障、寺宇、地名来历、物产、风俗等方面的内容。对于古九州不覆盖的地区，如五岭以南，则以“古南越”为目，记载了其境内州郡的地理情况，以全面反映整个大唐帝国的行政区划情况。《通典·州郡典》对研究我国唐代以前历代行政区划史具有重要的史料价值。

卷一百八十五至卷二百为边防典：记载了唐朝周边民族与国家的历史、地理、风俗以及与中国的交往情况，有些距中国较远的国家只要双方有过交往，都予以收录，一共记载了192个民族或国家的情况，重点记载了对中国有重要影响的民族和国家。此外，边防典还反映了杜佑的民族思想和安边主张，认为对周边民族应该以德怀柔，各民族间应和平相处，反对民族战争。

4.版本及其流传

《通典》成书之后，即在唐代广泛地流传。杜佑在淮南任节度使时，诗人刘禹锡在其下任幕职官。唐文宗开成年间，刘禹锡任汝州刺史，途经许州，时任许州刺史的杜悰新建的文宣王庙及学校落成，邀请刘禹锡写了《许州文宣王新庙碑》一文，现收入《刘禹锡集》卷三。其中写道："公名悰，字永裕，故丞相岐国公之孙。岐公弼谐三帝，硕学冠天下，尝著书二百余篇，言礼乐刑政，古今损益，统名曰《通典》，藏在石室，副行人间"云云。从中可知其在民间广泛流传的情况。类似的唐人赞美杜佑《通典》的文章还有不少，都可反映此书在社会上广泛传播以及影响情况。《全唐文》卷六百九十收有符载的《淮南节度使灞陵公杜佑写真赞并序》一文，其中写道："公之为学也，冠冕六籍，衣裳群史，履屦百氏。"对《通典》给予了很高的评价，甚至认为"其有览之者，如热得泽，如饥得食。五车万卷，尽为冗废，得不谓立言垂范欤！"说明阅读此书者，大有人在，而且莫不认为其有"立言垂范"的重要作用。此外，权德舆在《岐公淮南遗爱碑铭》《杜公墓志铭》等文中，除了对《通典》大力赞扬外，也都或多或少地提到此书的流传情况。在唐以后历代正史艺文志、各种公私书目中，均记载有《通典》之名，可以在一定程度反映其流传情况。

由于唐代之书均为抄录而成，《通典》的唐代版本已不可见，现在见到最早的为北宋刊本。现将流传至今的诸种版本情况简述如下：

其一，北宋本。为日本宫内厅书陵部收藏，共200卷、44册，其上标注有“高丽国十四叶巳岁藏书大宋建中靖国元年大辽乾统元年”的字样。“每卷有经筵印，高丽国十四叶印”等字。应当是经朝鲜传入日本的。“建中靖国元年”与“乾统元年”均为公元1101年，前者是宋徽宗的年号，后者为辽天祚帝的年号，说明此为北宋末年的刊本。日本古典研究会影印了此书，由汲古书院1981年出版刊行。原本字迹不清的，据明嘉靖三十九年刻本、朝鲜活字本补写，缺卷据日本天理图书馆藏南宋刊本与日本静嘉堂文库藏元代刻本影印补入，书后附解题、各种版本研究、异同对照表以及字迹不清处句读表。因此，此书应为目前所见最好的本子。此书已由日本学者长泽规矩也、尾崎康校，韩昇译订，取名《北宋版通典》，由上海人民出版社2008年出版。

其次，南宋刻本与元刻本。前者日本天理图书馆有藏，中国国家图书馆有四部残本（宋刻元递修本），上海图书馆有一个残本，北京大学图书馆有一个残本（宋刻元递修本），台湾“中研院”历史语言研究所有两个残本。后者原为皕宋楼旧藏，现收藏于日本静嘉堂文库。

再次，明刻本多种。（一）北大图书馆藏明嘉靖刻本，原题“京兆杜佑君卿纂，明御史后学李元阳仁甫核刻”。（二）明人王德溢、吴鹏校刻本，亦刻于嘉靖年间，与古本窜易尤多，中华书局图书馆存有此本。（三）东北师范大学藏有明刻白口本（十六函九十六册），卷尾双版框、双鱼尾、白棉纸，序端等处有“菊陀所藏”“吟秋堂书印”等印。（四）日本藏明嘉靖三十九年刻本。（五）明人抄本，缺文甚多，比较潦草，现藏于中国国家图书馆。总之，明代刻本多校对不精，错讹不少，多是误刻或擅改古本所致。

其四，清刻本多种。（一）武英殿刻“九通”本，这是一部比较常见的刻本，在社会上流传甚广。（二）文渊阁四库全书本。（三）上海宝成书局石印本（一函十二册）。（四）图书集成局扁铅字排印本，光绪二十七年（1901）发行。（五）清末浙江书局本，据殿本翻刻。

其五，民国商务印书馆“万有文库”缩印殿本，附“十通”索引。

其六，1984 年，中华书局影印“万有文库”十通本，200 卷，附考证。

其七，傅增湘校本。傅氏为清末民国时人，曾得南宋绍兴刊本，又以明嘉靖无刊记本对校，现存于国家图书馆。傅氏所得南宋本不是足本，今已不知下落。

其八，中华书局点校本。以浙江书局本为底本，取北宋本、傅校本、明刻本、殿本通校，而以递修本、明抄本、明王吴本参校，于 1988 年正式出版。此书未以北宋本为底本，不能不说是一个缺憾，然校勘精审，是目前最为常见，也是流行最广的一种本子。

二、时代背景与资料来源

1. 时代背景

杜佑虽然出生在开元盛世，但主要生活在安史之乱后的乱世，其主要政治生涯是在德、顺、宪宗时期度过的。有两个标志，即其所任的淮南节度使与宰相之职。在这一历史时期内，社会动荡，生灵涂炭，社会生产遭到了极大的破坏，唐朝鼎盛时期的繁荣状况早已一去不复返了。

在政治上，唐朝虽然平定了安史之乱，但在平叛过程中使得一大批藩镇迅速发展起来了。唐朝在开元、天宝时期在沿边地区设置了十个节度使（其中岭南为经略使，后升为节度使），内地并没有这种体制。为了平定叛乱，唐朝廷除了把大批边镇的军队调入内地，还在内地陆续设置了大量的藩镇。这种体制在军事上有利于对叛军的作战，在平定安史之乱中发挥了重要的作用。但在政治上却不利于加强中央集权，因为节度使们控制了辖区的军事、行政、经济大权，又各自管辖数州，甚至十数州的地盘，与中央离心力较大。加之，唐代宗平定河北史朝义时，接受了其部下诸将的归降，并依旧任命其为节度使，此举虽有利于分化敌军，平定叛乱，但却留下了很大的隐患，使河北地区长期处于半独立的状态。由于这种状况的存在，这一时期尤其德宗统治期间，藩镇叛乱此起彼伏，迫使唐廷调兵遣将加以镇压，给百姓与朝廷财政造成了极大的压力。泾原兵变，迫使唐德宗逃离长安，政权几乎为之不保。

除了藩镇问题外，吐蕃对唐朝也形成了极大的威胁。为了平定安史之乱，唐朝把河西、陇右军队大量调入内地，致使这一地区兵力空虚，吐蕃乘机夺占了这一广大地区，直接威胁到唐朝的统治中心关中地区。唐代宗广德元年（763）十月，吐蕃军队一度攻入长安，迫使唐代宗逃往陕州。此后，吐蕃军队连年进攻，导致唐朝每年从内地调发军队，驻扎于京西北地区，以防御吐蕃，形成了所谓“防秋”制度。再加上回纥、南诏等边患不断，遂对唐朝形成了极大的军事与经济压力。

宦官专权也是这一历史时期政治上的一个突出问题。唐朝前期由于有意识地压抑宦官势力的发展，唐太宗规定内侍省不置三品官，不得任用宦官外出充使，所以宦官集团尚未能形成一股政治势力。从唐玄宗开始，宦官开始在政治上崭露头角，代表人物有高力士、杨思勗等人，前者在中枢掌握大权，后者则统领军队，外出作战。天宝时期打破了内侍省不置三品官的祖制，设置了内侍监的官职，正三品。自唐肃宗以来，皇帝重用宦官，先后有李辅国、程元振、鱼朝恩等大宦官专权擅政。到了唐德宗统治时期，这种情况愈演愈烈。由于泾原兵变时，禁军神策军溃散，只有宦官护卫德宗逃亡，导致德宗不再信任朝臣、大将，转而信任宦官。事定后，唐德宗遂把神策军交给宦官统率，并设置了左、右神策军护军中尉之职，成为宦官专任的左、右神策军的实际统帅，并形成正式制度，直到唐朝灭亡为止。唐代宗永泰年间，设置了掌枢密、知枢密之职以任宦官，掌握中枢机要之权，后来发展为枢密使。神策中尉与枢密使遂成为宦官集团的首领，合称“四贵”。还有一点需要指出，唐朝还陆续设置了许多使职，由宦官充任，统称为内诸司使。其权力主要是从宰相为首的南衙系统侵削而来，所以内诸司使系统越庞大，则南衙的权力就愈受到压缩，内诸司使系统遂发展成为与南衙朝官系统相对应的另一行政系统。要强调的是，宦官专权并非通过内侍省进行，而是通过内诸司使系统进行。还有一点需要说明，即唐朝对天下诸方镇派出了监军使，统统由宦官充任。所有这些因素导致了唐朝的宦官专权现象牢不可破，宦官在与南衙系统的斗争中占有极大的优势地位。宦官专权引起朝官的不满，双方明争暗斗，致使唐朝的政治更加混乱。

在经济方面，由于安史之乱对北方社会经济的破坏，而南方由于唐朝前期的大力开发，经济水平有了较大的提升，导致了社会经济重心由北向南转移，故唐代中后期中央财政主要依靠江淮八道的支持。江淮财赋的转输离不开运河，而扬州恰恰是南方财赋输往长安的中转枢纽，故唐朝廷对治所在扬州的淮南节度使的任命十分重视，所谓宰相回翔之地，任此职者或为罢职之宰相，或可入朝升任宰相，杜佑就是在此任上入朝拜相的。杜佑之所以能长期担任此职，朝廷看中的正是他的理财能力。由于唐廷财力困乏，必须大力改革财政政策，否则将无法摆脱困局，所以在这一时期除了杜佑之外，先后任用了多位理财家，主持这方面的工作。比如刘晏在任户部侍郎、判度支、盐铁转运使时，掌天下之财赋，他大力改革漕运办法，“不发丁男，不劳郡县”，不困百姓，而运量大增，尤其是盐利增长较快。此后，第五琦专判度支、铸钱、盐铁事，这些都是理财方面的专家。最重要的是，杨炎任宰相时，针对均田制已经崩溃、租庸调制无法维持、财政亏空的现状，改革税制，推行两税法，不仅解决了唐朝的经济困境，而且对后世的税制产生了深远的影响。杜佑也属于这一改革集团，杨炎推行两税法时，他正在朝中任金部郎中，充水陆转运使，兼和籴等使，协助杨炎推行两税法。永贞时期，王叔文集团大力推行改革，杜佑虽不算该集团中人，但亦在一定程度上参与了改革。与此同时，他始终没有放弃寻求"富国安人之术"，潜心典籍，编撰史籍，匡救时弊。

在史学方面，也出现了改革旧学、重视实学、力求创新的风气。早在唐初，就出现了以隋亡为鉴戒、总结历史经验、以明得失的风气，并且专门成立了史馆，形成了由宰相监修国史的制度，这一切标志着史学地位的空前提高。这种重史之风一直影响到中唐史学。"安史之乱"后，面对当时的局势，史学界形成了以现实社会的种种问题作为着眼点来撰史评史、要求匡正时弊、挽救颓亡的史学思潮。有唐一代，最重要的史学成就就是撰修了八部正史，这些均为纪传体史书，杜佑的《通典》却与此不同，属于典章制度方面的政书。关于这方面的典籍，在《通典》之前有开元时期成书的《唐六典》与刘秩所撰的《政典》，它们均属于职官制度一类的典籍，《通典》就是在这种风气影响下撰修的。

唐朝史学还有一种风气，就是"求通"。"求通"在司马迁撰写《史记》时就已形成，一直延续到唐代。在政书方面贯彻"求通"的原则，也非始于《通典》，《唐六典》与《政典》虽然仅为职官方面的典籍，然均分门别类地记载了各种机构与职官的渊源及流变，实际上仍然贯彻了这一原则。其实在此之前，就已经出现了不少"通史"类著作，如玄宗时人韩琬撰《续史记》130 卷。这之后又有元稹编撰的《类集》300 卷，姚康撰《帝王政纂》10 卷、《统史》300 卷等。可见修史求通已经蔚为风气。杜佑《通典》是这种社会大潮下所产生的最突出的成果，不同的是《通典》涉及内容更加广泛，体例更加严整。

2. 资料来源

关于《通典》一书的资料来源问题，是一个非常复杂的问题，大体上可以分为以下几个方面。

首先，儒家经典。《通典》一书中大量地使用了儒家经典的资料。以《周礼》为例，在《通典》的食货、选举、职官、礼、乐、刑法、州郡诸典中皆有引用，其中以礼典、职官典、乐典为最多。我国的传统礼仪制度皆脱胎于三礼，即《周礼》《仪礼》《礼记》，所谓圣人之言也，因此礼典大量引用《周礼》亦在情理之中。至于职官典，因为《周礼》在汉代最初被称为《周官》，可知其主要记载了古代职官制度，即所谓“六官”的设置及其职能，《通典·职官典》所记历代职官皆要追根溯源，这就不能不涉及到《周礼》。乐典引用《周礼》资料相对较多，因为制礼作乐两者密切相关。至于《仪礼》与《礼记》礼典引用最多，其他诸门则极少引用。六经中的《诗》《书》《易》《乐》《春秋》等书，无一不被引用，其中以《诗经》《春秋》引用较多。

其次，诸子百家之书。《老子》《管子》《孙子》《庄子》《孟子》《荀子》《商君书》《吕氏春秋》以及《尔雅》《世本》《释名》等书，均在《通典》的收录范围之列。在唐代老子已被皇室尊为始祖，称太上玄元皇帝，并由此而尊礼道教，但是杜佑并没有将其视为神，也没有作为宗教领袖，而是作为诸子百家之一的道家看待，这一点在其所引用的《道德经》文字可以明显地看出来。《庄子》《孟子》《荀子》《商君书》诸书虽有引用，但极为有限，反倒不如《吕氏春秋》引用得多，这是因为此书虽然以道家为宗，然取各家之长而弃其短，实际上是杂家学说，因此适用性较强，其资料范围较宽，故《通典》多引用之。

在诸子百家中，《通典》引用最多的是《管子》一书，此书富含治国理政的精神内涵，与杜佑编撰《通典》“将施有政”的主导思想相吻合。刘向说：“凡管子书，务富国安民，道约言要，可以晓合经义。”[⑩] 正因为如此，所以杜佑在《通典》中多次引用《管子》，达32次之多，其中食货典引21次，兵典6次，序及选举典、职官典、礼典、刑法典等各1次[11]。从这一统计中可以看出杜佑对管仲的经济思想是极为重视的。《管子·牧民》中有“仓廪实则知礼节，衣食足则知荣辱”的论断，杜佑修撰《通典》把食货典列为首位，就是受了这一思想的影响。在注重吸收管仲经济思想的同时，杜佑还十分重视其军事思想，《管子》一书中的七法、九变、小匡、霸言、地图诸篇，均在《通典·兵典》多次加以引用。《管子》一书中富含改革主张，杜佑也是极力主张改革的[12]，这在《通典》全书中多有反映。杜佑曾对《管子》一书有过专门的研究，并撰写了《管子指略》2卷，因此引用此书时，并非照抄原文，而是择其精要，在深刻领会此书精髓的基础上，对管仲之学进行阐述、发挥和继承，结合唐朝的实际情况，形成了自己独特的思想，并贯穿于《通典》全书之中。

《通典》对《孙子兵法》的引用，主要体现在兵典15卷中，每卷开篇皆引此书的一段话，作为此卷之经，以历代的战例、军事设施、器具等等为纬，来布局谋篇。由于每卷又分为若干子目，很多子目都引用了孙子的相关论述，致使《孙子兵法》成为《通典》引用最多的典籍之一。

再次，对历代正史资料的吸收。关于这一点章学诚、范文澜论之于前[13]，王文锦言之于后[14]。在杜佑之前修成的历代正史有《史记》《汉书》《后汉书》《三国志》《晋书》《宋书》《南齐书》《梁书》《陈书》《魏书》《北齐书》《周书》《隋书》《南史》《北史》等，共十五部，其中有志的书有：《史记》《汉书》《后汉书》《晋书》《宋书》《南齐书》《魏书》《隋书》等八部史书。其中对《史记》(“八书”)、《汉书》、《后汉书》、《宋书》诸志引用最多，《南齐书》《隋书》诸志次之，《晋书》《魏书》诸志又次之。对《史记》诸书及《货殖列传》的引用主要体现在食货典、职官典、礼典等方面，在兵典、州郡典、边防典中，对《史记》诸列传的资料引用颇多，尤其是在州郡典与边防典中，大量地引用《史记》的史料。对《汉书》诸志的引用主要体现在食货、选举、职官、刑法、礼、兵、州郡、边防等典中，其中职官典、礼典、刑法典引用最多。此外《汉书》诸传的资料也多有引用，只是没有诸志引用得多，这与《通典》一书为典章制度专史的性质有直接的关系。对《三国志》的引用，主要体现在职官典、礼典、兵典中，州郡典与边防典次之，食货典最少。其中对裴松之注有大量的引用，再次证明裴松之注具有极高的史料价值。

对《晋书》的引用主要表现在诸志方面，如在食货典、职官典、礼典、乐典、刑法典等中都有不少引用，尤其是该书的礼志与舆服志在礼典中大量的引用，反映了杜佑对本朝所修的这部史书的高度重视的态度。沈约所撰《宋书》虽然仅记载刘宋一朝区区数十年历史，篇幅却达百卷之多，因此资料是十分丰富的，尤其是其诸志多达 30 卷，这在有关南北朝历史诸史中是比较罕见的。在《通典》九个门类中，皆引用过《宋书》的资料，其中对该书百官志、礼志、乐志、州郡志的引用尤多，最引人注目是乐志的引用，远远超过对《晋书》乐志的引用。

《通典》对《南齐书》《梁书》《陈书》《北齐书》《周书》的引用最少，其中《陈书》只有寥寥数条，《南史》与《北史》次之。值得注意的是，对《魏书》与《隋书》的引用却是非常之多，其中《魏书》在《通典》的九个门类中皆有引用，在食货典、职官典、礼典与边防典中引用尤多。《隋书》为唐代所修撰的一部正史，其中尤以十志最为重要，保存了南北朝以来大量的典章制度资料，其经籍志甚至记述了自汉至隋凡 800 年间中国典籍之存亡、学术之演变情况，是对中国古代书籍和学术史的第二次总结，也是对中国学术文化史的一大贡献。至于其在我国图书分类法方面的贡献就不详论了。正因为如此，所以杜佑从中收集了大量的资料。其中以食货典、职官典、礼典、乐典、州郡典与边防典引用最多，其中《隋书》音乐志对《通典》乐典的影响最大，其次《宋书》乐志也有一定的影响，乐典中的相当部分资料皆出自于这两部书。其刑法典引用《隋书》虽然不算多，但对杜佑的法律思想影响甚大，同时由于其详细地记载了梁、陈、北齐、北周至隋代法律的演变情况，对《通典》刑法典写好这一历史时期的法律史发挥了重要的作用。

其四，对《政典》《唐六典》等政书的引用。刘秩《政典》对《通典》的影响学界多有研究[15]，下面仅从资料来源的角度谈一些意见。有学者认为《政典》已佚，“其内容当包括在《通典》中”[16]。在今本《通典》的食货典与选举典中，杜佑直接引用了刘秩《政典》的三条文字，收录的实际上是刘秩的三篇文章，即食货典中的《钱币论》、选举典中的《选举论》与《考课论》，此外还收录了刘秩的《封建论》一文，此文的部分段落亦收于《唐会要》，明确标明录自《政典》。除此之外，不少学者认为该书兵典多录自《政典》。由于此书已佚，学者们推论主要出自六点理由：第一，兵典不记历代兵制，以《孙子兵法》为纲，只记战略、战术及战例；第二，兵典记事止于武则天时期，而其他各典止于天宝以后，故其很可能直接沿袭了《政典》的既有史实；第三，宋人苏轼认为《通典·兵典》主要录自刘秩《政典》，在北宋时期《政典》很可能尚未亡佚，故苏轼能够看到原书；第四，杜佑精通吏治与理财，却不擅军事，而刘秩却好谈兵，撰有两部兵书：《止戈记》7卷和《至德新议》12卷[17]，可知刘秩具有一定的军事才能；第五，杜佑自称“不达术数之艺”，而兵典中却有不少“风云气候杂占”等言灾异、谶纬的内容。这一切都是刘秩喜论术数、灾异之事的反映；第六，论者认为《通典》初稿只有八门，并无兵典一门，终稿完成时借用《政典》内的现成内容补入，遂成九门的规模[18]。出于以上理由，认为兵典主要录自《政典》。

开元时期修成的《唐六典》亦是《通典》资料的来源之一。《唐六典》有几个特点：其一，以六分法分门别类，资料以类相从；其二，大量收录记言内容；其三，采用自注的方式记载历代制度的沿革。这三个特点在杜佑《通典》中亦有所体现，可知《唐六典》一书对《通典》有直接的影响。《通典》收录的《唐六典》资料主要在食货、职官、礼、乐、刑法诸典中，其中尤以职官典引用最多，这主要是因为《唐六典》所记多为职官方面的内容。在引用的方式上，除了直接录《唐六典》之文外，还在自注中加以引用。

其五，从当时存世的书籍以及律令格式和档案中收录资料。在杜佑那个时期有许多存世的典籍，如裴矩所撰之《西域图记》3卷，在《通典·边防典》中多次引用；李靖的《李卫公兵法》一书，在兵典中多次引用；杜环《经行记》，在边防典中有所引用；屈璆《道里记》，边防典收录有一条资料；郭义恭《广志》2卷，边防典收录了数条资料；《外国图》被多种书籍引注，只知撰者姓吴，不知其名，《通典·边防典》有一条引用；《突厥本末记》，不知撰者姓名，《通典·边防典》亦有引用。以上这些书籍今已亡佚，因此其史料价值非常珍贵。

此外，《通典》中还引录了大量的唐代律、令、格、式等法律条文。《唐六典》曰“律以正刑定罪”。唐律保存至今的只有一部永徽时编定的《唐律疏议》，《通典·刑法典》中虽引用了一些《武德律》《贞观律》的条文，数量有限，且多不引用原文，仅录其大意。《通典·刑法典》中所引录的大量法律条文，就律文而言多录自《永徽律》，包括此后陆续颁布的有关司法方面的敕条，即所谓格后敕。

《唐六典》曰“令以设范立制”，大唐帝国的制度都是由“令”规定的。食货典二引录了开元二十五年（737）田令，所录文字达1600多字，大大地超过了其他诸书的引录。食货典六引用武德六年（623）三月的《户令》、开元二十五年《赋役令》，选举典引用了数条《选举令》，职官典引用了《官品令》等。类似情况颇多，就不一一列举了。此外，在杜佑这个时代，前代的许多令仍然存在，如晋令、魏令、齐令等，在《通典》皆有引用。日本学者仁井田陞所编之《唐令拾遗》一书，就从《通典》中辑录了不少令文。

《唐六典》曰“格以禁违正邪”，以尚书省二十四司为篇目，编录当时的制敕，作为各曹司的法则，是尚书省各部门职掌的详细规定。唐格保留至今的极少，《通典》中引录了部分格条，如食货典十引录了开元二十五年仓部格与屯田格，食货典十一引录了高宗永徽二年（651）颁布的仓部新格，选举典三引用了景云时颁布的选格和开元时的循资格，礼典四十九提到武则天垂拱时的丧服格，兵典一提到过兵部格等。此外，《通典》还提到过太极格、留司格、散颁格、开元格、开元后格、开元新格以及引用了一些前代之格。上面提到的这些唐格与行政事务有关的只有留司格、散颁格。其余大都为刑事方面的格，如太极格、开元格、开元后格、开元新格等，均属于格后敕，其在法律适用上优先于律，并且是与律并行的独立法典。

《唐六典》曰“式以轨物程事”，共三十三篇，以尚书省二十四司再加上秘书、太常、司农、光禄、太仆、太府、少府及监门、宿卫、计帐为篇目，是对各官府行政事务的具体规定。《通典》中引录的唐式更少，只有食货典十二所引的开元二十五年式，职官典五天宝八载（749）式，礼典三十天宝三载（744）式等数条，且有的只是录其大意。完整的唐式至今未见，敦煌文书中的开元《水部式》和《吏部式》，也仅是残卷。

杜佑长期在朝廷任职，后又居宰相高位，有条件接触到朝廷档案，包括历代实录、起居注、人物行状、家传等。唐朝谥法规定：“诸谥职事官、三品以上散官，佐吏录行状，申考功勘校，下太常拟谥记，申省，议定奏闻。”[19]家传虽然多为私撰，然朝廷修史往往多征集此类资料，并有专人负责此类事务，史载：考功郎中，“掌考察内外百官及功臣家传、碑、颂、诔、谥等事”[20]。考功郎中主要考察家传内容的真伪情况，作为修史资料则归史馆使用，杜佑在《通典》中亦有引用，包括前代家传，如东汉的《荀氏家传》，就是一例。

《通典》利用最多的还是本朝所修的《开元礼》，所占篇幅竟高达 35

卷，这些都是众所周知的史实，就不多说了。

三、撰述宗旨与历史价值

1. 撰述宗旨

关于杜佑编撰《通典》一书的宗旨，前面已提到其在自序中的“所纂《通典》，实采群言，征诸人事，将施有政”十六字，是其编撰此书的宗旨，但却没有展开论述，下面围绕着这一问题略谈几点意见。杜佑在《进通典表》中再次重申了“将施有政”，并在这句话后加了“用乂邦家”一句[21]，可知杜佑编撰此书就是为政治服务，为治理国家服务。他接着又写道：“略观历代众贤高论，多陈紊失之弊，或阙匡拯之方。臣既庸浅，宁详损益，未原其始，莫畅其终。……至于往昔是非，可为今来龟鉴，布在方策，亦粗研寻。”[22]即以史为鉴，将其书经邦致用的编撰旨趣表述得十分清楚了。关于《通典》的编撰旨趣，为此书作序的唐人李翰自认为深谙此意，即所谓“颇详旨趣，而为之序”。那么李翰是如何表述此书的编撰旨趣的，他说：“今《通典》之作，昭昭乎其警学者之群迷欤！以为君子致用，在乎经邦，经邦在乎立事，立事在乎师古，师古在乎随时。必参今古之宜，穷始终之要，始可以度其古，终可以行于今，问而辨之，端如贯珠，举而行之，审如中鹄。”[23]强调的仍然是经邦致用，“举而行之，审如中鹄”一句，将这一旨趣表述得更加清楚了。

编撰者杜佑与作序者李翰所表达的《通典》编撰宗旨完全一致，但是仔细分析，还有更深层次的内涵，主要表现在如下方面：

其一，如何通过编撰《通典》达到经邦治国的目的？杜佑亦有精深地论述，他说：“夫理道之先在乎行教化，教化之本在乎足衣食。……夫行教化在乎设职官，设职官在乎审官才，审官才在乎精选举，制礼以端其俗，立乐以和其心，此先哲王致治之大方也。故职官设然后兴礼乐焉，教化隳然后用刑罚焉，列州郡俾分领焉，置边防遏戎敌焉。是以食货为之首，选举次之，职官又次之，礼又次之，乐又次之，刑又次之，州郡又次之，边防末之。”这段话把国家治理的步骤以及经济基础与上层建筑各部分之间的关系论述清楚了。杜佑认为通过教化可以达到致治之目的，而教化则是建立在坚实的经济基础之上，其理论基础是建立在管仲的“仓廪实知礼节，衣食足知荣辱”的论断之上的[24]。杜佑把食货典置于《通典》各门之首，然后分别论述了上层建筑的一些重要方面，这一研究和表述历史的方法，可以说是在根本点上体现了历史和逻辑的一致性[25]。这一理论虽非杜佑发明，但将其用于编撰历史的实践中却是开风气之先，社会影响是非常深远的。此外，比杜佑稍早的同时代之人的思想也对其产生了一定的影响，如刘晏“理财以养民为先”的思想[26]，陆贽的“建官立国，所以养人也”，“故立国而不先养人，国固不立矣；养人而不先足食，人固不养矣”的思想[27]。杜佑能够坦然接受这些思想，并用之于《通典》一书的编撰中，与其长期担任财政官员对社会经济的重要性有较他人更深刻的认知密切相关。还有一点需要说明，即这种思想对前人而言只是一些思想片断，对杜佑而言却是一种史学观点、史学方法，并成为其学术思想的基础，这就十分难能可贵了。

其二，杜佑的旨趣还体现在《通典》各个门类的编撰上。以为人们所诟病的兵典而言，一些学者从制度史的角度出发，认为这一门类“从全书体例来看，是一个破例”[28]。甚至认为杜书《兵典》对兵制沿革只字不提的隐衷，乃因其“对于军阀的厉害深有体会，又不能引起希望消灭藩镇的皇帝不满，只能扯淡以避祸”[29]。如从制度史的角度看，这些观点也不无一定的道理，但是从杜佑经邦致用的编撰旨趣看，其只写兵法、战例的写法却是大有深意的。面对安史之乱以来藩镇割据，军阀混战，民不聊生的局面，在军事方面如何才能体现其经邦致用的旨趣，显然仅写兵制远不如写兵法、战例更有实用价值。故“‘兵典’研究用兵之道”，“着眼于如何平定当时的藩镇割据”，实堪称创举[30]。刘节先生也认为“《通典》的‘兵典’，作法最为奇特”，是其优点之一[31]。可见观察问题的切入角度不同，则结论差异甚大。

再以礼典为例，这一门类亦多为后世学者非议，或以为直接抄录《开元礼》，无创新可言；或指斥杜佑作《礼典》为“沉溺”于“幻想”[32]，认为礼典的编撰影响了其“经世致用方面的社会价值”[33]。如果仔细分析杜佑的经世致用的编撰旨趣，就会发现情况并非如论者所言，而是恰恰忠实于其编撰旨趣。杜佑编撰此书以施政为指向，特别强调理道与教化，那么如何行教化呢？在杜佑看来，制礼作乐是行教化的重要手段，理道才是先哲王致治之大方。权德舆也说：“作为《通典》，以究理道，上下数千百年间，损益讨论而折衷之，佐王之业，尽在是矣。”[34]权氏所说的“佐王之业”，就是经邦致用，也就是杜佑再三强调的“将施有政”。既然礼典具有教化意义，能够发挥“佐王之业”的作用，“虽然复杂，却是行政之必须”[35]。故金毓黻先生称《礼典》“别有其可贵之价值”[36]。钱穆先生亦云“一部《通典》里，很大的贡献就在这里（《礼典》）”[37]。

其三，从《通典》一书的分类看杜佑编撰此书的旨趣。关于《通典》一书在目录学中的分类，不同历史时期的划分是不同的。宋人多将其归入子部类书类，如《新唐书·艺文志》《通志·艺文略》《郡斋读书志》等；也有将其归入典故类，如《直斋书录解题》《玉海·艺文》等；《文献通考·经籍考》则将其归入史部故事类；《四库全书总目》归于政书类，在其下分为六小类，分别是通制、典礼、邦计、军政、法令和考工之属，《通典》归到了通制类。关于如此划分的理由，四库馆臣曰：“纂述掌故，门目多端，其间以一代之书而兼六职之全者，不可分属。今总而汇之，谓之通制。”[38]今人亦多将其视为典制类史书或政书类，前者如黄永年先生，后者为韩昇[39]。

杜佑有几句话对于理解《通典》的性质非常重要，即“所纂《通典》，实采群言，征诸人事，将施有政”[40]。其中最关键的是“群言”与“人事”两个方面，即杜佑通过这两个方面的采集与整理，使其发挥治国理政的重要作用。前者广义上可以等同于其书之全体，具体指诸子百家、书中历史资料以外的某些内容以及被称为史论的部分内容。包括两类情况：一是书中的序与论，二是说、评和议。对于第二点杜佑解释说：“凡义有经典文字其理深奥者，则于其后说之以发明，皆云‘说曰’。凡义有先儒各执其理，并有通据而未明者，则议之，皆云‘议曰’。凡先儒各执其义，所引据理有优劣者，则评之，皆云‘评曰’。”[41]说、评、议主要是针对前人留下的问题而发的，序与论则是杜佑自己所发表的言论，包括杜佑的自注，其对正文多有补充和申明的作用，均可以归为一类。有学者认为“这部分才是《通典》一书的精华所在”[42]。杜佑在《进通典表》中也提到了“立言”，故以上这些方面均可视为这一类内容。关于立言，孔颖达说：“谓言得其要，理足可传……其言存立于世，皆其身既没，其言尚存。”并认为先秦诸子百家以及“马迁、班固以后，撰集史传及制作文章，使后世学习，皆是立言者也”[43]。可知所谓立言，是包括史部类的典籍在内的，而这一点恰恰是杜佑所追求的，也是其旨趣之所在。关于这一方面，权德舆评价说：“至若阅天下之义理，究先王之法志，著《通典》二百篇，诞章宏议，错综今古，经代立言之旨备焉。”[44]可谓一言中鹄。

关于“征诸人事”，李翰在其写的《通典序》中已经指出过，所谓“经邦在乎立事，立事在乎师古，师古在乎随时。必参今古之宜，穷始终之要，始可以度其古，终可以行于今”。通观《通典》全书的食货、选举、职官、礼、乐、刑法、州郡、边防等八门，无一不是人事。从“征诸人事”的角度出发，杜佑把正史中历代相沿的《天文》《五行》，与南北朝以来兴起的《舆服》《祥（符）瑞》，以及《汉书》和《隋书》仅有的《经籍》

诸志全部排在《通典》之外，因为这些均不符合其“征诸人事，将施有政”的撰述宗旨。有学者认为“杜佑以经学经世”,《通典》“取义于《洪范》八政”，其本质乃是经学，若“用制度史的要求批评杜佑失当”，便隐没了他的经世意图[45]。就连对《通典》持批评态度的清代著名学者王鸣盛，也说“佑意以经学但可明道，非法制所垂”云云[46]，说明王氏也看出了杜佑编撰此书的宗旨之所在，只是其对此不以为然而已。正因为如此，也有学者认为杜佑的初衷本不在于撰成一部史学著作，也不以典制体通史自限，即使在史论方面也与一般之通例有别，甚至可以说是杜佑自己所作的政论。杜佑是希望规划出一份“经国之良模”，而非仅仅写成一部“徒资记问”之书[47]。

以上所论仅仅是就杜佑撰述宗旨而言的，并不会影响其人其书在中国史学史上的重要价值和深远影响。

2. 学术思想

关于杜佑的学术思想，数十年来，学术界已经有大量的研究，取得了丰硕的成果，归纳起来主要反映在如下几个方面：

其一，经邦致用的思想。关于这一点前面已有许多论述，这里要强调的是，学术为政治服务的思想。权德舆称赞《通典》的编撰时说：“又博极书术，详观古今，谋王体，断国论，其言有章，听者皆竦，作为《通典》，以究理道，上下数千百年间，损益讨论而折衷之，佐王之业，尽在是矣。”[48]也是从这一角度进行评价的。为了更好地为政治服务，杜佑还鉴于《通典》篇幅太长，内容过繁，为了便于皇帝参阅，专门辑出了《通典》精华，编了《理道要诀》33 篇。杜佑的这一行为，将其书为政治服务的思想表露无遗。不仅如此，还对天下士人、学者有很大的启迪作用，李翰在此书序中说：“若使学者得而观之，不出户，知天下，未从政，达人情，罕更事，知时变，为功易而速，为学精而要。”[49]须知士人、学者乃天下之精英，不论是已入仕者或是将入仕者，都肩负着治国理政的责任，杜佑希望此书能发挥指导士大夫出仕、为政，以达到“将施有政”的目的。

其次，史学思想。杜佑的史学思想十分丰富，归结起来主要表面如下方面：

（1）认为经济是社会发展的基础。这种思想反映在历史典籍的编撰方面，就成为了史学思想。在《通典》一书的编辑上，杜佑将食货典列为首位，并强调“教化之本在乎足衣食”。对经济与政治关系这种深刻认知，在我国古代的史学家中，杜佑应该是第一人。甚至有学者评价说：“在某种程度上，反映了经济基础对建筑在其上的全部庞大的上层建筑的主要的决定作用。”[50] 这一评价虽然是从经济思想的角度提出的，从《通典》一书中关于土地与生产的关系、百姓收入与国家财政的关系、薄敛节用与政治稳定的关系论述看，这一切都是其自始至终坚持的主张，从而构成了其史学思想的一个方面。

（2）认为历史是不断发展的思想。杜佑尊重历史的发展规律，认为在人类社会的发展中，经历了从低级到高级的过程。在上古时代，人类“穴处衣毛，未有制度”[51]，后来才发展到居屋服衣，建立各种制度，国家机构也从无到有，从简到繁，在《通典》一书中就记载了人类社会的这一发展过程。针对有人美化三代的观点，杜佑指出三代虽然古朴纯简，但却有不少陋风恶俗，所谓“有祭立尸焉，有以人殉葬焉，有茹毛饮血焉，有巢居穴处焉，有不封不树焉，有手抟食焉，有同姓婚娶焉，有不讳名焉”。随着社会进步与发展，才“渐革鄙风”[52]。所以杜佑在撰述历代典章制度时，总是略古详今，体现了其厚今薄古的历史观。诚然杜佑也提出过“师古”的主张，但是这是指学习先王的良法美制，改革当时不合理的制度。与此同时，杜佑还批评“非今是古”的倾向，认为“古今既异，形势亦殊”[53]，反对盲目恢复古制，所谓“欲行古道，势莫能遵”[54]。可见杜佑虽然主张“师古”，但必须以是否适合当时社会的情况，能否推动社会前进为前提。杜佑还主张变革，认为一切制度都不是不可改变的，而是要“便俗适时”[55]，也就是说制度要适合社会的发展变化，要“随时立制，遇弊变通，不必因循”[56]。杜佑这种发展的历史进化观，在《通典》中随处可见。

（3）反对各种虚妄的神学史观[57]。权德舆曰：“不徼福，不乞灵，物怪气焰，不接于心术，诚明坦荡，自得于天理。中正之外，无自入焉。”[58]将杜佑不迷信，不谈鬼神，反对天人感应之类的虚妄学说的态度表述得十分清楚。在《通典》一书中，处处贯穿了杜佑的这一史观，如其在兵典序中指出：“夫戎事，有国之大者。自昔智能之士，皆立言作训。其胜也，或验之风鸟七曜，或参以阴阳日辰；其教阵也，或目以天地五行，或变为龙蛇鸟兽。”在历史上确有一些兵家故弄玄虚，打了胜仗便弄出什么风鸟七曜、阴阳日辰之类的神化现象；演习战阵时，则弄出天地五行、龙蛇鸟兽之类的东西，以迷惑人心。杜佑对此均不以为然，他说：“若以风鸟可征，则谢艾枭鸣牙旗而克麻秋，宋武麾折沈水而破卢循；若以日辰可凭，则邓禹因癸亥克捷，后魏乘甲子胜敌：略举一二，不其证欤？”[59]杜佑列出这些反证，证明上面所述皆虚妄不可信。再如杜佑主张郡县制，唐初史学家李百药也主张郡县制，但是两人的历史观却大不相同，李百药认为“祚之长短，必在天时”。即朝代的长短是上天早就安排好的。而杜佑却认为：“但立制可久，施教得宜，君尊臣卑，干强枝弱，致人庶富，享代长远。为理之道，其在兹乎！”[60]即认为只有制度健全，君臣协力，人民富足，江山自然稳固，批评了天命论的荒谬观点。前面从“征诸人事”的角度，指出了杜佑把历代相沿的《天文》《五行》《舆服》《祥（符）瑞》《经籍》诸志排除在其书之外，从思想的角度看，又何尝不是出自其史观所导致的结果。

其三，民本思想。《通典》一书中有不少地方都体现了杜佑的民本思想，主张推行仁政，发展生产。他认为：“天下之田尽辟，天下之仓尽盈。然后行其轨数，度其轻重，化以王道，扇之和风，率循礼义之方，皆登仁寿之域，斯不以难矣。”[61]因为只有这样社会才能稳定，人民才能富足。食货典把田制列为首项，就是要首先解决农民的土地问题，保证农民有了赖以生存的土地，也就解决了农民的生存问题。他还主张减轻百姓赋税负担，称赞高颎的轻税政策，他说：“夫欲人之安也，在于薄敛，敛之薄也，在于节用。若用之不节，宁敛之欲薄，其可得乎？”[62]除了节用之外，杜佑还主张要慎选官吏，因为官吏掌握着赋税的征收权，只有良吏才能维护百姓利益，不搜刮于百姓。为了达到节用的目的，他还主张减少冗官，以减轻人民的经济负担。甚至还提出了“天生烝人，树君司牧，是以一人治天下，非以天下奉一人，患在德不广，不患地不广”的观点[63]，这已经是非常难能可贵的思想，我们不可能超越时代要求杜佑具有民主思想。

其四，民族思想。杜佑在这一方面也做出了突出的贡献，他提出了“古之中华，多类今之夷狄”的观点，只不过后来“在各民族发展的历程中，是物质条件而非别的原因，造成了他们各自发展的不平衡性”[64]。这种思想在当时是十分难能可贵的。也有学者认为杜佑的这一思想，打破了“贵中华而贱夷狄”的传统观念[65]。在处理民族关系方面，他反对对少数民族轻动刀兵，主张对其他民族采用“来则御之，去则备之”的方针[66]。他以秦始皇、汉武帝、王莽、隋炀帝为例，说明穷兵黩武的危害，使“万姓怨苦”，国家动荡甚至倾覆。因此，杜佑主张各民族应平等相处，对周边民族应采取以德怀柔的政策，反对民族之间的战争。杜佑的民族思想主要集中在《通典·边防典》中，除了这些积极进步的民族思想外，还反对与少数民族与周边国家往来，提出“置边防遏戎敌”[67]，“外而不内，疏而不戚”的主张[68]。这一观点的产生是对安史之乱反思的结果，是出于维护国家长治久安的考虑，也是对唐初民族政策的反思，对处理民族关系的新尝试。相对于唐初的民族政策，杜佑的这一思想明显是趋于保守了，当然这也是唐朝与周边民族实力消长变化对杜佑思想影响的结果。

其五，军事思想。杜佑虽然不善于统兵作战，但却喜读兵书，故在军事理论方面颇有造诣。为了编撰兵典，他阅读了大量的兵书，除了《孙子兵法》《政典》外，还有《六韬》《尉缭子》《孙膑兵法》《吴起兵法》（亦曰《吴子兵法》）《李卫公兵法》《太白阴经》等书。杜佑的军事思想大体上可分为战略与战术两个方面。在战略上，主张朝廷应实行“强干弱枝”政策，即在军事上与政治上加强对地方的控制，这是其汲取安史之乱及藩镇割据的教训而总结出来的经验。在兵制方面，杜佑美化府兵制，否定募兵制，因为实行府兵制，大将身在朝廷，临时受命带兵打仗，战争结束后，将归朝兵归府，因而不至于拥兵自重，对抗朝廷。而募兵制则不然，兵士为招募而来的职业兵，与统兵将领容易形成紧密的关系，对加强中央集权极为不利。不仅杜佑如此，唐代的许多人都持这种观点，如白居易、李泌、杜牧等均是如此[69]。原因就在于大家均吸取了安史之乱以来藩镇拥兵自重的教训，而没有仔细考察府兵制向募兵制转变的原因和过程，因而产生的一种理想化的观点。在战术思想方面，杜佑主张“凡兵以奇胜，皆因机而发，但取事颇相类，不必一二皆同”[70]。即料敌在先，出其不意，要坚持这一用兵原则，不必一一模仿前人的做法。统兵将领还要具有应变的能力，所谓“因我便而乘敌”[71]。此外，还有加强对军队的训练，“闻鼓而进，闻金而止，坐作举措，左旋右抽，识旗帜指麾，习器械利便，斯可矣”。这样才能指挥自如，夺取胜利。杜佑还主张将领要善于“抚众”，以激励士气，“用无弱卒，战无坚敌”[72]。杜佑的军事思想大都是战术思想，兵典凡 15 卷、130 余子目，大都是讨论战术的，除了前代兵家的理论外，也有许多杜佑自己的思想。

其六，礼乐思想。在《通典》中礼典所占篇幅最大，达全书之一半，乐典虽然所占篇幅不大，但是也专列了乐典，且占 7 卷之多，足以显示杜佑对其重视的态度。杜佑对礼乐的重视主要是为了行教化，所谓“制礼以端其俗，立乐以和其心”[73]。杜佑更强调礼的现实制约作用，关于这一点，荀子对其思想有较大的影响，荀子曰：“礼起于何也？曰：人生而有欲，欲而不得，则不能无求；求而无度量分界，则不能不争；争则乱，乱则穷。先王恶其乱也，故制礼义以分之，以养人之欲，给人之求，使欲必不穷乎物，物必不屈于欲，两者相持而长，是礼之所起也。”[74]强调了礼对社会秩序的维护作用。杜佑也认为礼可以发挥“天下国家可得而正也”[75]的重要作用。至于乐，杜佑认为“乐也者，圣人之所乐，可以善人心焉”[76]。说明音乐作用于人精神层面的影响，强调了乐的政治教化作用。对于这种作用，杜佑又说：“古者因乐以著教，其感人深，乃移风俗。”[77]再次强调了音乐对社会的改造作用。杜佑的礼乐思想独特之处就在于强调其经世致用的作用，他将选举门、职官门放在《通典》全书第二、第三，仅次于食货门的位置上，目的在于给礼、乐以制度性的保障，因为礼乐制度再健全，没有好的官员来实施，也是无法达到良好的效果的[78]。尤其是唐朝经过安史之乱后，礼乐崩坏，杜佑希望通过整理礼乐，以达到救治世道、人心的目的。与其他人士“礼乐”思想相比较，杜佑更重视物质基础（食货）和制度性（选举与职官）的保障，因而更具有实际操作价值和现实意义。

由于其所处的历史时代，杜佑的思想难免有一些历史局限性。比如在土地制度方面，其向往井田制、均田制，尽管是出于反对土地兼并的原因，但显然没有顺应历史潮流，而是希望从古制中寻找解决问题的钥匙。再比如在均田制已经崩溃的情况下，杜佑仍然主张国家控制人口，反对人口流动，反对百姓经商，甚至采取抑商的政策。还有就是杜佑跳不出儒家思想之窠臼，重审历史已经证明了的儒家的一些过时的思想。在史学观方面，杜佑在分析中原王朝与周边民族社会发展阶段的不同时，认为“中华地中而气正，人性和而才惠，继生圣哲，渐革鄙风。今四夷诸国，地偏气犷，则多仍旧”[79]。而且在其书中多次强调这种思想，这是其思想局限性的一种表现[80]。此外，杜佑的音乐思想具有“排胡”因素，表现在乐典体例上“清夷分立”，在思想上“尊华贬夷”，而且还强调“乐有先兆”的唯心主义观点。这些思想都是不可取的。

3. 历史价值

杜佑《通典》的问世，是中国史学史上的一件大事，其历史影响及学术价值都是非常之大的，简而言之，主要表现在如下方面：

首先，《通典》的问世，“创造了综合性的典制体通史形式，奠定了独立的制度史撰述的基础”[81]。尽管有学者对《通典》体裁有不同的看法，但是从全书的内容看，典章制度方面的内容占了绝大部分的篇幅，因此认定其为典制体史书并无不当。在《通典》之前，历代正史虽然有志，但大都仅记载一朝一代之制度，《通典》将其汇总并增加了其他史料，从而形成了典章制度史的专书，进一步开拓了历史认知和历史撰述的新领域，从理论上奠定了典制体史书发展的基础。在《通典》之前虽有刘秩《政典》与《唐六典》两部典制体史书，前者已经亡佚，不知其具体内容；后者专记有唐一代职官制度，无论是记述的范围，还是时代跨度，均不能与《通典》相提并论。《通典》一书的特点在于其属于典制体通史，这一点是具有开创性意义的，因此其历史影响非常之大。宋人宋白仿其体裁率先编撰了《续通典》（已佚），后世陆续出现了《通志》与《文献通考》，与《通典》合称“三通”。延至清代又陆续编撰了一批典制类史书，于是遂有了“十通”系列的史书，可见其影响之大。

其次，史料价值极高。《通典》分类撰述了历代典章制度，除兵典外形成了一个个专门史。以食货典为例，包括了历代田制、水利田、屯田、乡党、土断、版籍、赋税、户口、钱币、漕运、盐铁、鬻爵、榷酤、算缗、杂税、平准、轻重等子目，将我国古代社会经济的方方面面都基本囊括进去了，实际上就是一部包括唐代在内的历代经济史。其中包括了许多珍贵的史料，以均田制为例，《通典》收录的一些唐代田令，对后世复原唐代田令与研究均田制度有很重要的史料价值[82]。《通典》所记载的户口数亦很重要，成为研究唐代人口问题的重要参考资料[83]。

再比如礼典 100 卷，尽管有 35 卷录自《开元礼》，但是其中 65 卷却记述了历代礼仪制度的演变情况，亦可视为一部礼仪制度史。乐典共 7 卷，其内容包括历代音乐沿革情况、乐律学基础理论、乐器和乐队、乐的形式与体裁，内容完整而系统，又是记述历代音乐的发展情况，故称其为音乐通史恰如其分。由于先秦《乐经》早已失传，尽管学者们常常将礼乐并称，“实际上却很少有人专门去研究乐”[84]，杜佑将历代音乐资料整理成编，这本身就是一个了不起的贡献。客观地看，乐典对《宋书・乐志》与《隋书・音乐志》的资料参考较多，但又在此基础上有所创造与发展，主要体现在乐典体例的发展与创造上，尤其是把“清乐”与“四方乐”分别排列，这样就打破了以往混编的弊病，把中国音乐与外来音乐有所区别。此外，对乐器进行了再分类，弥补了前人不录俗乐乐器的缺憾。在乐典七中，专门记述了历代乐议，对后世研究中国古代音乐史很有参考价值。因此，论者认为杜佑乐典的学术贡献很大，表现在：一是开创了音乐通史的体例，二是保存了可贵的唐代音乐史料，三是树立了“经邦致用”的音乐史观[85]。

以上仅举数例，就可以清楚地看出《通典》的学术价值，故《四库全书总目提要》评论说：杜佑《通典》“博取五经群史及汉魏六朝人文集奏疏之有裨得失者，每事以类相从。凡历代沿革，悉为记载，详而不烦，简而有要，元元本本，皆为有用之实学，非徒资记问者可比。考唐以前之掌故者，兹编其渊海矣”[86]。从这一评论可以看出，《通典》不仅资料丰富，而且各门类都是经过杜佑精心设计的。研究唐以前的历代典章制度，杜佑此书是必不可少的重要资料宝库，引起了历代学者的重视。

《通典》所收资料之珍贵还表现在其保存的已经亡佚的典籍上，如

《西域图记》《李卫公兵法》《经行记》《道里记》《广志》等书。以《经行记》为例，撰者杜环为杜佑族侄，天宝时在安西节度使高仙芝手下任书记，在怛罗斯战役中被阿拉伯人俘虏，因而得以周游西亚达12年时间，于唐代宗宝应初年（762）从海路回国。杜环将其经历撰成此书，使得学界得以了解一千多年前西亚各国的地理、物产、风俗、宗教、娱乐以及商业贸易等情况。《经行记》不知亡于何时，只有《通典》一书有所节录。《通典》记载的这部分内容引起了中外学术界的高度关注，王国维先生据之辑成《古行记校录》一书，英国学者亨利·玉尔将此书中关于拂菻国（即东罗马帝国）的内容进行了翻译介绍。此后，外国学者对此书的翻译、引用、研究更是络绎不绝。我国学者近年根据此书的记载，主要研究了巴格达城的建设、各国物产、伊斯兰教与伊斯兰文化、西亚各国的考证、唐代科学技术及文化的传播等问题。尤其是中国造纸术的传播影响更大，因为被俘的唐军中有一些造纸工匠，他们的到来使阿拉伯都城巴格达建立起了造纸工场，然后辗转传至埃及，再传至欧洲的西班牙、意大利以及全世界，这是中华文明对阿拉伯文明乃至世界文明的重大贡献[87]。《通典》史料价值之高于此可见一斑。

再次，关注前人与时人的评论。杜佑在《通典》中把对历代相关制度的评论收集起来，又采取夹注、夹议的方式表达了撰者自己的观点，从而形成了此书的一个鲜明特点[88]。在《通典》之前成书的《唐六典》中虽然也采用了夹注的方式，就其内容而言，重在对正文内容的诠释，极少有评论文字，与《通典》大不相同。杜佑通过收集前人和时人的议论，吸收其思想精华，“特别是同时代的一些政治家、历史家、学者的思想的启迪，是杜佑获得如此成就的又一个原因”[89]。除了注意吸收他人的思想精华外，杜佑自己还发表了许多议论，前面所论的杜佑的学术思想都是对杜佑议论的总结和归纳，可见这些议论具有多么重要的价值。李翰评价说：《通典》之文，“其文甚详而不烦，推而通，放而准，语备而理尽，例明而事中，举而措之，如指诸掌”[90]。权德舆亦曰：《通典》“诞章宏议，错综今古，经代立言之旨备焉”[91]。前面已经指出，序与论是杜佑自己所发表的言论，包括杜佑的自注，这些都是所谓的“立言”之论，是杜佑十分重视的内容。

这一切都对后世产生了深远的影响，成为后世学者仿效的一种体例，如马端临编撰《文献通考》就遵循了此例。《文献通考》的“文”，是指每一条目的“叙事”部分；凡是“论事”的部分，就是《文献通考》中的所谓“献”。对于这一部分，马氏自述说：“先取当时臣僚之奏疏，次及近代诸儒之评论，以至名流之燕谈、稗官之纪录，凡一话一言可以订典故之得失、证史传之是非者，则采而录之。”[92]此书中所谓“考”，即马端临自己的议论，用其本人的话来说，就是“其载诸史传之纪录而可疑，稽诸先儒之论辨而未当者，研精覃思，悠然有得，则窃著己意，附其后焉”[93]。从《文献通考》这种安排来看，其“献”与“考”这两部分，均是沿袭杜佑《通典》而来的，只是体例上更加规整而已。

至于宋人郑樵所撰之《通志》一书，其虽与《通典》《文献通考》并称“三通”，但内容、体例却大不相同，实际上是以人物纪传为主的通史。但是因其有“二十略”，所以又将其归入“三通”系列。所谓“略”即“志”，只是叫法不同而已，是为《通志》的精华部分。其中氏族、六书、七音、都邑、草木昆虫等略，为郑氏新创；而礼、器服、乐、职官、选举、刑法、食货等略，均沿袭了杜佑之书，可见《通典》对其还是产生了较大的影响。

总之，自杜佑《通典》问世以来，在当时就产生了广泛的影响，《旧唐书》本传说“其书大传于时”，“大为士君子所称”[94]。后世更是推崇备至，清代著名学者章学诚评价此书说：“可谓穷天地之际，而通古今之变者矣。”[95]给予了很高的评价。正因为如此，其书不仅历代翻刻，甚至还远传到日本诸国，可见其历史影响之深远。

四、历史启示与时代价值

杜佑所撰《通典》不仅具有很大的学术价值，而且还具有极强的历史启示与时代价值。《通典》的历史启示表现在多个方面，其中最重要的莫过于经世致用的特点，用杜佑的话说，就是“将施有政，用乂邦家”。从《通典》一书的谋篇布局到具体内容，无一不体现了杜佑的这一思想。《通典》共分食货、选举、职官、礼、乐、兵、刑、州郡、边防九门，与晚出的《通志》《文献通考》相比少了许多，马端临说：“至于天文、五行、艺文，历代史各有志，而《通典》无述焉。”[96]《通志》有“二十略”，比《通典》又多出了不少门类。有些学者据此对杜佑提出了批评，其实这正是杜佑经过精心思考后，有意做出的安排。用李翰的话说：“事非经国礼法程制，亦所不录，弃无益也。”[97] 即将与经世致用无关的内容摈弃出去，把有益于施政的重要方面都广泛收集起来，分类叙事，详载历代沿革，以借鉴前代经验。很明显《通典》是为现实政治服务的，故其落脚点不能不放在唐代，凡是有利于国家与社会治理的经验均予以收集。可见杜佑在为《通典》谋篇布局时，就已经充分地考虑到如何做到经世致用。

在《通典》的具体内容上，也同样体现了这一特点。比如把食货门放在全书的最前面，重视经济的基础作用，他说：“致财足而食丰，人安而政洽，诚为邦之所急，理道之所先。”认为经济与财政是治理国家所应最先考虑的问题。在各项经济活动中，最为强调农业生产的重要性[98]。他说：“农者，有国之本也。”[99] 即认为农业生产对于国家治理有重要意义。还有学者认为杜佑“强调政治措施要建立在物质经济基础之上，这种见解在一定程度上突破了儒家‘罕言利’的传统，是杜佑思想的精华所在”[100]。再如礼典占了全书的一半篇幅，其中还抄录了不少《开元礼》的内容，故为一些人所诟病。在这方面杜佑主要强调了两点：一是礼仪的实用性，二是礼仪的“适时性”。礼仪的实用性就在于其具有教化作用，他将“礼仪制度作为治理国家的资料库”[101]，提出了“教化为本”的思想，而这一思想是建立在“食货为先”的基础之上的，所谓“立制可久，施教得宜”[102]。反映出礼仪教化在其心目中占有十分重要的地位。杜佑认为礼制并不是一成不变的，他说：“详观三代制度，或沿或革不同，皆贵适时，并无虚事。”[103]这一思想得到了宋人郑樵的赞同，他在《通志》卷四十四《礼略三》引用了这段话。在杜、郑二人看来，礼制并非虚事，而且“古代礼制有古代的环境，后世条件变了，制度也要随时变化”[104]。礼仪为什么适时改变呢？根本目的就在于其具有经世致用的作用。这方面的事例很多，就不一一列举了。

其实前人对杜佑《通典》致世致用的思想评价很多，如宋人朱熹直接指出：“杜佑可谓有意于世务者。”[105]清高宗亦曰：《通典》之书，“亦恢恢乎经国之良模矣”[106]。梁启超先生指出：“于今日泰西通行诸学科中，为中国所固有者惟史学。”这是从世界学科的角度出发的，认为二千多年来，中国史家可称道的只有六家，将杜佑排在司马迁之后，认为“《通典》之作，不纪事而纪制度，制度于国民全体之关系，有重于事焉者也。前此所无而杜创之”[107]。可见评价之高。杜佑本人也认为其书，“可为今来龟鉴，布在方策，亦粗研寻”[108]。为了更好地发挥《通典》经世致用的作用，杜佑从《通典》中抽出 33 篇，编为 10 卷，名曰《理道要诀》，“详古今之要，酌时宜可行”[109]。可见杜佑从来都没有将自己的这部书视为一般的史学著作，而是视为治国理政的宝典。这一点与晚出的《资治通鉴》颇有异曲同工之妙，其通过记事以资治理，而《通典》则是通过考制“用乂邦家”。

《通典》经世致用的特点对今天的启示，就是史学研究不能单纯地为学术而学术，而是要探讨历史学的社会作用和教育作用，发挥其历史借鉴之功能和“鉴往知来”的重要作用，从历史中汲取智慧，作为启迪人生的向导，总结历史经验，宏扬优秀的民族精神。

杜佑《通典》还具有鲜明的时代价值，表现在诸多方面。首先，其为今天的史学工作者提供了不少可借鉴的经验，认真总结和吸取这些有益的经验，将会促进历史研究的进一步发展。瞿林东先生认为《通典》作为中国史学史上第一部规模宏大的典章制度史，进一步开拓了历史认识和历史撰述的新领域，从理论上奠定了典制体史书发展的基础。因此，《通典》对后世的影响是十分深远的，比如大家所熟知的“三通”“九通”，乃至于“十通”，都是受《通典》影响而编撰的史书。就近世的影响而言，大量涌现的制度史类的著作，如经济史、法制史、官制史、社会史、史学史、边疆史、外交史等等，从根源上看，无一不是受《通典》的影响，只是体例上没有《通典》规模宏大，属于专题研究的范畴。瞿先生还认为杜佑对历代典章制度有明确的和清晰的分类，以及在分类上的逻辑思想[110]。这一特点也对今天的学术界影响甚大，上面罗列的这些专题研究成果，都能从《通典》中找到分类依据。这些都是受《通典》宏大视野和逻辑结构影响的表现，也是对杜佑历史编纂学理论的借鉴。

其次，杜佑《通典》在许多方面对今日之历史研究产生了深远的影响。如他认为历史是不断向前发展的，反对“非今是古”，主张“随时立制，遇弊变通，不必因循，重难改作”[111]。故瞿林东先生认为《通典》全书贯穿了朴素的历史进化思想[112]。确为不易之论。此外，杜佑通古今之学，所谓“网罗百代兼总而条贯之”[113]，即善于从古代历史中吸取经验教训。史学研究强调“通”，司马迁在《报任安书》中提出：“究天人之际，通古今之变，成一家之言。”[114]率先提出了“通”的概念。此后历代史家都以此为治史的目标，然“《通典》(却)是一部关于典制的通史巨著”[115]，从而开了风气之先。此种学风至今仍影响甚大，自近代以来中国史家编撰了大量的通史类著作，其中制度类通史的撰写不能不说是受杜佑《通典》直接影响的结果。

再次，杜佑还在史学理论与史学方法方面做出了突出的贡献。《通典》

以“食货为之首”的思想和方法，“无疑反映了时代的精神”。唐朝自中期以来政治、经济危机日益严重，为了寻求解决问题的对策，杜佑除了从古代历史中吸取经验外，还受刘晏、杨炎、陆贽等人经济改革思想的影响，“启迪了杜佑的史学理论和史学方法”[116]。在食货中又以土地为先，人要依赖“谷”维持生命，“谷”则又是来自于“地”，即土地是靠人来耕种的，而人君治理的对象却又是人。因此，“有其人”“辨其地”“察其人”三者就成了“治政”的关键[117]。《通典》在这一根本点上反映了历史与逻辑的一致，从而奠定了杜佑的史学理论与方法。杜佑的这一史学理论与方法对后世亦有较大的影响，新中国成立以来一度把土地所有制作为历史研究的重要课题，不能不说与这种影响有着极大的关系。

其四，在文本撰写与历史表述方面，杜佑亦做出了很好的表率。李翰《通典序》称赞《通典》说：“其文甚详而不烦，推而通，放而准，语备而理尽，例明而事中，举而措之，如指诸掌。”清高宗在《御制重刻通典序》中说其书，“简而有要，核而不文”。这些都是称赞《通典》文字表述的话，说其内容详尽而不烦琐，道理通达而准确，论述完备而说理充分，文字简明而能抓住要点，记载的事件经得起核实而不崇尚文辞。这些方面也是对当代史学著作最基本的要求，是每个史学工作者应当努力做到的基本功。

① 有学者认为《通典》为“行政参考书”，见韩昇：《杜佑及其名著〈通典〉新论》，上海社会科学院《传统中国研究集刊》编辑委员会编：《传统中国研究集刊》（第二辑），上海：上海人民出版社，2006 年，第 122—124 页。

② 杜崇悫任详正学士，见（后晋）刘昫：《旧唐书》卷一四七《杜佑传》，北京：中华书局。1975 年，第 3978 页。又，（宋）欧阳修、宋祁：《新唐书》卷七十二上《宰相世系表二上》记为丽正殿学士，北京：中华书局，1975 年，第 2426 页。

③ （唐）权德舆：《权德舆诗文集》卷十一《大唐银青光禄大夫检校司徒同中书门下平章事太清宫及度支诸道盐铁转运等使崇文馆大学士上柱国岐国公杜公淮南遗爱碑铭并序》，上海：上海古籍出版社，2008 年，第 181 页。

④ 韩昇认为《通典》始撰于肃宗至德二载（575）以前，可备一说。见氏著《杜佑及其名著〈通典〉新论》，第125页。

⑤ 陈光崇：《刘秩事辑考》，《史学史研究》1983年第2期，第31—35页。

⑥ 黄永年：《唐史史料学》，上海：上海书店出版社，2002年，第66页。

⑦ ［日］金子修一：《围绕〈大唐元陵仪注〉的诸多问题》，《中国史研究动态》2011年第4期，第57—66页。

⑧ ［日］玉井是博著，曾贻芬译：《〈通典〉的撰述和流传》，《史学史资料》1980年第6期，第30页。

⑨ ［日］玉井是博著，曾贻芬译：《〈通典〉的撰述和流传》，《史学史资料》1980年第6期，第31—32页。

⑩ 黎翔凤撰、梁运华整理：《管子校注·刘向叙录》，北京：中华书局，2004年，第4页。

⑪ 周怀宇、赵伟：《浅论唐代杜佑〈通典〉对〈管子〉的继承》，《安徽省管子研究会2010年年会暨全国第五届管子学术研讨会交流论文集》，安徽省管子研究会，2010年，第146页。

⑫ 周怀宇、赵伟：《浅论唐代杜佑〈通典〉对〈管子〉的继承》，《安徽省管子研究会2010年年会暨全国第五届管子学术研讨会交流论文集》，第151页。

⑬ （清）章学诚撰、叶长青注：《文史通义注》卷一《内篇一·书教中》，上海：华东师范大学出版社，2012年，第45—46页。范文澜：《中国通史》第4册，北京：人民出版社，1978年第2版，第362页。

⑭ 参见王文锦等点校：《通典·点校前言》，北京：中华书局，1988年，第2—3页。

⑮ 陈光崇：《刘秩事辑考》，《史学史研究》1983年第2期，第31—35页。

⑯ 柴德赓：《史籍举要》，北京：北京出版社，1982年，第206页。

⑰ （宋）欧阳修、宋祁：《新唐书》卷五十九《艺文志三》，北京：中华书局，1975年，第551页。

⑱ 张轲风：《〈通典〉与〈政典〉渊源考辨》，《云南大学学报》2017年第6期，第69—75页。陈光崇：《刘秩事辑考》，《史学史研究》1983年第2期，第31—35页。

⑲ （唐）杜佑：《通典》卷一百四《礼典六十四》，北京：中华书局，1988年，第2719页。

⑳ （唐）杜佑：《通典》卷二十三《职官典五》，第634页。

㉑ （唐）杜佑：《通典·进通典表》，第1页。

㉒ （唐）杜佑：《通典·进通典表》，第1页。

㉓ （唐）杜佑：《通典·李翰序》，第1—2页。

㉔ 以上均见（唐）杜佑:《通典》卷一《食货典一》，第 1 页。

㉕ 瞿林东:《论〈通典〉的方法和旨趣》,《历史研究》1984 年第 5 期，第 114 页。

㉖（宋）胡寅:《读史管见》卷二十二《唐纪》，长沙：岳麓书社，2011 年，第 810 页。

㉗（唐）陆贽:《陆贽集》卷二十二《均节赋税恤百姓六条》，北京：中华书局，2006 年，第 759 页、第 764 页。

㉘ 瞿林东:《论〈通典〉在历史编纂上的创新》,《唐代史学论稿（增订本）》，北京：高等教育出版社，2015 年，第 329 页。

㉙ 朱维铮:《中国史学史讲义稿》，上海：复旦大学出版社，2015 年，第 218—219 页。

㉚ 韩昇:《杜佑及其名著〈通典〉新论》，第 122 页。

㉛ 刘节:《中国史学史稿》，郑州：中州书画社，1982 年，第 147 页。

㉜ 朱维铮:《中国史学史讲义稿》，第 218—219 页。

㉝ 瞿林东:《论〈通典〉在历史编纂上的创新》,《唐代史学论稿（增订本）》，第 329 页。

㉞（唐）权德舆:《权德舆诗文集》卷十一《大唐银青光禄大夫检校司徒同中书门下平章事太清宫及度支诸道盐铁转运等使崇文馆大学士上柱国岐国公杜公淮南遗爱碑铭并序》，第 181 页。

㉟ 韩昇:《杜佑及其名著〈通典〉新论》，第 122 页。

㊱ 金毓黻:《中国史学史》，北京：商务印书馆，1999 年，第 271 页。

㊲ 钱穆:《中国史学名著》，台北：联经出版事业公司，1998 年，第 233 页。

㊳（清）永瑢等:《四库全书总目》卷八十一《史部・政书类一》，北京：中华书局，1965 年，第 701 页。

㊴ 黄永年:《唐史史料学》，上海：上海书店出版社，2002 年，第 64 页；韩昇:《杜佑及其名著〈通典〉新论》，第 122 页。

㊵（唐）杜佑:《通典》卷一《食货典一》，第 1 页。

㊶（唐）杜佑:《通典》卷四十二《礼典二》，第 1167 页。据瞿林东先生统计，今本《通典》中序、论以及说、议、评总共约为七十首，序近二十首，说约有十七八首，议约二十首。见瞿林东:《重读〈通典〉史论》,《唐代史学论稿（增订本）》，第 352—363 页。

㊷ 张荣芳:《通典：典章制度的总汇》，北京：九州出版社，2018 年，第 10 页。

㊸（晋）杜预注、（唐）孔颖达疏:《春秋左传正义》卷三十五《襄公二十四年》,（清）阮元校刻:《十三经注疏》，北京：中华书局，2009 年，第 4297 页。

㊹ （唐）权德舆:《权德舆诗文集》卷二十二《唐故金紫光禄大夫守太保致仕赠太傅岐国公杜公墓志铭并序》，上海：上海古籍出版社，2008 年，第 335 页。

㊺ 邓国光:《杜佑〈通典〉的经学本质》,《经学义理》，上海：上海古籍出版社，2011 年，第 438 页。

㊻ （清）王鸣盛:《十七史商榷》卷九十，上海：上海古籍出版社，2013 年，第 1329 页。

㊼ 白悦波:《政术与学术：关于〈通典〉的创作初衷及其相关问题的考察》，杜文玉主编:《唐史论丛》第 31 辑，西安：三秦出版社，2020 年，第 225—248 页。

㊽ （唐）权德舆:《权德舆诗文集》卷十一《大唐银青光禄大夫检校司徒同中书门下平章事太清宫及度支诸道盐铁转运等使崇文馆大学士上柱国岐国公杜公淮南遗爱碑铭并序》，第 181 页。

㊾ （唐）杜佑:《通典·李翰序》，第 2 页。

㊿ 胡寄窗:《中国经济思想史》中册，上海：上海人民出版社，1963 年，第 456 页。

51 （唐）杜佑:《通典》卷六十一《礼典二十一》，第 1713 页。

52 （唐）杜佑:《通典》卷四十八《礼典八》，第 1355 页。

53 （唐）杜佑:《通典》卷一百七十四《州郡典四》，第 4564 页。

54 （唐）杜佑:《通典》卷三十一《职官典十三》，第 849 页。

55 （唐）杜佑:《通典》卷七十四《礼典三十四》，第 2015 页。

56 （唐）杜佑:《通典》卷四十《职官典二十二》，第 1109 页。

57 吴泽主编:《中国史学史论集》第 2 集，上海：上海人民出版社，1980 年，第 193—198 页。

58 （唐）权德舆:《权德舆诗文集》卷二十二《唐故金紫光禄大夫守太保致仕赠太傅岐国公杜公墓志铭并序》，第 335 页。

59 （唐）杜佑:《通典》卷一百四十八《兵典序》，第 3781—3782 页。

60 （唐）杜佑:《通典》卷三十一《职官典十三》，第 867 页、第 850 页。

61 （唐）杜佑:《通典》卷十二《食货典十二》，第 296 页。

62 （唐）杜佑:《通典》卷十二《食货典十二》，第 295 页。

63 （唐）杜佑:《通典》卷一百七十一《州郡典一》，第 4450 页。

64 李珍:《〈通典〉的民族史观》,《中国民族报》2002 年 12 月 31 日，第 3 版。

65 瞿林东:《杜佑评传》，南宁：广西教育出版社，1996 年，第 573—584 页。

66 （唐）杜佑:《通典》卷一百八十五《边防典序》，第 4980 页。

67 （唐）杜佑:《通典》卷一《食货典序》，第 1 页。

68 （唐）杜佑:《通典》卷一百八十五《边防典序》，第 4980 页。

⑲ 郭绍林:《论杜佑的〈通典·兵典〉》,《华北水利水电学院学报》(社科版)2003年第3期,第77—79页。

⑳ (唐)杜佑:《通典》卷一百四十八《兵典序》,第3782页。

㉑ (唐)杜佑:《通典》卷一百四十八《兵典序》,第3781页。

㉒ (唐)杜佑:《通典》卷一百四十八《兵典序》,第3781页。

㉓ (唐)杜佑:《通典》卷一《食货典序》,第1页。

㉔ (清)王先谦:《荀子集解》卷十三《论礼篇》,北京:中华书局,1988年,第346页。

㉕ (唐)杜佑:《通典》卷四十一《礼典一·礼序》,第1119页。

㉖ (唐)杜佑:《通典》卷一百四十一《乐典一·乐序》,第3587页。

㉗ (唐)杜佑:《通典》卷一百四十一《乐典一·乐序》,第3588页。

㉘ 李妮:《略论〈通典·乐典〉与治学价值》,《音乐时空》2012年第2期,第19页。

㉙ (唐)杜佑:《通典》卷四十八《礼典八》,第1355页。

㉚ 剑光、国慰:《杜佑思想局限性述论》,《思想战线》1994年第4期,第82—88页。

㉛ 白寿彝主编:《中国史学史》第3卷,上海:上海人民出版社,2006年,第284—285页。

㉜ 金宝祥:《北朝隋唐均田制研究》,《西北师大学报》(社会科学版),1978年第3期,第10—34页。杨际平:《〈唐令·田令〉的完整复原与今后均田制的研究》,《中国史研究》2002年第2期,第59—71页。

㉝ 刘海峰:《两〈唐书·地理志〉户口资料系年——兼考〈通典·州郡典〉户口之年代》,《厦门大学学报》1987年第3期。第77—82页。

㉞ 张荣芳:《通典:典章制度的总汇》,第21页。

㉟ 郑祖襄:《〈通典·乐典〉述评》,《音乐艺术》1996年第3期,第13—17页。

㊱ (清)永瑢等:《四库全书总目》卷八十一《史部·政书类一》,第694页。

㊲ 参见丁克家:《〈经行记〉考论》,《回族研究》1991年第1期,第44—51页。宋岘:《唐代中国文化与巴格达城的兴建——唐杜环〈经行记〉新证之一》,《海交史研究》1998年第1期,第73—84页。张宗奇:《从杜环〈经行记〉到吴鉴〈清净寺记〉:8—14世纪教外中国人对伊斯兰文化的理解》,宁夏大学回族研究所编,《中国回族研究论集》,民族出版社,2005年。吴毅:《杜环〈经行记〉及其重要价值》,《西北大学学报》(自然科学版)2008年第6期,第1029—1033页。马锋、廖紫蕙:《〈经行记〉拂菻国篇研究成果中未有定论的问题》,《外国问题研究》2020年第1期,第20—27页。

⑱ 郭锋:《杜佑评传》，南京：南京大学出版社，2004 年，第 5—6 页。

⑲ 瞿林东:《论〈通典〉的方法和旨趣》,《历史研究》1984 年第 5 期，第 118 页。

⑳ （唐）杜佑:《通典・李翰序》，第 2 页。

㉑ （唐）权德舆:《权德舆诗文集》卷二十二《唐故金紫光禄大夫守太保致仕赠太傅岐国公杜公墓志铭并序》，第 335 页。

㉒ （宋）马端临:《文献通考・自序》，北京：中华书局，2011 年，第 3 页。

㉓ （宋）马端临:《文献通考・自序》，第 3 页。

㉔ （后晋）刘昫:《旧唐书》卷一四七《杜佑传》，北京：中华书局，1975 年，第 3983 页。

㉕ （清）章学诚撰、叶长青注:《文史通义注》卷一《内篇一・书教中》，第 45—46 页。

㉖ （宋）马端临:《文献通考・自序》，北京：中华书局，2011 年，第 2 页。

㉗ （唐）李翰:《通典序》,《通典》，北京：中华书局，1988 年，第 2 页。

㉘ 牛润珍、吴海兰、何晓涛:《中国史学思想会通》（隋唐史学思想卷），福州：福建人民出版社，2018 年，第 323 页。

㉙ （唐）杜佑:《通典》卷十二《食货典十二》，北京：中华书局，1988 年，第 295 页。

⑩⓪ 冯克诚、田晓娜主编:《四库全书精编・史部》，西宁：青海人民出版社，1998 年，第 674 页。

⑩① 牛润珍、吴海兰、何晓涛:《中国史学思想会通》（隋唐史学思想卷），福州：福建人民出版社，2018 年，第 326 页。

⑩② （唐）杜佑:《通典》卷三十一《职官典十三》，第 850 页。

⑩③ （唐）杜佑:《通典》卷五十八《礼典十八》，第 1652 页。

⑩④ 吴怀祺:《郑樵研究》，厦门：厦门大学出版社，2010 年，第 59 页。

⑩⑤ （宋）黎靖德编:《朱子语类》卷一百三十六《历代三》，北京：中华书局，1986 年，第 3250 页

⑩⑥ （唐）杜佑:《通典》附录一《御制重刻通典序》，第 5513 页。

⑩⑦ 梁启超:《饮冰室文集》之九《新史学》，北京：中华书局，2015 年，第 6 页。

⑩⑧ （唐）杜佑:《进通典表》,《通典》，北京：中华书局，1988 年，第 1 页。

⑩⑨ 陈尚君:《全唐文补编》卷六十一杜佑《进理道要诀表》，北京：中华书局，2005 年，第 743 页。

⑪⓪ 以上均见瞿林东:《杜佑评传》，桂林：广西教育出版社，1996 年，第 2—3 页。

⑪ （唐）杜佑：《通典》卷四十《职官典二十二》，第 1109 页。

⑫ 瞿林东：《杜佑评传》，桂林：广西教育出版社，1996 年，第 3 页。

⑬ （唐）杜佑：《通典》附录一《御制重刻通典序》，第 5513 页。

⑭ （汉）班固：《汉书》卷六十二《司马迁传》，北京：中华书局，1962 年，第 2735 页。

⑮ 白寿彝：《中国史学史论集》，北京：中华书局，1999 年，第 257 页。

⑯ 瞿林东：《论〈通典〉的方法和旨趣》，《历史研究》1984 年第 5 期，第 115 页。

⑰ 牛润珍、吴海兰、何晓涛：《中国史学思想会通》（隋唐史学思想卷），福州：福建人民出版社，2018 年，第 323 页。

通　典

进通典表

臣佑言：臣闻太上立德[1]，不可庶几[2]；其次立功，道行当代；其次立言，见志后学[3]。由是往哲[4]，递相祖述[5]，将施有政[6]，用乂邦家[7]。臣本以门资[8]，幼登宦序[9]，仕非游艺，才不逮人[10]，徒怀自强，颇玩坟籍[11]。虽履历叨幸[12]，或职剧务殷[13]，窃惜光阴，未尝辍废[14]。夫《孝经》《尚书》《诗》《礼》《易》《传》[15]，皆父子君臣之要道，十伦五教之宏纲[16]，如日月之下

在这一段文字中，杜佑论述了古人立德、立功、立言对后世的积极影响，认为儒家经典虽然精深，然“罕存法制”，即对典章制度缺少记载。强调了学以致用的治学目的，表达了自己探求治国安民之道的政治理想。

临，天地之大德，百王是式[17]，终古攸遵[18]。然率多记言，罕存法制，愚管窥测[19]，岂达精深，辄肆荒唐，试为臆度[20]。

［注释］

[1] 太上：太古，这里指三皇五帝。 [2] 不可庶几：意为如此则人们不会产生邪念妄言。庶几，副词，差不多，也许可以。 [3] 志：志向，激励。后学：后辈学生，后进学者。 [4] 往哲：先哲，前贤。 [5] 祖述：效法、遵循前人的行为或学说。 [6] 有政：政事。 [7] 乂：治理。邦家：国家。 [8] 门资：门第，资历。杜佑是通过门荫这种途径入仕的。 [9] 宦序：仕途，官场。 [10] 不逮人：不如人。 [11] 坟籍：典籍。 [12] 叨幸：谦词，有幸，幸运。 [13] 职剧务殷：工作繁忙。 [14] 辍废：停止，荒废。 [15]《孝经》：儒家经典。孔子撰，一说其弟子曾参撰。今本《孝经》多袭用《左传》《孟子》《荀子》语句，而为《吕氏春秋》所征引；可证其成书于《左传》《孟子》《荀子》之后，但在《吕氏春秋》之前，约当公元前 3 世纪中后期，为孔子再传弟子以后之儒者所作，托名于孔子、曾参。《尚书》：儒家经典。相传由孔子选编而成。共分《虞书》《夏书》《商书》《周书》四部分。起于《尧典》，终于《秦誓》。《尚书》保存了商周特别是西周初期的一些重要史料，是我国最早的历史文献汇编。此书有今文《尚书》与古文《尚书》之别，经考证证明今本古文《尚书》为伪书。《诗》：即《诗经》，儒家经典。是我国最早的一部诗歌总集。全书分为风、雅、颂三大类，共计 305 篇。《诗经》运用赋、比、兴的表现手法，对后世诗歌创作及文学发展影响很大，同时也提供了我国上古社会多方面的史料。《礼》：即《礼记》，儒家经典。战国时至西汉初的儒家各种礼仪著作选集，由西汉人刘向编定，共 130

篇。礼是维护古代社会秩序的典章制度，是维护等级制度以及与之相适应的人与人交往中的礼节仪式。《易》：即《易经》，也叫《周易》，儒家经典。是流传至今最古老的一部占筮之书，相传周文王作卦辞，周公作爻辞，说法不一，其实非一人一时之作。成书时间也有不同的说法，有殷周之际说、周初说、春秋中期说、战国说等。在中国思想史、文化史上曾产生过深远的影响。《传》：指《春秋》三传，即《左传》《公羊传》《穀梁传》，均为儒家经典。影响最大的是《左传》，相传为左丘明所撰，是我国古代第一部记事详细、议论精辟的编年体史书。 [16] 十伦：指祭祀之礼的十种意义。《礼记·祭统》："夫祭有十伦焉：见事鬼神之道焉；见君臣之义焉；见父子之伦焉；见贵贱之等焉；见亲疏之杀焉；见爵赏之施焉；见夫妇之别焉；见政事之均焉；见长幼之序焉；见上下之际焉。此之谓十伦。"伦，义。五教：儒家所说的社会伦理教育的五个方面，即"父子有亲，君臣有义，夫妇有别，长幼有序，朋友有信"。 [17] 百王：指前代帝王。式：法则，范式。 [18] 攸遵：长期遵行。 [19] 窥测：窥探察看。 [20] 臆度：主观猜测。

说明自己编撰《通典》的原因和目的，即总结历史经验，以为龟鉴。

每念懵学[1]，冀探政经[2]，略观历代众贤高论，多陈紊失之弊[3]，或阙匡拯之方[4]。臣既庸浅，宁详损益，未原其始，莫畅其终。尚赖周氏典礼[5]，秦皇荡灭不尽[6]，或有繁杂，且用准凭[7]。至于往昔是非，可为今来龟鉴[8]，布在方策[9]，亦粗研寻。

[注释]

[1] 懵学：无知，不明。 [2] 冀探：希望探索。 [3] 多陈紊失之弊：大都陈说政治与经济方面存在的弊端。 [4] 或阙匡拯之方：缺乏拯救或改变的方略与办法。阙，同“缺”。 [5] 周氏：指西周。典礼：指典章制度。 [6] 秦皇：指秦始皇。 [7] 准凭：凭据，依据。 [8] 龟鉴：龟为龟卜，鉴为镜子，引申为经验、教训。 [9] 方策：方针，政策。《礼记·中庸》：“文武之政，布在方策。”方，板。策，简。

自顷纂修，年涉三纪[1]，识寡思拙，心昧词芜[2]。图籍寔多[3]，事目非少，将谓功毕，有愧乖疏[4]，固不足发挥大猷[5]，但微臣竭愚尽虑。凡二百卷，不敢不具上献，庶明鄙志所之。尘黩圣听[6]，兢惶无措。谨奉表以闻。臣诚惶诚恐，顿首顿首，谨言[7]。

贞元十年[8] 月 日表上

[注释]

[1] 纪：一纪为十二年。 [2] 心昧词芜：这些都是杜佑谦虚之词。昧，暗，不聪明。芜，繁杂，不精练。 [3] 寔：同“实”。 [4] 乖：谬误。 [5] 大猷：大道，治国的法度。 [6] 尘黩圣听：这些都是杜佑对自己著作的自谦之词。尘，污染。黩，亵渎。圣听，帝王的视听。 [7] 谨言：奏表、文章中的结束词，敬慎上言的意思。 [8] 据《旧唐书·杜佑传》载，“十”字之后，

脱漏了“七”字。

[点评]

杜佑的这篇《进通典表》十分重要，提出了自己治学旨趣与目的。杜佑之所以能够提出自己独特的主张，主要是基于两点认知：一是他认为儒家的《孝经》《尚书》《诗》《礼》等经典固然很重要，历代相传，但都是记言之书，“罕存法制”。二是历代前贤圣哲的论著，虽然指出了许多政治弊端和缺失，但是却没有提出拯救弊端，改变缺失的方针政策。正是基于这些认知，所以他要搜集与整理前代所留下来的历史资料，条分缕析，另撰一部对社会与国家治理有用的著作。关于杜佑编撰此书的目的，在这篇进书表中也说得非常清楚，即总结与分析前代治理国家的经验和历史教训，便于查寻研究，可作为唐朝的“龟鉴”，所谓“将施有政，用乂邦家”。杜佑重视实学，不尚空谈的治学态度，反映了其古为今用、经世致用的思想，这些都是十分难能可贵的。此外，这篇进书表还有一个重要的作用，即提供了《通典》一书的成书时间，这对后世研究《通典》十分重要，为许多学者所引用。

通典自序

京兆杜佑字君卿纂[1]

杜佑这一段话表明了自己反对术数与章句之学，而重视对治理国家有用的学问，即在开篇就点明了自己编撰《通典》的主要目的。

杜佑引用了《易经》《尚书》《管子》等书以及孔夫子的言论，说明经济问题对于治理国家的重要性，同时也表明了他将食货典列为《通典》一书之首的理由。

佑少尝读书，而性且蒙固[2]，不达术数之艺[3]，不好章句之学[4]。所纂《通典》，实采群言，征诸人事，将施有政[5]。夫理道之先在乎行教化[6]，教化之本在乎足衣食。《易》称聚人曰财[7]。《洪范》八政[8]，一曰食，二曰货。管子曰[9]：“仓廪实知礼节，衣食足知荣辱。”夫子曰[10]：“既富而教。”斯之谓矣。夫行教化在乎设职官，设职官在乎审官才，审官才在乎精选举，制礼以端其俗，立乐以和其心，此先哲王致治之大方也[11]。故职官设然后兴礼乐焉，教化隳然后用刑罚焉[12]，列州郡俾分领焉，置边防遏戎敌焉。是以食货为之首，十二卷。选举次之，六卷。职官又次之，二十二卷。礼又次之，百卷。乐又次之，七卷。刑又次之，大刑用甲兵，十五卷。其次五刑，八卷。州郡又次之，十四卷。边防末之。十六卷。或览之者庶知篇第之旨也[13]。本初纂录，止于天宝之末，其有要须议论者，亦便及以后之事。

［注释］

[1]杜佑所撰此序，中华书局点校本置于食货典一之下。 [2]蒙固：即见识鄙陋，这是杜佑的自谦之辞。蒙，暗昧。固：鄙陋。 [3]术数：古人把自然界的变化与人事的吉凶和社会的发展联系起来，认为两者之间存在着某种内在关系，这种关系可以用术数加以归纳、推理，这样术数就成为推测人事吉凶祸福和社会发展变化的手段。术，指方术。数，指气数。 [4]章句：主要指汉代以来的学者以分章析句来解说古书意义的研究方法。 [5]施有政：施于国政。 [6]理道：治理国家的方法。教化：指以民为主要对象的政治教育和道德感化。 [7]《易》称聚人曰财：《易·系辞》曰："何以聚人？曰财。"意为如何聚集人心，只有财物。《易》，指《易经》。 [8]《洪范》：《尚书》中的篇名。八政：《尚书·洪范》载："八政：一曰食，二曰货，三曰祀，四曰司空，五曰司徒，六曰司寇，七曰宾，八曰师。"后世所说"八政"，多源于此。 [9]管子：指春秋时齐国国相管仲，也指《管子》一书。 [10]夫子：指孔夫子，孔丘。 [11]大方：治理国家及社会最重要的方法。 [12]隳（huī）：

毁坏。 [13] 庶知：期望知道之意。庶，希冀，期望。

[点评]

杜佑所写的这一段文字，虽然排在食货典之下，但是从其内容看，并不限于食货典，而应是全书的总序。杜佑在自序中，主要写了三点内容：一是简要地叙述了其编撰此书的宗旨，即“实采群言，征诸人事，将施有政”。可知杜佑编撰此书的宗旨就是为政治服务，为治理国家服务。二是杜佑论述了自己把食货典置于《通典》之首的缘由，强调了经济基础的重要作用以及教化应以食货为基础的思想。在其之前，还没有人如此重视这一问题，集中地反映了杜佑的史学思想与研究方法。三是论述了《通典》各门的排序，并叙述这样编排的理由。最后，杜佑明确告诉读者此书资料的收录时限。杜佑的这篇自序十分重要，对后世学者了解其编撰宗旨、学术思想以及《通典》的编撰体例等，有着重要的意义，也是后世学者研究《通典》及杜佑史学思想的重要资料。

通典序

左补阙李翰撰[1]

儒家者流[2]，博而寡要[3]，劳而少功[4]，何哉？其患在于习之不精，知之不明，入而不得其门，行而不由其道。何以征之？夫五经群史之书[5]，大不过本天地[6]，设君臣[7]，明十伦五教之义，陈政刑赏罚之柄[8]，述礼乐制度之统[9]，究治乱兴亡之由[10]。立邦之道，尽于此矣。非此典者，谓之无益世教，则圣人不书，学者不览，惧人冗烦而无所从也。先师宣尼[11]，祖述尧舜[12]，宪章文武[13]，七十子之徒[14]，宣明大义，三代之道[15]，百世可师[16]。而诸子云云，

“博而寡要，劳而少功”，是《史记·太史公自序》中的话，李翰借用此话，对一些儒家学者进行了严厉的批评，认为其食古不化，读书不求甚解，轻视实务，虽日诵万言，终一事无成。同时对一些儒家学者出于门户之见，抵制和拒绝批评其学说的态度，提出了谴责。

猥复制作[17]，由其门则其教已备，反其道则其人可诛。而学者以多阅为广见，以异端为博闻，是非纷然，塞胸满腹，澒洞茫昧[18]，而无条贯。或举其中而不知其本[19]，原其始而不要其终。高谈有余，待问则泥[20]。虽驱驰百家，日诵万字，学弥广而志弥惑[21]，闻愈多而识愈疑[22]，此所以勤苦而难成，殆非君子进德修业之意也。

［注释］

[1] 补阙：官员，武则天时始置，掌供奉讽谏，从七品上，分为左右，左补阙隶于门下省，右补阙隶属中书省。李翰：唐开元时中进士，以文章知名于世，历任左补阙、卫县尉、侍御史等职。 [2] 流：辈，同一类人物。 [3] 博而寡要：谓学问广博而不得要点。 [4] 劳而少功：辛苦异常而成效极小。 [5] 五经：指儒家代表性经典，即《诗经》《尚书》《礼记》《易经》《春秋》。 [6] 本天地：探讨天地之本源。[7] 设君臣：设定君臣之大义。 [8] 柄：权力，权柄。 [9] 统：一脉相传的系统。 [10] 由：原由，原因。 [11] 宣尼：指孔子，汉平帝元始元年（1）追谥孔子为褒成宣尼公，故称之。 [12] 尧舜：指唐尧、虞舜，传说上古时期的圣君。 [13] 宪章文武：遵循文武之法。宪章，法制。文武，指周文王与周武王。 [14] 七十子：指孔子门下才德突出的弟子。《史记·孔子世家》："身通六艺者七十有二人。" [15] 三代：指夏、商、周三代。 [16] 师：师法，学习。[17] 猥复：多次重复。 [18]澒（hòng）洞：弥漫无际。茫昧：模糊不清。 [19]本：

根本，根源。 [20] 泥：拘执，不变通。 [21] 弥惑：更加迷惑。 [22] 愈疑：越加疑惑。

今《通典》之作，昭昭乎其警学者之群迷欤[1]！以为君子致用，在乎经邦[2]，经邦在乎立事，立事在乎师古[3]，师古在乎随时[4]。必参今古之宜，穷始终之要，始可以度其古，终可以行于今，问而辨之，端如贯珠[5]，举而行之，审如中鹄[6]。夫然，故施于文学，可为通儒[7]，施于政事，可建皇极[8]。故采五经群史，上自黄帝，至于我唐天宝之末，每事以类相从，举其始终，历代沿革废置及当时群士论议得失，靡不条载[9]，附之于事。如人支脉，散缀于体[10]。凡有八门[11]，勒成二百卷[12]，号曰《通典》。

师古不是泥古，而是审时度势，顺应时势，古为今用。

以下文字点明了《通典》的资料来源及收录的时间范围。

[注释]

[1] 昭昭：明白，清楚。 [2] 经邦：治理国家。 [3] 师古：效法古代。 [4] 随时：顺应时势。 [5] 贯珠：成串的珠子。 [6] 中：射中。鹄（gǔ）：箭靶的中心。 [7] 通儒：学识渊博、通晓古今的儒者。 [8] 皇极：语出《尚书·洪范》："皇极，皇建其有极。"孔颖达疏："皇，大也，极，中也；施政教，治下民，当使大得其中，无有邪僻。"后世谓皇极为帝王施政的最高准则。 [9] 靡不：莫不。 [10] 体：本指身体，这里指全书。 [11] 八门：八个门类，

《通典》初稿原为八门，正式定稿后，增为九门。 [12] 勒成：本意指刻成碑石，这里指编撰成书。

论述了《通典》资料的取舍标准以及重要的意义。

非圣人之书，乖圣人微旨[1]，不取焉，恶烦杂也[2]。事非经国礼法程制，亦所不录，弃无益也。若使学者得而观之，不出户知天下，未从政达人情[3]，罕更事知时变[4]，为功易而速，为学精而要。其道甚直而不径[5]，其文甚详而不烦[6]，推而通，放而准，语备而理尽，例明而事中[7]，举而措之，如指诸掌[8]，不假从师聚学，而区以别矣。非聪明独见之士[9]，孰能修之。

[注释]

[1] 乖：背离，违背。微旨：深远精微的意旨。 [2] 恶（wù）：讨厌，憎恨。 [3] 达：通晓。人情：世情，即社会情况。 [4] 时变：时势的变化。 [5] 不径：谓不走小路，以防不测，这里是指在学术上不走弯路。 [6] 烦：繁琐。 [7] 事中：切中事理。 [8] 诸掌：这里指整只手。 [9] 独见：独到的发现，独特的见解。

点明了《通典》开始修撰以及初稿完成的时间。

淮南元戎之佐曰尚书主客郎京兆杜公君卿[1]，雅有远度[2]，志于邦典[3]，笃学好古，生而知之。以大历之始，实纂斯典，累纪而成[4]。

杜公亦自为序引[5]，各冠篇首。或前史有阙，申高见发明，以示劝戒，用存景行[6]。近代学士，多有撰集，其最著者《御览》《艺文》《玉烛》之类，网罗古今，博则博矣，然率多文章之事，记问之学，至于刊列百度[7]，缉熙王猷[8]，至精至纯，其道不杂，比于《通典》，非其伦也[9]。於戏[10]！今之人贱近而贵远，昧微而睹著[11]，得之者甚鲜，知之者甚稀，可为长太息也[12]。翰尝有斯志，约乎旧史，图之不早[13]，竟为善述者所先，故颇详旨趣[14]，而为之序。庶将来君子，知吾道之不诬[15]。

这段话给《通典》以极高的评价。

［注释］

[1] 淮南元戎：指淮南节度使韦元甫。尚书主客郎：官名。杜佑时任检校主客员外郎，简称主客郎，用来表示官阶，其实际职务是淮南从事。京兆：指京兆府，今陕西西安。君卿：杜佑的字。 [2] 远度：远大的志向。 [3] 邦典：国家典籍、法则。 [4] 纪：武英殿本为“年”，点校本改为“纪”，实际上前者文字更优。具体论证意见参见本书导读以及傅璇琮《唐翰林学士传论》下编《李翰》（辽海出版社，2005 年）。 [5] 序引：相当于引言，排在《通典》每门之首。 [6] 景行：意即崇高的德行。《诗经 · 小雅 · 车舝》：“高山仰止，景行行止。” [7] 百度：指各种制度礼仪。 [8] 缉熙：发扬光大。王猷：国家法则、制

度。 [9] 伦：同类，同辈。 [10] 於戏：感叹词，表示感慨，同于呜呼。 [11] 昧微：幽隐难知。睹著：从明显的表面现象，预知到事物的本质。 [12] 太息：深深地叹息。 [13] 图之不早：动手太迟。 [14] 旨趣：宗旨，意图，目的。 [15] 不诬：不是无原则的虚美。

［点评］

李翰的这篇序言，给《通典》以及杜佑以极高的评价。李翰这篇文章的不同之处在于没有一开始就赞扬《通典》，而是从儒家学说的不足之处论起。认为儒家的五经群史，从大的方面看，不过在“本天地，设君臣，明十伦五教之义，陈政刑赏罚之柄，述礼乐制度之统，究治乱兴亡之由”等方面发挥了一些作用。但是在如何治理社会方面则茫然不知，所谓圣人未书，学者不览，徒知高谈阔论。然后笔锋一转，大谈《通典》一书的重要意义。李翰认为杜佑《通典》一书有几个鲜明的特点：第一，不尚空谈，具有经邦治国的重要作用。其序花了不少文字论述了这一特点，可见李翰是非常重视学以致用的。第二，重视搜集历代制度的资料。虽然强调师古，但更重视顺应时势，“参古今之宜”，反对泥古不化，强调古为今用。第三，指出了《通典》的编撰特点，即搜集资料丰富，除了收集历代典章制度外，还收集了“群士论议得失”，分门别类，以类相从。同时还指出杜佑自为“序引”，冠之于篇首，对本篇内容及得失有所发明。第四，提供了《通典》成书始末时间，有资于后人考证。第五，表达了其与杜佑为同道知音的关系，对自己没有早一点从事此类修撰感到遗憾，以此证明自己在这篇序中所论述的杜佑的撰述旨趣，都是多年的深思熟虑，并非虚美。有论者说杜佑之所以请李翰为其书作序，是想借助于其名气，以扩大《通典》的影响。从李翰在序中所表达的这番意思看，这种说法完全是对杜佑此举的曲解，当是杜佑看到李翰也具有与自己相同的思想，是所谓同道君子，这才请其作序的。

卷一　食货典一

田制上

谷者，人之司命也[1]；地者，谷之所生也；人者，君之所治也[2]。有其谷则国用备，辨其地则人食足，察其人则徭役均[3]。知此三者，谓之治政[4]。夫地载而不弃也，一著而不迁也[5]，安固而不动，则莫不生殖。圣人因之设井邑[6]，列比闾[7]，使察黎民之数，赋役之制，昭然可见也。自秦孝公用商鞅计[8]，乃隳经界[9]，立阡陌[10]。虽获一时之利，而兼并逾僭兴矣[11]。降秦以后，

粮食是维持人的生命的源泉，土地是粮食生产的根本，人民则是国君治理教化的对象。杜佑从这些话开始论述了土地的重要性，主要强调了土地所有权的稳定性问题，认为自商鞅变法以来，导致了土地兼并，从而致使农民流离失所。

阡陌既弊，又为隐核[12]，隐核在乎权宜[13]，权宜凭乎簿书[14]。簿书既广，必藉众功[15]，藉众功则政由群吏[16]，政由群吏则人无所信矣。夫行不信之法，委政于众多之胥，欲纪人事之众寡，明地利之多少，虽申商督刑[17]，挠首总算[18]，亦不可得而详矣。不变斯道而求理者[19]，未之有也。夫春秋之义，诸侯不得专封[20]，大夫不得专地[21]。若使豪人占田过制[22]，富等公侯[23]，是专封也；卖买由己，是专地也。欲无流冗[24]，不亦难乎！

［**注释**］

[1] 司命：本来指掌管人类命运的神，这里是指人类赖以延续生命的农作物。 [2] 治：管理，治理。 [3] 察其人：清查户口。 [4] 治政：好的治国方略。 [5] 著：这里指定居不迁。 [6] 设井邑：推行井田制。 [7] 比闾：《周礼·大司徒》："令五家为比，使之相保，五比为闾，使之相受。"这是古代的户口编制的基本单位，后世以比闾泛称乡里。 [8] 商鞅：战国时卫国人，姓公孙，名鞅，后被秦封于商地，故亦称商君，战国时著名政治家。秦孝公六年（前 356），任用商鞅实行变法，秦国因之而富强，为后来统一六国奠定了基础。因为变法触及一些统治阶级的利益，被车裂而死，但秦法未废。 [9] 隳（huī）：毁坏。经界：土地之间的界限。 [10] 阡陌：田间纵横交错的小

路。[11]兼并：指土地兼并。[12]隐核：审核。[13]权宜：因时因事而变通办法。[14]簿书：本来指官署中的文书簿册，这里指登记土地的簿册。[15]众功：大家的努力。[16]群吏：普通胥吏。[17]申商：申指申子，商指商鞅，均为法家人物。督刑：主持刑法审判。[18]挠首：形容困难很大，不知从何下手。[19]求理：希望得到治理。[20]专封：掌握封爵之权。[21]专地：控制土地的予夺之权。[22]过制：超过制度的限制。[23]富等公侯：富贵相当于公侯。[24]流冗：流离失所。

陶唐以前[1]，法制简略，不可得而详也。及尧遭洪水，天下分绝，使禹平水土[2]，别九州[3]，其分别疆理所在，具《州郡篇》。冀州[4]，厥土惟白壤[5]，无块曰壤。厥田惟中中。田第五。兖州[6]，厥土黑坟[7]，色黑而坟起。厥田惟中下。第六。青州[8]，厥土白坟，厥田惟上下。第三。徐州[9]，厥土赤埴坟，土黏曰埴。厥田惟上中。第二。扬州[10]，厥土惟涂泥[11]，地泉湿。厥田惟下下。第九。荆州[12]，厥土惟涂泥，厥田惟下中。第八。荆河豫州[13]，厥土惟壤，下土坟垆[14]，高者壤，下者垆。垆，疏也。厥田惟中上。第四。梁州[15]，厥土青黎[16]，色青黑，沃壤也。厥田惟下上。第七。雍州[17]，厥土惟

将上古时期全国的土地按肥沃程度，划分为九个等级，是出于当时人的认知水平，谨供参考。

黄壤，厥田惟上上。第一。九州之地[18]，定垦者九百一十万八千二十顷。虞夏殷三代凡千余载，其间定垦，书册不存，无以详焉。

[注释]

[1] 陶唐：即帝尧，初封于陶，后封于唐，故称陶唐氏，是上古著名的贤君。 [2] 禹：夏禹，又称大禹，以治理水患而著称。 [3] 别九州：即划分九州。九州，又称九有、九原、九域，是传说中我国上古时代的一种行政区划。 [4] 冀州：古九州之一，指今山西和陕西两省间黄河以东、河南和山西两省间黄河以北和山东省西北、河北省东南部地区。 [5] 厥：代词，这个、这些。白壤：白色的土壤。 [6] 兖州：古九州之一，即指济水（指自今河南荥阳北分黄河东北流至今山东利津南入海之古济水）与河水（指自今河南武陟东北流至今河北沧县东北入海之古黄河）之间地区。 [7] 黑坟：指肥沃的土地。 [8] 青州：古九州之一，指今渤海、泰山之间的山东地区。 [9] 徐州：古九州之一，指今江苏长江以北和山东东南部地区。 [10] 扬州：古九州之一，今安徽淮河和江苏长江以南及江西、浙江、福建三省，湖北的英山、黄梅、武穴，河南的固始、商城等地。 [11] 涂泥：指湿润的泥土。 [12] 荆州：古九州之一，约指今两湖及河南、贵州、广东、广西等省区之一部。 [13] 豫州：古九州之一，约指今淮河以北，南北汝河流域以东的豫东、皖北与江苏丰县、沛县等地。又，唐代宗名李豫，杜佑不能不避其讳，故以“荆河”代替豫州，疑后人为注荆河，在此二字后加了“豫州”二字，遂导致了现在这种状况。 [14] 垆：黑土。 [15] 梁州：古九州之一，指汉水以南、长江以北的陕西、四川、重庆地区。 [16] 黎：黑

色。 [17] 雍州：古九州之一，约相当于今陕西、甘肃二省及青海的一部分。 [18]“九州之地”二句：指帝尧时的耕地面积，《广雅·释地》曰：“帝尧所治九州，地二千四百三十万八千二十四顷，其垦者九百一十万八千二十四顷。”与《通典》所载基本相同。

［点评］

以上节录了《通典·田制上》开头的两段文字，主要反映了以下几方面的问题：首先，反映了《通典》的编撰原则，即“上自黄帝，至于我唐天宝之末，每事以类相从，举其始终”的原则，因此需要从上古田制述起。其次，反映了其资料“采五经群史”的原则，故第二段记载西周之前田制的文字主要录自《尚书·禹贡》，而省去了有关九州疆界的文字，这一点曾贻芬的《通典食货典校笺》卷一有清楚的说明。需要说明的是，《禹贡》虽为我国古代最早的地理著作，但其成书时间却要略晚一些，有西周说、春秋说、战国说，近年又有战国末至汉初说，其中战国说影响甚大，和者较多。也就是说，《禹贡》的成书年代至今仍无定论，可以肯定的是此篇乃后人所撰，并不能完全反映上古时期的情况。再次，杜佑认为商鞅变法导致中国古代土地制度发生了极大的变化，出现了土地兼并，其实是不对的。土地兼并的根源在于土地私有化与自由买卖。还有一点需要指出，即《禹贡》根据土地肥沃程度划分为九个等级，这一标准是出于当时人的认知，并不准确。此外，记载帝尧时的耕地面积为九百一十万八千二十顷，这一数据极不精确，明显地夸大了。据《通典》记载，有唐一代，直至天宝中全国耕地面积仅为一千四百三十多万顷，这还是唐朝最鼎盛时期的情况。唐朝的国土面积要远远大于《禹贡》成书的战国时期，而且生产力与生产工具也远较那时发达，又建立了全国性的统计制度，所以这个数据相对来说比较可靠，而战国时期诸侯分立，政令不能统一，其耕地面积是如何统计出来的？很值得怀疑。

卷二　食货典二

田制下

北齐给授田令[1]，仍依魏朝[2]。每年十月普令转授成丁而授[3]，丁老而退，不听卖易。文宣帝天保八年[4]，议徙冀、定、瀛无田之人[5]，谓之乐迁，于幽州宽乡以处之[6]。秦汉州郡则大，魏晋年代又远，改移分析，或未易知，以此要有解释。近代制置，今多因习，则不假繁叙，他皆类此。

北魏孝文帝时，采用了李安世的建议，推行均田之制，授田于民。北齐沿袭北魏之制，给成丁授田，不允许土地交易。此后北周、隋、唐继续了这一制度，只是授田数量有所变化，土地交易有所松动而已。

[注释]

[1] 北齐：武定八年（550），高欢子高洋废东魏自立，改国

号齐，都邺（今河北临漳西南），占据洛阳以东的今山西、河北、山东、河南及内蒙古一部分。史称北齐。承光元年（577）为北周所灭。凡六主、历二十八年。 [2] 魏朝：指北魏，鲜卑人拓跋珪于公元 386 年重建代国，称王，建元登国。同年改国号为魏，史称北魏。天兴元年（398）建都平城（今山西大同），次年称帝。太和十七年（493）魏孝文帝迁都洛阳，改姓元。永熙三年（534）分裂为东魏和西魏。自拓跋珪建立北魏到分裂，凡十四主，历一百四十九年。 [3] 成丁：北齐前期依据魏令，男子十五岁授田，河清三年（564）规定：男子十八以上，六十五以下为丁。即六十五岁以上为老丁，就可免除赋税徭役了。 [4] 文宣帝：名高洋，北齐第一位皇帝。天保八年，即公元 557 年。 [5] 冀：即冀州，治所在今河北冀州。定，即定州，治所在今河北定州。瀛，即瀛州，治所在今河北河间。 [6] 幽州：治所在今北京西南。宽乡，指地多人少的地区。

武成帝河清三年诏[1]：每岁春月，各依乡土早晚，课人农桑[2]。自春及秋，男子十五以上，皆布田亩。蚕桑之月，妇女十五以上，皆营蚕桑[3]。孟冬[4]，刺史听审邦教之优劣[5]，定殿最之科品[6]。人有人力无牛，或有牛无人力者，须令相便[7]，皆得纳种。使地无遗利，人无游手[8]。又令男子率以十八受田[9]，输租调[10]，二十充兵，六十免力役[11]，六十六退田，免租调。京城四面诸坊之外，三十里内为公田。受公田者，三县代迁户执事官一品以下[12]，逮于羽林武贲[13]，各有差。其外畿郡，华人官第一品以下[14]，羽林武贲以上，各有差。职事及百姓请垦田者，名为永业田[15]。奴婢受田者，亲王止三百人，嗣王二百人，第二品嗣王以下及庶姓王百五十人[16]，正三品以上及皇宗百人，七品以上八十人，八品以下至庶人六十人。奴婢限外不给田者，皆不输。其方百里外及州人，一夫受露田八十亩[17]，妇人四十亩，奴婢依良人，限数与在京百官同。丁牛一头受田六十亩，限止四牛。每丁给永业二十亩，为桑田。其田中种桑五十根，榆三根，枣五根，不在还受之限。非此田者，悉入还受之分。土不宜桑者，给麻田[18]，如桑田法。

从北齐河清三年颁布的诏令看，以奴婢和耕牛为授田根据，是这一时期尚有大量奴婢及荒地存在的一种反映。

[注释]

[1]河清：北齐武成帝高湛年号，三年即公元564年。 [2]课人：即督促百姓之意。人，即民，避唐太宗李世民讳改。 [3]营：从事。 [4]孟冬：冬季的第一个月。 [5]刺史：州一级的军政长官。 [6]殿最：殿即落后，最即先进，这里是指对刺史的考核。 [7]相便：互相提供便利。 [8]游手：游惰不从事生产。 [9]受田：分配耕地。 [10]输：输送，这里指缴纳赋税。 [11]力役：徭役。 [12]代迁户：代指代郡平城（今山

西大同）。魏孝文帝时从平城迁都洛阳，随同迁来的人户称代迁户，多为鲜卑贵族与士兵家属。到洛阳后，受田建宅，免三年租赋。[13]羽林武贲：为禁卫军，由代迁户男丁充当。[14]华人：指汉族人。[15]永业田：又称桑田，每丁二十亩，不在还受之限，可以继承。[16]庶姓王：非宗室高氏而封王者。[17]露田：相当于后世的口分田，丁六十六岁时要交还国家。[18]麻田：非种桑养蚕地区，给麻田，相当于桑田，不在还受之限。

这段文字出自《关东风俗传》，详细地记载了北齐田制混乱、土地兼并严重的情况。由于《北齐书》《北史》等正史缺载，故杜佑摘录于此。

《关东风俗传》曰[1]："其时强弱相凌，恃势侵夺，富有连畛亘陌[2]，贫无立锥之地。昔汉氏募人徙田，恐遗垦课，令就良美[3]。而齐氏全无斟酌，虽有当年权格[4]，时暂施行，争地文案有三十年不了者，此由授受无法者也。其赐田者，谓公田及诸横赐之田。魏令，职分公田，不问贵贱，一人一顷，以供刍秣[5]。自宣武出猎以来[6]，始以永赐，得听卖买。迁邺之始[7]，滥职众多，所得公田，悉从货易。又天保之代[8]，曾遥压首人田，以充公簿。比武平以后[9]，横赐诸贵及外戚佞宠之家，亦以尽矣。又河渚山泽有可耕垦肥饶之处[10]，悉是豪势，或借或请，编户之人不得一垄。纠赏者，依令，口分之外知有买匿[11]，听相纠列[12]，还以此地赏之。至有贫人，实非剩长买匿者，苟贪钱货，诈吐壮丁口分，以与纠人，亦既无田，即便逃走。帖卖者[13]，帖荒田七年，熟田五年，钱还地还，依令听许。露田虽复不听卖买，卖买亦无重责。贫户因王课不济[14]，率多货卖田业，至春困急，轻致藏走。亦有懒惰之人，虽存田地，不肯肆力[15]，在外浮游。三正卖其口田[16]，以供租课。比来频有还人之格，欲以招慰逃散。假使暂还，即卖所得之地，地尽还走，虽有还名，终不肯住，正由县听其卖帖田园故也。广占者，依令，奴婢请田亦与良人相似。以无田之良口，比有地之奴牛。宋世良天保中献书[17]，请以富家牛地先给贫人，其时朝列，称其合理。”宋孝王撰[18]。

[注释]

[1]《关东风俗传》：书名，63卷，宋孝王撰，记载北魏、北齐时之事。已佚。 [2] 连畛亘陌：形容广占土地的情况。畛，田畔。陌，田间小路。 [3] 良美：这里指比较肥沃的土地。 [4] 权格：格是古代的法律形式之一。权格是北齐所制定的一部格。 [5] 刍秣：饲养牛马的草料。 [6] 宣武：北魏宣武帝元恪（483—515），庙号世宗。 [7] 邺：今河北临漳西南。 [8] 天保：北齐文宣帝高洋年号，公元550—559年。 [9] 武平：北齐

后主高纬年号，公元570—575年。 [10]河渚：河中的小块陆地。 [11]买匿：购买藏匿。 [12]纠列：纠举列告。 [13]帖卖：典当，抵押。 [14]王课：向官府缴纳的赋税。 [15]肆力：尽力，努力。 [16]三正：即三长，即邻长、里长、党长之合称，为北朝的基层社会组织。 [17]宋世良：北齐时广平列人（今河北肥乡东北）人，字元友。《北齐书》《北史》有传。历任殿中侍御史、清河太守、东郡太守，颇有政绩。 [18]宋孝王：北朝人，广平（今河北鸡泽东南旧城营）人，有才名，撰《关东风俗传》，北周末被诛杀。

简要介绍了北周田制，以补充史书记载之不足。

后周文帝霸政之初[1]，创置六官[2]。司均掌田里之政令[3]。凡人口十以上宅五亩，口七以上宅四亩，口五以下宅三亩。有室者田百四十亩[4]，丁者田百亩。

[注释]

[1]后周文帝：即北周文帝宇文泰，其在西魏以权臣的身份掌握朝政，故称霸政，死后追尊为文皇帝。 [2]六官：宇文泰仿《周礼》，创立了以六官为中心的职官制度，即天、地、春、夏、秋、冬等六官，相当于尚书六部。 [3]司均：宇文泰所置官职之一，掌管土地之政令。 [4]有室者：指已成婚的丁男。

隋文帝令，自诸王以下至于都督，皆给永

业田，各有差。多者至百顷，少者至四十亩。其丁男、中男永业露田，皆遵后齐之制[1]。并课树以桑榆及枣。其园宅率三口给一亩，奴婢则五口给一亩。京官又给职分田[2]，一品者给田五顷，至五品则为田三顷，其下每品以五十亩为差，至九品为一顷。外官亦各有职分田。又给公廨田以供用[3]。开皇九年[4]，任垦田千九百四十万四千二百六十七顷。隋开皇中，户总八百九十万七千五百三十六。按定垦之数，每户合垦田二顷余也。开皇十二年，文帝以天下户口岁增，京辅及三河地少而人众[5]，衣食不给，议者咸欲徙就宽乡。帝乃发使四出，均天下之田。其狭乡[6]，每丁才至二十亩，老小又少焉。至大业中[7]，天下垦田五千五百八十五万四千四十顷[8]。按其时有户八百九十万七千五百三十六，则每户合得垦田五顷余，恐本史之非实。

隋朝虽承袭北周政权，但均田制却沿袭北齐之制。

[注释]

[1] 后齐：即北齐。 [2] 职分田：亦称职田，按官员品阶高低授予，北魏始给，隋唐沿袭，任满交给后任，不得买卖。 [3] 公廨田：隋朝始给，唐朝沿袭之，以其地租作为办公经费，任满交

后任。 [4]开皇：隋文帝杨坚年号，九年即公元589年。 [5]三河：指河东、河北、河南等三个地区。 [6]狭乡：指人多地少的地区。 [7]大业：隋炀帝杨广年号，即公元605—618年。 [8]天下垦田五千五百八十五万四千四十顷：杜佑怀疑这条记载可能不实，故出注予以说明。大业中的垦田数见《隋书·地理志》，原文是“垦田五千五百八十五万四千四十一顷”。

这一部分为开元二十五年田令的最核心的内容，在武德田令的基础上有了进一步的完善和细化。

大唐开元二十五年令[1]：田广一步、长二百四十步为亩，百亩为顷。自秦汉以降，即二百四十步为亩，非独始于国家，盖具令文耳。国家程式虽则具存，今所存纂录，不可悉载，但取其朝夕要切[2]，冀易精详，乃临事不惑。丁男给永业田二十亩，口分田八十亩，其中男年十八以上亦依丁男给，老男、笃疾、废疾各给口分田四十亩[3]，寡妻妾各给口分田三十亩[4]，先永业者，通充口分之数。黄、小、中、丁男女及老男、笃疾、废疾、寡妻妾当户者[5]，各给永业田二十亩，口分田二十亩。应给宽乡，并依所定数；若狭乡新受者，减宽乡口分之半。其给口分田者，易田则倍给[6]。宽乡三易以上者，仍依乡法易给。

[注释]

[1]开元：唐玄宗李隆基年号，即公元713—741年。 [2]要切：要点，重点。 [3]老男：指60岁以上的丁男。笃疾：指严重

的残废。废疾：指精神或身体上有缺陷而失去劳力者。 [4] 寡妻妾：指丧失丈夫的妻子和小妾。 [5] 黄、小、中、丁：《旧唐书·职官志二》："凡男女，始生为黄，四岁为小，十六为中，二十有一为丁，六十为老。"当户者：即户主。 [6] 易田：指轮换的休耕地。

其永业田，亲王百顷[1]，职事官正一品六十顷[2]，郡王及职事官从一品各五十顷[3]，国公若职事官正二品各四十顷[4]，郡公若职事官从二品各三十五顷[5]，县公若职事官正三品各二十五顷[6]，职事官从三品二十顷，侯若职事官正四品各十四顷[7]，伯若职事官从四品各十顷[8]，子若职事官正五品各八顷[9]，男若职事官从五品各五顷[10]，上柱国三十顷[11]，柱国二十五顷[12]，上护军二十顷[13]，护军十五顷[14]，上轻车都尉十顷[15]，轻车都尉七顷[16]，上骑都尉六顷[17]，骑都尉四顷[18]，骁骑尉、飞骑尉各八十亩[19]，云骑尉、武骑尉各六十亩[20]。其散官五品以上同职事给[21]，兼有官爵及勋俱应给者，唯从多，不并给。

此次给各级官员授与永业田，基本沿袭武德田令的规定，略有调整，变化不大。

[注释]

[1] 亲王：《隋书·百官下》："皇伯叔昆弟、皇子为亲王。"唐

朝沿袭隋制，仍以这些皇室宗亲为亲王，正一品，为九等爵制的第一等。 [2] 职事官：《隋书・百官志下》："居曹有职务者为执（职）事官，无职务者为散官。" 即有具体职掌的官吏，分为文、武两类。 [3] 郡王：唐代爵制中的第二等，从一品，以授予诸王之子及有功之臣。 [4] 国公：唐代爵制中的第三等，从一品，主要授予有功之臣。 [5] 郡公：唐代爵制中的第四等，正二品。 [6] 县公：唐代爵制中的第五等，从二品。 [7] 侯：唐代爵制中的第六等，从三品。 [8] 伯：唐代爵制中的第七等，正四品上。 [9] 子：唐代爵制中的第八等，正五品上。 [10] 男：唐代爵制中的第九等，从五品上。 [11] 上柱国：唐代勋官名，十二转，视正二品。 [12] 柱国：唐代勋官名，十一转，视从二品。 [13] 上护军：唐代勋官名，十转，视正三品。 [14] 护军：唐代勋官名，九转，视从三品。 [15] 上轻车都尉：唐代勋官名，八转，视正四品。 [16] 轻车都尉：唐代勋官名，七转，视从四品。 [17] 上骑都尉：唐代勋官名，六转，视正五品。 [18] 骑都尉：唐代勋官名，五转，视从五品。 [19] 骁骑尉、飞骑尉：均为唐代勋官名，前者四转，视正六品；后者三转，视从六品。 [20] 云骑尉、武骑尉：均为唐代勋官名，前者二转，视正七品；后者一转，视从七品。 [21] 散官：又称散阶、散位，始于汉代，其制至隋唐时期才定型。散官无印绶无官署无具体职掌，分为文、武两种。唐代文散官从开府仪同三司（从一品）至将仕郎（从九品下），共二十九等；武散官从骠骑大将军（从一品）至陪戎副尉（从九品下），凡二十九等。其中加"怀化""归德"等名号者，多授予少数民族政权首领。凡职事官皆带散官，用来表示资历、章服。

若当家口分之外，先有地非狭乡者，并即回

受，有剩追收，不足者更给。诸永业田皆传子孙，不在收授之限，即子孙犯除名者[1]，所承之地亦不追。每亩课种桑五十根以上，榆枣各十根以上，三年种毕。乡土不宜者，任以所宜树充[2]。所给五品以上永业田，皆不得狭乡受，任于宽乡隔越射无主荒地充[3]。即买荫赐田充者，虽狭乡亦听。其六品以下永业，即听本乡取还公田充[4]，愿于宽乡取者亦听。应赐人田[5]，非指的处所者，不得狭乡给。其应给永业人，若官爵之内有解免者[6]，从所解者追。即解免不尽者，随所降品追。其除名者，依口分例给，自外及有赐田者并追。若当家之内有官爵及少口分应受者，并听回给，有剩追收[7]。其因官爵应得永业，未请及未足而身亡者，子孙不合追请也。诸袭爵者，唯得承父祖永业，不合别请。若父祖未请及未足而身亡者，减始受封者之半给。其州县界内所部受田[8]，悉足者为宽乡，不足者为狭乡。诸狭乡田不足者，听于宽乡遥受[9]。

主要规定了均田制实施中存在的几种特殊情况的处理原则。

［注释］

[1] 除名：古代对犯罪官吏给予的开除官籍的处罚。　[2] 宜：适宜。　[3] 射：请射，请求。　[4] 还公田：指交还官府的公

田。 [5]人田：即民田。 [6]解免：指解职或免职。 [7]剩：指多出的按规定所应得的土地。 [8]所部受田：是指本州县境内用来授给的田地，与吐鲁番文书中的“部田”并无关系。 [9]遥受：指在本居住地之外的他乡授给田地。

应给园宅地者[1]，良口三口以下给一亩[2]，每三口加一亩，贱口五口给一亩[3]，每五口加一亩，并不入永业口分之限。其京城及州郡县郭下园宅[4]，不在此例。诸京官文武职事职分田：一品一十二顷，二品十顷，三品九顷，四品七顷，五品六顷，六品四顷，七品三顷五十亩，八品二顷五十亩，九品二顷，并去京城百里内给。其京兆、河南府及京县官人职分田亦准此。即百里外给者亦听。诸州及都护府、亲王府官人职分田：二品一十二顷，三品一十顷，四品八顷，五品七顷，六品五顷，京畿县亦准此。七品四顷，八品三顷，九品二顷五十亩。镇戍关津岳渎及在外监官五品五顷[5]，六品三顷五十亩，七品三顷，八品二顷，九品一顷五十亩。三卫中郎将、上府折冲都尉各六顷[6]，中府五顷五十亩，下府及郎将各五顷，上府果毅都尉四顷，中府三顷五十亩，下府三顷，上府长史、别将各三顷，中府、下府各二顷五十亩。亲王府典军五顷五十亩[7]，副典军四顷，千牛备身左右、太子千牛备身各三顷[8]。亲王府文武官随府出藩者，于在所处给。诸军上折冲府兵曹二顷，中府、下府各一顷五十亩。其外军校尉一顷二十亩[9]，旅帅一顷[10]，队正副各八十亩[11]，皆于领侧州县界内给。其校尉以下在本县及去家百里内领者不给。诸驿封田皆随近给[12]，每马一匹给地四十亩。若驿侧有牧田之处[13]，匹各减五亩。其传送马[14]，每匹给田二十亩。诸庶人有身死家贫无以供葬者，听卖永业田，即流移者亦如之。乐迁就宽乡者，并听卖口分。卖充住宅、邸店、碾硙者，虽非乐迁，亦听私卖。诸买地者，不得过本制[15]，虽居狭乡，亦听依宽制，其卖者不得更请。凡卖买，皆须经所部官司申牒[16]，年终彼此除附。若无文牒辄卖买，财没不追，地还本主。诸以工商为业者，永业口分田各减半给之，在狭乡者并不给。诸因王事没落外藩不还，有亲属同居，其身分之地，六年乃追。身还之日，随便先给。即身死王事者，其子孙虽未成丁，身分地勿追。

唐朝田令的这一规定，为土地兼并开了口子，尽管有买地不得超过本制的限制，亦不能阻止兼并发展的趋势。

其因战伤及笃疾废疾者，亦不追减，听终其身也。诸田不得贴赁及质[17]，违者财没不追，地还本主。若从远役外任，无人守业者，听贴赁及质。

［注释］

[1] 园宅地：即宅基地，用来建造房屋。 [2] 良口：即良民。 [3] 贱口：即贱民，唐朝有良贱制度，贱口社会地位最低，指奴婢、部曲、杂户等。 [4] 郭下：即城郭，指城内。 [5] 镇戍关津岳渎：镇戍皆为屯兵单位。唐制：镇分上、中、下三等，分别领兵五百人、三百人、三百人以下，各置镇将、镇副为正副长官；戍亦为上、中、下三等，分别领兵五十人、三十人、三十人以下，各置戍主为长官，其中上戍置戍副一人。关分为上、中、下三等，各置关令为长官，负责把守关口，检查过所；津指渡口，上关置津吏八人，中关置六人，下关置四人，负责把守渡口，后改津吏为津令，单独成署。古称东岳泰山、南岳衡山、西岳华山、北岳恒山、中岳嵩山为五岳；又有四渎，即南渎长江、东渎黄河、西渎淮河、北渎济水。古人认为四渎与五岳为名山大川，天子所祭，各置官每年定期祭祀。在外监官：分布于京师地区之外的全国各地诸监官员。 [6] 三卫中郎将：唐朝有亲卫之亲府、勋卫之勋府、翊卫之翊府，各置中郎将为长官，置左右郎将为副职，统领本府军兵宿卫京师。折冲都尉：唐前期实行府兵制，在全国各地置有折冲府，分别隶属于中央十二卫。折冲府分为上、中、下三等，上府有兵一千二百人，中府一千人，下府八百人，各置有折冲都尉与左右果毅都尉为正副长官，其下置有长史、别将、兵曹参军等官，其品阶因府等不同而高低不同。 [7] 亲王府典军：唐前期亲王府置有亲事府与帐内府，各置典军、副典军为正副长官，

统领属下军兵守卫陪从。 [8] 千牛备身左右：唐代军官名，隶属于左右千牛卫，为皇帝的亲信侍卫军官，执掌御刀，皇帝坐朝时列置御座左右。太子千牛备身：皇太子的侍卫军官，隶属于太子左右内率府。 [9] 校尉：领兵军官名，唐折冲府的军队编制是每三百人为一团，置校尉为长官。 [10] 旅帅：领兵军官名，唐折冲府的军队编制是每一百人为一旅，置旅帅为长官。 [11] 队正副：即队正与队副，领兵小军官，唐折冲府的军队编制是每五十人为一队，置队正、队副各一人为正副长官。 [12] 封田：这里是指划拨给驿站的土地，以供牧养驿马之用。 [13] 牧田：指隶属于诸监牧的土地。 [14] 传送马：隶属于邮驿的马匹，专门用来传送公文，统归诸州兵曹参军掌管。 [15] 本制：指田令规定的应授予的田地数量。 [16] 申牒：意即向官府申请发给公凭。牒，指公文、公凭。 [17] 贴赁：典当，抵押。

其官人永业田及赐田，欲卖及贴赁者，皆不在禁限。诸给口分田，务从便近，不得隔越。若因州县改易[1]，隶地入他境及犬牙相接者，听依旧受。其城居之人，本县无田者，听隔县受。虽有此制，开元之季，天宝以来，法令弛宽，兼并之弊，有逾于汉成哀之间。又田令，在京诸司及天下州府县监、折冲府、镇戍、关津、岳渎等公廨田、职分田，各有差。诸职分陆田限三月三十日，稻田限四月三十日，以前上者并入后人[2]，以后上者入前人。其麦田以九月三十日为限。若前人自耕未种，后

对职分田的交割，规定明确的时限，有利于化解官吏之间的矛盾，妥善处理利益纠纷。

人酬其功直[3]；已自种者，准租分法。其价六斗以下者，依旧定；以上者，不得过六斗。并取情愿，不得抑配[4]。亲王出藩者，给地一顷作园。若城内无可开拓者，于近城便给。如无官田，取百姓地充，其地给好地替。

天宝中应受田一千四百三十万三千八百六十二顷十三亩。按十四年有户八百九十万余，计定垦之数，每户合一顷六十余亩。至建中初[5]，分遣黜陟使按比垦田田数[6]，都得百十余万顷。

［注释］

[1] 州县改易：指州县等行政区划的变化。 [2] 上者：这里是指新上任的官吏。 [3] 功直：这里指应给付的劳动酬金。 [4] 抑配：强制性摊派。 [5] 建中：唐德宗李适年号，公元 780—783 年。 [6] 黜陟使：唐朝于唐太宗贞观八年（634）始派李靖等十三人为黜陟大使，巡察全国各地，检察吏治、民间疾苦、赈济穷乏。此后诸帝继有派遣，或称观风俗使、按察使、采访使，后改为观察使。按比：检查。

［点评］

均田制发端于北魏，北齐之制沿袭北魏，杜佑把有关北魏田制的内容安排在《通典·田制上》，这是考虑到南朝田制的内容不能完全与北朝分开的缘故，此外，还有一个全书篇幅的均衡问题。将北齐田制安排在该书《田制下》篇首，这种安排也有其合理性，这是因为隋朝田制沿袭了北齐之制，而唐制又沿袭隋制的缘故，从制度因袭的角度看，《田制下》从北齐述起，无疑是合理的。

《田制下》的记载对了解均田制发展、变化以及衰落有着重要的作用，大体上可以归结为如下方面：首先，从给奴婢、耕牛授田到不再授田，反映了社会上奴婢逐渐减少的史实，这是社会进步的表现。给耕牛不再授田，反映了官府保护自耕农以及防止地主占有更多土地的努力，有利于调动自耕农的生产积极性。其次，从给妇女授田到不再授田（寡妻妾除外），实际上是将妇女排除在承担赋税、徭役的范围之外，有利于减轻农民的负担。再次，老丁年龄从六十五岁降低到六十岁，也是减轻农民负担的一个举措。其四，土地还授的时间从北魏的每年正月（见《田制上》）到唐代的每年十月，目的在于不影响农业生产活动的正常进行。所有这一切既反映了均田制的变化，同时也是社会发展在土地制度上的反映，这些变化有利于促进社会生产的发展。

关于均田制崩溃的原因，学术界众说纷纭，其中最主要的观点是，均田制允许土地买卖，从而为土地兼并开了口子，使土地兼并愈演愈烈，失地农民也愈来愈多，农民大量流亡，最终导致了这一制度的瓦解。导致均田制瓦解还有一个因素，即安史之乱的爆发，使官府控制户口急剧减少，从天宝十四载（755）的 891 万户，减至乾元三年（760）的 193 万户，至大历中，又锐减至 130 万户，大量人口的脱籍，致使国家财政收入锐减。与均田制相对应的租庸调制是以人丁为征税对象，征税对象的大量流失，赋税制度自然无法继续维持。此外，唐朝自武则天以来就产生了不少逃户，安史之乱后逃户更多，形成了大量的客户。这些人户大部分没有土地，而官府连形式上“受田”都做不到，均田制的形式也被抛弃了。为了增加财政收入，朝廷推行两税法，规定“户无主客，以见居为簿；人无丁中，以贫富为差”(《旧唐书》卷四十八)。户籍制度的改变导致税制发生变化，而税制的变化导致均田制名存实亡。之所以如此说，是因为原来的田令从来没有明令废除过。

《田制下》还充分地体现了杜佑编撰《通典》的基本原则，即在编排相关史料时，采用以小字的形式说明编者的观点，或进一步对史料进行阐释。如其对《隋书·地理志》记载的大业年间垦田五千五百八十五万多顷的数字，提出了质疑。另外就是将历代众贤的高论引入书中，其引用的《关东风俗传》关于北朝田制之弊的议论，就是一例。此外，还有一点需要注意，即《通典》没有引用唐高祖武德七年（624）颁布的田令，而是收录了后来颁布的开元二十五年（737）田令，这是因为前者的内容残缺不全，而后者的内容则比较详细，再加上唐田令自武德颁布以来，基本原则与内容变化不大，故杜佑选择了开元令而舍弃了武德令。关于这一点，天一阁收藏的《天圣令》所复原的唐代田令可以清楚地说明这一结论。复原后的唐令共五十六条，其中前四十四条为均田令，后十二条为屯田令。这四十四条的内容的确比《通典》的记载更为详尽、全面，但是大的基本准则没有变化。尽管如此，凡欲研究唐代田制还是要以复原的唐代田令为主要史料依据。

屯田

汉昭帝始元二年，诏发习战射士诣朔方[1]，调徒钧反故吏将子亮反屯田张掖郡[2]。调，发选之也。故吏，前为官职者。令其部率习战射士于张掖为屯田。

孝宣帝神爵元年，遣后将军赵充国将兵击先零羌[3]。充国以击虏殄灭为期，乃欲罢骑兵屯田，以待其弊。奏曰："臣所将吏士马牛食，月用粮谷十九万九千六百三十斛[4]，盐千六百九十三斛，茭藁二十五万二百八十六石[5]。石，百二十斤。难久不解，徭役不息。又恐他夷卒有不虞之变[6]。且羌虏易以计破，难用兵碎也[7]，故臣愚心以为击之不便。计度临羌东至浩音告亹[8]音门，即金城郡广武县地。临羌在今西平郡也。羌虏故田及公田，民所未垦，可二千顷以上。愿罢骑兵，留弛刑应募[9]，及淮阳、汝南步兵与吏私从者[10]，合凡万二百八十一人，用谷月二万七千三百六十三斛，盐三百八斛，分屯要害处。冰解漕下，缮乡亭，浚沟渠，漕下，以水运木而下也。缮，补也。理湟音皇陿音陕。以西道桥七十所[11]，令可至鲜水左右[12]。田事出，赋人二十亩[13]。田事出，谓至春人出营田也。赋谓班与之。至四月草生，发郡骑及属国胡骑伉健各千[14]，倅马什二[15]，就草，倅，副也。什二者，千骑则与副马二百匹也。为田者游兵[16]。以充入金城郡，益积蓄，省大费。今大司农所转谷至者，足支万人一岁食。谨上田处及器用簿，唯陛下裁许之。”上报曰：“如将军之计。”充国又奏曰：“今留步士万人屯田，地势平易，臣愚以为屯田内有亡费之利，外有守御之备。骑兵虽罢，虏见万人留田为必禽之具，其土崩归德[17]，宜不久矣。”诏罢兵，独充国留屯田，大获地利。明年遂破先零。

西汉赵充国主持的屯田属于军屯，既保障了戍边军队的军需供给，又为国家节省了大量的经费，而且还击破了先零的侵扰，稳定了边疆地区的局势，一举数得。

[注释]

[1] 朔方：郡名，在今内蒙古杭锦旗北。 [2] 张掖郡：郡名，在今甘肃张掖西北。 [3] 先零羌：汉时西羌的一支，为西羌中最大的部落集团。原居于赐支河曲南岸大、小榆谷（今青海贵德县东）。西汉初，一部分先零部落发展到湟水以南及浩亹水流域，不久又发展到金城、令居（今甘肃永登）。被汉击破，其部落遂居于湟水上游、青海湖周围。宣帝时，赵充国再击之，继续向西迁徙至湖西盐池。 [4] 斛：量器具，十斗为斛。[5] 茭（jiāo）：喂牲口的干草。藁（gǎo）：干草。 [6] 夷：少数民族。 [7] 兵碎：用军队消灭。 [8] 临羌：县名，西汉置，今青海湟源境内。浩亹（mén）：古县名，西汉置，今甘肃省永登县西南大通河东岸。 [9] 弛刑：指解除束项铁圈及脚镣等刑具的罪犯。 [10] 吏私从者：隶属于官员、将吏的家仆。 [11] 湟陿（xiá）：古山名，称峡口山。在今青海省西宁市东湟水南北沿岸，为西宁、乐都往来咽喉。 [12] 鲜水：即今青海湖。 [13] 赋人：授与人。[14] 属国胡骑：指依属于汉朝的少数民族政权骑兵。伉健：强健硕壮。 [15] 倅马：副马。 [16] 游兵：负责巡逻的军队。 [17] 归德：指归顺汉朝。

魏武既破黄巾[1]，欲经略四方，而苦军食不足[2]。羽林监颍川枣祗建置屯田[3]，于是以任峻为典农中郎将[4]，募百姓屯田于许下[5]，今颍川郡许昌县也。得谷百万斛。郡国例置田官，数年之中，所在积粟，仓廪皆满。

曹操所置屯田为民屯，其最大的特点，就是设置了专门管理此事官员，如典农中郎将、典农校尉等。

[注释]

[1] 魏武：指曹操，其子建立魏国后，追尊其为武皇帝。黄巾：东汉末年，由张角、张梁领导的农民起义军，由于以黄巾包头，故称黄巾军。后被镇压。 [2] 军食：军粮。 [3] 羽林监：官名。羽林的统兵军官，六百石。 [4] 典农中郎将：东汉末年，曹操始置此官。掌管屯田区的农业生产、民政和田租等事，地位相当于郡太守。 [5] 许下：指许都周围，在今河南许昌市建安区张潘镇。

大唐开元二十五年令[1]：诸屯隶司农寺者[2]，每三十顷以下、二十顷以上为一屯。隶州镇诸军者，每五十顷为一屯。应置者，皆从尚书省处分[3]。其旧屯重置者，一依承前封疆为定[4]。新置者，并取荒闲无籍广占之地[5]。其屯虽料五十顷，易田之处各依乡原量事加数。其屯官取勋官五品以上及武散官并前资边州县府镇戍八品以上文武官内[6]，简堪者充[7]。据所收斛斗等级为功优。诸屯田应用牛之处，山原川泽，土有硬软，至于耕垦用力不同。土软处每一顷五十亩配牛一头，强硬处一顷二十亩配牛一头。即当屯之内有硬有软，亦准此法。其稻田每八十亩配牛一头。诸营田若五十顷外更有地剩配丁牛者[8]，所收斛

对主管屯田官员的考课，以收获物的多少为等级，不仅唐代如此，在唐以前早已如此，只是唐朝将其纳入考课令，更加规范而已。

斗皆准顷亩折除。其大麦、荞麦、干萝卜等，准粟计折斛斗，以定等级。

天宝八年，天下屯收百九十一万三千九百六十石，关内五十六万三千八百一十石，河北四十万三千二百八十石，河东二十四万五千八百八十石，河西二十六万八十八石，陇右四十四万九百二石。后上元中于楚州古谢阳湖置洪泽屯，寿州置芍陂屯，厥田沃壤，大获其利[9]。

这些数据使我们得以了解全国屯田的分布区域，正好集中于京师长安的西北、北面、东北方向，大都是边防重地。可以看出屯田的作用主要在于守边，不需要仰赖内地长途转输，解决边地军民的粮食供给问题。

［**注释**］

[1] 开元二十五年令：指唐玄宗开元二十五年（737）田令。 [2] 司农寺：唐朝九寺之一，主要掌管国家仓储，总上林、太仓、钩盾、导官四署及诸仓、司竹、诸汤、宫苑、盐池、诸屯等监。长官称卿，副职称少卿。 [3] 处分：安排，处置。 [4] 封疆：这里指屯田的田界。 [5] 无籍：指无主土地。 [6] 勋官：唐代勋官共分十二转，从视正二品至视从七品。五品以上勋官指：上柱国、柱国、上护军、护军、上轻车都尉、轻车都尉、上骑都尉、骑都尉等。武散官：唐代散官分文、武两类，武散官自骠骑大将军（从一品）至陪戎副尉（从九品下），共二十九等。散官无官署，无职务，不理事。职事官所带散官，称为本品，表示章服的高下。前资：指前资官，即曾经担任过官职，但已任满而没有官职的人员。 [7] 简：指简选。 [8] 营田：在这里仍指屯田。 [9] 这段话为杜佑所注。上元：唐肃宗李亨年号，即公元 760—761 年。

［点评］

历代设置的屯田多为军屯，亦有民屯。军屯为军队开垦耕种的田地，收获物均作为军需之用。军屯始于西汉时期，武帝、昭帝、宣帝时先后在朔方（今内蒙古杭锦旗一带）、居延（今甘肃河西走廊）、轮台（今新疆轮台）、张掖（今甘肃张掖）、楼兰（今新疆鄯善）、车师（今新疆吐鲁番）等边塞地区以驻军屯田，用以解决军粮问题。东汉时开始在内地也兴置屯田，唐开元前军屯达一千一百四十七屯，除了在内地大量兴置外，边疆主要在朔（今内蒙古和林格尔西北土城子）、代（今山西代县）、胜（今内蒙古准格尔旗东北黄河南岸十二连城）、丰（今内蒙古五原县南）等北方地区以及西域地区进行。民屯与军屯的经营方式有很大不同。民屯是官府利用荒地、公田、无主土地招募流民进行农业生产的措施。始于东汉献帝建安元年（196），曹操在镇压黄巾起义后，苦于军粮供给不足，除在两淮地区实行军屯外，还在许下（今河南许昌市东）招募流民开垦荒地，为民屯之始。后又在其统治区内的其他地区推而广之。民屯隶属于大司农，设典农中郎将、典农校尉、典农都尉等官专门管理民屯。民屯按屯编制，一屯五十人，设屯司马管理。实行分成制向国家交租，自备耕牛者，官私对半；租官牛者，官六民四。屯田民免除其他徭役和兵役。唐代在内地设置的屯田多为民屯，在边疆地区多为军屯，凡耕屯田者称为屯田户，为屯田官所管理，统属于司农寺。在安史之乱前，屯田户或归司农，或归地方州郡管理，安史之乱后，多向州郡户转变。其经营采用租佃制的方式，或为分成制，或为定额租制，各地并不统一。民屯有利于开垦荒地，恢复经济，增加国家财政收入，也有利于流民归业和社会安定。唐以后的历朝在立国之初，也往往利用战后荒地大量增加的情况，募民耕种，实行民屯。

卷四　食货典四

赋税上

论述了古代国家之所以制定赋税制度的原因以及赋税收入的用途和赋税的来源。

古之有天下者[1]，未尝直取之于人[2]。其所以制赋税者，谓公田什之一及工商衡虞之入[3]，税以供郊庙社稷、天子奉养、百官禄食也[4]，赋以给车马甲兵士徒赐予也。言人君唯于田及山泽可以制财贿耳[5]。其工商虽有技巧之作，行贩之利，是皆浮食不敦其本[6]，盖欲抑损之义也。古者，宅不毛有里布[7]，地不耕有屋粟[8]，人无职事出夫家之征。言宅不毛者出一里二十五家之泉[9]，田不耕者出三家之税粟，人虽有闲无职事，犹出夫税家税。夫税者谓田亩之税，家税者谓出士徒车辇给徭役也。盖皆罚其惰，务令归农。是故历代至今，犹计田取租税[10]。古者人君上岁役不过三日[11]，是故历代至今，虽加至二十日，数倍多古制，犹以庸为名[12]。既免其役，日收庸绢三尺，共当六丈，更调二丈[13]，则每丁壮当两匹矣。夫调者，犹存古井田调发兵车名耳，此岂直敛人之财者乎！什一者[14]，天下之正中，多乎则大桀小桀[15]，寡乎则大貊小貊[16]。故什一行而颂声作，二不足而《硕鼠》兴[17]。古之圣王以义为利，不以利为利，宁积于人，无藏府库，百姓不足，君孰与足。是故钜桥盈而殷丧[18]，成皋溢而秦亡[19]。记曰："人散则财聚，财散则人聚。"此之谓也。汉武攘四夷[20]，平百越[21]，边用益广，杼轴其空[22]。于是置平籴，立均输，起漕运，兴盐铁，开鬻爵，设榷酤，收算缗[23]，纳杂税，更造钱币，蓄货长财。虽经费获济，而下无聊矣[24]。夫文繁则质衰，末盈则本亏，反散淳朴之风，导成贪叨之行，是以恶其启端也。

古代对不积极从事农桑之人采取加重处罚的办法，以促使其崇本务农，发展生产。

此段是杜佑对前代赋税制度的综述，以及他对赋税变化的一些看法。

贤良文学[25]，辩论甚详，然处升平之代，是古则理高；居多务之时，非今则事阙。一臧一否[26]，故悉存焉。

[注释]

[1] 有天下者：指一国之最高统治者。 [2] 人：即“民”，避唐太宗李世民讳。 [3] 衡虞：又称虞衡，指掌山林水泽之官，这里是指山泽税入。 [4] 禄食：即俸禄。 [5] 制财贿：获取财物。 [6] 本：指农业。 [7] 宅不毛有里布：语出《周礼·地官·载师》，郑玄注曰：“宅不毛者，谓不树桑麻也。里布者，布参印书，广二寸，长二尺，以为币，贸易物。或曰：布，泉也。”泉，即钱。意为不种桑麻之家也要承担税赋，后世遂谓里布为地税。 [8] 屋粟：《周礼·地官·载师》曰：“凡田不耕者，出屋粟。”郑玄注云：“空田者，罚以三家之税粟。”即有田而不耕种者，罚以三倍的租税。 [9] 宅不毛者出一里二十五家之泉：如果不种桑麻要罚以二十五家的赋税。一里二十五家，古制，二十五家为一里。 [10] 计田：意为根据田亩的多少缴纳赋税。 [11] 岁役：一年的徭役。 [12] 庸：同“佣”，即佣金。 [13] 更：再，又。调：指户调，唐朝规定每丁每年交绢、绫二丈。 [14] 什一：古代的税率，为收成的十分之一。 [15] 大桀小桀：意为不是大桀，就是小桀。桀，即夏桀，夏代最后一位君主，以残暴著称。 [16] 貊（mò）：古族名，亦作“貉”，即靠海的淮夷蛮貊。 [17]《硕鼠》：《诗经·魏风》中的一篇诗名，讽刺国君重敛，蚕食于民，不修其政。硕鼠，田鼠。 [18] 钜桥：商纣的仓库名。 [19] 成皋：古邑名，位今河南荥阳汜水镇，是古代的军事重地。 [20] 汉武：即汉武帝刘彻，公元前 140 年至前 87 年在位，为西汉的第

五位皇帝。 [21] 百越：古越人的泛称，亦泛指古代南方各民族。 [22] 杼轴：织布机上的两个部件，即用来持纬（横线）的梭子和用来承经（直线）的筘。 [23] 算缗：西汉时对商人、手工业者、高利贷者和车船所有者征税的措施，规定商人和高利贷者按交易额或贷款额，每二千钱征税一算（一百二十钱）；手工业者按出售产品价格，每四千钱征税一算。商人的轺车，一车征两算。船五丈以上者征一算。隐匿不交者，许人告发，称为告缗，导致许多工商业者几乎都破产。 [24] 无聊：生活穷困，无所依赖。 [25] 贤良文学：本指汉朝察举科目之一，这里指贤良文学之士。 [26] 臧：善，即肯定。否（pǐ）：即否定。

秦孝公十二年[1]，初为赋[2]。纳商鞅说，开阡陌[3]，制贡赋之法。始皇建守[4]，罢侯，贵以自奉。提封之内[5]，撮粟尺布，一夫之役，尽专于己。徂春历秋[6]，往还万里，是所得者至寡，所苦者至大。人用无聊，海内咸怨[7]。夫夏之贡，殷之助[8]，周之藉[9]，皆十而取一[10]，盖因地而税。秦则不然，舍地而税人，故地数未盈[11]，其税必备。是以贫者避赋役而逃逸，富者务兼并而自若。加之以内兴工作[12]，外攘夷狄，收泰半之赋[13]，发闾左之戍[14]，竭天下之资财以奉其政，犹未足以赡其欲也。二世承之，不变其失[15]，反更益之。海内愁怨，遂用溃畔[16]。

杜佑从赋税制度变化的角度，论述了秦王朝灭亡的原因。

［注释］

[1] 秦孝公十二年：即公元前 350 年。 [2] 初为赋：初次实行赋税征收。 [3] 开阡陌：即允许人们开垦无主荒地，打破土地国有制，允许自由买卖。阡陌，田界，田间纵横交错的小路。 [4] 始皇：即秦始皇，姓嬴，名政，公元前 246 年至前 210 年在位。其统一六国，建立中国历史上第一个统一的中央集权制国家。建守：秦朝建立后，实行郡县制，郡置守，县置令，作为地方长官。 [5] 提封：四境之内。 [6] 徂春历秋：从春季到秋季。 [7] 咸怨：全都怨恨。 [8] 助：即借助各家民力耕种公有土地。《孟子·滕文公上》："夏后氏五十而贡，殷人七十而助，周人百亩而彻。"五十而贡指每家五十亩而行贡法，七十而助指每家七十亩而实行助法。 [9] 藉：助，亦是动员各家民力耕种公田。 [10] 皆十而取一：夏之贡，殷之助，周之藉，三代赋役之制虽然不同，但杜佑认为，综合起来，相当于后世的十分之一的税额。 [11] 未盈：不足。 [12] 工作：工程。 [13] 泰半：大半。 [14] 闾左：秦代居于里门左侧的贫苦人民。 [15] 失：失误。 [16] 畔：叛变。

［点评］

杜佑总述了夏、商、周以来赋役制度的变化情况，并且论述了古代之所以实行赋役制度的原因，即供给宗庙社稷祭祀、王室与百官生活、供养军队甲兵之需等。那么，统治者凭什么向百姓征发赋役呢？杜佑指出主要是统治者对土地及山林川泽的占有，由于统治者占有了生产资料，建立了国家机器，于是就有了向百姓征发赋税的公共权力。三代时期虽然有"夏之贡，殷之助，周之藉”的区别，本质上均属于力役。最初每年不过三日，发展到唐代的每年二十日，出现了越来越重的趋势。对于赋税的征收，杜佑认为十分之一的税额是比较适中的，超过了这一比例，则会加重百姓的负担，影响社会稳定与百姓生活。为此，杜佑举了汉武帝穷兵黩武与秦始皇竭泽而渔的事例，说明赋役太重，将会影响社会的稳定与发展，严重时甚至会导致政权垮台。实际上反映了杜佑主张经济均衡发展，赋役轻重适中的思想，反对一味地对百姓压榨。他还主张藏富于民，所谓“宁积于人，无藏府库，百姓不足，君孰与足”，就是这种主张的明确表述。这一切也都是其民本思想的反映。

卷五　食货典五

赋税中

后魏道武帝天兴中[1]，诏采诸漏户[2]，令输纶绵。自后诸逃户占为绸茧罗縠者甚众，于是杂营户帅遍于天下[3]，不隶守宰[4]，赋役不同，户口错乱。景穆帝即位[5]，一切罢之，以属郡县。

魏令：每调一夫一妇帛一匹[6]，粟二石。人年十五以上未娶者，四人出一夫一妇之调；奴任耕、婢任绩者，八口当未娶者四；耕牛二十头当奴婢八。其麻布之乡，一夫一妇布一匹，下至牛，以此为降。大率十匹中五匹为公调[7]，二匹为调外费[8]，三匹为内外百官俸。人年八十以上，听一子不从役。孤独病老笃贫不能自存者，三长内迭养食之[9]。

把耕牛、奴婢作为征税对象之一，原因是授田时，这两者均作为授田的依据，故应承担一定的赋税。

旧制，人间所织绢布，皆幅广二尺二寸，长四十尺为一匹，六十尺为一端。后乃渐至滥恶，不依尺度。

［**注释**］

[1] 后魏：即北魏。道武帝，北魏开国皇帝拓跋珪（371—409）。天兴：北魏道武帝年号，即公元398—404年。 [2] 漏户：脱离官府户籍的人户。 [3] 杂营户帅：即纶绵绫罗户。 [4] 守宰：即郡守、县令。 [5] 景穆帝：北魏太武帝拓跋焘的长子拓跋晃，太平真君十一年（450）死，追谥景穆太子。正平二年（452），文成帝拓跋濬即位，追封景穆皇帝，庙号恭宗。故杜佑所说有误，拓跋晃没有正式即位。 [6] 调：即户调，北魏赋税之一种。 [7] 公调：上交中央财政的调。 [8] 调外费：由州郡府库代为收存的调。 [9] 三长：北魏乡官系统，以五家立一邻长，五邻立一里长，五里立一党长。三长制的健全是在北魏孝文帝时期。

北魏前期存在着严重的户口隐匿现象，每户人口较多，达数十家者并不鲜见，这就是所谓的“荫附”，从而出现了户收租数十石的现象。北魏孝文帝太和十年（486），给事中李冲建议实行“三长制”，即五家为一邻，五邻为一里，五里为一党，各设其长，把人民组织起来，使荫附现象大为缓解。

孝文帝延兴三年秋[1]，更立严制，令一准前式，违者罪各有差。冬十月，诏州郡人十丁取一以充行[2]，户收租五十石，以备军粮。

在此之前，北魏不给官员俸禄，所以其官多贪腐，至此才开始给其俸禄。

太和八年[3]，始准古班百官之禄[4]，以品第各有差。先是，天下户以九品混通[5]，户调帛二匹，絮二斤，丝一斤，粟二十石。又入帛一匹二丈，委之州库，以供调外之费。至是，户增帛三匹，粟二石九斗，以为官司之禄[6]。复增调外帛满二匹，所调各随其土所出[7]。其司、冀、雍、华、定、相、泰、洛、荆河、怀、兖、陕、徐、青、齐、济、南河、东兖、东徐等州，贡绵绢及丝，其余郡县少桑蚕处，皆以麻布充。

[注释]

[1] 延兴三年：即公元473年。 [2] 充行：充行军军士。 [3] 太和八年：即公元484年。 [4] 准古：按照古制。 [5] 九品混通：北魏按照民户贫富，规定租分三等九品之制，千里内纳粟，千里外纳米。上三品户入京师，中三品入他州要仓，下三品入本州。三等即上中下三等，九品为上上、上中、上下、中上、中中、中下、下上、下中、下下共为九品，故称三等九品制，亦称九品相通、九品混通。 [6] 官司：即官员。 [7] 其土所出：当地出产。

孝明帝时[1]，张普惠上疏曰[2]：“伏闻尚书奏复绵麻之调，遵先皇之令轨[3]，复高祖之旧典。仰惟高祖废大斗，去长尺，改重秤，所以爱百姓，从薄赋。知军国须绵麻之用，故立幅度之规[4]，亿兆荷轻赋之饶，不惮于绵麻而已，故歌舞以供其赋，奔走以役其勤，天子信于上，亿兆乐于下。自兹以降，渐渐长阔[5]，百姓怨嗟，闻于朝野。宰辅不寻其本，知天下之怨绵麻，不察其幅广、度长、秤重、斗大，革其所弊，存其可存，而特放绵麻之调，以悦天下之心。此所谓悦之不以道，愚臣所以未悦者也。尚书既知国少绵麻，不惟法度之翻易，人言之可畏，便欲去天下之大信，弃已行之成诏[6]，遵前之非，遂后之失，奏求还复绵麻，以充国用。不思库中大有绵麻，而群官共窃利之。愚臣以为于理未尽。何者？今官人请调度造衣物，必度量，绢布匹有尺丈之盈，犹不计其广，丝绵斤两兼百铢之剩[7]，未闻依律罪州郡者。若一匹之滥，一斤之恶，则鞭户主[8]，连及三长。此所谓教人以贪也。今百官请俸[9]，只乐其长阔，并欲厚重，无复准极。得长阔厚重者，便云其州能调，绢布精阔且长，横发美称，以乱视听。此百司所以仰负圣明者也[10]。今若必复绵麻，谓宜先令四海知其所由，明立严禁，复本幅度，新绵麻之典，依太和之税[11]。其在库绢布并及丝绵不依典制者，请遣一尚书与太府卿、左右藏令[12]，依今官度官秤，计其斤两广长，折给请俸之人。总常俸之数，年俸所出，以布绵麻，亦应周其一岁之用。使天下知二圣之心[13]，爱人惜法，如此则高祖之轨中兴于神龟[14]，明明慈信昭布于无穷，孰不幸甚。”

杜佑收录的张普惠的这一大段议论，是其编撰《通典》的“实采群言”宗旨的体现，以反映北魏后期赋税制度混乱的状况。

［注释］

[1] 孝明帝：北魏皇帝元诩（510—528）。 [2] 张普惠：北魏大臣，博学多才，官居左将军、东豫州刺史。 [3] 令轨：意为好的法度。 [4] 幅度之规：有关度量衡的规定。 [5] 长阔：指增大了度量衡器具。 [6] 成诏：已颁布并且实施的诏书。 [7] 铢：古代的重量单位，二十四铢为一两。 [8] 户主：一户之主。 [9] 请俸：请求发给俸禄。 [10] 仰负：对上辜负。 [11] 太和之税：太和年间制定的赋税标准。 [12] 尚书：官名，指诸曹尚书。太府卿：官名，太府寺长官，主管国家仓储。左右藏令：官名，指左藏署与右藏署的长官。 [13] 二圣：指胡太后与孝明帝。 [14] 神龟：北魏孝明帝年号，即公元 518—520 年。

在全国范围内，将六年租税一次性征收，在历史上极为罕见，必然导致社会矛盾激化，是北魏政权灭亡的先兆。

正光后[1]，国用不足，乃先折天下六年租调而征之，百姓怨苦。有司奏断百官常给之酒，计一岁所省米五万三千五十四斛九斗，蘖谷六千九百六十斛[2]，曲三十万五百九十九斤[3]。其四时郊庙、百神群祀，依式供营。远蕃客使，不在断限。尔后寇贼转众[4]，诸将出征，相继奔败，所亡器械资粮，不可胜数，而关西丧失尤甚，帑藏空竭。有司又奏，内外百官及诸蕃客廪食及肉悉三分减一，计岁终省肉百五十九万九千八百五十六斤、米五万三千九百三十二石。孝昌二年冬[5]，税京师田租亩五升，借赁公田者亩一斗。

[注释]

[1] 正光：北魏孝明帝年号，即公元 520—525 年。 [2] 蘖（niè）谷：掺入酿酒用的发酵剂的谷物。 [3] 曲：酒曲。 [4] 转众：越来越多。 [5] 孝昌：北魏孝明帝年号，二年即公元 526 年。

庄帝即位[1]，因人贫富，为租输三等九品之制，千里内纳粟，千里外纳米，上三品户入京师，中三品入他州要仓，下三品入本州。

又恢复了北魏前期的九品混通制。

靖帝天平初[2]，诸州调绢不依旧式。兴和三年[3]，各班海内，悉以四十尺为度，天下利焉。元象、兴和之中[4]，频岁大穰，谷斛至九钱。法网宽弛，百姓多离旧居，阙于徭赋矣[5]。齐神武秉政[6]，乃命孙腾、高崇之分责无籍之户[7]，得六十余万，于是侨居者各勒还本属[8]，是后租调之入有加焉。及侯景背叛[9]，河南之地，困于兵革。寻而侯景乱梁，乃命行台辛术略有淮南之地[10]。其新附州郡，羁縻轻税而已。

[注释]

[1] 庄帝：即北魏孝庄帝元子攸（507—531）。 [2] 靖帝：即东魏孝静帝元善见（524—552）。天平：孝静帝年号，即公元534—537年。 [3] 兴和：孝静帝年号，三年即公元541年。 [4] 元象：孝静帝年号，即公元538—539年。 [5] 阙：缺少。 [6] 齐神武：即东魏权臣高欢（496—547）。其次子高洋取代东魏建立北齐，追尊其为献武皇帝，后改尊为神武皇帝。 [7] 孙腾：东魏大臣。为高欢心腹，历任司徒、太保、太傅、录尚书事。高崇：北魏大臣。历任领军长史、伏波将军、洛阳令。 [8] 侨居者：流移于外地的百姓。 [9] 侯景：原为东魏将领，梁武帝太清元年（547）献河南十三州之地降梁。后又背叛梁朝，兴兵攻破建康（今江苏南京），囚禁梁武帝至死。侯景改立简文帝，并出兵攻打建康周围州郡，使江南社会经济遭到极大的破坏。后被陈霸先击败，逃亡途中被部下所杀。历史上称这一事件为“侯景之乱”。 [10] 辛术：东魏大臣。字怀哲，陇西狄道（今甘肃

临洮）人。孝静帝武定中，任职东南道行台尚书，从破侯景。后招抚淮南诸州，又移镇广陵（今江苏扬州西北）。官至吏部尚书，为著名藏书家。

[点评]

杜佑用以上文字将整个北魏时期包括东魏的赋税制度进行了全面地介绍，着重写了其前后变化情况。北魏是鲜卑族建立的政权，由于社会发展阶段所限，加之从游牧经济转入农耕经济不久，所以其赋税制度不免带有原来的许多色彩，以奴婢、耕牛为征税对象，就是这一现象的反映。北魏早期实行九品混通制，据研究其户调的税率是不分贫富的，只是在田租上有所区别。还有一点差别，由于规定田租上三品户输入京师，中三品输入他州要仓，下三品输入本州，运费由课户承担，而路程的远近不同，运费差异很大，租一乘能装载四十斛的车，租费从布四十匹到布八十匹不等，这样上三品与中、下三品的经济负担差别就很大了。还有一点需要指出，北魏度量衡的单位比较大，如其前期的尺比晋尺长二寸七厘，后来又不断地增加，这样即使税额不变，百姓承担的赋税实际已增加了不少，这就是张普惠批评的，宰辅“不察其幅广、度长、秤重、斗大，革其所弊”，导致“百姓怨嗟”。再加上北魏朝廷还不断出台一些临时性的征税措施，更使百姓不堪重负。如其为了实行俸禄制，于是便增加税收；后期战争频繁，为了增加军费，又采取了增税的措施。遂使北魏社会矛盾不断激化，终于导致其统治垮台。

需要指出的是，北魏创立的均田制对后世影响很大，尤其是隋唐两朝。其推行的租调制，至隋唐时期发展为租庸调制，这些都是北魏经济制度对后世影响的表现，值得肯定。

卷六　食货典六

赋税下

大唐武德元年[1]，诏曰："宗绪之情，义越常品，宜加惠泽，以明等级。诸宗姓有官者，宜在同列之上；未有职任者，不在徭役之限。"二年制[2]：每一丁租二石。若岭南诸州则税米：上户一石二斗，次户八斗，下户六斗；若夷獠之户[3]，皆从半输。蕃人内附者，上户丁税钱十文，次户五文，下户免之；附经二年者[4]，上户丁输羊二口，次户一口，下户三户共一口。凡水旱虫霜为灾，十分损四分以上免租，损六以上免租调，损七以上课役俱免。六年三月令：天下户量其资产，定为三等。至九年三月，诏：天下户立三等，未尽升降，宜为九等。

武德时期所制定的赋役制度，奠定了有唐一代赋役制度的基础，此后的变化都是在此基础上进行的。

［注释］

[1] 武德：唐高祖李渊年号，元年即公元 618 年。 [2] 制：皇帝的命令之一，本称诏，避武则天讳，改为制。 [3] 夷獠：指南方的少数民族。 [4] 附：附籍于唐朝。

贞观二年四月[1]，户部尚书韩仲良奏[2]："王公以下垦田，亩纳二升，其粟麦粳稻之属，各依土地，贮之州县，以备凶年。"

永徽五年二月敕：二年一定户[3]。

龙朔三年秋七月制：卫士八等以下，每年五十八放令出军，仍免庸调。

武太后长安元年十月诏：天下诸州，王公以下，宜准往例税户。至大历四年正月制，一例加税。其见任官一品至九品，同上上至下下户等级之数，并寄田、寄庄及前资勋荫寄住家，一切并税。盖近如晋宋土断之类也[4]。上上户四千，每等减五百，至下中七百，下下户至于五百。

唐制，王公百官是要承担赋税的，但可以免除徭役。随着百姓赋税的不断加重，王公百官承担的赋税也相应地增加。

[注释]

[1] 贞观：唐太宗李世民年号，二年即公元628年。 [2] 户部尚书：官名。为户部长官，掌管全国户口、财政等事。韩仲良：唐初大臣。曾任大理少卿、户部尚书、刑部尚书等官。 [3] 定户：确定户的等级。 [4] 土断：对于外地的流移人口，以其所居住之地确定其户籍之所在，谓之土断。此制起于东晋、南朝，唐朝只不过沿袭而已。

开元八年二月[1]，制曰："顷者以庸调无凭，好恶须准，故遣作样[2]，以颁诸州，令其好不得过精，恶不得至滥。任土作贡，防源斯在。而诸州送物，作巧生端，苟欲副于斤两[3]，遂则加其丈尺，有至五丈为匹者，理甚不然。阔尺八寸，长四丈，同文共轨，其事久行。立样之时，已载此数。若求两而加尺，甚暮四而朝三。宜令所司简阅[4]，有逾于比年常例、尺丈过多者，奏闻。"二十二年五月敕[5]："定户之时，百姓非商户郭外居宅及每丁一牛，不得将入货财数。其杂匠及幕士并诸色同类有番役合免征行者[6]，一户之内，四丁以上，任此色役不得过两人；三丁以上，不得过一人。"二十五年定令[7]："诸课户一丁租调[8]，准武德二年之制。其调绢绝布，并随乡土所出。绢絁各二丈，布则二丈五尺。输绢絁者绵三两，输布者麻三斤。其绢絁为匹，布为端，绵为屯，麻为綟[9]。若当户不成匹端屯綟者，皆随近合成[10]。其调麻每年支料有余，折一斤输粟一斗，与租同受。其江南诸州租，并回造纳布。准令，布帛皆阔尺八寸、长四丈为匹，布五丈为端，绵六两为屯，丝五两为绚[11]，麻三斤为綟。诸丁匠不役者收庸[12]，无绢之乡，絁布参庆[13]。"日别絁、绢各三尺，布则三尺七寸五分。三月敕："关内诸州庸调资课[14]，并宜准时价变粟取米[15]，送至京，逐要支用。其路远处不可运送者，宜所在收贮，便充随近军粮。其河南、河北有不通水利，宜折租造绢，以代关中调课。"

唐朝的租庸调制至此定型，时下教科书中所写的唐朝租庸调征收的数额即来源于此。

天宝元年正月赦文："如闻百姓之内，有户高丁多，苟为规避，父母见在，乃别籍异居[16]，宜令州县勘会[17]。一家之中，有十丁以上者，放两丁征行赋役；五丁以上者，放一丁。即令同籍共居，以敦风教。其侍丁、孝假者[18]，免差科[19]。"

［注释］

[1] 开元：唐玄宗李隆基年号，二年即公元 714 年。 [2] 作样：产品之样品，这里指绢的样品。 [3] 副于：指绢的重量符

合规定。唐朝规定上交的绢不仅尺寸要符合规定，重量亦要达标。[4]简阅：检查。[5]二十二年：即公元734年。[6]幕士：唐朝官署中的吏职之一，在卫尉寺、尚舍局、东宫典设局等机构皆有人数多少不等的设置，主管帐幕供设之事。[7]二十五年：即公元737年。[8]课户：承担赋税徭役之户。[9]綟（lì）：古代麻的计量单位。唐制，麻三斤为綟。[10]合成：合零成整。[11]绚：古代丝的计量单位。唐制，丝五两为绚。[12]庸：即佣金。[13]参辰："辰"乃"派"之本字。参派，参照征收之意。[14]资课：唐朝规定应服色役者不当班服役时，应缴纳的代役金。因名目不同而有差别，均向所服役的官员缴纳。缴资课的免除庸钱和其他杂徭。[15]时价：当时的市场价。[16]别籍异居：分家另居。[17]勘会：审核。[18]侍丁：唐朝规定老人年满八十、九十乃至百岁，分别给侍丁一人、二人乃至五人，以尽终养。侍丁可以免除各种杂役，通常取近亲者充当，如没有近亲则取其他白丁充当。[19]差科：亦称科差，指征收钱物用以代替差役的税课。

建中元年制[1]："百姓及客等[2]，约丁产[3]，定等第，均率作，年支两税。其应税斛斗[4]，据大历十四年见佃青苗地额均税。夏税六月内纳毕，秋税十一月内纳毕。其旧租庸及诸色名目，一切并停。"

凡权衡度量之制：度，以北方秬黍中者一黍之广为分[5]，十分为寸，十寸为尺，一尺二寸为

两税法的颁布，是中国古代经济史上的一件大事，也是中国历史上的一件大事。两税的征收一切以资产为宗，在农耕社会主要的资产就是土地，以土地的多少确定税额的大小，相对而言是一种比较公平的税制。

大尺，十尺为丈。量，以秬黍中者容千二百为龠[6]，二龠为合，十合为升，十升为斗，三升为大升，三斗为大斗，十斗为斛。权衡，以秬黍中者百黍之重为铢[7]，二十四铢为两，三两为大两，十六两为斤。调钟律[8]，测晷景[9]，合汤药及冠冕制，用小升、小两，自余公私用大升、大两。诸课役，每年计帐至尚书省[10]，度支配来年事[11]，限十月三十日以前奏讫。若须折受余物，亦先支料，同时处分。若是军国所须、库藏见无者，录状奏闻，不得便即科下[12]。诸庸调物，每年八月上旬起输，三十日内毕。九月上旬各发本州，庸调车舟未发间有身死者，其物却还。其运脚出庸调之家[13]，任和雇送达[14]。所须裹束调度[15]，折庸调充，随物输纳。诸租，准州土收获早晚，斟量路程崄易远近，次第分配。本州收获讫发遣，十一月起输，正月三十日内纳毕。若江南诸州从水路运送，冬月水浅，上埭艰难者，四月以后运送，五月三十日内纳了。其输本州者，十二月三十日内纳毕。若无粟之乡，输稻麦，随熟即输，不拘此限。即纳当州未入仓窖及外配未上道有身死者[16]，并却还。应贮米处，折粟一斛，输米六斗。其杂折皆随土毛[17]，准当乡时价。诸边远州有夷獠杂类之所，应输课役者，随事斟量[18]，不必同之华夏。诸任官应免课役者，皆待蠲符至[19]，然后注免。符虽未至，验告身灼然实者[20]，亦免。其杂任被解应附者[21]，皆依本司解时日月据征。诸春季附者课役并征，夏季附者免课从役，秋季附者俱免。其诈冒隐避以免课役，不限附之早晚，皆征发当年课役。逃亡者附亦同之。诸人居狭乡乐迁就宽乡者，去本居千里外复三年[22]，五百里外复二年，三百里外复一年。一迁之后，不得更移[23]。诸没落外蕃得还者[24]，一年以上复三年，二年以上复四年，三年以上复五年。外蕃之人投化者复十年[25]。诸部曲、奴婢放附户贯复三年[26]。诸孝子、顺孙、义夫、节妇志行闻于乡闾者，申尚书省奏闻，表其门闾[27]，同籍悉免课役。诸丁匠岁役工二十日，有闰之年加二日。须留役者[28]，满十五日免调，三十日租调俱免，从日少者见役日折免。通正役并不过五十日。正役谓二十日庸也。

天宝三年制：每岁庸调征收，延至九月三十日。五年制：天下百姓单贫交不存济者租庸，每乡通放三十丁。其年五月，停郡县官白直课钱[29]，但计数多少，同料钱加税充用。即应差丁充白直并停。

[注释]

[1] 建中：唐德宗李适年号，元年即公元 780 年。 [2] 百姓及客等：两税法的征税对象除了普通百姓外，也包括客户在内，故制书的第一句话提到的就是征税对象。 [3] 约：评估。 [4] 斛斗：斛与斗，古代计量单位，十斗为一斛，这里是指粮食。 [5] 秬：黑黍。黍：谷名，即黍子。 [6] 籥：古代容量单位，二籥为一合，十合为一升。 [7] 铢：古代重量单位，二十四铢为一两。 [8] 钟律：乐器的音准。 [9] 晷景：日影，古代通过测日影以计算时间。 [10] 计帐：这里是指计划。尚书省：唐代主管全国政务的最高机构，下辖六部二十四司。 [11] 度支：唐代户部下辖的四司之一，主管全国财政预算开支。 [12] 科下：拨发。 [13] 运脚：搬运费用。 [14] 和雇：雇佣。 [15] 裹束：包装。 [16] 外配：向外配送。 [17] 土毛：土地上生长的五谷桑麻菜蔬等物。 [18] 斟量：斟酌处理。 [19] 蠲符：免除课役的官文书。 [20] 告身：任官状。 [21] 杂任：在官署中供职的人员。《唐律疏议·职制律》："'杂任'，谓在官供事。" [22] 复：这里指免除课役。 [23] 更移：再次迁徙。 [24] 外蕃：这里指少数民族聚居区或外国。 [25] 投化者：指归顺唐朝的外来人员。 [26] 奴婢放附户贯：指奴婢解除身份成为自由民。 [27] 门闾：里巷之

门。 [28] 留役：这里指加役。 [29] 白直：古代在官府服役的人员，多配给官员本人，供其役使。唐律规定只可役使其身，不得收取佣值（课钱），唐后期允许征收佣值，这一费用遂成为官员的收入之一。

[点评]

这一段文字记述了唐代赋役制度从租庸调制向两税法的发展变化。其中最重要有两段文字，即唐高祖武德元年（618）与唐德宗建中元年（780）的制书，前者颁布了唐朝的租庸调制，后者颁布了两税法。租庸调制以均田制为基础，适合当时的社会状况，且税率轻重适中，因而促进了唐朝社会经济的恢复与快速发展。两税法是在均田制已经崩溃，土地兼并严重，大批失去土地的农民流离失所的情况下，而采取的新税制。唐朝的租调制有一个原则，即“未受田者皆不课”，所以登记所授田地的事非常重要，包括田主姓名、土地面积、田地四至等内容，这也是征税的依据。租庸调制的征税对象主要是人户，故实行此制的历代王朝对清查户口十分重视，尽量把豪族庇荫下的户口括归官府，成为官府控制下的编户齐民，以保证税收来源。而两税法则以土地为宗，即以土地的多少与肥沃程度作为确定税额的依据，地多者多缴，少者少缴，因此此后历朝都把清查隐田作为保证税收的主要措施。

两税包括户税与地税，户税唐初已有之，而且是按户等征钱，开元时征收面进一步扩大。地税也始于唐初，最初是作为义仓粟而征收的，目的是贮粮以备荒年，贞观时每亩收粟二升；唐高宗时一度改为按户等征收；至玄宗开元二十五年定式，既按亩征收，也按户等征收，征收的方式因宽乡、狭乡而异，征收面有所扩大，义仓粟遂成为国家仓库谷物收贮的重要来源。两税就是在这些基础上制定的，以大历十四年（779）的全国总税额为准，再分摊到诸道州县。地税据田亩，户税据户等，都是“惟以资产为宗，不以丁身为本”。在古代社会所谓资产主要指田地，也包括商业资产。从理论上看，两税法明显要比旧的税制进步和公平，财产和土地多者赋税就要多承担一些，但由于地主和官僚总是想方设法降低户等，隐瞒土地，以逃避赋税。所以后来的朝代都在这个方面采取一些措施，如宋代王安石的方田均税法、明代张居正推行的一条鞭法，均是为了解决隐瞒土地、赋税不均的问题。两税法的颁布宣告了均田制与租庸调制的彻底废除，此后中国的赋税制度基本上沿袭了两税法的模式而发展变化，奠定了中国古代社会后期的基本面貌，影响巨大，是一个划时代的经济制度。

还有一点需要说明，两税法的推行并不是说再不向人丁征税了，建中元年的制书仍然强调课丁服劳役以及征收佣金的问题，这个方面并没有随着两税法的实施而放弃。文献所记载的差科、防阁、白直之制，都是以人丁为对象的。这个问题的彻底解决要到清代推行“摊丁入亩”之制后，但实际上变相的丁口之税仍在实行，直到民国时期也没有完全杜绝。

卷七　食货典七

历代盛衰户口

三皇以前尚矣[1]，靡可得而详也[2]。孔子称尧曰大哉，舜曰尽善，禹曰无闲[3]。以三圣之德，地方不过数千里，故君臣歌德，含气之类[4]，各得其宜。禹平水土，为九州，人口千三百五十五万三千九百二十三。涂山之会[5]，诸侯承唐虞之盛，执玉帛者万国[6]。男女耕织，不夺其时，故公家有三十年之积，私家有九年之储。及其衰也，弃稷不务，续有有穷、孔甲之

可见统治者的清明与否，是人口增长与否的重要因素。

乱[7]，遭桀行暴[8]，诸侯相兼，逮汤受命，其能存者三千余国，方于涂山[9]，十损其七。其后纣作淫虐[10]，厚赋以实鹿台[11]，大敛以积钜桥[12]，人庶苦而无憀[13]，天下去之。

[注释]

[1] 尚：本意为上，这里是指遥远。 [2] 靡：无。 [3] 无闲：没有空闲的时间。 [4] 含气：有生命之物。 [5] 涂山之会：相传为大禹娶涂山氏及会见诸侯的大会，此会举行后，标志大禹已成为天下之共主。关于涂山，有三种说法：一是当涂山，在今安徽蚌埠西淮河东岸。二是在今浙江绍兴西北。三是在今重庆东，俗名真武山。 [6] 执玉帛：奉上玉器与丝帛，表示臣服之意。 [7] 有穷：即有穷氏，后羿为其首领，善射。当时夏王太康耽于游乐田猎，不理政事，被后羿所逐。太康死后，后羿立太康四弟仲康为夏王，实权操纵于后羿之手。但后羿只顾四出打猎，后来被亲信寒浞所杀，寒浞自立为君。仲康之子相逃亡外地，被寒浞攻杀，相妻从墙洞爬出，逃归母家有仍氏，生子少康。少康长大后，攻灭寒浞，恢复了夏朝的统治，史称“少康中兴”。孔甲：夏朝君主。其在位期间喜好音乐、田猎，又命人养龙，晚年笃信鬼神，因而政治腐败、诸侯叛离，国势衰弱。其死后，经三代，夏朝灭亡。 [8] 桀：即夏桀，夏朝的最后一位君主。其统治残暴，生活奢侈，设肉山脯林，以为酒池，诛杀大臣。强盛起来的商部族首领汤率诸侯伐夏，夏军战败，桀被杀，一说桀逃到南巢（今安徽巢湖），并死在那里，夏朝灭亡。汤建立了商朝。 [9] 方于：相比于。 [10] 纣：商朝的最后一位君主，统治残暴，被周武王

所灭。 [11] 鹿台：古台名，亦称南单之台。商纣王所建，故址在今河南淇县朝歌街道南。七年而成，其大三里，高千尺，临望云雨。周武王伐纣，纣兵败，入登鹿台，赴火而死。 [12] 钜桥：商纣的仓库名。 [13] 无憀：不能依靠。

大唐贞观户不满三百万。三年，户部奏，中国人因塞外来归及突厥前后降附、开四夷为州县，获男女一百二十余万口。十四年，侯君集破高昌[1]，得三郡、五县、二十二城，户八千四十六，口三万七千三十一，马四千三百匹。

永徽三年[2]，户部尚书高履行奏[3]：“去年进户一十五万。”高宗以天下进户既多，谓无忌曰：“比来国家无事，户口稍多，三二十年，足堪殷实。”因问隋有几户，今有几户。履行奏：“隋大业中户八百七十万，今户三百八十万。”永徽去大业末三十六年。

永徽距大业达36年时间，而唐朝的户口数与大业时期相比，差距仍然不小，杜佑意在说明人口的增长实属不易。

[注释]

[1] 侯君集（？—643）：唐初大将。邠州三水（今陕西旬邑）人。历任右卫大将军、兵部尚书等职。贞观九年（635）从李靖平吐谷浑。十三年，以交河道行军大总管伐高昌。次年，高昌王麹智盛出降。太宗以其地置西州，为唐朝经略西域奠定基础。后参与太子李承乾谋反，被杀。高昌：西域国名，都城位于今新疆

吐鲁番市高昌区东南。始建国于公元 422 年，国王为沮渠无讳。北魏文成帝和平元年（460），柔然灭沮渠氏，立阚伯周为高昌王，后张孟明、马儒、麹嘉相继为王。麹氏传国九世，于贞观十四年（640）被唐朝灭亡。 [2] 永徽：唐高宗李治年号，三年即公元 652 年。 [3] 高履行：唐朝大臣。任户部尚书，尚太宗女东阳公主。

显庆二年十月[1]，上幸许、汝州[2]，问中书令杜正伦曰[3]："此间田地极宽，百姓太少。"因又问隋有几户。正伦奏："大业初有八百余万户，末年离乱，至武德有二百余万户。"

可见战火破坏是导致人口急剧减少的主要因素。

总章元年十月[4]，司空李勣破高丽国[5]，虏其王，下城百七十，户六十九万七千二百。二年，徙高丽民三万，配江淮以南、山南、京西。

初，自贞观以后，太宗励精为理，至八年、九年，频至丰稔，米斗四五钱，马牛布野，外户动则数月不闭。至十五年，米每斗值两钱。麟德三年[6]，米每斗直五文。永淳元年[7]，京师大雨，饥荒，米每斗四百钱，加以疾疫，死者甚众。

武太后、孝和朝[8]，太平公主、武三思、悖逆庶人[9]，恣情奢纵，造罔极寺、太平观、香山寺、昭成寺[10]，遂使农功虚费，府库空竭矣。

睿宗景云初[11]，又造金仙、玉真二观[12]，补阙辛替否上书极谏[13]，不从。二年，监察御史韩琬陈时政上疏曰[14]："臣窃闻永淳之初，尹元贞任岐州雍县令[15]，界内妇人修路，御史弹免之。顷年妇人役，修平道路，盖其常也。调露之际，刘宪任怀州河内县尉[16]，父思立在京身亡，选人有通索阙者，于时选司以名教所不容，顷者以为见讥后人矣。顷年国家和市[17]，所由以刻剥为公，虽以和市为名，而实抑夺其价，殊不知民足官孰与不足矣。往年两京及天下州县，学生、佐史、里正、坊正每一员阙，先拟者辄十人；顷年差人以充，犹致亡逸。往年选司从容安闲[18]，而以礼数见待；顷年选司无复曩时接引，但如仇敌估道尔。往年效官交替者，必储蓄什物以待之；顷年替人，必喧竞为隙，互执省符[19]，纷然不已。往年召募之徒，人百其勇，争以自效；顷年差点勒遣，逃亡相继。若此者，臣粗言之，不可胜数。即知政令风化，渐已弊也。"

中宗、睿宗统治时期政事混乱，政局动荡，却仍大兴土木，对生产的发展、人口的增加造成了不利的影响。

[注释]

[1] 显庆：唐高宗李治年号，二年即公元 657 年。 [2] 许：指许州，今河南许昌。汝州：今河南汝州。 [3] 杜正伦：唐初大臣。相州洹水（今河北魏县）人。历任兵部员外郎、给事中、中书侍郎、中书令等。显庆三年（658），为李义府所排挤，贬为横州（今广西横州南）刺史，并削其封邑。寻卒于贬所。 [4] 总章：唐高宗李治年号，元年即公元 668 年。 [5] 李勣（594—669）：唐初大将。本姓徐，名世勣，字懋功，曹州离狐（今山东东明东南）人。隋末参加瓦岗军，降唐后，任左武候大将军，封曹国公。赐姓李，因避唐太宗李世民讳，单名勣。李勣多次立有大功，进爵英国公。高宗即位后，拜为左仆射（宰相）。由于他赞同高宗立武则天为后，在高宗时颇受礼遇。总章元年（668），统兵灭亡高丽。二年，加太子太师，同年死，陪葬昭陵。 [6] 麟德：唐高宗李治年号，三年即公元 666 年。 [7] 永淳：唐高宗李治年号，元年即公元 682 年。 [8] 武太后：指武则天。孝和：指唐中宗李显，谥孝和皇帝。 [9] 太平公主（？—713）：唐高宗与武则天之女，多权略，武则天以为类己，甚宠爱，故常预谋议。神龙元年（705），进号镇国太平公主。景龙四年（710），助李隆基诛灭韦后。睿宗时，权倾天下，朝臣多出其门下，政事亦多由其决断。先天二年（713）七月，拟行罢废玄宗之事，事觉，为玄宗所杀。武三思（649—707）：唐朝外戚大臣。并州文水（今山西文水）人。武则天之侄，在武周、中宗统治时期，先后任礼部尚书、同平章事，封梁王。其排挤正直朝臣，迫害宗室，权倾朝野，飞扬跋扈。神龙三年（707），他又谋废太子李重俊，迫使太子起兵，诛杀之。悖逆庶人：指中宗皇后韦氏。 [10] 罔极寺：佛教寺院，位于今陕西西安碑林区东关炮房街。神龙元年（705），太平公主为其母武则天祈福而兴建。今为西安市重

点文物保护单位。太平观：唐代道观名，吐蕃请求太平公主下嫁，高宗不舍，遂度其为道士，以长安大业坊原徐王李元礼宅为观，使公主居之。香山寺：位于河南洛阳龙门，早已废弃不存。昭成寺：佛教寺院。位于长安道光坊。景龙元年（707），韦皇后建安乐寺，韦氏被诛，改为景云寺。后又为玄宗母昭成皇后追福，改名昭成寺。 [11] 景云：唐睿宗李旦年号，即公元 710—711 年。 [12] 金仙：道观名，为睿宗女金仙公主所建，位于长安辅兴坊，景云元年建。玉真：道观名，与金仙观一样，同在长安辅兴坊，为睿宗另一女玉真公主所建。 [13] 辛替否：唐朝大臣。京兆（今陕西西安）人，以善谏而著称，历任左拾遗、左补阙、殿中侍御史等职。 [14] 韩琬：唐朝大臣。历任高邮主簿、监察御史等职，著有《续史记》130 卷，已佚。 [15] 尹元贞：唐朝大臣。瀛州河间（今属河北）人。历任雍县令、曲阿令等官。徐敬业造反时，攻陷曲阿，杀尹元贞，唐朝赠以润州刺史之官。 [16] 刘宪：唐朝大臣。宋州宁陵（今河南宁陵东南）人。进士及第，历任冬官员外郎、给事中、凤阁舍人、太子詹事等官。 [17] 和市：官府出钱采购物品，由于多压其价，强市于民，人皆厌苦。 [18] 选司：主管铨选的部门，即吏部。 [19] 省符：指尚书省颁发的官文书。

开元四年[1]，山东诸州大蝗。紫微令姚崇奏言[2]："臣闻《毛诗》云[3]：'秉彼蟊贼，以付炎火[4]。'又汉光武诏曰[5]：'勉顺时政，劝督农桑，去彼螟蜮，以及蟊贼。'此并除蝗之义也。又蝗既解飞，夜必投火，臣请切勒所在夜中设火，火边掘大坑，且焚且瘗，除之可尽。”乃遣使分道驱除瘗埋，朝臣多言不可。玄宗以问崇，崇对曰：“常人执文，不识通变。凡事有违经而合道者，亦有反道而适权者。魏时山东有蝗伤稼，缘小忍不除，遂使苗稼总尽，人至相食。后秦时有蝗，禾稼及木草俱尽，牛马至相啖毛尾[6]。今山东蝗虫，所在充满，傥不救其收获，百姓岂免流离，事属安危，不可胶柱。纵使除之不尽，犹胜养以成灾。若驱逐不得，臣在身官爵，并请削除。”玄宗许之。黄门监卢怀慎谓崇曰[7]：“蝗是天灾，岂可制以人事。外议籍籍，咸以为杀虫太多，有伤和气，犹可停罢。”崇曰：“楚王吞蛭[8]，厥疾用瘳。叔敖断蛇[9]，其福乃降。赵宣子至贤也[10]，恨用其犬。孔宣父将圣也[11]，不爱其羊。皆志在安人，思不失礼。今既救人杀虫，天道固应助顺。若因此致祸，崇请以身当之。”怀慎更不能答。崇令埋瘗之[12]，累月方尽。其后渐丰熟。

姚崇不愧为开元名相，其远见卓识的确非同为宰相的卢怀慎可比。玄宗用人得当，是开元盛世形成的主要原因。

[注释]

[1] 开元：唐玄宗李隆基年号，四年即公元 716 年。 [2] 紫微令：官名，即中书令。开元元年（713）改为紫微令，五年复

故。姚崇（650—721）：唐朝著名政治家。字元之，陕州硖石（今河南三门峡东南）人。其辅弼玄宗，革除旧弊，知人善用，政绩可观，为开创开元盛世做出了突出的贡献。 [3]《毛诗》：即今本《诗经》，由毛亨所传，故称《毛诗》。 [4] 秉彼蟊贼，以付炎火：大意是抓住那吃禾苗的害虫，扔到烈火中焚烧。 [5] 汉光武（前 6—57）：东汉开国皇帝刘秀，字文叔，南阳蔡阳（今湖北枣阳西南）人。新莽末年，其参加绿林起义军，在昆阳（今河南叶县）大败新莽军，取得推翻新莽政权的决定性胜利。此后，离开绿林军赴河北发展，陆续歼灭了当地割据者，势力壮大。建武元年（25）称帝于鄗（今河北柏乡北），重建汉政权，不久移都洛阳，史称东汉。此后，刘秀打败赤眉起义军，削平各地割据势力，完成了统一大业。 [6] 啖：吃。 [7] 黄门监：官名，即侍中。开元元年（713）改为黄门监，五年，复故。卢怀慎（？—716）：唐朝大臣。滑州灵昌（今河南滑县西南）人。进士及第，历任监察御史、御史中丞、黄门侍郎、同紫微黄门平章事、黄门监等官。其为官清俭，以直道始终。能诗文。 [8] 蛭：即水蛭。 [9] 叔敖：即孙叔敖，春秋时政治家、楚国大臣。 [10] 赵宣子：即赵盾，春秋时晋国大夫，以贤明著称。 [11] 孔宣父：对孔子的尊称。 [12] 埋瘗（yì）：埋葬。

八年[1]，天下户口逃亡，色役伪滥[2]，朝廷深以为患。

九年正月，监察御史宇文融陈便宜[3]，奏请检察伪滥兼逃户及籍外剩田。于是令融充使推句[4]，获伪勋及诸色役甚众，特加朝散大夫，再迁兵部员外兼侍御史。融遂奏置劝农判官，长安尉裴宽等二十九人，并摄御史分往天下[5]。慕容珣、王冰、张均、宋希玉、宋询、韦洽、薛侃、乔梦松、王诱、徐楚璧、徐锷、裴宽、崔希逸、边冲寂、班景倩、郭廷倩、元将茂、刘日正、王焘、于孺卿、王忠翼、何千里、梁勋、卢怡、库狄履温、贾晋、李登、盛廙等，皆知名士。判官得人[6]，于此为盛，其后多至显秩。所在检责田畴[7]，招携户口。其新附客户，则免其六年赋调，但轻税入官。阳翟县尉皇甫憬、左拾遗杨相如并上疏[8]，盛陈烦扰不便。宽等皆当时才彦，使还，得户八十余万，田亦称是。憬遂贬为衢州盈川尉。融拜御史中丞。

融又上言："天下所检责客户，除两州计会归本贯以外，便令所在编附。年限向满，须准居人，更合所有优矜，即此辈徼幸，若征课税，即目击未堪。窃料天下诸州，不可一例处置，且请从宽乡有剩田州作法[9]。窃计有剩田者减三四十州，取其剩田，通融支给。其剩地者三分请取其一分以下。其浮户[10]，请任其亲戚乡里相就，每十户以上，共作一坊。每户给五亩充宅，并为造一两口室宇，开巷陌，立闾伍，种桑枣，筑园蔬，使缓急相助，亲邻不失。丁别量给五十亩以上为私田，任其自营种。率十丁于近坊更共给一顷，以为公田，共令营种[11]。每丁一月役功三日，计十丁一年共得三百六十日。营公田一顷，不啻得之，计平收一年不减百石，便纳随近州县。除役功三十六日外，更无租税。既是营田户，且免征行，安堵有余[12]，必不流散。官司每丁纳收十石，其粟更不别支用，每至不熟年[13]，斗别二十价，然后支用。计一丁年还出两丁以上，亦与正课不殊[14]。则官收其役，不为矜纵，人缓其税，又得安舒，仓廪日殷，久长为便。其狭乡无剩地客多者，虽此法未该，准式许移窄就宽，不必要须留住。若宽乡安置得所，人皆悦慕，则三两年后，皆可改图，弃地尽作公田，狭乡总移宽处，仓储既益，水旱无忧矣。”

杜佑通过这些文字的记述，主要是为了说明开元前期全国人口增长的原因。

至十三年封泰山[15]，米斗至十三文，青、齐谷斗至五文[16]。自后天下无贵物，两京米斗不至二十文，面三十二文，绢一匹二百一十二文。东至宋、汴[17]，西至岐州[18]，夹路列店肆待客，酒馔丰溢。每店皆有驴赁客乘，倏忽数十里[19]，谓之驿驴。南诣荆、襄[20]，北至太原、范阳[21]，西至蜀川、凉府[22]，皆有店肆，以供商旅。远适数千里，不持寸刃。二十年，户七百八十六万一千二百三十六，口四千五百四十三万一千二百六十五。

［注释］

[1] 八年：指开元八年，公元 720 年。 [2] 色役：唐代徭役之一。唐各级品官和官衙所用仆役，都由官府派应役人户承担，称为“色役”。有防阁、亲事、帐内、门夫等名目，承担者除课丁外，还有中男、残疾、品官子弟、工匠等，都要服不同名目的色役。 [3] 宇文融（？—730）：唐朝大臣。京兆长安（今陕西西安）人。历监察御史、侍御史，升任宰相，后因事受株连，被罢相贬官，死于岭南。 [4] 推句：即推勾，检查。 [5] 摄：代理。 [6] 判官：这里指选任官员。 [7] 田畴：犹田地。 [8] 皇甫憬：唐玄宗时人，历任阳翟县尉、盈川县尉。杨相如：唐玄宗时人，历任晋陵尉、左拾遗等，著有《君臣政理论》3 卷。 [9] 剩田：这里指授田后仍然剩余的土地。 [10] 浮户：流寓迁徙的人户。 [11] 营种：耕种。 [12] 安堵：安稳。 [13] 不熟年：即歉收之年。 [14] 正课：正税。 [15] 封泰山：即泰山封禅。 [16] 青：指青州，今山东青州。齐：指齐州，今山东济南。 [17] 宋：指宋州，今河南商丘南。汴：指汴州，今河南开封。 [18] 岐州：今陕西凤翔。 [19] 倏（shū）忽：很快。 [20] 荆：指荆州，今湖北荆州。襄：指襄州，今湖北襄阳汉水南襄阳旧城。 [21] 太原：指太原府，

今山西太原西南。范阳：郡名，今北京西南。 [22] 蜀川：本指四川地区，这里指成都。凉府：即凉州，今甘肃武威。

天宝元年[1]，户八百三十四万八千三百九十五，口四千五百三十一万一千二百七十二。自十三载以后，安禄山为范阳节度[2]，多有进奉，驼马生口，不旷旬月[3]，郡县供熟食酒肉草料。杨国忠任用之后[4]，即与蛮王阁罗凤结衅[5]，征关辅、河南、京兆人讨之，去者万不一全，连枷赴役，郡县供食。于是当路店肆多藏闭，以惧挠乱，驴马车牛，悉被虏夺，不酬其直，数年间，因渐减耗。

十三载，京城秋霖[6]，米价腾贵，官出太仓米，分为十场出粜。其所在川谷泛溢，京城坊市墙宇崩坏向尽。东京瀍洛又溢[7]，堤坏，飘损十九坊居人邑屋。二十日，遣京城诸坊人家，于门前作泥人，长三尺，左手指天，右手指地，十月方霁[8]。

十四载，管户总八百九十一万四千七百九，应不课户三百五十六万五千五百一，应课户五百三十四万九千这是唐朝人口发展的顶峰，杜佑特别予以强调。

二百八十。**管口总五千二百九十一万九千三百九，**不课口四千四百七十万九百八十八，课口八百二十万八千三百二十一。**此国家之极盛也。**按后汉自建武初至桓帝永寿三年[9]，凡百三十年，有户千六十七万。按自周武帝建德六年平齐[10]，至隋文帝开皇九年灭陈[11]，凡十四年，然后车书混一，甲兵方息。至大业二年[12]，凡十八年，有户八百九十万。我国家自武德初至天宝末，凡百三十八年，可以比崇汉室，而人户才比于隋氏，盖有司不以经国驭远为意，法令不行，所在隐漏之甚也。肃宗乾元三年[13]，见到帐百六十九州，应管户总百九十三万三千一百三十四。不课户总百一十七万四千五百九十二，课户七十五万八千五百八十二。管口总千六百九十九万三百八十六，不课口千四百六十一万九千五百八十七，课口二百三十七万七百九十九。自天宝十四年至乾元三年，损户总五百九十八万二千五百八十四，不课户损二百三十九万一千九百九，课户损三百五十九万六百七十五；损口总三千五百九十二万八千七百二十三，不课口损三千七十一万三百一，课口损五百二十一万八千四百三十二。户至大历中[14]，唯有百三十万户。建中初，命黜陟使往诸道按比户口[15]，约都得土户百八十余万，客户百三十余万。

杜佑分析了唐朝人口增长较缓的原因，并对安史之乱后，人户急剧衰减的情况进行了详细的记载。

[注释]

[1] 天宝：唐玄宗李隆基年号，元年即公元 742 年。 [2] 安禄山（703—757）：唐朝叛将。营州柳城（今辽宁朝阳南）人。本姓康，初名轧荦山（突厥语，意即战斗之神），其父为粟特人，早亡，母为突厥阿史德氏，其母改嫁突厥人安延偃，遂改姓安，更名禄山。其为人机警，曲意奉迎，通六蕃语，深为玄宗喜爱，兼任范阳、平卢、河东三镇节度使。安禄山野心很大，早就储兵器、积粮饷、畜战马。天宝十四载（755）十一月，以讨杨国忠为名，在范阳起兵作乱。很快攻陷洛阳，次年六月又攻入长安，玄宗奔蜀。其自称雄武皇帝，国号燕，建元圣武。因欲立幼子安庆恩为储君，于至德二载（757）春，被长子安庆绪所杀。 [3] 不旷：不间隔。 [4] 杨国忠（？—756）：唐玄宗时宰相。蒲州永乐（今山西永济）人。其为杨贵妃堂兄，本名钊，赐名国忠。历任新都尉、监察御史、侍御史。天宝十一载（752），李林甫死，代为右相，兼领四十余职。结党营私，淫纵不法，贿赂公行。安禄山与其矛盾颇深，遂以清君侧的名义发动叛乱。天宝十五载（756），杨国忠、杨贵妃随玄宗逃往西蜀，途经马嵬驿（今陕西兴平西）时，禁军哗变，杀杨国忠，并迫使玄宗赐死杨贵妃。 [5] 阁罗凤（？—779）：南诏国王。唐天宝七载（748）袭王位。时唐剑南节度使鲜于仲通等地方官吏贪婪，阁罗凤叛唐附吐蕃，袭取嶲州、会同军。唐军征讨大败。大历十四年（779）死，孙异牟寻立，于唐德宗贞元九年（793）复归于唐。 [6] 秋霖：秋季连绵阴雨。 [7] 东京：唐朝东都，即洛阳。瀍（chán）：瀍水，发源于河南孟津境内，在洛阳流入洛河。洛：即洛河，源出陕西洛南县西北，东南流经河南卢氏县折向东北，流经洛宁、宜阳等县，在偃师市杨村附近汇入伊河后称伊洛河，到巩义市洛口以北入黄河。 [8] 霁：雨

停。 [9] 永寿三年：即公元 157 年。 [10] 建德六年：即公元 577 年。 [11] 开皇九年：即公元 589 年。 [12] 大业二年：即公元 606 年。 [13] 乾元三年：即公元 760 年。 [14] 大历：唐代宗李豫年号，即公元 766—779 年。 [15] 黜陟使：使职名。始置于唐太宗贞观中，唐中期改为观察使。掌巡察全国诸道，察官吏之贪廉，询访民间疾苦，赈济穷乏。改为观察使后，逐渐成为道一级行政长官。

［点评］

关于唐代人口问题的研究，是一个学术性很强的问题。其中《通典》的以上记载是十分重要的研究资料。与《唐会要》、《册府元龟》、两《唐书》等其他记载不同的是，《通典》的记载具有鲜明的特点，主要表现在如下方面：

其一，《通典》的记载比较系统详尽。《通典》对人口的记载从唐初直到唐德宗建中年间，这是其系统性的表现。其详尽的特点主要体现在不仅记载了这一历史时期户数，而且详细记载了口数，尤为可贵的是，还记载了课户、课口与不课户、不课口的数据，这一点为他书所极少记载。对朝廷而言，课户、课口的数据更为重要，因为它是财政收入的来源。杜佑作为唐代的著名理财专家，又居宰相高位，因此对这个方面更为重视。

其二，着重探讨了引起人口增减变化的因素。《通典》的这一部分内容没有如他书那样仅仅列出具体户口数据，其更多的文字都用于记载这一时期的社会环境、灾害、政治以及战争等方面的情况，意在说明引起户口变化的社会因素。这一写法完全符合其编撰《通典》一书的宗旨，即“将施有政，用乂邦家”。

其三，杜佑十分关注粮食价格的起落变化。在这一部分内容中杜佑多次提到不同历史时期各地粮食价格的变化情况，并且记载了影响粮价变化的主要因素。在专门记载户口情况的门类中，却花了不少文字记载粮价，是杜佑编撰此书的与众不同之处，因为“民以食为天”，粮价的变化直接影响到民众的生存状况，进而影响到人口的增长与否，这就是杜佑写入这一内容的根本原因。

卷八　食货典八

钱币上

货币之兴远矣，夏商以前，币为三品[1]。珠玉为上币，黄金为中币，白金为下币。白金为银。太公立九府圜法[2]。周景以母子相权[3]。秦用黄金铜钱为上下二等。汉兴为八铢[4]，或为荚钱[5]，或作白金，或作赤仄[6]，八铢五分，迭废迭用。王莽又设错刀金银龟贝凡数十品[7]。公孙述始作铁钱[8]。魏文帝谷帛相贸[9]。刘备以一当百[10]。孙权以一当千。理道陵夷[11]，则有鹅眼、线环之别[12]；

王纲解纽，又有风飘、水浮之异[13]。名目繁杂，不能遍举，缅征损益，可略而言。原夫立钱之意[14]，诚深诚远。凡万物不可以无其数，既有数，乃须设一物而主之。其金银则滞于为器为饰，谷帛又苦于荷担断裂，唯钱但可贸易流注[15]，不住如泉。若谷帛为市，非独提挈断裂之弊，且难乎铢两分寸之用。历代钱货，五铢为中[16]，一品独行，实臻其要。今钱虽微重于古之五铢，大小斤两，便于时矣。

古代金属货币本身具有一定的价值，故轻重要适宜。铸币者为了牟取更大的利益，往往减轻其重量，这是导致一些历史时期货币贬值、物价腾飞的主要原因。

[注释]

[1] 三品：三个等级。 [2] 圜法：钱币流通之制。 [3] 周景：即周景王姬贵（？—前 520），统治残暴，在位 25 年。母子相权：大小钱参用。[4] 八铢：指八铢钱。 [5] 荚钱：又名榆荚半两。是汉初民间私铸的半两钱。轻不足一铢，轻薄如榆荚，故得名。 [6] 赤仄：汉代钱名，为西汉第二代五铢钱，亦称紫绀钱，即子绀钱。 [7] 王莽（前 45—23）：新朝的创立者。为汉朝外戚，汉元帝皇后的侄子，字巨君，东平陵（今山东济南东）人。西汉末年，他以外戚身份掌握朝政大权。初始元年（8），代汉自立，改国号“新”。为了解决西汉末年的社会危机，他采取了一系列措施，实行托古改制。这些改革不仅没有解决社会矛盾，反而激化了矛盾，农民起义此起彼伏。地皇四年（23）绿林军攻入长安，混乱中他为商人杜吴所杀，新朝灭亡。错刀：钱币名。王莽在还未登位的居摄二年（7）五月，实行了第一次货

币改制，发行了三种新币：错刀、契刀和大泉五十，同五铢钱并用。错刀价值为五千，是一种虚价大钱。金银：王莽发行的货币。龟贝：王莽发行的货币。　[8] 公孙述（？—36）：字子阳，扶风茂陵（今陕西兴平东北）人。新莽末年起兵，自立为蜀王，都成都，称天子，号成家。尽有益州地，聚甲兵数十万人，营造宫室，设置百官。汉光武出兵征讨，并修书劝降，不听。建武十二年（36），军败被杀。　[9] 魏文帝（187—226）：三国时魏国的建立者、文学家。名曹丕，字子桓，曹操次子，谯（今安徽亳州）人。延康元年（220）曹操死，袭位为丞相、魏王，兼领冀州牧。不久，逼汉献帝刘协禅位，代汉称帝，国号魏。建元为黄初，定都洛阳。公元 220 年至 226 年在位。谷帛相贸：粮食与丝帛交互作为货币使用。　[10] 刘备（161—223）：三国时蜀汉政权开国皇帝。字玄德，涿郡涿县（今河北涿州）人。汉朝中山靖王刘胜后裔。东汉末年参与镇压黄巾起义起家，后夺取益州（治今四川成都），接着取得汉中，自封为汉中王。公元 221 年称帝，国号汉，史称蜀汉，都成都。同年七月不顾丞相诸葛亮的反对，举兵伐吴，在夷陵（今湖北宜昌东）为吴国大将陆逊所败。蜀军主力损失殆尽，乃率残兵败退至白帝城（今重庆奉节），次年病死于此。葬于成都，谥昭烈皇帝。　[11] 理道：治道。陵夷：同“陵迟”，引申为衰颓。　[12] 鹅眼：不足重量的小钱名。线环：一种劣质货币名。　[13] 风飘：劣质钱币。水浮：劣质钱币，置于水上而不沉。　[14] 立钱之意：创立货币的意义。　[15] 流注：流通。　[16] 中：意为轻重适宜。

太公既立之于周[1]，退行之于齐，曰：“知开塞之术者，其取天下如化，是谓政之大端也。”

又管仲曰[2]："三币握之，非有补于温饱也，舍之非有切于饥寒也，先王以守财物、以御人事而平天下也。命之曰衡[3]，衡者，使物一高一下，不得有常，故与夺贫富，皆在君上[4]，是以人戴君如日月，亲君若父母，用此道也。夫生殖众则国富而人安，农桑寡则人贫而国危。使物之重轻，由令之缓急。权制之术，实在乎钱，键其多门，利出一孔，摧抑浮浪[5]，归趣农桑，可致时雍[6]，跻于仁寿[7]，岂止于富国强兵者哉！"具《轻重篇》。

管仲认为货币作用很多，不仅可以调节物价，控制百姓，而且还具有发展生产，改变民风的重要作用。

其后言事者，或惜铜爱工，改作小钱[8]，或重号其价，以求赢利，是皆昧经通之远旨[9]，令盗铸滋甚，弃南亩日多[10]，虽禁以严刑，死罪日报，不能止也。昔贤有云："铜不布下，乃权归于上。"诚为笃论[11]，固有国之切务[12]，救弊之良算也。况当今人疲赋重，康俗济用[13]，莫先于斯矣。自昔言货币者，在于图史[14]，无之，皆不达其要，唯汉贾生、国朝刘录事秩[15]，颇详其旨。

杜佑认为古代的统治者大多不懂货币在社会经济生活中的重要作用，只知聚敛财富，不知利用货币发展经济，改善民生。

自神农列鄽于国[16]，以聚货帛，日中为市，以交有无。虞夏商之币，金为三品，或黄或白，或赤或钱，或布或刀，或龟贝。凡货金钱布帛之用，夏殷以前，其详靡记[17]。

［注释］

[1] 太公：姜姓，名望，因其祖先曾封在吕地（今河南南阳西），又名吕尚。字子牙，后世尊称姜太公或太公望。大约生活在公元前 11 世纪，主要活动年代是商朝末期和西周初年。从有史料记载算起，他是我国历史上最早享有盛名的政治家和军事家。他辅佐周文王灭掉了许多小国，壮大了周的实力。后又辅佐周武王，灭亡了商朝，迫使商纣王自杀。然后出兵灭亡许多商的诸侯国，完全控制了商的统治区域。由于其功大，武王封其为齐侯，都营丘（今山东临淄）。在其经营下，齐国很快发展成为东方大国。 [2] 管仲（？—前 645）：春秋时齐国相，政治家。又称“管敬仲”，名夷吾，字仲，谥敬。他辅佐齐桓公，改革政治，视土地之肥瘠定征赋，适当征发力役，禁止掠夺家畜。用官府力量发展盐铁业，铸造和管理货币，调剂物价。执政 40 年，使齐桓公在“尊王攘夷”的口号下，成为春秋时第一个霸主。 [3] 衡：这里指商品价格不断绕一个中心上下摆动的均衡运动。 [4] 君上：国君。 [5] 浮浪：不从事农业生产之人。 [6] 时雍：和善，和顺。 [7] 仁寿：有仁德而长寿。 [8] 作：这里是铸造的意思。 [9] 昧：违背。经通：经久长远。 [10] 南亩：泛指农田。 [11] 笃论：确当的评论。 [12] 切务：要务。 [13] 康俗：端正风俗。 [14] 图史：左图右史的简称，形容藏书多。 [15] 贾生：即西汉政论家贾谊。刘录事秩：指唐朝人刘秩，字祚卿，彭城（今江苏徐州）人，著名史学家刘知幾第四子。进士出身，曾任左监门卫录事参军，故称刘录事。历任太子右庶子、给事中、尚书右丞、国子祭酒，后

被贬为抚州长史，病卒。刘秩才高多学，撰有《政典》《止戈记》《至德新议》《指要》等书。 [16] 鄽（chán）：市场中放置货物之处。 [17] 靡记：没有记载。

[**点评**]

这一段文字比较集中地反映了杜佑的货币思想。他认为古人创立货币不仅仅是将其作为一般交换媒介，而且货币还具有调节物价，发展生产，端正风俗，富国强兵的重要作用。杜佑特别强调了货币的发行权必须掌握在朝廷手中，所谓“权归于上”，反对私铸，私铸只会导致币制紊乱，劣币泛滥，严重地破坏社会稳定与生产。杜佑还强调了币值的稳定问题，为了做到这一点，就必须控制货币的铸造质量，大小轻重适中。他列举了两种货币，一种是汉代的五铢钱，另一种则是唐代的开元通宝钱，文中所说的“今钱”，就是指这种钱。他尤其反对虚价的大钱，认为这种做法将会导致社会经济的紊乱，加重百姓的经济负担。在货币思想方面，杜佑特别赏识汉代的贾谊与唐代的刘秩。前者提出了“法钱”的概念，要求由官府垄断货币材料——铜的主张，对后来古代国家的货币政策有着重要的影响。后者除了坚持维护国家垄断铜币铸造权的原则外，并将贾谊以重农抑末思想为主导的“禁铜七福”论，发展成包括照顾商人利益的“禁铜四美”论，将货币价值的大小与货币数量的多寡直接联系起来，认为这是影响物价的主要因素。对于管仲的货币思想，在这段文字中只是简单地提了一下，特地说明主要反映在《通典·食货典》的《轻重篇》中，实际上是希望读者参照阅读。通过以上这段文字的记述，可以清楚地了解杜佑货币思想的基本方面，包括中国古代所特有的货币范畴和货币理论。

卷九　食货典九

钱币下

北齐神武霸政之初[1]，犹用永安五铢[2]。迁邺已后[3]，百姓私铸，体制渐别，遂各以为名。有雍州青赤，梁州生厚、紧钱、吉钱，河阳生涩、天柱、赤牵之称。冀州之北[4]，钱皆不行，交贸者皆以绢布。神武乃收境内之铜及钱，仍依旧文更铸，流之四境。未几之间，渐复细薄，奸伪竞起。

武定六年[5]，文襄王以钱文五铢[6]，名须称实，宜秤钱一文重五铢者，听入市用。计一百文重一斤四两二十铢，自余皆准此为数。其京邑二市，天下州镇郡县之市，各置二秤，悬于市门。私人所用之秤，皆准市秤以定轻重。凡有私铸，悉不禁断，但重五铢，然后听用。若入市之钱，不重五铢，或虽重五铢而多杂铅镴[7]，并不听用。若辄以小薄杂钱入市，有人纠获，其钱悉入告者。其薄小之钱，若便禁断，恐人交乏绝，畿内五十日，外州百日为限。群官参议，咸以为时谷颇贵，请待有年，王从之而止。

北齐币制混乱，且又治理无策，导致社会不稳，生产衰退。以往研究北齐灭亡的原因，多从政治、军事的角度进行，杜佑却从币制紊乱的角度入手，可谓独具慧眼。

文宣受东魏禅[8]，除永安之钱，改铸常平五铢，重如其文。其钱甚贵，而制造甚精。其钱未行，私铸已兴，一二年间，即有滥恶，虽杀戮不能止。乃令市增长铜价，由此利薄，私铸少止。至乾明、皇建之间[9]，往往私铸。邺中用钱，有赤郭、青熟、细眉、赤生之异。河南所用，有青薄铅锡之别。青、齐、徐、兖、梁、荆河等州[10]，辈类各殊[11]。武平以后[12]，私铸转甚，或以生铁和铜，至于齐亡，卒不能禁。

[注释]

[1] 霸政：指权臣当政。 [2] 永安五铢：北魏孝庄帝永安二年（529）铸造的钱币。[3] 邺：指邺城，遗址位于今河北临漳县西南邺镇，北齐曾以其为都城。 [4] 冀州：今河北冀州。 [5] 武定：东魏孝静帝元善见年号，六年即公元 548 年。 [6] 文襄王：指北齐文襄帝高澄，高欢长子。武定四年（546）高欢死，高澄代替其大丞相、都督中外诸军事、录尚书事、大行台的职位。不久，被其部下所杀，追谥文襄皇帝，庙号世宗。 [7] 镴（là）：锡和铅的合金，通称白镴。 [8] 文宣：即北齐文宣皇帝高洋（529—559）。武定八年（550）五月，废黜东魏孝静帝而自立，国号齐，定都邺，年号天保。天保十年（559）十月暴卒，终年 31 岁。葬于武宁陵，谥号文宣，庙号显宗。 [9] 乾明：北齐废帝高殷年号，不足一年，即公元 560 年。皇建：北齐孝昭帝高演年号，不足一年，即公元 560 年。 [10] 青：即青州，今山东青州。齐：即齐州，今山东济南。徐：即徐州，今江苏徐州。兖：即兖州，今山东济宁兖州区。梁：即梁州，今河南开封。荆河：即荆河州，今河南汝南县。 [11] 辈类各殊：指钱币的种类各不相同。 [12] 武平：北齐后主高纬年号，即公元 570—576 年。

隋文帝开皇元年[1]，以天下钱货轻重不一，乃更铸新钱，背面肉好，皆有周郭，文曰“五铢”，而重如其文。每钱一千，重四斤二两。《后魏·食货志》云[2]：“齐文襄令钱一文重五铢者，听入市用。”计一百钱重一斤四两二十铢，则一千钱重十二斤以上，而隋代五铢钱一千重四斤二两，当是大小秤之差耳。是时，钱既杂

隋五铢钱是大小轻重适中，铸造比较精美的一种古代钱币。

出，百姓或私有镕铸。三年，诏四面诸关，各付百钱为样，从关外来，勘样相似，然后得过。样不同者，则坏以为铜，入官。诏行新钱以后，前代旧钱，有五行大布、永通万国及齐常平[3]，所在勿用。以其贸易不止，四年，诏仍旧不禁者，县令夺半年禄。然百姓习用既久，犹不能绝。五年，诏又严其制。自是钱货始一[4]，所在流布，百姓便之。是时见用之钱，皆须和以锡镴，锡镴既贱，求利者多，私铸之钱，不可禁约。其年，诏乃禁出锡镴之处，并不得私有采取。十年，诏晋王广听于扬州立五炉铸钱[5]。其后奸猾稍多，渐磨鑢钱郭，取铜私铸，又杂以铅锡，递相仿效，钱遂轻薄，乃下恶钱之禁。京师及诸州邸肆之上，皆令立榜，置样为准，不中样者不入于市。十八年，诏汉王谅听于并州立五炉铸钱[6]。又江南人间钱少，晋王广又请于鄂州白纻山有铜矿处铸钱[7]，于是诏听置十炉铸钱。又诏蜀王秀于益州立五炉铸钱[8]。是时钱益滥恶，乃令有司检天下邸肆见钱[9]，非官铸者皆毁之，其铜入官。而京师以恶钱贸易，为吏所执，有死者。数年之间，私铸颇息。

大业以后[10]，王纲弛紊，巨奸大猾，遂多私铸，钱转薄恶，初每千犹重二斤，后渐轻至一斤。或翦铁鍱、裁皮、糊纸以为钱[11]，相杂用之。货贱物贵，以至于亡。

开皇后期，盗铸纷起，币制紊乱，主要原因在于钱币的铸造发行权分散，没有集中在朝廷。

［注释］

[1] 隋文帝：姓杨，名坚，弘农郡华阴（今陕西华阴）人。他利用外戚专权的有利条件，迫使周静帝禅位。公元 581 年二月，杨坚即皇帝位，大赦天下，改国号为隋，改元开皇。隋文帝杨坚在位期间，废梁国，灭陈朝，统一了全国。仁寿四年（604）七月，文帝病重，被太子杨广所弑，终年 64 岁。开皇：隋文帝年号，元年即公元 581 年。 [2]《后魏·食货志》：即《魏书·食货志》。 [3] 五行大布：北周钱币名，建德三年（574）铸行，以一当十，与布泉钱并行。永通万国：北周钱币名，大象元年（579）铸行。齐常平：北齐铸行的常平钱。 [4] 钱货：即钱币。 [5] 晋王广：即隋炀帝杨广，当时其任扬州大总管，封晋王。 [6] 汉王谅（？—604）：隋文帝第五子，封汉王，并州牧。仁寿四年（604），举兵反叛，战败被俘，被炀帝幽禁而死。 [7] 鄂州：隋开皇九年（589），改郢州置，今湖北武汉武昌区。 [8] 蜀王秀（？—618）：隋文帝第四子，先后封越王、蜀王，任益州总管。仁寿二年（602）十二月，因杨广设计诬陷，文帝下令废杨秀为庶人，幽禁于内侍省。义宁二年（618），宇文化及弑炀帝，欲立杨秀为帝。群议不许，遂将杨秀及诸子一并杀害。 [9] 邸肆：商店。见钱：现钱。 [10] 大业：隋炀帝年号，即公元 605—618

年。［11］铁鏶：即铁叶。

［点评］

我国古代自魏晋南北朝以来，各朝均出现过币制紊乱，私铸盛行的混乱局面，严重地影响了社会生产的正常进行。造成这种状况的主要原因有二：一是政治上的分裂局面，不利于统一币制，各国自行其制，使得钱币种类繁多，币值极不稳定；二是钱币铸造权不集中，朝廷与地方官府皆有权铸造，难以控制铸造质量，而钱币质量的不统一，极易给私铸留下盗铸的空子。盗铸的盛行，必然破坏币制的稳定，影响社会经济的发展。为了扭转这种社会现状，历代不约而同地采取了严厉打击盗铸的手段，甚至不惜大开杀戒。虽然对抑制盗铸有一定的作用，却又极大地激化了社会矛盾，从而导致统治的不稳定。历史经验证明，将钱币铸造发行权牢牢掌握在朝廷手中，并且保证钱币的质量与发行数量的适中，是维持币制稳定，发展经济的重要原则。

卷十　食货典十

盐铁

管子曰："海王之国，海王者，言以负海之利而王其业。王音于况反。谨正盐筴[1]。正，税也。音征。十口之家，十人食盐，百口之家，百人食盐。终月大男食盐五升少半[2]，少半，犹劣薄也。大女食盐三升少半[3]，吾子食盐二升少半，吾子，谓小男小女也。此其大历也。历，数。盐百升而釜[4]，盐十二两七铢一黍十分之一为升，当米六合四勺也。百升之盐，七十六斤十二两十九铢二累为釜，当米六斗四升。今盐之重，升加分强，釜五十也[5]；分强，半强也。今使盐官税其盐之重，每一斗加半合为强而取之，则一釜之盐，得五十合而谓之强。升加一强[6]，釜百也[7]；升加二强，釜二百也。钟二千[8]，十釜之盐，七百六十八斤为钟，当米六斛四斗是。十钟二万，百钟二十万，千钟二百万。万乘之国，人数开口千万也[9]。举其大数而言之也。开口，谓大男大女之所食盐也。禺筴之商[10]，日二百万，禺读为偶。偶，对也。商，计也。对其大男大女食盐者之口数而立筴，以计所税之盐，一日计二百万，合为二百钟。十日二千万，一月六千万，万乘之国，正九百万也[11]。万乘之国，大男大女食盐者千万人，而税之，盐一日二百钟，十日二千钟，一月六千钟也。今又施其税数，以千万人如九百万人之数，则所税之盐一日百八十钟，十日千八百钟，一月五千四百钟。月人三十钱之籍[12]，为钱三千万。又变其五千四百钟之盐而籍其钱，计一月每人人籍钱三十，凡千万人，为钱三万万矣。以此籍之数而比其常籍，则当一国而有三千万人矣。今吾非籍之诸君吾子[13]，而有二国之籍者六千万。诸君，谓老男老女也。六十以上为老男，五十以上为老女也。既不籍于老男老女，又不籍于小男小女，乃能以千万人而当三千万人者，盖盐官之利耳[14]。盐官之利既然，则铁官之利可知也[15]。盐官

杜佑引用《管子》一书中的这一大段文字，有一个明显的特点，即杜佑对疑难之处都加了小字注释，包括注音，这是因为春秋时期的文章到唐代已经艰涩难懂了。

之利当一国而三千万人，铁官之利当一国而三千万人焉，故能有二国之籍者六千万人耳。其常籍人之数，犹在此外。使君施令曰[16]：吾将籍于诸君吾子，则必嚣号[17]，令夭给之盐筴，则百倍归于上，人无以避此者，数也[18]。今铁官之数曰：一女必有一针一刀，若其事立。若犹然后。耕者必有一耒一耜一铫[19]，若其事立。大锄谓之铫，羊昭反。行服连辇名，所以载作器，人挽者。轺羊昭反蓥居玉反者[20]，大车驾马。必有一斤一锯一锥一凿，若其事立[21]。不尔而成事者[22]，天下无有。今针之重加一也，三十针一人之籍。针之重，每十分加一分，为强而取之，则一女之籍得三十针也矣。刀之重加六，五六三十，五刀一人之籍也。刀之重，每十分加六分，以为强而取之，五六为三十也，则一女之籍得五刀。耜铁之重加七，三耜铁一人之籍也。耜铁之重，每十分加七分，以为强而取之，则一农之籍得三耜铁也。其余轻重皆准此而行，其器弥重，其加弥多[23]。然则举臂胜音升事[24]，无不服籍者[25]。”

[注释]

[1]盐筴：食盐人口的册籍。产盐之国，对全国食盐人口要有详细的登记，由官府按时按册籍卖给食盐。　[2]终月：即月终，

意为一个月。大男：成年男子。少半：不足一半。 [3] 大女：成年妇女。 [4] 釜：容量单位，六斗四升为一釜。 [5] 釜五十：谓每釜征盐税五十合。 [6] 一强：一百合。 [7] 釜百：谓每釜征盐税百合。 [8] 钟：容量单位，六斛四斗为一钟。 [9] 开口：指成年男女所食之盐。 [10] 禺筴之商：意为根据食盐人口簿籍计算。禺，偶也，核对。筴，这里指簿籍。商，计算。 [11] 正：征，即征税。 [12] 籍：这里指征钱。 [13] 诸君吾子：诸君指老男老女，古代男子六十岁为老，女子五十岁为老；吾子指未成年的男女人口。这些都是不承担赋税的人口。 [14] 盐官：主管盐政的官员。 [15] 铁官：主管冶铁事务的官员。 [16] 君：指国君。 [17] 嚣号：喧闹呼号，指百姓不满、抗议。 [18] 数：这里是频繁的意思。 [19] 铫（yáo）：古代的一种大锄。 [20] 服连：一种人抬的交通工具。轺輂（jú）：古代一种大马拉的车。 [21] 立：成功。 [22] 不尔：不然。 [23] 弥多：更加多。 [24] 举臂胜事：谓能胜任生产劳动之人。 [25] 服籍：谓负担租税。

桓公曰："然则国无山海不王乎[1]？"

管子曰："因人之山海，假之名有海之国，虽无海而假名有海，则亦虽无山而假名有山。售盐于吾国。彼国有盐而粜于吾国为售耳。釜十五吾受而官出之以百，受，取也。假令彼盐平价釜当十钱者，吾又加五钱而取之，所以来之也。既得彼盐，则令吾国盐官又出而粜之，釜以百钱也。我未与其本事也，与，用也。本事，本盐也。受人之事，以重相推，以重相推，谓加五钱之类也。推犹度也。此人用之数也。”彼人所有而皆为我用也。

又曰：“齐有渠展之盐，渠展，齐地，泲水所流入海之处，可煮盐之所也，故曰渠展之盐。请君伐菹薪，草枯曰菹。采居反。煮水为盐，煮海水。正音征而积之[2]。十月始正，至于正月，成三万六千钟，下令曰：孟春既至，农事且起，大夫无得缮冢墓，理宫室，立台榭，筑墙垣。北海之众无得聚庸庸，功也。而煮盐。北海之众，谓北海煮盐之人。本意禁人煮盐，下令托以农事，虑有妨夺，先自大夫起，欲人不知其机，斯为权术。此则坐长十倍，以令粜之[3]。梁、赵、宋、卫、濮阳彼尽馈食之国[4]，本国自无盐，远馈而食。无盐则肿[5]，守圉之国，圉与御同，古通用。用盐独甚[6]。”桓公乃使粜之，得成金万斤[7]。

管仲的这段话将不产盐之国如何通过购买他国之盐，并且获得丰厚利润的方法表露无遗。

管仲设法使盐价上涨的目的，在于向不产盐之国推销，以获取更大的利润，以增长齐国的经济实力。

［注释］

[1] 不王乎：不能称王吗？ [2] 正：即征收。 [3] 粜之：出售盐。 [4] 梁：古国名，嬴姓，在今陕西韩城南。其地亦称梁。赵：古国名，西周封造父于赵，故址在今山西赵城西南。宋：古国名，子姓，都城在商丘（今河南商丘南）。辖地约为今河南东部和山东、江苏、安徽各一部分。卫：古国名，辖地在今河北南部和河南北部一带。濮阳：古邑名，一说在今河南商丘东南，一说在今河南濮阳西南。 [5] 无盐则肿：不食盐则人的身体会浮肿。 [6] 独甚：

特别重要。 [7] 成金：经过冶炼的金子。

[点评]

盐是人们日常生活中不可或缺的必需品，其中海盐由于质量好而特别受到人们的重视。春秋时期的齐国拥有丰富的海盐资源，早在太公望时期，就命令百姓“极技巧，通鱼盐”，促进了境内手工业、商业的发展，邻国的百姓也纷纷前来归附，使齐国迅速地强大起来了。管仲利用齐国的这种有利的自然条件，有计划地发展齐国的盐业生产，同时，还创立了食盐民产、官收、官运、官销的官营制度。管仲制定这一政策的前提，是全部自然资料包括食盐资源在内的所有权归属于国家，民间只有生产权，所获得的产品，必须由官府征收，所谓“正而积之”，说的就是这个意思。从每年十月开始征收，到次年正月结束，可获得食盐三万六千钟。然后借口农业生产正忙，禁止从事农业之外的其他生产活动，包括煮盐在内，使海盐产量不至于过高，以免影响盐价。文中“北海之众无得聚庸而煮盐”一句，有学者据此认为这时已经有了雇佣劳动，官府禁止“聚庸”，使得盐户因缺乏劳动力而无法继续生产，从而控制了食盐的产量，然后再利用供求关系的变化，促使盐价上涨。“桓公乃使粜之，得成金万斤”，说明齐国的食盐完全是由官销的。管仲通过控制海盐的生产量与官府垄断海盐的运销，从而使海盐销售的丰厚利润完全归于官府。又通过对非产盐国的销售，不仅获得了巨额利润，还可以达到从政治上、军事上左右这些不产食盐的诸侯国的目的。

卷十一　食货典十一

杂税

汉高帝十一年[1]，令诸侯王、通侯常以十月朝献[2]，及郡各以其口数率[3]，人岁六十三钱，以给献费[4]。

孝武元光六年冬[5]，初算商车[6]。始税商贾船车，令出算也。太初四年冬[7]，行回中[8]，徙弘农都尉理武关[9]，税出入者，以给官吏卒食。

孝昭元凤二年[10]，令郡国无敛今年马口钱[11]。往时有马口出敛钱，今省之。所谓租及六畜。

中国古代的杂税征收，在汉代以前不见于记载，故杜佑所记杂税，从西汉开始。

宣帝时[12]，耿寿昌奏请增海租三倍[13]，天子从其计。御史大夫萧望之奏言[14]："故御史属徐宫[15]，御史大夫属也。家在东莱[16]，言往年加海租，鱼不出。长老皆言，武帝时县官尝自渔，海鱼不出，后予人，鱼乃出。夫阴阳之感，物类相应，万事尽然，宜且如故。"上不听。

王莽令诸取鸟兽鱼鳖百虫于山林水泽及畜牧者，嫔妇桑蚕织纴纺绩补缝，工匠医巫卜祝及他方技商贩贾人坐肆列里区谒舍，区谒舍，若客馆。皆各自占所为于其在所之县官[17]，除其本，计其利，十一分之，而以其一为贡[18]。末年，盗贼群起，匈奴侵寇，大募天下囚徒人，名曰猪突豨勇[19]。一切税吏人，赀三十而取一[20]。

后汉灵帝时[21]，南宫灾[22]。中常侍张让、赵忠等说帝[23]，令敛天下田税十钱，以治宫室。蜀李雄薄赋[24]，其人口出钱四十文，巴人谓赋为賨，因为名焉，賨之名旧矣。其赋钱四十，则始于李雄也。

［注释］

[1] 汉高帝（前 256—前 195）：即汉高祖，西汉开国皇帝。姓刘，名邦，字季，泗水郡沛县（今江苏沛县）人。早年当过亭长，

为人豁达大度，不事生产。陈胜、吴广大泽乡起义爆发后，刘邦率众起义响应，称沛公，后投奔项梁，逐步发展成为反秦主力军之一。公元前 206 年，他率军攻入咸阳，灭亡了秦朝。此后他被项羽封为汉王，展开了长达 4 年之久的“楚汉之争”，最终打败项羽，平定天下，建立了汉朝，建都洛阳，不久迁至长安，史称西汉。他改定赋税制度，统一度量衡，废除残酷的秦法，制定汉律。为加强中央集权，翦除异姓诸侯。公元前 195 年因讨伐英布叛乱，被流矢射中，后病重不起而卒。十一年：指汉高祖十一年，即公元前 196 年。 [2] 通侯：爵位名，又称彻侯、列侯。避汉武帝刘彻之讳，改称通侯。为二十等爵制的第十九等。 [3] 率：为准。 [4] 献费：汉代一种人口税。按人口数目计算，每人每年上交 63 钱。 [5] 元光：汉武帝年号，六年即公元前 129 年。 [6] 算：即征税。 [7] 太初：汉武帝年号，四年即公元前 101 年。[9] 回中：亦称“回中道”，古道路名。南起汧水河谷，北出萧关，因途经回中而得名。为关中平原与陇东高原间的交通要道。 [9] 弘农都尉：即弘农郡都尉。都尉，官名。秩比二千石，掌一郡之军事。武关：古代关名，位于今陕西丹凤县东南 40 公里的涧谷间，为关中东南著名关隘。 [10] 孝昭：汉昭帝（前 94—前 74），姓刘，名弗陵，汉武帝子。公元前 87 年至前 74 年在位。在位时实行轻徭薄赋，与民休息的政策。曾召开盐铁会议，讨论盐铁酒官营之利弊。元凤：汉昭帝年号，二年即公元前 79 年。 [11] 马口钱：按马的匹数所征的一种税。 [12] 宣帝：即汉宣帝，姓刘，名询。公元前 73 年至前 49 年在位。 [13] 耿寿昌：西汉天文学家和数学家。汉宣帝时，任大司农之职。海租：即渔税。 [14] 御史大夫：官名，副丞相。萧望之：西汉大臣。字长倩，东海兰陵（山东兰陵县西南兰陵镇）人。历任御史大夫、太子太傅。 [15] 御史属：汉代御史大夫属官。 [16] 东莱：郡名，治掖县（今山东莱州）。[17]县官：即官府。[18]贡：上贡，这里指征税。[19]猪突豨勇：王莽时对囚徒所充之士卒的称呼。[20]赀：同“资”。[21]灵帝：即汉灵帝（156—189），名刘宏，汉章帝玄孙。统治期间政治黑暗，宦官专权，鬻官卖爵，农民走投无路，沦落为流民，终于引发了184年的黄巾大起义。[22]南宫灾：南宫发生火灾。[23]张让（？—189）：人名，宦官，汉灵帝时专权的十常侍之一，中平六年（189），被袁绍斩杀。赵忠（？—189）：人名，宦官，安平（今山东青州西北）人。东汉灵帝十常侍之一。中平六年，袁绍率兵斩赵忠，又搜捕宦官无少长皆斩之。[24]李雄（274—334）：十六国时成国建立者。字仲儁，巴西宕渠（今四川渠县）人。巴氐族豪强，西晋末年蜀地农民起义领袖李特之子。公元303年，继李特及叔父李流后为起义军首领，攻克成都。翌年，建立政权，称成都王。公元306年即皇帝位，国号大成。在位30年，简刑约法，轻徭薄赋，开垦荒田，生产得以发展。

后周闵帝初[1]，除市门税[2]。及宣帝即位，复兴入市之税，每人一钱。

隋文帝登庸，又除入市之税。

大唐开元十八年[3]，御史大夫李朝隐奏请薄百姓一年税钱充本[4]，依旧令高户及典正等捉[5]，随月收利，将供官人料钱[6]。自天宝末年，盗贼奔突，克复之后，府库一空。又所在屯师[7]，用度不足，于是遣御史康云间出江淮[8]，陶锐往蜀汉[9]，豪商富户，皆籍其家资，所有财货畜产，或五分纳一，谓之“率贷”，所收巨万计。盖权时之宜。其后诸道节度使、观察使多率税商贾[10]，以充军资杂用，或于津济要路及市肆间交易之处计钱至一千以上者，皆以分数税之。自是商旅无利，多失业矣。上元中[11]，敕江淮堰埭商旅牵船过处，准斛斗纳钱，谓之埭程。大历初[12]，诸州府应税青苗钱，每亩十文，充百司手力资课[13]。三年十月十六日，台司奏，缘兵马未散，百司支计不给，每亩更加五文。**贞元九年制，天下出茶州，商人贩者，十分税一。**

唐代茶税的征收始于唐德宗建中元年（780），杜佑漏记了茶税的始置年代，贞元九年（793）不过是再度征收而已。

［注释］

[1] 闵帝：即北周孝闵帝（542—557），姓宇文，名觉，字陁罗尼。公元557年元月取代西魏，都长安，是为北周。宇文觉自称天王，不立年号。大权落入其堂兄晋国公宇文护手中，闵帝阴谋诛宇文护，谋泄，宇文护逼帝逊位，废为略阳公。不久派人将宇文觉害死，时年十六岁。在位仅四个月，葬于静陵。 [2] 市门税：杂税名，即进入市场时所交的一种税。 [3] 开元：唐玄宗李隆基年号，十八年即公元730年。 [4] 御史大夫：官名。唐代的御史大夫为御史台长官，负责全国的监察工作。李朝隐：京兆三原（今陕西三原）人。明法科及第，历任临汾尉、长安县令、刺史、御史大夫、岭南采访处置使等职，开元二十二年（734）病卒，终年七十岁。 [5] 高户：唐朝户口分为九等，高户等的人家称为高户。典正：宫官名，正七品。这里是指诸司所属胥吏。 [6] 料钱：月俸。 [7] 屯师：屯驻的军队。 [8] 康云间：唐朝御史，生卒年不详。 [9] 陶锐：唐朝御史，生卒年

不详。 [10] 节度使：官名。唐朝设置，为道一级军政长官，权力极重。观察使：官名。唐朝设置，为道一级行政长官，带节钺者称节度使。 [11] 上元：唐肃宗李亨年号，即公元 760—761 年。 [12]大历：唐代宗李豫年号，即公元766—779年。 [13]手力：唐代杂徭名，诸司官员根据品级的高低不同配给相应的手力，以供驱使。资课：唐后期允许手力不充役，但要缴纳相应钱物，称为资课，成为官员收入的一部分。

［**点评**］

所谓杂税，为正税之外额外征收的税种。其特点是：一、名目繁多，不可胜数。自西汉以来，历代皆各自颁布了许多杂税税种，没有统一之规。二、税额轻重不一，随置随废。从唐代以前的情况看，各朝的税种、税额皆不统一，通常前期税额较轻，后期逐渐加重，甚至出现竭泽而渔的现象。杂税的设置时间往往没有正税长久，随着政治、经济形势的变化而废置无常。三、杂税的颁布除了朝廷外，地方官府往往亦出台一些税种。杜佑在上述注文中所提到的“其后诸道节度使、观察使多率税商贾”一句，就是指这种情况。在中国古代社会的后期阶段，这种情况愈来愈严重，用“多如牛毛”形容亦不为过。四、某些杂税逐渐演变为常设之税，如盐税、茶税、契税、酒曲税等，后来都发展成为长期的税种，并为后世诸朝所沿袭。由于以上这些特点的存在，遂使杂税成为下层百姓的沉重负担，并导致社会矛盾激化。其原因就在于正税的税种与税额比较稳定，变化较小；而杂税的税种与税额极不稳定，变化较大。

平准

周制，司市掌市之理教政刑[1]，量度禁令，郑玄曰："量，豆区斗斛之属。度，丈尺也。"以次叙分地而经市，次谓吏所治舍，思次、介次也。若今市亭然。叙肆，行列也。经，界也。以陈肆辨物而平市[2]，陈犹列也。辨物，物异肆也。肆异则市平。以政令禁物靡而均市[3]，物靡者，易售而无用，禁之则市均。郑众云："靡谓侈靡。"商贾阜货而行布[4]，通物曰商，居卖曰贾。阜犹盛也。以量度成贾而征儥[5]，征，召。儥，买也。物有定价，则买者来。儥音鬻。以质剂结信而止讼[6]，质剂，谓两书一札而别之，若今下手书，言保物要还矣。大市以质，小市以剂。音子随反。以贾人禁伪而除诈，贾人，胥师、贾师之属也。必以贾人为之者，知物之情伪与实诈尔。以泉府同货而敛赊[7]。同，共也。同者，谓人货不售，则为敛而买之。人无货，则赊贳而与之。大市日仄而市[8]，百族为主；朝市朝时而市，商贾为主；夕市夕时而市，贩夫贩妇为主。仄，日昳也。市者，杂聚之处。言主者，谓其多者。百族谓百姓也。必容来去。商贾家于城市。贩夫贩妇，朝资夕卖。因其便而分为三时之市，所以了物极众也。凡理市之货贿[9]，六畜珍异，亡者使有，利者使阜，害者使亡，靡者使微。利，利于人，谓物实厚者也。害，害于人，谓物行苦者也。使有，使阜，起其贾以征之也。使亡，使微，抑其贾以却之也。侈靡细好，使富人好奢，微之而已。郑众云："亡者使有，无此物则开利其道，使之有。"凡通货贿，以玺节出入之。玺节印章，如今斗检封矣，使人执之，以通商。以出货贿者，王之司市也。以内货贿者，邦国之司市也。国凶荒札丧，则市无征而作布泉矣[10]。有灾害物贵，市不可以税，为人乏困也。金铜无凶年，因物贵大铸泉，以饶人。凡市，伪饰之禁在人者十有二[11]，在商者十有二，在贾者十有二，在工者十有二。郑玄曰："王制云：'用器不中度，兵车不中度，布帛精粗不中数，幅度广狭不中量，奸色乱正色，五谷不时，果实未熟，木不中伐，禽兽鱼鳖不中杀，皆不鬻于市。'亦其类也。

于四十八[12]，则未闻数十二焉。”**凡天患[13]，禁贵儥者，使有恒贾**。恒，常也，谓若贮米谷棺木而睹久雨而有疫病者，贵卖之。因灾害厄人[14]，使之重困，故令有常贾也。**四时之珍异亦如之**。荐宗庙之物也。

杜佑节录了《周礼》的这一段文字，又采用注释的方式阐发了自己发展商业、平抑物价的主张。杜佑的注文实际上也是杜佑经济思想的一种反映。

［注释］

[1] 司市：周代官名。《周礼·地官·司市》：“掌市之治、教、政、刑、量度、禁令。” [2] 平市：使市价稳定。 [3] 物靡：古代指侈靡而与民生无关的物品。 [4] 阜货：使货物聚拢。行布：流通之意。 [5] 儥（yù）：《说文》：儥，“卖也”。也指买。 [6] 质剂：西周时的买卖契约文书。 [7] 赊：商品买卖时，买方延期交款或者卖方延期收款都叫赊。[8] 日仄：同“日昃”。即傍晚。 [9] 理市：管理市场。货贿：这里指货物。 [10] 无征：不征税。布泉：钱币。 [11] 伪饰：虚假矫饰。 [12] 四十八：非实指，比喻多也。 [13] 天患：自然灾害。 [14] 厄人：百姓困窘。

［点评］

古代所谓平准，是指官府转输物资、平抑物价的措施。上述这段文字，主要是强调了平准对市场的影响。需要说明的是，杜佑并非完整地节录《周礼》的整段文字，而是有所删节，有所挑选，把其中最能体现平准之意的文字节录下来，并加以注释。主要论述了以下几个方面的问题：其一，强调市场对物资有无的调节与流通的重要作用，通篇没有提到官府对物资运输与调节作用。

在发挥市场调节方面，强调了“亡者使有，利者使阜，害者使亡，靡者使微”的思想，认为这是管理市场的重要原则。其二，强调了官府对市场的管理作用。在重视市场流通作用的同时，要管理好市场是官府的重要责任。其三，重视平抑物价，尤其是反对利用天灾随意推高物价，征收赋税，从而导致民众困窘。其四，认为应该加快对生活、生产有用的商品的流通，防止或减少奢侈之物进入市场。杜佑的这些经济思想是十分可贵的，也是我国中古时期商品经济思想的一种反映，具有一定的历史借鉴意义。

卷十二　食货典十二

平籴

魏文侯相李悝曰[1]："粜甚贵伤人[2]，此人谓士工商。甚贱伤农，人伤则离散，农伤则国贫，故甚贵与甚贱，其伤一也。善为国者[3]，使人无伤而农益劝[4]。今一夫挟五口，治田百亩[5]，岁收亩一石半，为粟百五十石。除十一之税十五石，余百三十五石。食，人月一石半，五人终岁为粟九十石，余有四十五石。石三十，为钱千三百五十。除社闾尝新春秋之祠用钱三百[6]，余千五十。衣，人率用钱三百，五人终岁用千五百，不足四百五十。少四百五十，不足。不幸疾病死丧之费及上赋敛[7]，又未与此。此农夫所以常困，有不劝耕之心，而令籴至于甚贵者也[8]。是故善平籴者[9]，必谨观岁有上中下熟[10]。上熟其收自四[11]，余四百石；平岁百亩收百五十石，今大熟四倍，收六百石。计人食终岁长四百石，官籴三百石，此为籴三舍一也。中熟自三，余三百石；自三，四百五十石也。终岁长三百石，官籴二百石，此为籴二而舍一也。下熟自倍，余百石。自倍，收三百石，终岁长百石，官籴其五十石，云下熟籴一，谓中分百石之一也。小饥则收百石[12]，平岁百亩之收，收百五十石，今小饥收百石，收三分之二也。中饥七十石，收二分之一也。大饥三十石。收五之一也。以此推之，大小中饥之率。故大熟则上籴三而舍一，中熟则籴二，下熟则籴一，使人适足，价平则止[13]。小饥则发小熟之所敛[14]，官以敛藏出粜。中饥则发中熟之所敛，大饥则发大熟之所敛，而粜之。故虽遇饥馑水旱，粜不贵而人不散，取有余而补不足也。”行之魏国，国以富强。

杜佑所引的这一段文字出自《汉书·食货志》，论述了粮价的波动对国家治理的影响。古代将社会分为士、农、工、商四个阶层，粮价上涨会伤害士、工、商的利益，粮价下降则会危害到农民的利益，这些情况的出现，均不利于国家治理。因此，要针对丰年与歉年的不同情况，采用粜与籴两种手段，来平抑粮价，以保持社会的稳定与生产的发展。

[注释]

[1] 魏文侯（？—前 396）：战国时魏国的创立者，公元前 445 年至前 396 年在位。即位后重用李悝、魏成子、西门豹等大臣，乐羊、吴起等名将，实行变法，改革行政，奖励耕战，兴修水利，使魏国逐渐富强。公元前 408 年尽夺秦国的河西地区，向北越过赵国攻灭中山国。在秦孝公改革变法前，魏是当时最强的国家。李悝（前 455—前 395）：战国时著名法家，被魏文侯任为相，主持变法。废除世卿世禄制度，按功劳和能力选拔官吏，鼓励耕作，以尽地力，使魏国得以富强。曾编著《法经》六篇，为中国古代第一部系统法典。已佚。 [2] 粜：卖出粮食。 [3] 为国：治理国家。 [4] 益：更加。劝：鼓励。 [5] 治田：耕种田地。 [6] 社闾尝新：用新收的谷物祭祀土地神。春秋之祠：春、秋两季祭神。 [7] 赋敛：赋税聚敛。 [8] 籴：买进粮食。 [9] 平籴：官府在丰年收购食粮储存，备荒年发售，以稳定物价的措施。 [10] 熟：这里指丰收之年，根据丰收的高低程度，分为上熟、中熟、下熟。 [11] 上熟其收自四：意为大丰收之年的收成是平年的四倍。 [12] 饥：指歉收之年。根据灾害程度，亦分为大饥、中饥、小饥。 [13] 价平则止：粮价平稳后则停止收购。 [14] 敛：这里是指收购的粮食。

常平

后魏孝文时[1]，秘书丞李彪上表曰[2]：“昔之哲王，莫不殷勤稼穑，故尧汤水旱，人无菜色[3]，盖由备之也。汉家乃设常平[4]，魏氏以兵粮制屯田，军国取济。光武一亩不实，罪及牧守[5]。皆明君恤人若此[6]。今山东饥，京师俭，臣以为宜析州郡常调九分之二[7]，京都度支岁用之余，各立官司。年丰籴积于仓，时俭则减私之十二粜之[8]。如此，人必力田以买官绢，又务贮钱以取官粟，年丰则常积，岁凶则直给。”明帝神龟、正光之际[9]，自徐扬内附之后[10]，徐，今彭城郡。扬，今寿春郡。收内兵资，与人和籴，积为

常平之制始于春秋时齐国，由管仲创立，历代沿袭。其基本做法是，丰年收购粮食贮于官仓（常平仓），歉年从仓中运出粮食投放于市场，以平抑粮价。北魏常平制度始于孝文帝时期，基本做法仍相沿未变。

边备也。

[注释]

[1] 孝文：北魏孝文帝（467—499），原名拓跋宏，汉名为元宏。皇兴三年（469）立为太子，五年受父献文帝禅让即位。时年仅五岁，太皇太后冯氏当国。太和十四年（490）太后卒，始亲政。太和十七年（493），从平城迁都洛阳，改鲜卑姓氏为汉姓，改变鲜卑族风俗、服制、语言，鼓励鲜卑人与汉族通婚。改定官制、礼仪，更律令，严法制，提倡务农积谷，考核官吏。这些改革措施促进了鲜卑族的发展，缓和了各种社会矛盾，增强了各民族间的联系。太和二十三年（499）引兵南征，染疾北返，途中卒于谷塘原行宫。 [2] 秘书丞：官名。为秘书省的副职，掌管国家图籍。李彪（444—501）：字道固，顿丘卫国（今河南清丰县南）人。孝文帝初，举孝廉，由中书教学博士迁秘书丞，历任御史中尉、通直散骑常侍等官。参与魏史的修撰，著有诗、颂、赋、诔、章奏、杂笔百余篇。 [3] 菜色：食菜之色，指人因缺乏食物，只能靠吃菜充饥而显现出来的营养不良的脸色。 [4] 常平：指常平仓。谷贱时增其价而籴，以利农；谷贵时减价而粜，以平抑粮价，故名曰常平仓。 [5] 牧守：官名，即郡太守。 [6] 恤人：体恤人，怜惜人。 [7] 常调：正税。 [8] 时俭：歉收之年。 [9] 明帝：魏孝明帝元诩。魏宣武帝之子，延昌四年（515）即帝位，朝廷大权掌握在胡太后手中。胡太后为了长期掌权，于武泰元年（528）二月，毒杀孝明帝。神龟：魏孝明帝年号，即公元518—520年。正光：魏孝明帝年号，即公元520—525年。 [10] 徐扬：指徐州与扬州，前者即今江苏徐州，后者即今安徽寿县。

义仓

大唐武德五年[1]，废常平监[2]。八年敕，诸州斗秤，京太府校。

贞观初，尚书左丞戴胄上言曰[3]：“水旱凶灾，前圣之所不免。国无九年储蓄，礼经之所明诫。今丧乱之后，户口凋残，每岁租米，未实仓廪，随即出给，才供当年[4]。若遇凶灾，将何振恤？故隋开皇立制[5]，天下之人，节级输粟，名为社仓[6]。终于文皇，得无饥馑。及大业中，国用不足，并取社仓，以充官费，故至末涂[7]，无以支给。今请自王公以下，爰及众庶，计所垦田稼穑顷亩，每至秋熟，准其见苗，以理劝课，尽令出粟。稻麦之乡，亦同此税。各纳所在，为立义仓[8]。年谷不登，百姓饥馑，当所州县，随便取给。”太宗曰：“既为百姓，先作储贮，官为举掌，以备凶年。非朕所须，横生赋敛，利人之事，深是可嘉。宜下有司，议立条制。”户部尚书韩仲良奏[9]：“王公以下垦田，亩纳二升。其粟麦粳稻之属，各依土地。贮之州县，以备凶年。”制从之。自是天下州县始置义仓，每有饥馑，则开仓振给。

高宗永徽二年九月[10]，颁新格：“义仓据地取税，实是劳烦，宜令率户出粟，上上户五石，余各有差。”六年，京东西市置常平仓[11]。高宗、武太后数十年间，义仓不许杂用，其后公私窘迫，贷义仓支用。自中宗神龙之后[12]，天下义仓，费用向尽。

义仓粟本来是为防备荒年而积贮，神龙以来多被官府征调，然而这只是一个开头，唐后期义仓粟已经财政化了，逐渐失去了防灾度荒的意义。

开元二十五年定式：“王公以下，每年户别据所种田，亩别税粟二升，以为义仓。其商贾户若无田及不足者，上上户税五石，上中以下递减各有差。诸出给杂种准粟者[13]，稻谷一斗五升当粟一斗。其折纳糙米者，稻三石折纳糙米一石四斗。

[注释]

[1] 武德：唐高祖李渊年号，五年即公元 622 年。 [2] 常平监：官署名，管理常平仓的机构。唐于武德元年（618）九月置，五年废。 [3] 尚书左丞：官名。唐尚书省以尚书令为长官，左右仆射为副贰，其下有左右丞。由于尚书令不置，左右仆射为本省实际长官，左右丞为实际副贰，具体负责尚书省的政务工作。戴胄（？—633）：唐初大臣。相州安阳（今河南安阳）人。任大理寺少卿时，能够坚持依法办案，敢于谏诤，受到了时人的赞扬。 [4] 才供：仅供。 [5] 开皇：隋文帝杨坚年号，即公元 581—600 年。 [6] 社仓：古代以民间力量为主兴办的一种互助性质的备荒仓储。与义仓不同的是，社仓大多为民间自营，其谷为地方豪富或一般民家自动输供。 [7] 末涂：末年。[8] 义仓：中国古代仓储的一种，是官府为防备荒年而倡导民间自办的公益粮仓。北齐有义租，需送交官府。隋代长孙平倡议首创义仓。与社仓不同的是，义仓多为官府管理，其仓粮亦多被官府挪用调运。 [9] 韩仲良：唐初大臣。历任户部尚书等官，封颍川郡公，死后追赠太子少保。 [10] 高宗：即唐高宗李治（628—683），字为善，唐太宗第九子。贞观二十三年（649）五月即皇帝位。在位期间，开拓了西域的疆土，发展生产，人口较贞观时期有所增长。执政后期，皇后武则天渐掌实权。弘道元年（683）去世，终年 56 岁，葬乾陵。永徽：唐高宗年号，二年即公元 651 年。 [11] 京东西市：指长安的东市与西市，各占两坊之地，为长安城中的商业交易市场。 [12] 中宗：即唐中宗（656—710）李显，唐高宗第七子。公元 683 年十二月，高宗死，李显以皇太子即皇帝位，武则天临朝称制。次年，废为庐陵王，居于均州，

又迁居房州。圣历元年（698），复为皇太子。神龙元年（705），张柬之等发动政变，武则天被迫逊位，李显重新即皇帝位。在位期间，政治混乱，皇后韦氏专权。景龙四年（710）被韦氏与安乐公主毒死，终年55岁。神龙：唐中宗年号，即公元705—707年。 [13] 杂种：这里指粟之外的其他粮食种类。

［点评］

平籴、常平、义仓均为古代为平抑粮价、防灾救荒而采取的措施，并且形成制度，为历代王朝所沿袭。然而仔细分析，这三者性质既有相同之处，也存在一定的差异。平籴之策为战国李悝最先提出，主要针对丰年与歉年、伤民与伤农这一对矛盾提出的。这对抑制兼并和防止农民的破产有一定的作用，对后世的社会救济思想亦有较大的影响。但是当时并没有建立专门的仓储机构，因此仓粮亦可以移作他用。西汉宣帝采纳耿寿昌建议，设置常平仓，库藏之粟专门用于调节粮价，备荒赈恤，遂使这一做法制度化了。平价购进，平价出售，故称常平。实际上谷价贱时则增价而籴，谷价涨时则减价售之，这样就需要一大笔资金，故此这项事业只能由官府承担，是其义不容辞的职责。常平仓的设置还有一个积极作用，即对限制商人囤积居奇、牟取暴利，缓解灾民饥荒起到了较积极的作用。如果说平籴与常平均为官府行为的话，义仓最初则为官府倡导民间自办的公益粮仓。

义仓始置于北齐河清（562—565）中，虽有备荒的作用，但是仍强调谷贱则籴之，谷贵则粜之，即仍具有平抑谷价的意义。隋代的义仓交乡社社司管理，岁遇饥馑，则发仓谷赈给。唐代的义仓，每亩征纳粟二升，或纳麦、粳、稻等类。无田商贾，其户分为九等，除下下户外，自上上户至下中户共八等，上上户出谷五石，依次减至下中户五斗为止。这一时期的义仓已经不再强调平抑谷价，虽然有时亦用于这个方面，但主要作用在于赈贷，即备粮救荒，性质已经发生了较大的变化。正因为如此，所以唐代的义仓在荒年时无息借贷给百姓粮食，秋收以后照数归还。此外，如果农民在春播时缺少粮种，也可向义仓申请借贷，也就是说其作用已不再限于荒年赈贷。需要说明的是，唐代义仓的管理后来已从民间转移到官府手中，义仓粟的征收已经赋税化。唐后期当朝廷开支紧张时，则不时动用义仓粟，遂使其演变成为官府管理下的一种国家仓储。

卷十三　选举典一

选举序

自昔羲后[1]，因以物命官[2]，事简人淳，唯以道化，上无求欲于下，下无干进于上，百姓自足，海内乂安[3]，不是贤而非愚，不沽名而尚行，推择之典[4]，无所闻焉。爰洎唐、虞之官人也[5]，俾乂水土，缉熙帝载[6]，敷五教[7]，正五刑[8]，播百谷[9]，典三礼[10]，咨于四岳[11]，明扬侧陋[12]，询事考言，故举无失德。然犹三载考绩，三考黜陟幽明[13]，流四凶族[14]，不仁者杜佑在《选举序》中没有回顾历代选举制度的发展变化，而是强调了教育对人才的培养作用。认为如果不加强教育，急功近利，只求多贤，就是舍本逐末，更何况如今的选士，只求辞藻华丽、文字优美，所失更远。如改变这种做法，亡羊补牢，人才如何能缺乏呢？这是杜佑人才观的一种反映。

远，斯则选贤任能之大略也。三王之代[15]，朴散俗浇[16]，难以道驭，务勤其教，立庠塾于乡闾[17]，建黉学于都邑[18]，训公卿大夫之子弟，设俊、造之目而勖勉成之[19]。自幼年入学，至四十方仕，然后行备业全，事理绩茂。秦汉以降，乃异于斯。其行教也不深，其取材也务速，欲人浸渍于五常之道[20]，皆登仁寿之域[21]，何可及已。夫上材盖寡[22]，中材则多，有可移之性，敦其教方善。若不敦其教，欲求多贤，亦不可及已。非今人多不肖，古人多材能，在施政立本，使之然也。而况以言取士，既已失之，考言唯华[23]，失之愈远。若变兹道[24]，材何远乎？

［注释］

[1] 羲后：指伏羲（xī）氏，传说中的上古部族首领。　[2] 以物命官：因事而任命官员。　[3] 乂安：太平，安定。　[4] 推择之典：推举、选拔制度。　[5] 唐、虞：唐指唐尧，虞指虞舜，均为上古时期的部族首领。　[6] 缉熙：光明貌。帝载：帝王的事业。　[7] 敷（fū）：施行。五教：指儒家社会伦理教育的五个方面，即父义、母慈、兄友、弟恭、子孝。　[8] 五刑：古以墨（黥面）、劓（割鼻）、宫（男子阉割、妇人幽闭）、刖（断足）、大辟（死刑）为五刑。　[9] 百谷：各种谷物，泛指谷物之多。　[10] 三礼：《周礼》《仪礼》《礼记》三部典籍的合称。　[11] 四岳：指古代

四方的部落首领或诸侯。 [12] 侧陋：有才德而居于隐僻之处的微贱者。 [13] 黜陟：指人才的进退、官吏的升降。 [14] 四凶：古代传说舜所流放的四人或四族首领。 [15] 三王：夏禹、殷汤、周文王之合称。 [16] 朴散：朴实的社会风气变得轻薄。俗浇：指社会风尚浮浅庸俗。 [17] 庠塾：地方学校。 [18] 黉（hóng）学：古代泛指学校。 [19] 勖勉：勉励。 [20] 浸渍：浸泡，渗透。五常之道：指仁、义、礼、智、信。 [21] 仁寿：《论语·雍也》："知者动，仁者静；知者乐，仁者寿。"邢昺疏："言仁者少思寡欲，性常安静，故多寿考也。"谓有仁德而长寿。 [22] 上材：优秀人才。 [23] 华：这里指语言华丽、华美。 [24] 兹道：此道，这种方式。

［点评］

杜佑认为伏羲时期尚无选举制度，而唐尧虞舜时期能够选贤任能，且有考课黜陟之制，应该是一种推测之辞，并无多少文献依据。至于"正五刑""典三礼"，更是无可稽考，因为那一时期尚未形成五刑之制与三礼的典籍。关于夏禹、殷汤、周文王即所谓"三王"时期，杜佑认为社会治理之所以良好，主要是兴办学校、发展教育之缘故。他认为这一时期的人们自幼入学，40岁时方才入仕做官，以为这是社会治理良好的成功经验。这些都是一种理想化的说法，不可盲目相信。杜佑认为秦汉以来，违背了"三王"时代的做法，在没有长期办好教育的情况下，就急于"取材"，故治理效果大打折扣。这种观点正确与否姑且不论，但杜佑认为大量的人才是培养出来，因为"上材"太少，而"中材"乃是可以通过培养教育造就的，显然是一种远见卓识。他还指出并非古代多才俊之士，而今人多“不肖”，主要是对教育重视不够所致。此外，杜佑还认为今“以言取士”，而且只以言辞、文字华丽为考察标准，更是不可取法，只有改变了这些做法，人才才会源源不断地涌现。杜佑重视人才培养的思想是可取的，因为选举的对象是人才，没有优秀人才就达不到选举的目的，因此杜佑的这篇序从人才培养论起，而不记述具体制度，实际上是抓住了问题之根源。思虑之深，可感可佩。

历代制上

《周官·大司徒职》："以乡三物教万民[1]，而宾兴之[2]：一曰六德[3]，二曰六行[4]，三曰六艺[5]。"并具《学篇》中。诗、书、礼、乐，谓之四术。四术既修，九年大成[6]。凡士之有善，乡先论士之秀者，升诸司徒[7]，曰选士；司徒论选士之秀者而升诸学，曰俊士；既升而不征者，曰造士；大乐正论造士之秀者升诸司马[8]，曰进士。司马论进士之贤者及乡老、群吏献贤能之书于王[9]，王再拜受之，登于天府[10]，藏于祖庙，内史书其贰而行焉[11]。书其贰，谓写其副本。在其职也，则乡大夫、乡老举贤能而宾其礼[12]，司徒教三物而兴诸学，司马辩官材以定其论，太宰诏废置而持其柄[13]，内史赞与夺而贰于中[14]，司士掌其版而知其数[15]。论定然后官之，任官然后爵之，位定然后禄之。盖择材取士如此之详也。

这一段记载出于《周礼》，理想化的色彩很浓，与西周社会的实际情况不一定完全相符。

[注释]

[1] 乡三物：乡学教育之总纲。三物，犹言三事，指六德、六行、六艺。 [2] 宾兴：郑玄曰："兴，犹举也。民三事教成，乡大夫举其贤者能者，以饮酒之礼宾客之，既则献其书于王矣。"（《周礼·地官大司徒》）后世地方官设宴招待应举之士，谓之"宾兴"，即沿袭此制。 [3] 六德：即知、仁、圣、义、忠、和。郑玄注："知，明于事。仁，爱人以及物。圣，通而先识。义，能断时宜。忠，言以中心。和，不刚不柔。"（《周礼·地官大司徒》） [4] 六行：指六种美德，即孝、友、睦、姻、任、恤。 [5] 六艺：有两说：一为六经，指《礼》《乐》《书》《诗》《易》《春秋》；一为礼、乐、射、御、书、数。 [6] 大成：指大学教育的程度。先秦儒家以能把所学知识融会贯通，在品德上形成坚定信仰的，谓之大成。 [7] 司徒：官名。西周时为主管教化的乡官。 [8] 大乐正：乐正，官名，掌音乐。大乐正为其长。司马：官名，掌军政与军赋。 [9] 乡老：官名。周设此官，掌与乡大夫以礼礼宾，献贤能之书于王。群吏：对胥吏的总称。 [10] 天府：谓太庙之宝藏也。凡民数的登记册、邦国的盟书、狱讼的簿籍，都送天府保存。 [11] 内史：官名。周设此官，掌王八柄之法以考政事，为执国法国令之贰。 [12] 乡大夫：官名。周代地方行政长官，掌一乡之政教禁令。 [13] 太宰：官名，也称冢宰。为百官之长，辅佐国君以治理国家。 [14] 与夺：给予或夺取。 [15] 司士：

官名。掌理群臣名册、升降、征召及正朝仪之位等事。

［点评］

杜佑关于西周时期教育与选士制度的这一段记载，出自《周礼》一书，而此书最早出现在西汉时期。据载系西汉武帝时河间献王刘德从民间搜集所得，初名《周官》，藏于宫中秘府。至汉成帝时，刘向、刘歆父子校理图籍，发现了此书，著于《七略》。刘歆认为此书是“周公致太平”的全部制度，故改名《周礼》。关于其撰者有不同说法，其中三说：一为周公之书，一为战国时人书，一为刘歆伪造之书。关于成书时间，亦有六说：西周说、春秋说、战国说、秦汉之际说、汉初说、王莽伪作说等。《周礼》主要记载了西周时期的职官设置及职能情况，故称《周官》，对后世的政治制度有很大影响。现代学者考释《周礼》内容，认为成书应在周王室东迁以后。《周礼》所记大部分内容为西周旧制，资料价值极高，同时也增入了作者的政治理想，如封国之制、畿服之制，因此对此书所记内容要具体分析。

卷十四　选举典二

历代制中

魏文帝为魏王时[1]，三方鼎立[2]，士流播迁，四人错杂，详核无所。延康元年[3]，吏部尚书陈群以天朝选用不尽人才[4]，乃立“九品官人之法”，州郡皆置中正[5]，以定其选，择州郡之贤有识鉴者为之，区别人物，第其高下[6]。又制：郡口十万以上，岁察一人，其有秀异，不拘户口。初，曹公时[7]，魏府初建，以毛玠、崔琰为东曹掾史[8]，铨衡人物，选用先尚勤俭。于是天下士人皆砥砺名节，务从约损。

和洽言于公曰[9]："天下大器，在位与人，不可以一节检也。俭素过中，自以处身则可，以此格物，所失或多。今朝廷之仪，吏有着新衣、乘好车者，不谓之廉洁。至令士大夫故污辱其衣，藏其舆服，朝府大吏或自挈壶飧[10]，以入官寺[11]。夫立教观俗，贵处中庸，为可继也。今崇一概难堪之行，以检殊涂，勉而为之，必有疲瘁。古之大教，务在通人情而已。凡激诡之行，则容伪矣。"其武官之选，俾护军主之[12]。黄初三年[13]，始除旧汉限年之制[14]，令郡国贡举，勿拘老幼，儒通经术，吏达文法，到皆试用。

和洽主张选用官吏采取中庸之道，即不偏不倚，不左不右，不过头，不差失，实际上是一种优选法。

［注释］

[1] 魏文帝（187—226）：三国时魏国的建立者、文学家。名曹丕，字子桓，魏武帝曹操次子，谯（今安徽亳州）人。建安二十五年（220）曹操薨，嗣位为丞相、魏王，不久代汉称帝，都洛阳，国号魏，改元黄初。在位期间，推行九品中正制，确立和巩固士族门阀特权。置西域戊己校尉，重新建立对西域的统治。爱好文学，著有《典论》，诗赋百余篇。有《魏文帝集》传世。　[2] 三方鼎立：指魏国、吴国与蜀汉鼎立。　[3] 延康：汉献帝刘协年号，元年即公元 220 年。　[4] 陈群（？—236）：三国时颍川许昌（今河南许昌东）人，字长文。初为刘备别驾，后归曹操任司空西曹掾属、治书侍御史。曹丕称帝后，历任御史中丞、镇军大将军、司空录尚书事。陈群创建"九品官人之法"，受命参与编订魏律，删约旧律，旁采汉律，制定《魏律》十八篇。　[5] 中正：官名。掌考察人才，评定士人品第。曹丕在各郡

选拔有声望的人任中正，把当地士人按才能品德分成九等，以作为朝廷选用官吏的依据。三国魏齐王曹芳时，州置大中正，郡置中正。 [6] 第：评定等第。 [7] 曹公：指曹操。 [8] 毛玠：东汉末年人，字孝先，陈留平丘（今河南长垣西南）人。年轻时担任县吏，即以清廉、公正著称。曹操在兖州时，征召毛玠任治中从事，历任御史大夫、尚书仆射等官。后被罢黜，病死在家中。崔琰：东汉末年人，字季珪，清河东武城（今河北故城西南）人。历任东曹掾史、中尉等官。后因得罪曹操，被迫自杀。东曹掾史：官名。两汉、三国、两晋皆置东、西曹，东曹掌二千石长吏的任命和调动以及军吏事，西曹主府史的署用。掾史，指掌管一曹事务的官员。 [9] 和洽：东汉末年人，字阳士，汝南郡西平（今河南舞阳东南）人。早年追随荆州刘表，曹操平定荆州后，又追随曹操，任丞相府掾史，主管人才选用，主张用中庸之道选用人才，得到时人的好评。 [10] 壶飧：即一壶水泡饭。 [11] 官寺：即官署。 [12] 护军：官名。即护军将军，掌管武职选用及中央军队。 [13] 黄初：魏文帝年号，三年即公元 222 年。 [14] 限年之制：指选用官吏限制年龄的规定。

卢毓奏请健全对官员的考课之法，不仅有利于整顿吏治，对魏明帝随意禁锢废黜士大夫也有抑制作用。

自明帝太和之后[1]，俗用浮靡，递相标目[2]，而夏侯、诸葛、何、邓之俦[3]，有四聪八达之称，帝深所嫉之。于是，恶士大夫之有名声者，或禁锢废黜以惩之。吏部尚书卢毓奏曰[4]：“古者敷奏以言，明试以功。今考绩之法久废，而毁称相进退，故真伪混杂也。”帝遂诏散骑常侍刘劭作都官考课之法[5]，以考核百官。具《考绩篇》。

[注释]

[1] 明帝：魏明帝曹叡（205—239），字元仲，父魏文帝曹丕，母甄氏。公元226年至239年在位。曾大败吴、蜀两国之军，巩固了魏国的地位。在位期间，大兴土木，如大修洛阳宫，筑太极殿，修陂池、宗庙等。善诗文，长于乐府，与曹操、曹丕并称魏之“三祖”。原有文集，已散佚。清人辑有散文2卷、乐府诗10首。景初三年（239）正月卒，终年35岁，谥明帝。太和：魏明帝年号，即公元227—233年。 [2] 标目：标立名目。 [3] 俦：同辈。 [4] 卢毓：三国魏人，字子家，涿郡涿县（今河北涿州）人。深受曹操器重，历任州主簿、尚书等官。 [5] 散骑常侍：官名。魏文帝时始置，秩比二千石，置四人，为皇帝侍从官。刘劭：三国时魏人，生卒年不详。字孔才，广平郡邯郸（今河北邯郸）人。曹魏著名智士，博通经籍，富于识见，长于计略，明于事理。都官：官名。汉司隶校尉的属官有都官从事，掌管察举百官犯法。曹魏设尚书都官郎，佐督军事。

齐王嘉平初[1]，曹爽既诛[2]，司马宣王秉政[3]，详求理本。中护军夏侯玄言曰[4]：“夫官才用人，国之柄也。故铨衡专于台阁[5]，上之分也；孝行考乎闾巷，优劣任之乡人，下之叙也。夫欲清教审选，在明其分叙，不使相涉而已。今令中正但考行伦辈，辈当行均，斯可官矣。行有大小，比有高下，则所任之次亦涣然别矣。奚必使中正干铨衡之机于下[6]，而执机柄者有所委仗于上，上下交侵，以生纷错哉？且众职之属，各有官长，但使官长各以其属能否献之；台阁则据官长能否之第，参以乡闾德行之次，拟其伦比，勿使偏颇；中正则唯考行迹，别其高下，审定辈类[7]，勿使升降，而总之于台阁。官长所第，中正辈拟，比随次率而用之。如其不称，责负在外。则内外相参，得失有所，庶可静风俗而审官才矣[8]。”兼请除重设之官[9]，定服制之等[10]。宣王辞不能改，请俟于他贤。按，九品之制，初因后汉建安中天下兵兴，衣冠士族多离本土，欲征源流，虑难委悉，魏氏革命[11]，州郡县俱置大小中正，各取本处人任诸府公卿及台省郎吏有德充才盛者为之[12]，区别所管人物，定为九等。其有言行修著，则升进之，或以五升四，以六升五；倘或道义亏阙，则降下之，或自五退六，自六退七矣。是以吏部不能审定核天下人才士庶[13]，故委中正铨第等级，凭之授受，谓免乖失及法弊也。唯能知其阀阅[14]，非复辨其贤愚，所以刘毅云[15]：“下品无高门，上品无寒士。”南朝至于梁、陈，北朝至于周、隋，选举之法，虽互相损益，而九品及中正至开皇中方罢。讨其根本，陈寿《魏

杜佑这段文字论述了创立九品中正制的原因，又批评了此制存在的弊端，即唯知其阀阅高下，却不辨其贤愚，同时又赞扬了诸葛亮以法治吏，“惩恶举善，量材授任，不计资叙”的壮举。

志》言之太略[16]，故详辩之也。蜀先主既没[17]，诸葛孔明秉政[18]，惩恶举善，量材授任，不计资叙。时犍为郡守李严以杨洪为功曹[19]，严未去郡，而洪已为蜀郡守；洪门下书佐何祗有才策[20]，洪未去郡，而祗已为广汉郡守[21]。后李严、廖立皆得罪于亮[22]，或废或徙，闻亮卒，垂泣发疾，以至于死也。

[注释]

[1] 齐王：三国魏齐王曹芳（232—274），魏明帝之子。明帝死后，曹芳即皇帝位，公元 239 年至 254 年在位。高平陵之变后，大权落入司马氏家族之手，嘉平六年（254），被司马师所废。嘉平：魏齐王曹芳年号，即公元 249—254 年。 [2] 曹爽（？—249）：三国魏宗室。字昭伯，谯（今安徽亳州）人。父魏大司马邵陵侯曹真。少年时与明帝相善。明帝病危，引爽入卧内，拜大将军、假节钺，都督中外诸军事，录尚书事，与太尉司马懿同受遗诏辅少主齐王曹芳。正始十年（249）曹爽兄弟陪同齐王芳出谒高平陵。司马懿发动政变，奏请皇太后收夺曹爽兄弟兵权。不久，司马懿又奏曹爽与何晏等阴谋反逆，收捕曹爽兄弟处死，夷三族。 [3] 司马宣王：即曹魏太尉司马懿（172—251），字仲达。其孙司马炎建立西晋后，追尊为宣皇帝。 [4] 中护军：官名，汉置。曹操为丞相，置护军，掌护卫。建安十二年（207），改护军为中护军。夏侯玄（209—254）：三国魏人。字太初，谯（今安徽亳州）人。历任散骑黄门侍郎、散骑常侍、中护军、大鸿胪、太常等官，累居显职。因与中书令李丰等谋诛司马师，事泄被杀。 [5] 铨衡：本指衡量轻重的器具，这里为吏部尚书的别称。台阁：尚书台别称。有尚书令、尚书仆射、尚书

左右丞、尚书、尚书郎等官，总称为台阁。 [6] 奚：何，表示反问。 [7] 辈类：品类。 [8] 静：静止，安静。 [9] 重设之官：重复设置的官职。 [10] 服制：古代按照身份等级之类所规定的服饰车马制度，也指丧服之制。 [11] 魏氏革命：指公元 220 年曹魏取代东汉政权。 [12] 郎吏：一为郎和吏的合称，一为郎官的别称。 [13] 吏部：官署名。西汉尚书有常侍曹，主管丞相、御史、公卿之事。东汉改为吏部曹，末期又改为选部曹。魏、晋以后，尚书省设吏部。隋唐列为六部之首，主管全国官吏的任免、考课、升降、调动等事务，长官为吏部尚书，副职为侍郎。下设吏部、司封、司勋、考功四司，司的长官为郎中，副职为员外郎。 [14] 阀阅：指家世与门第。 [15] 刘毅：字希乐，东晋彭城沛（今江苏沛县）人。少有大志，不修产业。从刘裕征桓玄，以功迁卫将军、开府仪同三司、荆州刺史。 [16] 陈寿（233—297）：著名史学家。亦作长寿，字承祚，三国蜀汉巴西安汉（今四川南充）人。仕蜀时为散骑黄门侍郎，入晋后曾任著作郎、治书侍御史，撰《三国志》。《三国志》在正史中与《史记》《汉书》和《后汉书》并称前四史。 [17] 蜀先主：即三国时蜀国的创立者刘备。 [18] 诸葛孔明（181—234）：诸葛亮，字孔明，琅邪阳都（今山东沂南南）人。三国时杰出的政治家、军事家。辅佐刘备成就三分之业，并任蜀国丞相之职。建兴十二年（234）病死于今陕西岐山县渭河之南、秦岭北麓的五丈原。 [19] 犍为郡：郡名。西汉建元六年（前 135）置，治鳖（bì）县（今贵州遵义西）。元光五年（前 130）移治南广（今四川筠连县境）。始元元年（前 86）移治僰道（今四川宜宾西南），隋朝移治今四川宜宾。李严（？—234）：三国蜀人。字正方，南阳（今河南南阳）人。历任犍为太守、兴业将军等职。刘备病逝之后，李严与诸葛亮一起接受遗诏辅助后主刘禅，李严任中都护，管理内外军事。封为都乡侯、前将军。后因违背诸葛亮命令，被贬为平民。建兴十二年（234），李严听说诸葛亮去世，自己也发病而亡。杨洪（？—228）：三国蜀人。字季休，犍为武阳（今四川彭山区东北江口镇）人。历任犍为郡功曹、蜀郡太守、益州治中从事、越骑校尉等，赐爵关内侯。 [20] 何祗：三国蜀人。生卒年不详，历任郡书佐、广汉太守等官。 [21] 广汉郡：郡名。西汉高祖六年（前 201）置，治雒县乘乡（今四川德阳西北孝泉镇）。东汉元初二年（115）移治涪县（今四川绵阳东北），后又移治雒县（今四川广汉北），西晋移治广汉县（今四川射洪南）。 [22] 廖立：三国时蜀国将领。字公渊，武陵郡临沅县（今湖南常德）人。刘备称汉中王后，任侍中。蜀章武三年（223），刘禅继位，迁长水校尉。初为诸葛亮所器重，称为“楚之良材”。但立恃才傲物，心怀怨望，后被诸葛亮以“诽谤先帝，疵毁众臣”罪弹劾，废为平民，徙汶山郡边地。未再起，终于徙地。

[点评]

九品中正制，又叫九品官人法，是中国古代铨衡人物、选举官员的一种制度，影响十分深远。其创立的根本原因是，由于东汉末年，天下大乱，衣冠士族多离本土，流徙于各地，原来那种品评人物的所谓“月旦评”，已无法继续进行。九品中正制就是在这种社会背景下创立并推行的。用有声望善识别人才者为“中正”，将当地士人，按“才能”分为九等。官府据其所定等级，作为吏部选拔和任用官员的依据。可知此制最初并非完全以门第高下确定人才的品第，而且还可以升降，言行优异者升之，“道义亏阙”者则降之。其目的有二：一是便于选用人才，二是将选拔官吏的评举之权由地方名士转移到官府手中，以抑减地方门阀控制的评选之权。这一制度至西晋渐趋完备，至南北朝时又有所变化，但万变不离其宗。由于中正官为名门望族所把持，该制逐渐成为世族门阀操纵用人权、独占政权的重要工具，以至于出现了“上品无寒门，下品无势族”的局面。正如唐人柳冲所说：“魏氏立九品，置中正，尊世胄，卑寒士，权归右姓已。”（《新唐书》卷一百九十九）于是，九品中正制蜕变为扩大士族势力、巩固门阀政治、阻塞寒素人才入仕的工具。杜佑正是看到了这种弊病，所以对这一制度提出了严厉的批评。鉴于这种情况，隋代遂创立了科举取士的制度，不论门第，一切以考试成绩为取舍标准。所以科举制是一种进步的制度，影响后世最为深远。有一点需要说明，隋废九品中正制有一个前提条件，即门阀士族阶层已经衰落，庶族地主阶级势力日益发展，教育更加普及。

卷十五　选举典三

考绩

大唐考课之法，有德义清慎、公平恪勤各一善，自近侍至于镇防，并据职事目为之最，凡二十七焉。一最以上，有四善，为上上；一最以上，有三善，或无最而有四善，为上中；一最以上，有二善，或无最而有三善，为上下；一最以上，有一善，或无最而有二善，为中上；一最以上，或无最而有一善，为中中；职事粗理，善最弗闻，为中下；爱憎任情，处断乖理[1]，为下上；

唐朝虽然制定了四善二十七最的考课标准和九个考课等级，但是对地方官员而言，则是侧重于实际政绩的考核，主要是指田地与户口的增减。

背公向私，职务废阙[2]，为下中；居官谄诈及贪浊有状，为下下。若于善最之外别有可嘉尚，及罪虽成殿而情状可矜[3]，或虽不成殿而情状可责者，省校之日，皆听考官临事量定[4]。诸州县官人，抚育有方，户口增益者，各准见户为十分论[5]，每加一分，刺史、县令各进考一等。增户口，谓课丁[6]，率一丁同一户法。增不课口者，每五口同一丁例。其有破除者，得相折。其州户口不满五千，县户不满五百者，各准五千五百户法为分。若抚养乖方[7]，户口减损者，各准增户法，亦每减一分降一等。课及不课，并准上文。其劝课农田能使丰殖者，亦准见地为十分论[8]，每加二分，各进考一等。此谓永业、口分之外，别能垦起公私荒田者。其有不加劝课以致减损者，谓永业、口分之内有荒废者。每损一分，降考一等。若数处有功，并应进考者，并听累加。

［注释］

[1] 乖理：不合理。 [2] 废：废弛。阙：过失，缺点。 [3] 矜：怜悯，同情。 [4] 考官：负责考课的官员。 [5] 见户：现有户口。 [6] 课丁：即成丁，指二十岁以上、六十岁以下的男子，由于其负有纳税与服役之责，故谓之课丁。 [7] 乖方：违反法

度。 [8] 见地：现有土地数。

贞观六年[1]，监察御史马周上疏曰[2]：“今流内九品以上[3]，有九等考第，自比年不过中上，未有得上下以上考者。臣谓所设九等，正考当今之官，必不施之于异代也。纵使朝廷实无好人，犹应于见在之内，比校其尤善者，以为上第，岂容皇朝士人遂无堪上下之考。朝廷独知贬一恶人可以惩恶，不知褒一善人足以劝善。臣谓宜每年选天下政术尤最者一二人为上上，其次为上中，其次为上下。则中人以上，可以自劝矣。”

唐朝前期考课甚严，虽有马周的进谏，但仍未见考课标准有丝毫的放松。

神龙中，御史中丞卢怀慎上疏曰[4]：“臣闻孔子曰：‘为邦百年，可以胜残去杀。’又曰：‘苟有用我者，期月而已，三年有成。’故书云‘三载考绩’，校其功也。子产[5]，贤者也。其为政尚累年而化成，况其常材乎[6]？窃见比来州县官佐，下车布政，有多者一二年，少者三五月，遽即迁除，不论课考。或历时未改，便倾耳而听，企踵而睹，争求冒进，不顾廉耻，亦何暇宣风布化、求瘼恤人哉[7]！户口流散，百姓凋弊，职为此也。何则？人知吏之不久，则不从其吏；吏知迁之不遥，又不尽其能。偷安苟且，脂韦而已[8]。又古之为吏者长子孙，仓氏、庾氏即其后也。臣请都督、刺史、上佐、两畿县令等[9]，在任未经四考，不许迁除。察其课效尤异，或锡以车裘，或就加禄秩，或降使临问，并玺书慰勉[10]。若公卿有阙，则擢以劝能。政绩无闻，抵犯贪暴者，放归田里，以明赏罚。致理救弊，莫过于此。"

官员迁转调任频繁，不利于政事的改善，尤其是地方官员更是如此。卢怀慎提出未经四考，即未任满四年，不得迁除，是一个好办法。

［注释］

[1] 贞观六年：即公元632年。　[2] 监察御史：官名。唐代御史台分为三院，其中监察御史属察院，从八品上，掌"分察百僚，巡按郡县，纠视刑狱，肃整朝仪"（《唐六典》卷十三）。马周（601—648）：字宾王，清河茌平（今属山东）人。武德中补博州助教。入京为中郎将常何门客，代为条陈二十余事，皆切当世所要。太宗召见，令直门下省。贞观六年（632），授监察御史。后升任宰相，贞观二十二年卒，终年48岁。　[3] 流内：唐朝的流内官共分为九品三十阶。　[4] 御史中丞：官名。唐御史台副长官，正五品上，掌辅佐御史大夫判本台事务。唐后期御史大夫不常置，御史中丞遂为本台实际长官。卢怀慎（？—716）：唐朝大臣。滑州灵昌（今河南滑县西南）人。进士出身，历任监察御史、侍御史、右御史台中丞、黄门侍郎，封渔阳县伯。开元元年（713），进同紫微黄门平章事，成为宰相。三年，迁黄门

监。怀慎与紫微令姚崇对掌机密，自以吏道不及崇，每事皆推让之，时人谓之“伴食宰相”。四年，兼礼部尚书，卒，谥曰文成。 [5] 子产：春秋时政治家、思想家。原名公孙侨，字子产，一字子美。郑简公十二年（前 554）为卿，郑简公二十三年为正卿。治理郑国 26 年，实行政治、经济等一系列改革，使郑国国力大增。 [6] 常材：普通人才。 [7] 求瘼：指访求民间疾苦。恤人：救济贫苦民众。 [8] 脂韦：形容处世圆滑阿谀。 [9] 都督：官名。唐都督府分为大都督府、上都督府、中都督府、下都督府，各置都督为长官，掌管一府之军事、行政等事务。上佐：唐代州一级官府置有长史、别驾、司马等官，为刺史之副贰，统称为上佐。畿：指京畿地区，两畿在唐代指长安与洛阳地区。 [10] 玺书：加盖皇帝玉玺的公文，即皇帝诏书的代称。

左监门录事参军刘秩论曰[1]：“昔周公使伯禽理鲁[2]，三年而后报政。周公曰：‘何迟？’伯禽曰：‘变其礼，易其俗，难，所以迟。’太公理于齐，三月而后报政。周公曰：‘何疾？’曰：‘因其俗，简其礼，易，所以速。’故孔子论之曰：‘齐一变至于鲁，鲁一变至于道。’由是而言，劳不甚者理不极，功不积者泽不深。故尧舜三年而考，三考而黜陟[3]，所以能尽其智术也。近古人情敦庬[4]，未淳乎尧舜；礼正乐和，未愈于虞夏；官贤吏能，未称于殷周。或一年而考，或四考黜卢怀慎提出的一任四考，改为一任三考。此后，有唐一代，大都实行一任三考之制，有些官员则一任四考，并不完全一致，这是因为官阶高下不等的缘故。

陟，或比年而巡狩，或岁时便迁，或旬月升擢令长。今日既上，明日部内有犯名义者即坐之[5]，不其速欤？”

开元二十五年十二月，命诸道采访使考课官人善绩[6]，三年一奏，永为常式。至二十七年二月，敕文：“三载考绩，黜陟幽明，允叶大猷[7]，以劝天下。比来诸道所通善状，但优仕进之辈，与为选调之资，责实循名，或乖古义[8]。自今以后，诸道使更不须通善状。每至三年，朕自择使臣，观察风俗，有清白政理著闻者，当别擢用之[9]。”

[注释]

[1] 左监门录事参军：官名。唐置左、右监门卫，为十六卫之一，各置有录事参军一员，正八品上，掌印及受事发辰，勾检稽失，即负责本卫的监察之务。刘秩：唐代官员。字祚卿，彭城（今江苏徐州）人。为著名史学家刘知幾的第四子。开元时进士及第。历任左卫兵曹、左监门卫录事参军。天宝间，迁宪部员外郎。唐肃宗至德元载（756），迁太子右庶子、给事中。二载，官尚书右丞，转国子祭酒。乾元元年（758）六月，坐房琯党贬为阆州刺史。未几，贬抚州长史。病卒。刘秩富有才学，开元末，采经史百家之言，撰成《政典》35 卷，对杜佑《通典》有所影响。又有《止戈记》7 卷、《至德新议》12 卷、《指要》3 卷，皆佚。 [2] 周公：西周著名政治家。姓姬名旦，周文王之子，武王之弟。武王死，

辅佐成王，平定叛乱，稳定统治，相传其曾制礼作乐，建立典章制度，对后世有很大的影响。伯禽：周公旦之长子，又称鲁公、禽父、鲁公伯禽。姓姬名伯禽，鲁国第一代国君。 [3] 黜陟：指官吏的进退升降。 [4] 敦厖：又称敦庞，杜预曰："敦，厚也；厖，大也。"即朴质淳厚之意。 [5] 坐之：罪之。 [6] 采访使：官名。初称按察使，每道置一人。开元二年（714）改称按察采访处置使，开元二十一年（733）分全国为十五道，每道置采访处置使一人，简称采访使，掌监察州县官吏，举善纠恶。乾元元年（758）改为观察处置使。 [7] 大猷：大道，治国的法度。 [8] 乖：违背。 [9] 擢用：提拔任用。

[点评]

有唐一代的考课制度比较完善。在唐朝前期考课严格，很少有官员能获得中上以上的等级，狄仁杰任大理丞时，由于业绩突出，获得上下的等级，竟引起了朝野轰动，其严格情况可见一斑。但是唐后期的情况却发生了较大变化，考课逐渐流于形式。由于唐朝规定获得中上以上等级者，每进一等，加禄一季。获得中中者，保持本禄不变。中下以下等级，每退一等，减禄一季。五品以下官员，四年之内，皆获中中者，可以晋升一阶。四考中获一中上考，则可再晋升一阶。如四考中获一上下考，则再晋升二阶。如果有下下考，则解其官职。安史之乱以来，官员中获得中中考的人越来越多。因为获得中中考就可以保持本禄不变，五品之官，如果四年之中，皆获中中，就可以进阶一级，所以这一等级是决定官禄增加与减少以及官阶升降的关键。遂使官员们皆追求中中以上的考等，这种追求皆大欢喜的局面，就使得通过考课激励官员的作用丧失了，致使吏治每况愈下。此外，唐后期还有一种趋势，即诸司多按照官位高下评定考等，而且还比较普遍。宰相及三品以上官由中书门下或皇帝考核，称为内校，照例皆书为上考。可见唐后期考课制度流于形式是一种普遍的现象。

卷十六　选举典四

杂议论上

后汉光武时，陈事者多言："郡国贡举[1]，率非功次，故守职益懈，而吏事浸疏。咎在州郡。"有诏下公卿朝臣议。韦彪上议[2]："夫国以简贤为务[3]，贤以孝行为首。孔子曰：'事亲孝，故忠可移于君。'是以求忠臣必于孝子之门。夫人才行少能相兼，是以孟公绰优于赵、魏老[4]，不可以为滕、薛大夫。忠孝之人，持心近厚；锻炼之吏[5]，持心近薄。三代之所以直道而行也。

士宜以才行为先，不可纯以阀阅[6]。然其要归，在于选二千石[7]，二千石贤，则贡举皆得其人矣。”帝深纳之。

选拔地方长官十分重要，因为其直接关系到国家治理的成败。

张衡上疏曰[8]：“古者取士，诸侯岁贡。孝武之代，郡举孝廉，又有贤良文学之选，于是名臣皆出，文武并兴。汉之得人，数路而已。夫书画辞赋，才之小者，匡国理政，未有其能。陛下即位之初，先访经术，听政余日，观省篇章，聊以游意，当代博弈，非以教化取士之本。而诸生竞利，作者鼎沸，其高者颇引经训风喻之言，下则连偶俗语，有类俳优[9]，或窃成文，虚冒名氏。臣每受诏于盛化门差次录第，其未及者，亦复随辈皆见拜擢。既加之恩，难复收改，但守俸禄，于义已加，不可复使理人及仕州郡[10]。昔孝宣会诸儒于石渠[11]，章帝集学士于白虎[12]，通经释义，其事优大，文武之道，所宜从之。若乃小能小善，虽有可观，孔子以为‘致远则泥’[13]，君子故当志其大者远者也。”

国家设官分职，有了官职，还必须有名实相称的人才担任才行，因此先要简拔懂得治国理政的优秀人才，这远比选拔玩弄文字之流者重要得多。

［注释］

[1] 郡国：汉代对地方行政区划的统称。西汉实行郡县制，同时将诸侯王的封域，称之为国，也是行政区，并称郡国。 [2] 韦

彪（？—89）：东汉大臣。字孟达，扶风平陵（今陕西咸阳秦都区）人。孝廉出身，历任魏郡太守、左中郎将、长乐卫尉、大鸿胪。 [3] 简贤：即选贤。 [4] 孟公绰：春秋时鲁国大夫，为孔子所尊敬之人。《论语·宪问》：“子曰：‘孟公绰为赵、魏老则优，不可以为滕、薛大夫。’”“老”指家臣。这句话意为孟公绰为赵、魏等大国的家臣是称职的，但为滕、薛等小国的大夫，就不称职了。 [5] 锻炼之吏：枉法害人的官吏。 [6] 阀阅：指功绩和经历，晋以来指门第。 [7] 二千石：这里指郡守。 [8] 张衡：天文学家。字平子，东汉西鄂（今河南南阳石桥镇）人。历任太史令、河间相等职。 [9] 俳优：古代指以乐舞谐戏为业的艺人。 [10] 理人：管理民众。 [11] 孝宣：指汉宣帝刘询，公元前 74 年至前 49 年在位。石渠：阁名，在未央宫北，为宫中藏书之所。 [12] 章帝（56—88）：汉章帝刘炟，明帝子，公元 75 年至 88 年在位。元和年间为解决国家财政困难，听从尚书张林等人建议，在全国实行食盐官营。白虎：即白虎观。东汉建初四年（79），汉章帝在白虎观召集“太常、将、大夫、博士、议郎、郎官及诸生、诸儒”开会，讲议五经同异。会议规模庞大，持续几月之久。班固根据此次会议的记录整理、编辑了《白虎通义》一书，影响后世甚为深远。 [13] 致远则泥：比喻小技无补于大业。致远，到达远方。泥，阻滞拘泥，难行之意。

晋始平王文学李重又以为等级繁多[1]，又外官轻而内官重[2]，使风俗大弊，宜厘改，重外选，简阶级，使官久。议曰：“古之圣王，建官垂制，所以体国经野[3]。自帝王以下，代有增损：舜命九官，周分六职，秦采古制，汉仍秦旧[4]，倚丞相，任九卿[5]。虽置五曹尚书令仆射之职[6]，始于掌封奏以宣外内，事任尚轻，而郡守牧人之官重，故汉宣称‘所与为理唯良二千石’，其有殊政者，或赐爵进秩，谅得为理大体，所以远比三代也[7]。及于东京[8]，尚书虽渐优重，然令、仆出为郡守，钟离意、黄香、胡广是也[9]；郡守入为三公，虞延、第五伦、桓虞、鲍昱是也[10]。近自魏朝名守杜畿、满宠、田国让国讳改称字、胡质等[11]，居郡或十余年，或二十年，或加秩假节而不去郡，此亦古人‘苟善其事，虽没代不徙官’之义也。汉魏以来，内官之贵，于今最崇，而百官等级遂多，迁补转徙如流，能否无以著，黜陟不得彰，此为理之大弊也。夫阶级繁多而冀官久[12]，官不久而冀理功成，不可得也。《虞书》云[13]：‘三考黜陟幽明。’《周官》[14]，三年大计群吏之理[15]，而行其诛赏。汉法，官人或不真秩[16]。魏初，用轻资以先试守[17]。臣以为今宜大并群官等级，使同班者不得复稍迁；又简法外议罪之制，明试守左迁之例[18]，则官人之理尽，士必量能而受爵矣。居职者日久，则政绩可考，人心自定，务求诸己也。”帝虽善之，竟不能行。

官员分级过细，任职时间过短，既不利于政事的治理，也不便于对官员进行考核，古今皆是如此。

［注释］

[1] 始平王：西晋宗室司马裕。晋武帝之子，咸宁三年（277）封王，同年卒。文学：官名。自西汉以来，历代在太子府、王府皆有设置，掌顾问侍从、图籍等。李重：西晋大臣。字茂曾，江夏钟武（今湖南衡阳西南武水北）人。历任太子舍人、吏部郎、相国左司马等官。为官正直敢谏，死后宅宇狭小，无殡殓之地。 [2] 外官：指地方官。内官：指京官。 [3] 体国经野：谓划分都城，让官宦贵族分别居住；分配田地给平民居住耕作。后泛指治理国家。体，划分。经，丈量。 [4] 仍：沿袭。 [5] 九卿：九种官职的总称。先秦以少师、少傅、少保、天官、地官、春官、夏官、秋官、冬官为九卿。西汉以太常、光禄勋（原名郎中令）、卫尉、太仆、廷尉、大鸿胪（原名典客）、宗正、大司农（原名治粟内史）、少府为九卿。后世皆有沿袭，但官名时有变化。 [6] 五曹尚书令仆射：西汉成帝置四曹尚书，即常侍曹、二千石曹、民曹、客曹，后增置三公曹，总称五曹。有尚书令、尚书、仆射等官。 [7] 三代：指夏、商、周三代。 [8] 东京：这里指东汉。 [9] 钟离意：东汉官员。字子阿，会稽山阴（今浙江绍兴）人。历任瑕丘令、仆射、鲁国相等官，直言敢谏，为政清廉。黄香：东汉学者。字文彊，江夏安陆（今湖北安陆西北）人。历任尚书郎、左丞、尚书令。延平元年（106）外任魏郡太守，时遭水灾，以俸禄及所得赏赐赈济贫民，而朝廷却责其与水灾有关，免官。数月后病死。著有《黄香集》2卷，已佚。胡广：

东汉大臣、文学家。字伯始，南郡华容（今湖北监利北）人。曾一任司空，两为司徒，三登太尉，官至太傅。著有诗、赋、铭、颂、箴等凡22篇，有文集2卷，已佚。 [10] 虞延（？—71）：东汉大臣。字子大，陈留郡东昏县（今河南兰考东北）人。东汉光武帝刘秀建武年间（25—56）任南阳郡太守。明帝永平三年（60）由南阳太守升迁为太尉，永平八年（65）改任司徒。被陷害自杀身亡。第五伦：东汉大臣。字伯鱼，京兆长陵（今陕西咸阳东北）人。建武二十七年（51）举孝廉，后授会稽太守，擢升大司农，迁蜀郡太守。章帝时，代牟融为司空，主张抑制外戚擅权。以正直廉洁著称。桓虞：东汉大臣。字仲春，冯翊（今陕西大荔）人。明帝永平末年或章帝建初初年由鲁县（今山东曲阜东古城）县令升迁为南阳郡太守。任上有政绩。建初四年（79）五月升为司徒，章帝元和四年（87）因事被免官。鲍昱（？—80）：东汉大臣。字文泉，渤海高城（今河北盐山东南）人。曾任地方官，“政化仁爱，境内清净”，由汝南太守拜为司徒，转太尉。 [11] 杜畿：三国魏大臣。字伯侯，京兆杜陵（今陕西西安南）人。历任郡功曹、郑县令、护羌校尉、西平太守、河东太守等职。治理甚有成效，百姓家家丰实。魏文帝称帝，迁尚书仆射，乘船遇风落水死。满宠（？—242）：三国魏大臣。字伯宁，山阳昌邑（今山东巨野东南）人。历任汝南太守、伏波将军、太尉等官。为官廉洁，不治产业，家无余财。正始三年（242）卒，谥景侯。田国让：三国魏大臣。姓田，名豫，字国让，渔阳雍奴（今天津武清西北）人。历任县令、太守、护乌丸校尉、卫尉等官，所到之处，皆有功勋。胡质：三国魏大臣。字文德，寿春（今安徽寿县）人。历任县令、州治中、太守、刺史等职，赐爵关内侯。嘉平二年（250）卒，家无余财，唯有几件衣物书箧而已。 [12] 冀：希望，期望。 [13]《虞书》：《尚书》的一部分。 [14]《周官》：

即《周礼》。[15]大计：每三年对官吏进行一次考课，称为大计。[16]真秩：实授官职。[17]试守：官吏在未正式任命前，令其试任比其职位高的官职，看其是否胜任，称试守。[18]左迁：降职。古以右为尊，左为卑，故称降职为左迁。

[点评]

古代选举制度的内涵十分丰富，并不仅仅是制定若干选举的条文与相关标准，其中还涉及非常复杂的问题。以上两段文字就涉及了一系列的问题，归纳起来主要表现在以下几个方面：首先，要求加强对郡国等地方官员的简拔，因为地方官员直接治民，关系到社会的治理与生产的发展与否的大问题，所以东汉韦彪主张选贤才而非仅仅看功绩和资历。贤才的标准首先是要关注孝行，因为孔子说“事亲孝，故忠可移于君”。即认为有孝行者必忠于君，实际上就是以忠孝作为简选的主要标准。此外，韦彪还认为选人时不必追求全才，并列举了孟公绰的例子，因为全才少而且人各有所长，取其所长，避其所短，是选用人才的基本原则。其次，主张选用治国理政的人才，而非善能书画辞赋之辈。西汉自武帝以来，除了郡国举荐孝廉之外，又有贤良文学之选，致使后一类人大量充斥于朝廷各部门，所以张衡在选拔人才时，每每排斥之。张衡对宣帝、章帝聚集儒者讨论经义之举，不敢有所非议，但从其行文看，对人才看法的倾向性还是很明显的，认为不可选这一类人治民及充任地方长吏。极力主张“君子故当志其大者远者也”，即要选用具有治国理政实际才干之士。其三，西晋人李重认为官职分级不宜过多，官员任期不可太短，“官不久而冀理功成，不可得也”。其四，他主张应从朝官的优秀者中选拔为地方郡国长吏，从有实际治理经验的地方长吏中选三公，以提高官员治国理政的能力。为了检验官员的实际能力，甚至主张采用试守的办法，使能者上，劣者黜，为了贯彻这一点则需要加强对官员的考核。这两段文字还有一个共同的特点，即特别强调对地方官员的选拔，可见古代的有识之士在这个问题上是有共识的。

卷十七　选举典五

杂议论中

大唐贞观八年三月[1]，诏进士读一部经史。二十二年九月，考功员外郎王师明知贡举[2]，时冀州进士张昌龄、王公理并有俊才[3]，声振京邑，而师明考其文策全下，举朝不知所以。及奏等第，太宗怪无昌龄等名，因召师明问之，对曰："此辈诚有词华，然其体轻薄，文章浮艳，必不成令器。臣若擢之，恐后生相仿效[4]，有变陛下风雅。"帝以为名言，后并如其言。其年，马周上书曰："自古郡守、县令，皆妙选贤德，欲有擢升，必先试以临人[5]，或从二千石入为丞相[6]。今朝廷独重内官，县令、刺史，颇轻其选，刺史多是武夫、勋人[7]，或京官不能职，方始外出；而折冲、果毅之内[8]，身材强壮者，先入为中郎将[9]，其次始补州任。边远之处，用人更轻，其才堪宰莅[10]，以德行见擢者，十不能一。所以百姓未安，殆由于此。"

重内官轻外官是唐朝前期的普遍现象，这是唐前期地方吏治较差的重要原因。直到盛唐时期这种情况才稍有改变，除了重视外官的简选外，还提高了其俸禄待遇。

［注释］

[1] 贞观八年：即公元 634 年。 [2] 考功员外郎：官名。唐吏部考功司之副贰，从六品上，掌内外文武官吏考课之事。王师明：唐代官员。生卒年及生平事迹不详。知贡举：职事名。唐初贡举由吏部掌管，玄宗以来转归礼部，凡不由本司主持的贡举考试，其主持者皆称知贡举。 [3] 冀州：地名，今河北冀州。张昌龄（？—666）：唐朝官员。冀州南宫（今河北南宫）人。历任通事舍人里供奉、昆山道行军记室、长安尉、襄州司户，丁忧去官。高宗时，贺兰敏之奏引于北门修撰，寻又罢去。乾封元年（666）卒。昌龄善属文，太宗尝谓其文才不减祢衡、潘岳。王公理：唐初人物，生卒年及生平事迹不详。 [4] 后生：青年人，后辈。 [5] 临人：意为治理民众。 [6] 丞相：官名，为百官之长，或称宰相。辅佐皇帝，治理万事。唐朝前期宰相指三省长官，即尚书令（其不常置，以左、右仆射为相）、侍中、中书令。后以同中书门下三品、同中书门下平章事为相，大历后独以

同中书门下平章事为相，简称同平章事。 [7] 勋人：指立有功勋之人。 [8] 折冲、果毅：武官名。即折冲都尉、果毅都尉，为折冲府正、副长官。《新唐书·百官志》："诸卫折冲都尉府，每府折冲都尉一人，上府正四品上，中府从四品下，下府正五品下。左右果毅都尉各一人，上府从五品下，中府正六品上，下府正六品下。" [9] 中郎将：武官名。唐朝军府分为内府、外府，内府分为亲府、勋一府、勋二府、翊一府、翊二府，每府置中郎将一员为长官，正四品下，外府即折冲府。 [10] 才堪宰莅：意为才干堪任县令、刺史。

乾封二年八月[1]，上引侍臣，责以不进贤良，宰相李安期进曰[2]："臣闻圣帝明王，莫不劳于求贤，逸于任使。且十室之邑，必有忠信，况天下至广，岂无英彦？但比来公卿有所荐引，即遭嚣谤[2]，以为朋党[3]，沉屈者未申，而在位者已损，所以人思苟免，竞为缄默。若陛下虚己招纳，务于搜访，不忌亲雠[4]，唯能是用，谗毁不入，谁不竭诚？此皆事由陛下，非臣等所能致也。"上深然之。

求贤的前提是风气端正，皇帝对此负有引导之责，从这个意义上看，能否获得贤士关键在于皇帝。

［注释］

[1] 乾封：唐高宗李治年号，二年即公元 667 年。 [2] 李安期（？—670？）：唐朝大臣。其先居汉中南郑（今陕西汉中），

后为安州安平（今属河北）人。历任主客员外郎、中书舍人、黄门侍郎等职。乾封二年（667）六月，检校东台侍郎、同东西台三品。是年八月，出为荆州大都督府长史。咸亨初卒。 [2] 嚣谤：众口毁谤。 [3] 朋党：为争权夺利、排斥异己而结合起来的政治集团。 [4] 亲雠：亲与仇。雠，同“仇”。

圣历三年二月[1]，武太后令宰相各举尚书郎一人[2]，狄仁杰独荐男光嗣[3]，由是拜地官尚书郎[4]，莅事有声。太后谓仁杰曰：“祁奚内举[5]，果得人也。”长安二年[6]，武太后下求贤令，狄仁杰曰：“荆州长史张柬之[7]，其人虽老，真宰相才也。”乃召为洛州司马[8]。他日，又求贤，仁杰曰：“臣前言张柬之。”太后曰：“已迁之矣。”对曰：“臣荐之请为相也，今为洛州司马，非用之。”又迁秋官侍郎[9]。四年，夏官尚书、灵武大总管姚元之将赴镇[10]，太后令举堪为宰相者。元之对曰：“秋官侍郎张柬之沈厚有谋，能断大事，且其人年老，惟陛下急用之。”遂为相。

狄仁杰、姚崇先后推荐张柬之为相，可谓慧眼识人，使其在推翻武则天、恢复李唐统治方面发挥了重要作用，千百年来，受到了广泛的赞扬。

［注释］

[1] 圣历：武则天年号，三年即公元 700 年。 [2] 尚书郎：官名。在唐代指六部二十四司的郎中、员外郎。 [3] 狄仁杰（630—700）：唐朝大臣，杰出的政治家。字怀英，并州太原（今

山西太原）人。明经出身，从政后，经历了唐高宗与武则天两个时代。在武则天时期两度拜相，辅国安邦，对武则天弊政多所匡正，并劝谏武则天立庐陵王李显为太子，举荐张柬之为相，为后来恢复李唐统治做出了贡献。光嗣：即狄光嗣，狄仁杰之子。历任地官员外郎、刺史、太府少卿、扬州长史等职。　[4] 地官尚书郎：官名。《新唐书・狄仁杰传附光嗣传》记为地官员外郎。地官本称户部，光宅元年（684）改为地官，神龙元年（705）复为户部。掌户口、田地等事。地官员外郎即户部员外郎。　[5] 祁奚：春秋时晋国大夫，字黄。其告老辞职，初举仇人解狐以自代，解狐死，他又举荐自己儿子祁午继任。是古代举贤不避亲的典型事例。　[6] 长安：武则天年号，二年即公元 702 年。　[7] 张柬之（625—706）：唐朝大臣。字孟将，襄州襄阳（今湖北襄阳）人。进士出身，历任监察御史、凤阁舍人、秋官侍郎、中书令等职。神龙元年（705）正月，联合太子李显、相王李旦、太平公主等，发动政变，推翻了武则天的统治，恢复了唐中宗的帝位。后贬新州司马，又流泷州，卒。　[8] 洛州司马：官名。洛州，即东都洛阳，司马为洛州上佐，掌判州事。　[9] 秋官侍郎：秋官，刑部的改名，侍郎为其副贰。 [10] 夏官尚书：即兵部尚书，光宅元年改，神龙元年复旧。尚书为其长官，掌武选、地图、车马、甲械之政令。灵武大总管：官名。《旧唐书》本传记为灵武道大总管。灵武，今宁夏吴忠西，大总管为领兵将领，统率一路军队。姚元之：即姚崇（650—721），原名元崇，字元之，陕州硖石（今河南三门峡东南）人。在唐玄宗开元时期为宰相，辅弼朝廷，革除旧弊，推进了社会进步，知人善用，先后推举张柬之、宋璟等为相，政绩可观。他在推翻武则天统治、粉碎太平公主的阴谋、开创开元盛世等方面发挥了关键作用。

[点评]

如何选贤任能是历代统治者都十分重视的问题，尤其是地方官的选任。唐朝前期地方官群体的素质普遍不如京朝官，原因有三：一是朝廷在铨选时对京朝官有所倾斜，重内官而轻外官，将铨试成绩高者留在京师，差者派往地方；二是京朝官的升迁机会多于地方官，尤其是郎官、御史、谏官、两省官等，更是被视为清选之官，选人趋之若鹜；三是地方官的俸禄待遇不如京朝官，甚至一度不给禄，导致许多士大夫不愿到地方任职。唐太宗为了巩固李氏家族的统治地位，曾将功臣、外戚派到地方任刺史，规定可以世袭，以拱卫皇室。但是却遭到大家的一致抵制，可见当时对地方官轻视到了何种程度！由于这些原因，所以有识之士无不大力呼吁重视这一问题，建议采取有力措施加以纠正。为了改变这种状况，唐朝在正常铨选制度之外，不时进行所谓荐贤举措，希望对此能稍有改变。上述武则天要求狄仁杰、姚崇荐贤，就是这种举措的具体体现。

卷十八　选举典六

杂议论下

选举杂议凡七条

一、或曰："按国家甲令[1]，凡贡举人，本求才德，不选文词，故律曰[2]：'诸贡举人非其人者，徒[3]。'注云：'谓德行乖僻者也。'居州郡则廉使升闻[4]，在朝廷则以时黜陟，用兹惩劝，足为致理。有司因循，不修厥职[5]，浸以讹谬，使其陵颓[6]。今但修旧令，举旧政，则人服矣，焉用改作？"答曰："州郡以德行贡士，礼

唐律规定科举取士不公要给予严厉的惩罚，然从有唐一代的历史记载看，对主持科举考试者行政处罚则有之，采取司法惩罚者极为罕见。

闱以文词拣才[7]，试官以帖问求学，铨曹以书判择吏[8]，俱存甲令，何令宜修？且惟德无形，惟才不器，搏之弗得，聆之弗闻，非在所知，焉能辨用？今礼部、吏部一以文词贯之，则人斯远矣。使臣廉举[9]，但得其善恶之尤者耳，每道累岁，罕获一人。至如循常谆谆[10]，蚩騃愚鄙者[11]；或身甚廉谨，政为人蔽者；或善为奸滥，秘不彰闻者：一州数十人，曷尝闻焉[12]？若铨不委外，任不责成，不疏其源，以导其流，而以文字选士，循资授职，虽口诵律令，拳操斧钺[13]，以临其人，无益也。非改之不可。”

[**注释**]

[1] 甲令：亦作“令甲”，法令的首篇。《汉书·吴芮传赞》：“著于甲令而称忠也。”颜师古注：“甲者，令篇之次也。”《周易·蛊卦》：“先甲三日，后甲三日。”孔颖达疏：“甲为十日之首，创造之令，为在后诸令之首，故以创造之令谓之为甲。故汉时谓令之重者，谓之甲令，则此义也。”后用作法令的通称。 [2] 律：这里指唐律。 [3] 徒：指徒刑，唐律规定的五刑之一，徒刑最少一年，最多五年。 [4] 廉使：官名。在唐代指观察使。 [5] 厥职：其职。 [6] 陵颓：衰败。 [7] 礼闱：在唐代指主管科举考试的部门，即礼部。 [8] 铨曹：吏部的别称。 [9] 廉举：以忠孝廉洁为标准举荐人才。 [10] 谆谆：教诲不倦。 [11] 蚩：

愚蠢。骇（ái）：傻。 [12] 曷尝：用于反诘询问，相当于“何尝”。 [13] 拳操：手持。斧钺：本指兵器，这里指权柄。

二、或曰：“昔后汉贡士，诸生试经学，文吏试笺奏[1]。则举人试文，乃前王典故[2]，而子独非于今，何也？”答曰：“汉代所贡，乃王官耳[3]。凡汉郡国每岁贡士，皆拜为郎[4]，分居三署，储才待诏，无有常职，故初至必试其艺业，而观其能否。至于郡国僚吏，皆府主所署[5]，版檄召用[6]，至而授职，何尝宾贡，亦不试练[7]。其遐州陋邑，一掾一尉[8]，或津官戍吏[9]，皆登铨上省，受试而去者，自隋而然，非旧典也。”

两汉时期的郎官无定员，其既是皇帝的侍从官，又是皇帝的侍卫，隶属于郎中令。东汉时郎官皆有秩，相当于三百石或四百石的丞、尉，是各类人才的储备库，故称之为王官。

［注释］

[1] 笺奏：章奏一类。 [2] 前王：即前代。 [3] 王官：对朝廷官员的通称。 [4] 郎：官名。即郎官，帝王侍从官的总称。 [5] 署：任命。这里指辟署制，即地方长官自行对其下属官吏的任命。 [6] 版：同“板”，板授之意，即部门长官的任命。檄：古代官府用以征召人才的文书。 [7] 试练：试用锻炼。 [8] 掾：官名。西汉三公府、将军府和郡县，均分曹办公，掌管一曹的官员称“掾”，又称“曹掾”。后世为对部门或地方曹司官员的统称。尉：官名。先秦、秦汉时期高级武官之名，这里指地方丞尉。 [9] 津官：官名。指主管津渡的官员。

三、或曰：“若使外州辟召，必是牧守亲故，或权势嘱托，或旁邻交质[1]，多非实才，奈其滥何？”答曰：“诚有之也。然其滥孰与吏部多？请较其优劣。且州牧郡守，古称共理，政能有美恶之迹[2]，法令有殿最之科[3]，分忧责成，谁敢滥举。设如年多人怠[4]，法久弊生，天网恢疏，容其奸谬，举亲举旧，有嘱有情，十分其人，五极其滥，犹有一半，尚全公道。如吏部者，十无一焉。请试言之：凡在铨衡[5]，唯征书判，至于补授，只校官资[6]，善书判者何必吏能？美资历者宁妨贪戾？假使官资尽惬[7]，刀笔皆精，此为吏曹至公之选，则补授之际，官材匪详[8]。或性善缉人[9]，则职当主辨；或才堪理剧[10]，则官授散员[11]。或时有相当，亦幸中耳，非吏曹素得而知也。有文无赖者，计日可升；有用无文者，终身不进。况其书判，多是假手[12]，或他人替入，或旁坐代为，或临事解衣，或宿期定估，才优者一兼四五，自制者十不二三。况造伪作奸、冒名接脚[13]，又在其外。令史受赂[14]，虽积谬而谁尤？选人无资，虽正名而犹剥。又闻昔时公卿子弟亲戚，随位高低，各有分数，或得一人、二人、三人、四人不在放限者[15]，礼部明经等亦然[16]，俗谓之‘省例’[17]，斯非滥欤？若等为滥，此百而多者也。”

这一段文字极言唐代铨选存在的弊病，虽然言辞尖锐，但却真实反映了这一时期选官过程中存在的实际问题。其实，这种状况历代皆有，只是程度轻重不同而已。

［注释］

[1] 交质：本意为人质，这里是指人员相互交换。 [2] 政能：指治绩。 [3] 殿最：考核官吏的政绩或军功，上等为最，下等为殿。 [4] 设如：假如，假设。 [5] 铨衡：指吏部。 [6] 官资：做官的资历。 [7] 尽惬：十分完美。 [8] 官材：本意指官员的素质，这里是指吏部所掌握的待用官员的详情。 [9] 缉人：抓人，捕人。 [10] 理剧：处理繁难的工作。 [11] 散员：这里指闲散之职。 [12] 假手：利用他人为自己做事。 [13] 冒名接脚：假冒别人的名义或身份，代替别人承担某事。 [14] 令史：吏名。在唐代指中央诸司及地方官府中的低级办事文员。 [15] 放限：本意指科举考试录取界限，这里指铨选的名额。 [16] 明经：唐代科举科目名。原为汉代察举科目之一。唐代明经包括五经、三经、二经、学究一经、三礼、三传等科目，主要考帖经墨义，相对于进士科比较容易考取，故当时有“三十老明经，五十少进士”之说。 [17] 省例：谓尚书省之惯例。唐代科举由礼部主持，铨选由吏部主持，皆归尚书省管辖，故曰省例。

四、或曰：“吏部有滥，止由一门；州郡有滥，其门多矣。若等为滥，岂若杜众门而归一门乎？”

主持科举考试选拔人才之权在礼部，铨选任命官吏的权力在吏部，对官吏的使用与考核则在地方，这些权力的分离，互不通气，势必造成官吏良莠不齐，吏治败坏。

答曰："州郡有滥，虽多门，易改也；吏部有滥，虽一门，不可改也。何者？凡今选法，皆择才于吏部，述职于州郡。若才职不称，紊乱无任，责于刺史，则曰：'官命出于吏曹，不敢废也。'责于侍郎[1]，则曰：'量书判资，考而授之，不保其往也。'责于令史[2]，则曰：'按由历出入而行之[3]，不知其他也。'黎庶从弊[4]，谁任其咎？若牧守自用，则罪将焉逃。必州郡之滥，独换一刺史则革矣；如吏部之滥，虽更其侍郎，无益也。盖九流浩浩[5]，不可得知，法使之然，非主司之过[6]。故云门虽多而易改，门虽一而不可改者，以此。"

[注释]

[1] 侍郎：这里指吏部侍郎，吏部的副长官，负责具体的铨选工作。 [2] 令史：指吏部司之令史。 [3] 由历：这里指选人的档案文书。 [4] 黎庶：黎民，百姓。 [5] 九流：九种流官。唐代官员分为九品，这里泛指各种官员。 [6] 主司：即主管部门。

五、或曰："今人多情，故吾恐许其选吏，必纲纪紊失[1]，不如今日之有伦也。"答曰："不假古义，请征目前以明之。今诸道节度、都团练、观察、租庸等使[2]，自判官、副将以下，皆使自铨择，纵其闲或有情故，大举其例，十犹七全。则辟吏之法见行于今[3]，但未及于州县耳。利害之理，较然可观，何纪之失，何纲之紊？向令诸使僚佐，尽授于选曹[4]，则安获镇方隅之重，理财赋之殷也。”

极力赞扬将选官与任用之权合而为一的好处。

［注释］

[1] 纲纪：法制。 [2] 都团练：即都团练使，官名。唐始置，在没有节度使的地区设都团练使，掌本区诸州军事。常与观察使、防御使互兼，又曾与防御使互易称号。辖区多者统领十余州，小的也辖三五州。租庸：即租庸使，官名。唐朝始置，掌租庸钱谷布帛的征收。初期往往以战事而设，兵罢则止。常以宰相兼领其职。 [3] 辟吏：由长官自行设置所属官员。 [4] 选曹：指吏部。

六、或曰：“顷年尝见州县有摄官[1]，皆是牧守所自署置，政多苟且，不议久长，才始到官，已营生计[2]，迎新送故[3]，劳弊极矣。今令州郡召辟，则其弊亦尔，奈何？”答曰：“国家职员，皆禀朝命，摄官承乏，苟济一时[4]，不日不月，在地方使用摄官，仍然解决不了吏治松懈的问题，故这段文字仍然强调应在地方上恢复辟署制。

必乎停省，人虽流而责不及，绩虽著而官不成，便身而行，不苟何待[5]？若职无移夺[6]，命自州邦[7]，所摄之官，便为已任，上酬知己，下利班荣，争竭智力，人谁不尽？今常调之人[8]，远授一职，已数千里赴集，又数千里之官，挈携妻孥，复往劳苦，必一周而在路，料间岁而停官[9]，成名非知己之恩，后任可计考而得[10]，此之不苟，而谁为苟！”

［注释］

[1] 摄官：临时代理官职。 [2] 生计：谋生的打算。 [3] 迎新送故：这里指迎接新任官员，礼送旧官。 [4] 苟济一时：满足于临时之需。 [5] 苟：苟且马虎，得过且过。 [6] 移：调动。夺：指免官。 [7] 州邦：州一级官府。 [8] 常调：正常选调之官。 [9] 间岁：隔年，隔一年。 [10] 计考：计算考数。唐代官员每年考课一次，谓之一考，三四考为一任。

七、或曰：“今四方诸侯[1]，或有未朝觐者[2]。若天下士人既无常调，久不得禄，人皆怨嗟，必相率去我[3]，入于他境，则如之何？”答曰：“善哉问乎！夫辟举法行，则搜罗毕尽，自中人以上[4]，皆有位矣。此禄之不及者，皆下劣无任之人，复何足惜！当今天下凋弊之本[5]，实为士人太多。何者？凡士人之家，皆不耕而食，不织而衣，使下奉其上不足故也。大率一家有养百口者，有养十口者，多少通计，一家不减二十人，万家约有二十万口。今有才者既为我用，愚劣者尽归他人，有万家归之，内则二十万人随之，食其黍粟，衣其缣帛，享其禄廪，役其人庶。我收其贤，彼得其愚；我减浮食之口二十万[6]，彼加浮食之人二十万：则我弊益减，而彼人益困。自古兴邦制敌之术，莫出于是。唯惧去我之不速也，夫何患焉！”

在我国古代一家养百口或十口，并非普遍现象，通计每家二十口人，更是撰者的夸大之辞。我国古代通常多为五口之家，有些时期甚至低于此数。如指士人或地主之家，则大体上是符合实际情况的，而且所谓的“有才者”大都出自这样的家庭，为统治者所重视。

［注释］

[1] 诸侯：这里指诸道节度使。 [2] 朝覲：定期朝见皇帝。 [3] 去我：这里指离开朝廷。 [4] 中人：指具有中等才能的士人。 [5] 本：这里指原因。 [6] 浮食：指不事耕作而食者。

［点评］

自秦汉以来历代皆实行辟署制，上自三公、诸卿府，下至地方州郡，无不实行这一制度，即由府主自辟僚属作为辅佐。包括诸侯国亦是如此，马端临在《文献通考·选举考十二》说：“汉初，王、侯国百官皆如汉朝，唯丞相命于天子，其御史大夫以下皆自置。”然而这一制度不利于中央集权，故汉武帝时规定：“凡王、侯吏职秩二千石者，不得擅补。”从而削弱了其用人权。但是州郡佐吏“自别驾、长史以下，皆刺史、太守自辟”，这一制度一直延续到南北朝时期。隋文帝统一全国后，为了进一步加强中央集权，削弱地方豪强势力，下令废除辟署制，地方官员不论大小，全部由中央吏部委任。唐朝继承了这一制度，只是在唐后期及五代时期有限度地允许地方节帅自辟僚属，至宋代遂将辟署制的这种残余彻底清除干净了。此后的历代再也没有恢复过这一制度，可见这是一种历史发展的大趋势。这种制度的优点是，府主可以根据对所辟署人员才干、德行的了解，决定是否任用。由于上下级之间相互了解，有利于同心同德地将政事处理好，不至于延误国事。但是这种制度有与朝廷争夺人才之嫌，不利于加强中央集权，这是导致辟署制最终被废除的根本原因。以上议论虽然指出了中央统一委任官员的弊病，主张恢复辟署制，但由于违背了这一历史大趋势，故不被皇帝采用乃是必然的结局。

卷十九　职官典一

历代官制总序

伏羲氏太昊以龙纪[1]，故为龙师名官[2]。师，长也。龙纪其官长，故为龙师。春官为青龙，夏官为赤龙，秋官为白龙，冬官为黑龙，中官为黄龙。张晏曰[3]："庖羲氏将兴，神龙负图而至，因以名师与官也。"共工氏以水纪[4]，故为水师水名。共工氏，以诸侯霸有九州者。以受水瑞，故水名官。神农氏以火纪[5]，故为火师火名。火德也，故为炎帝。春官为大火，夏官为鹑火，秋官为西火，冬官为北火，中官为中火也。神农有火星之瑞，因以名师与官也。黄帝云师

伏羲氏以龙命官，反映了其部族以龙为图腾的基本情况。

云名[6]。黄帝受命有云瑞，故以云纪事。春官为青云，夏官为缙云，秋官为白云，冬官为黑云，中官为黄云也。黄帝有景云之应，因以名师与官也。

以上所说的水、火、云等，均为原始图腾的反映，是自然崇拜的种种表现。

[注释]

[1] 伏羲氏：古史传说中的远古人物。一作伏戏、宓羲、包牺、庖牺，又称牺皇、皇羲。传说华胥氏生伏羲与女娲，此二人结合而繁衍人类，因此传说认为伏羲为人类始祖。《周易·系辞传下》认为伏羲始作八卦。又传他教民结网，从事渔猎畜牧，反映了中国原始社会开始渔猎畜牧的情况。 [2] 名官：作为官的名称。 [3] 张晏：东汉末年学者。生卒年不详，曾作《汉书注》。 [4] 共工氏：传说中的上古人物，在太昊、炎帝之间。 [5] 神农氏：传说中的上古人物。相传他创造了原始农具，发现了五谷，教百姓从事农业生产。又传他曾尝百草，教人治病。于是天下民众认为他是“神农”，即农业之神。一说神农氏即炎帝。 [6] 黄帝：传说中华各族的共同祖先之一。姬姓，名轩辕，号有熊。相传其先后于阪泉（今河北涿鹿东南）、涿鹿（今属河北）击败炎帝和蚩尤，被推戴为部落联盟首领。传说有许多重要发明创造如养蚕织丝、栽种麦黍稷、制造舟车、发明文字、计数等，均始于黄帝时期。

少昊挚之立也[1]，凤鸟适至，故鸟纪，为鸟师而鸟名。凤鸟氏，历正也[2]。凤鸟知天时，故以为历正之官。玄鸟氏，司分也[3]。玄鸟，燕也。以春分来，秋分去。伯赵氏[4]，司至也[5]。伯赵，伯劳也。以夏至鸣，至冬至止。青鸟氏[6]，司启也[7]。青鸟，鸧鷃也。以立春鸣，立秋止。鷃音晏。丹鸟氏[8]，司闭也[9]。丹鸟，鷩雉也。以立秋来，立冬去，入大水为蜃。以上四鸟，皆历正之属官。祝鸠氏[10]，司徒也。祝鸠，鷦鸠也。鷦鸠孝，故为司徒，主教民。鴡鸠氏[11]，司马也。鴡鸠，王鴡也。挚而有别，故为司马，主法制。鸤鸠氏[12]，司空也。鸤鸠，鴶鵴也。鸤鸠平均，故为司空，平水土[13]。鸤音尸。鴶音秸。鵴音菊。爽鸠氏[14]，司寇也。爽鸠，鹰也。挚，故为司寇，主贼盗。鹘鸠氏[15]，司事也[16]。鹘鸠，鹘雕也。春来冬去，故为司事。鹘音骨。雕音陟交反。似山鹊而小，至春多声。五鸠[17]，鸠民者也。鸠，聚也。治民尚聚，故以鸠为名。五雉为五工正[18]，五雉，雉有五种：西方曰鷷雉，东方曰鶅雉，南方曰翟雉，北方曰鵗雉，伊洛之南曰翚雉。利器用，正度量，夷民者也。夷，平也。九扈为九农正[19]。扈，止也，止人使不淫放也。扈有九种，春扈鳻鶞，夏扈窃玄，秋扈窃蓝，冬扈窃黄，棘扈窃丹，行扈唶唶，宵扈啧啧，桑扈窃脂，老扈鴳鴳。以九扈为九农之号，各随其宜，以教民事者也。鶞音敕伦反。唶音子夜反。啧音壮革反。

少昊时的官名皆与鸟类有关，既与自然崇拜有关，同时也反映出那时的人们已对各种鸟类的观察达到了一个比较细致的程度，了解了其基本习性。

[注释]

[1]少昊挚：上古传说人物。生于穷桑，故又号穷桑氏。 [2]历正：官名。少昊置，掌天文历法。 [3]司分：官名。少昊置，为历正属官，掌司春分、秋分。 [4]伯赵：鸟名，又名伯劳。额部和头部的两旁呈黑色，颈部蓝灰色，背部棕红色，有黑色波状横纹，喙大而锐利。 [5]司至：官名，即伯赵氏。少昊置，为历正属官，掌司夏至、冬至。 [6]青鸟：鸟名。相传少昊挚即位时，凤鸟正好来到，后以鸟开始记事，设置官员皆用鸟名名之。主立春、立夏的官员称青鸟或青鸟氏。 [7]司启：官名。少昊置，掌立春、立夏。 [9]丹鸟：鸟名，即锦鸡。 [9]司闭：官名。少昊置，掌立秋、立冬。 [10]祝鸠：鸟名，即鹁鸪。 [11]鴡（jū）鸠：一种水鸟名。一说雕类，"今江东呼之为鹗"（《尔雅・释鸟》），喜在江渚山边食鱼。 [12]鸤（shī）鸠：鸟名，即布谷鸟。 [13]平水土：掌管土地。 [14]爽鸠：鹰的一种。 [15]鹘（gǔ）鸠：鸟名，即斑鸠。 [16]司事：官名。掌营造之事。 [17]五鸠：官名。即司徒、司马、司寇、司空、司事等五种官员的总称。 [18]五雉：官名，即五工正。《左传・昭公十七年》："五雉为五工正。"疏："贾逵云：'西方曰鷷（zūn）雉，攻木之工也；东方曰鶅（zī）雉，抟埴之工也；南方曰翟雉，攻金之工也；北方曰鵗（xī）雉，攻皮之工也；伊洛而南曰翚（huī）雉，设五色之工也。'" [19]九扈：官名，即九农正。少昊时主管农事的官员。

自颛顼以来[1]，不能纪远，乃纪于近，为民师而命以民事[3]。德不能致远瑞，始以民事命官。此郯子对鲁昭公之辞[4]。仲尼闻之曰[5]："吾闻之：'天子失官，学在四夷。’”乃见于郯子而学之。又有五行之官，是谓五官[6]。社稷五祀[7]，是尊是奉。五官之君长能修其业者，死配食于五行之神，为王者所尊奉。春官木正，曰句芒。正，官长也。取木生句曲而有芒角。其祀重也。夏官火正，曰祝融[8]。祝融，明貌也。其祀黎也。秋官金正，曰蓐收。秋物摧蓐而可收也。其祀该也。冬官水正，曰玄冥。水，阴而幽冥。其祀修及熙焉。中官土正，曰后土。土为群物主，故称后也。其祀句龙焉[9]。在家则祀中溜[10]，在野则祀社。

从以上记载看，中国古代官制自颛顼以来，发生了极大的变化，摆脱了之前原始的状态，这是一个很大的转折。需要说明的是，我国古代官制自商代才有甲骨文的确切记载，这以前的情况有传说成分，并非完全是信史。

[注释]

[1] 颛顼（zhuān xū）：传说中的上古帝王。号高阳氏，姬姓。相传为黄帝的曾孙，生于若水，居于帝丘（今河南濮阳东南）。　[3] 民师：传说颛顼之官称。颛顼设五官以治民事，此为原始官制从专治天事转而始理民事，为一重要的转折。　[4] 郯（tán）子：春秋时郯国（今山东郯城）的国君。孔子曾向他请教过少昊氏时代的官职名称。　[5] 仲尼：即孔子，姓孔，名丘，字仲尼，儒家学说的开创者。　[6] 五官：指五行之官，即木正曰句芒，火正曰祝融，金正曰蓐收，水正曰玄冥，土正曰后土。　[7] 五祀：祭五行之神。四时迎五行之气于四郊而祭之，各有配食之帝，谓之五祀。　[8] 祝融：火神。一说其是炎帝之后，又一说颛顼生老童，老童生祝融。　[9] 句龙：社神，即土神。《左传·昭公二十九年》：“共工氏有子曰句龙，为后土。此其二祀也，后土为社。”　[10] 中溜：家神名。一曰中霤，主堂屋居处。

唐尧之代，命羲、和钦若昊天[1]，历象日月星辰，敬授人时。重黎之后羲氏、和氏，世掌天地四时之官，故尧命之，使敬顺昊天。昊天，言元气广大。星，四方中星。辰，日月所会。历象其分节，敬记天时，以授人也。此举其目，下别序之。分命羲仲宅嵎夷[2]，曰旸谷，宅，居也。东表之地称嵎夷。旸，明也。日出于谷而天下明，故称旸谷。旸谷，嵎夷，一也。羲仲居治东方之官。寅宾出日，平秩东作。寅，敬。宾，导。秩，序也。岁起于东，而始就耕，谓之东作。东方之官，敬导出日，平均次序东作之事，以务农也。申命羲叔宅南交[3]，申，重也。南交，言夏与春交，举一隅以见之。此居治南方之官。平秩南讹[4]，敬致。讹，化也。掌夏之官，平序南方化育之事，敬行其教，以致其功。四时同之，亦举一隅。分命和仲宅西[5]，曰昧谷，昧，冥也。日入于谷而天下冥，故曰昧谷。昧谷曰西，则嵎夷东可知。此居治西方之官，掌秋天之政。寅饯纳日[6]，平秩西成[7]。饯，送也。日出言导，日入言送，因事之宜。秋，西方万物成，平序其政，助成物也。申命和叔宅朔方[8]，曰幽都[9]，平在朔易[10]。北称朔，亦称方。言一方则三方见矣。北称幽则南称明，从可知也。都，谓所聚也。易，谓岁改易于北方。平均在察其政，以顺天常。上总言羲、和敬顺昊天，此分别仲、叔各有所掌。允厘

百工[11]**，庶绩咸熙**[12]。允，信。厘，治。工，官。绩，功。咸，皆。熙，广也。言定四时成岁，历以告时授事，则能信治百官，众功皆广，叹其善。**内有百揆、四岳**[13]**，**四岳，分主四方诸侯者也。《周礼正义》曰："四岳，四时之官，主四岳之事。"始羲、和之时，主四岳者谓之四伯。至其死，分岳事，置八伯，皆王官。其八伯，唯驩兜、共工、放齐、鲧四人而已[14]，余四人无文可知。故《书传》云："惟元祀巡狩，四岳八伯。"尧始以羲、和为六卿，春夏秋冬者，并掌方岳之事，是为四岳。出则为伯。其后稍死，分置八伯，以九州而言，八伯者，据畿外八州也，畿内不置伯，以乡遂之吏主之[15]。四岳之外，更有百揆之官者，但尧初天官为稷[16]，至尧，试舜天官之任，谓之百揆，舜又命禹为百揆[17]，皆天官也。**外有州牧、侯伯**[18]。外置州牧十二及五国之长。

唐尧时期的官制又一次发生了较大的变化，即出现了中央与地方的区别，甚至出现社会基层制度，有所谓乡遂之吏。需要提醒的是，杜佑所写的这些情况，多来自古代传说。

[注释]

[1] 羲、和：羲氏与和氏是我国传说的世袭执掌天文的官吏。[2] 羲仲：传说中唐尧时代主掌东方的官员。 [3] 羲叔：传说中唐尧时代主掌南方的官员。 [4] 平秩南讹：谓掌管南方生产教化之事。 [5] 和仲：传说中唐尧时代主掌西方的官员。 [6] 寅饯纳日：恭敬地送走落日。 [7] 西成：秋天收获的农事。 [8] 和叔：传说中唐尧时代主掌北方的官员。 [9] 幽都：极北幽暗之地。 [10] 朔易：由今冬更新为来春。 [11] 允厘百工：意为用

以制定各级官员的职掌。允，用。厘，制定。百工，百官。[12]庶绩咸熙：意为各种功业就兴盛起来。庶，众。熙：兴。[13]百揆：百官之长。[14]驩（huān）兜：传说中尧的臣子，当时被称为凶人，被尧放逐到崇山。共工：古代传说中的天神，与颛顼争为帝，有头触不周山的故事。一说尧时官员，治水不当造成洪水泛滥，被尧诛杀或流放。放齐：传说中尧的臣子。鲧：传说为大禹之父，因治水失败，被尧放逐羽山。[15]乡遂：我国古代行政区划的雏形。乡有乡大夫，遂有遂大夫。[16]天官：即冢宰。稷：农官。亦名田正。《左传·昭公二十九年》："稷，田正也。"杜预注："掌播殖也。"[17]禹：夏朝开国的君主，亦称大禹、夏禹。姒姓，名文命，鲧的儿子。因治水有功，得舜禅位，其子时立国号为夏。[18]侯伯：这里指诸侯。

虞舜有天下[1]，以伯禹作司空[2]，使宅百揆。禹代鲧为崇伯，入为天子司空，治洪水有成功，言可用之。弃作后稷[3]，播百谷。契作司徒[4]，敷五教[5]。布五常之教。皋繇作士[6]，正五刑。士，理狱官。垂作共工[7]，利器用。垂，臣名。共谓供其百工职事。伯益作虞[8]，育草木鸟兽。虞，掌山泽之官。伯夷秩宗[9]，典三礼。秩，序。宗，尊也。三礼，天地人之礼。伯夷，臣名，姜姓。夔典乐[10]，教胄子，胄，长也，谓元子以下至卿大夫子弟。以歌诗蹈之舞之，教长国子中和祇庸孝友。和神人[11]。命夔使勉之。龙作纳言[12]，出纳帝命。纳言，喉舌之官。听下言，纳于上，受上言，宣于下，必以信。盖亦为六官[13]，以主天地四时也。崔灵恩曰[14]：“自颛顼以来，命南正重司天，火正黎司地，故重、黎之后，世掌天地官，号曰羲、和。唐尧受之，乃置天地四时之官，命羲、和之后，使复旧职，而掌天地之事。又分命羲仲、羲叔、和仲、和叔，使主四时，为六卿之任。及其末年，舜摄百揆，改地官为司徒，秋官为士，冬官为司空，春官为秩宗。故《尚书》曰‘乃命羲、和，钦若昊天’，分命和仲、和叔等，使主四时之事。又云：‘百姓不亲，五品不逊[15]，契为司徒，敬敷五教。’地官之事也。皋繇作士，五刑有服[16]，秋官之任也。禹作司空，以平水土，冬官之职也。伯夷为秩宗，典朕三礼，此春官之所司也。”又《周礼正义》曰：“稷为天官，羲、和为夏官，共为六官也。”

虞舜时期的官制在唐尧的基础上，又有所进步，官员的分工更加细致，有主管农业、手工业、山泽以及刑法、天文、祭祀、音乐、教化等不同分工。此外，官员的等级制也出现了，表明社会已有了较大的进步。这一切是否是信史，还需要进一步研究。

夏后之制[17]，亦置六卿。《甘誓》曰“乃召六卿”是也[18]。其官名次，犹承虞制。《礼记》曰[19]：“夏后氏官百，天子有三公、九卿、二十七大夫、八十一元士[20]。”

［注释］

[1] 虞舜：上古部落联盟首领。姚姓，有虞氏，名重华。《史记·五帝本纪》记其受尧禅让而成为部落联盟首领，舜又让位于禹。 [2] 伯禹：即大禹。伯，官称。禹，号。 [3] 后稷：传为

周部族始祖。有邰氏之女姜嫄踏巨人脚迹，怀孕而生。因生后曾弃之于野，故名弃。长而好农耕，尧举为农官，舜封之于邰（今陕西武功西），号后稷，姬姓。 [4] 契：传说中商部族的始祖，其母为简狄。简狄发现玄鸟（燕子）所产之卵，取而吞之，遂怀孕生契。长大后，曾因辅佐大禹治水有功，被舜任为司徒，掌管教化。 [5] 敷：施行。 [6] 皋繇：又名皋陶或咎繇，古代传说中最早掌管监狱的官吏。传说他是颛顼的后裔，曲阜人，姓偃，兴建了监狱。 [7] 垂：相传舜时的官员。掌管手工业制造。共工：官名。掌手工业制造。 [8] 伯益：舜时管理山林泽川的官。 [9] 秩宗：官名。舜时置此官，掌郊庙祭祀等。 [10] 夔：中国古代传说中的音乐人物，先秦文献中有说是舜的乐官。 [11] 和神人：与神沟通。 [12] 龙：舜时的官员。纳言：官名。对下宣达天子之旨，对上陈报下情。 [13] 六官：即天官、地官、春官、夏官、秋官、冬官的总称。 [14] 崔灵恩：南朝梁学者。清河东武城（今河北故城西南）人。少笃学，博通经传，尤精三礼。 [15] 五品：即五伦。古代礼教称君臣、父子、兄弟、夫妇、朋友之间的五种伦理关系。 [16] 五刑：有三种说法。《国语・鲁语》认为甲兵、斧钺、刀锯、钻笮（凿）、鞭扑为五刑；《周礼・秋官》则以野刑、军刑、乡刑、官刑、国刑为五刑；《尚书・舜典》则指墨、劓（yì）、剕（fèi）、宫、大辟（死刑）五种刑罚。 [17] 夏后：朝代名。即禹之子启所创建的夏朝。 [18]《甘誓》：即《尚书》之《甘誓》篇。 [19]《礼记》：儒家经典名。秦汉以前各种礼仪论著的选集和资料汇编。相传为西汉戴圣编纂，故亦称《小戴记》或《小戴礼记》，共 49 篇。最通行的注本为东汉郑玄注、唐孔颖达疏的《礼记注疏》。 [20] 元士：官名。即天子的上士，天子之士称元士，以异于诸侯之士。

[**点评**]

从伏羲氏以后至夏代之前，这一历史时期为传说时期，《通典》记载的这一时期职官制度既缺乏可靠的历史文献支撑，也没有考古资料的支持，所依据的文献主要是《尚书》《左传》《周礼》《礼记》等晚出的典籍，包括一些神话传说，因此对这些记载尚需进一步考证。我国古代早期官制比较可靠的记载是在商周时期，这两个时期的情况除了有传统文献记载外，更重要的是有甲骨文、金文以及考古资料的支撑。至于商周以后的职官制度史籍记载很多，再加上丰富的考古资料与金石资料，故学术界已取得了丰硕的研究成果。尽管如此，对上述传说时代的官制也不能全然否定，尤其是图腾崇拜与自然崇拜的内容，倒也符合人类社会早期阶段的发展某些规律，不过对其中一些理想化的描写要持谨慎的态度。

官数

唐六十员[1]，虞六十员[2]。《尚书》云[3]："建官惟百。"郑玄云："虞官六十，唐官未闻。尧舜同道，或皆六十。并属官而言，则皆有百。"

夏百二十员。《尚书》云："夏、商官倍。"则当二百。郑玄曰："百二十。"

殷二百四十员。《明堂位》："二百。"郑玄曰："二百四十。"

周六万三千六百七十五员。内二千六百四十三人，外诸侯国官六万一千三十二人。按《礼记·王制》计之。殷制同。

汉自丞相至佐史，凡十三万二百八十五员。哀帝时，数兼诸府州郡胥吏。

后汉七千五百六十七员[4]。

晋六千八百三十六员。

宋六千一百七十二员。

齐二千一百三员。

后魏七千七百六十四员[5]。

北齐二千三百二十二员。并内官。

后周二千九百八十九员。并内官。

隋一万二千五百七十六员。内官二千五百八十一，外郡县官九千九百九十五。

大唐一万八千八百五员。内官二千六百二十一，外郡县官一万六千一百八十五。

这些数据大体上反映了唐以前历代官员数量的变化情况，仅供研究时参考。

[注释]

[1] 唐：指唐尧时期。 [2] 虞：指虞舜时期。 [3]《尚书》：书名。春秋鲁国人孔子所辑远古历史文献。原称《书》，后称《尚书》。唐人认为《尚书》百篇系孔子从周室所藏虞、夏、商、周四代文典中删定而成。《尚书》所载上起唐尧，下迄秦穆公，约1300多年（约前20世纪—前7世纪）。初编100篇，今存58篇，卷数不定。包括“典”“谟”“训”“诰”“誓”“命”六体，除小部分是远古历史传说之外，大部分内容为古代帝王对臣民发布的训令和军队誓词及大臣向君王提出的规劝和建议等。按朝代次序又分可为《虞书》《夏书》《商书》和《周书》四部分。秦始皇焚书坑儒后，《尚书》一度失传。西汉初年，博士伏生献《尚书》

28 篇，因该书系用汉代隶书写定，故称《今文尚书》。汉武帝末年，鲁恭王刘余在孔府壁间发现用古蝌蚪文字书写的《尚书》竹简，即《古文尚书》。后来《古文尚书》又亡佚了，现存者为伪书。 [4] 后汉：即东汉。 [5] 后魏：北魏。

官品

周官九命[1]。

汉自中二千石至百石，凡十六等。

后汉自中二千石至斗食，凡十三等。

魏秩次多因汉制[2]，更置九品。

晋、宋、齐并因之。

梁因之，更置十八班，班多为贵。

陈并因之。

后魏置九品，品各置从，凡十八品。自四品以下，每品分为上下阶，凡三十阶。

北齐并因之。

后周制九命[3]，每命分为二，以正为上，凡十八命。

隋置九品，品各有从。自四品以下，每品分为上下，凡三十阶，自太师始焉[4]，谓之流内。流内自此始焉。炀帝除上下阶，唯留正、从各九品。又置视正二品至九品，品各有从，自行台尚书令始焉[5]，谓之视流内。视流内自此始。

大唐自流内以上，并因隋制。又置视正五品、视从七品，以署萨宝及正祓[6]，谓之视流内。又置勋品九品[7]，自诸卫录事及五省令史始焉[8]，谓之流外[9]。流外自此始。勋品自齐梁即有之。

官品是用来表示官员等级高下的，历代用来表示官员的名称以及等级各不相同，或称命、或称班、或称品，或分正从，或分上下，甚至还有流内与流外之分。表示等级的高低也各不相同，有数多者为高，也有数少为高。需要认真鉴别。

［注释］

[1] 周官：指西周王朝的官员，其品阶的规定见于《周礼》等书。 [2] 魏：指三国曹魏。[3] 后周：指北周。 [4] 太师：西周始置，本为统领军队的高级职官，后世沿置，多为安置元老重臣的职官。隋朝沿袭北齐之制，以太师、太傅、太保为三师，品阶最高，却无实权，用于安置勋臣元老。 [5] 行台尚书令：行台为行尚书台或行尚书省的简称，始见于三国曹魏时期，后世沿置，为中央尚书台（省）向地方派出的临时机构。管辖范围大小不一，大者多达数十州，小者十数州，掌管这一地区的政治、军事、经济、司法等全部事务。在隋唐时期叫行台省，其长官为尚书令，下有仆射、诸部尚书等官。唐贞观以来不再设置。 [6] 萨宝：职官名。该词最早源于印度，巴利文中的 Sarthavaha，梵

文中的 Sarhavaho，均为商队首领的音译，又译作“萨保”“萨甫”“萨薄”等。另外，粟特语中 Sarthavak，亦相当于中文的“萨宝”。萨宝作为官职，其转化是在粟特地区完成的，随着大量粟特人移居中国，萨宝一职被带入中国，北魏时凉州已有固定的萨宝官职。隋唐时，随着大量中亚移民的不断涌入，为便于管理，隋唐朝廷选用了西域胡人熟知的职官名称来建立侨民宗教、政务的机构萨宝府，使之更加完备。萨宝品级视管理诸州胡人数目多少而定，如隋朝规定雍州萨宝为视从七品，诸州胡 200 户以上萨宝，为视正九品。唐朝规定萨宝视流内正五品、萨宝府祆正视从七品。正祓：为祆正的异称，为掌管火祆教宗教事务的官员。祓，即祆。 [7] 勋品：专门授给勋官的品级。 [8] 诸卫录事：官吏名。唐置有十六卫，各置有录事若干，多为吏职。五省令史：官吏名。唐代五省指尚书、中书、门下、殿中、内侍等省，各置有令史若干，多为吏职。 [9] 流外：指从九品下官以下的吏职，或称未入流。唐代称为流外官，分为流外九品。流外官通过积累官资亦可升为流内官。

封爵

黄帝，方制万里，为万国，各百里。

唐虞夏，建国凡五等，曰公、侯、伯、子、男。

殷，公、侯、伯三等。公百里，侯七十里，伯五十里。

周，公、侯、伯、子、男五等。公、侯百里，伯七十里，子、男五十里。周公居摄改制[1]，大其封。公五百里，侯四百里，伯三百里，子二百里，男百里。

以上这一切均为后世理想化的描写，即使西周的五等爵制，也不是如此整齐划一，更何况黄帝以来的爵制了。

秦爵二十等。最高彻侯，乃得食县。其次关内侯，食租税于关内。余十八等，大庶长以下[2]，则如吏职[3]。

汉，国王、国侯、亭侯三等。王皆裂地，侯以户数为差，分人自此始。汉初论功封列侯者，凡百四十三人。食邑者除租，每户一岁更输钱二百。

后汉亦三等。皇子封王，其郡为国。其列侯，虽寇、邓元勋[4]，不过四县。

魏，王、公、侯、伯、子、男，次县侯，次乡侯，次亭侯，次关内侯，凡九等。关内侯为虚封[5]，自此始。

晋亦有王、公、侯、伯、子、男，又有开国郡公、县公、郡侯、县侯、伯、子、男及乡亭、关内等侯，凡十五等。王大国二万户，三军，兵五千；次国一万户，二军，兵三千；下国五千户，一军，兵千五百。其公之制如五千户国。侯如不满五千户国，并置一军，千人。其伯、子、男以下各有差，不置军。

宋皆因晋制，唯大小国皆三军。至孝建中[6]，凡国官属不得称臣于其主，改称下官。

齐因之。

梁因前代。定制：诸王言曰令，境内称之曰殿下；公侯言曰教，境内称之曰第下。皆自称曰寡人。相已下表疏如臣而不称臣，文书下群官皆曰告。

陈有郡王、嗣王、藩王、开国郡公、开国县公、侯、伯、子、男、沐食侯、乡亭侯、开国中关外侯，凡十二等。

先秦时期封爵者皆裂土，自秦代以来，除了汉、晋封国裂土外，其余王朝皆食邑而不裂土，从而有利于加强中央集权，应是一种进步的历史现象。

后魏有王、开国郡公、散公、侯、散侯、伯、散伯、子、散子、男、散男，凡十一等。王食半[7]，公三分食一，侯伯四分食一，子男五分食一。

封爵表示与天子血缘关系的远近。自从商鞅变法，实行军功爵后，封爵遂成为赏功的手段之一，但仍然有表示血缘之意，这一点在高级爵位的授予上表现得很明显，因此历代皆有非宗姓不得封王的规定。

北齐有王、公、侯、伯、子、男六等。

后周有公、侯、伯、子、男五等。

隋有国王、郡王、国公、郡公、县公、侯、伯、子、男[8]，凡九等。

大唐，国王、郡王、国公、郡公、开国郡公、县公、开国侯、伯、子，凡九等。并无其土，加实封者[9]，乃给租庸。自武德至天宝，实封者百余家；自至德至大历三年[10]，实封者二百六十五家。

[注释]

[1] 周公居摄：周公指姬旦，周武王的弟弟，周成王的叔父。武王死后，成王即位，由于年幼，由姬旦代为摄政，称为居摄。 [2] 大庶长：为秦代爵制的第十八级。 [3] 吏职：这里指没有裂土封国的官职。 [4] 寇、邓：寇指寇恂，邓指邓禹，均为东汉的开国功臣。其中邓禹封高密侯，食高密、昌安、夷安、淳于四县。寇恂死得较早，谥为威侯。 [5] 虚封：只有爵号，不食租税。 [6] 孝建：宋孝武帝刘骏年号，即公元 454—456 年。 [7] 食半：指享有封地内一半户口的租税。 [8] 国王：即亲王，指皇兄弟、皇子所封之王爵。 [9] 实封：指封爵者实际享有的封户数。如唐朝规定亲王食邑万户、郡王食邑五千

户、国公三千户，均为虚封，实封另行封授，多少不一，多者二三千户，少者数百户。 [10] 至德：唐肃宗李亨年号，即公元 756—758 年。

三公

夏、商以前，云天子无爵，三公无官。伊尹曰[1]：“三公调阴阳。”

周以太师、太傅、太保曰三公[2]。

汉以丞相、大司马、御史大夫为三公。

后汉又以太尉、司徒、司空为三公。天地灾变即皆策免[3]，自太尉徐防始焉[4]。灵帝就长安拜张温为太尉[5]。三公在外，自温始也。

魏、晋、宋、齐、梁、陈、后魏、北齐皆以太尉、司徒、司空为三公。

后周以太师、太傅、太保为三公。司徒为卿。

隋以太尉、司徒、司空为三公。

大唐因之。

[注释]

[1] 伊尹：商初大臣。姓伊，名挚，尹是官名。商王汤任命其为相，辅佐汤诛灭夏桀，夺取了天下。汤死后，他继续辅佐汤的两个儿子外丙和仲壬二王及其孙太甲。 [2] 三公：古代三种最高级的辅政官，历代名称不同，职掌也不同。 [3] 策免：意为册封与罢免。策，即册。 [4] 徐防：东汉沛国铚（今安徽濉溪西南临涣）人，字谒卿。历任尚书郎、司隶校尉、魏郡太守、少府、司空、司徒等职。殇帝延平元年（106），迁太尉，参录尚书事。 [5] 张温：东汉大臣。历任司隶校尉、尚书令、车骑将军、司空。灵帝中平三年（186）春，遣使者持节就长安拜张温为太尉，成为三公系列的官。由于张温当时不在京师洛阳，故曰三公在外，自张温始。

宰相

黄帝置六相。

尧有十六相。

殷汤有左右相[1]。

周成王有左右相[2]。

秦悼武王始置左右丞相[3]，始皇又始置相国。

汉置丞相，尝置相国，或左右丞相，寻复旧。成帝改御史大夫为司空[4]，与大司马、丞相是为三公，皆宰相也。哀帝改丞相为大司徒[5]，亦为宰相。后汉以太尉、司徒、司空为宰相，献帝复置丞相[6]。

魏改丞相为司徒。而文帝复置中书监、令，

并掌机密，自是中书多为枢机之任，亦宰相也。又置大丞相及相国。

晋惠帝改丞相为司徒[7]，寻复旧，俱为宰相。而中书监、令，常管机要，亦是相也。

宋齐梁陈，并相因习，或为丞相，或为相国，多非寻常人臣之职。或掌机密，或录尚书，或综朝权，或管朝政，或为侍中，或给事中，或受顾命，皆为宰相。然中书职任机务之司，不必他名，亦为宰相。其有侍中兼外官，若宋王弘[8]，侍中兼内官，若沈演之[9]，其例不少，即非宰相，并在当时委任而已。

后魏、北齐亦置丞相，俱为宰相。尤重门下官[10]，多以侍中辅政，亦宰相也。

后周大冢宰，亦其任也。其后亦置左右丞相。

隋有内史、纳言[11]，是真宰相。柳述为兵部尚书[12]，参军机密；又杨素为右仆射[13]，与高颎专掌朝政[14]。

大唐侍中、中书令为真宰相，中间尝改为左右相。他官参者无定员，但加同中书门下三品及平章事、知政事、知机务、参与政事及平章国重事之名者，并为宰相，亦汉行丞相事之例也。其宰相是天子的辅佐之臣，所谓一人之下，万人之上，位高而权重。于是遂产生了皇权与相权的矛盾，因此削弱相权，加强皇权便成为一种历史趋势。从这段文字记载看，宰相人数逐渐增多，这也是分宰相之权，加强皇权的手段之一。

同中书门下三品，自贞观中以兵部尚书李勣始[15]。

[注释]

[1]殷汤：商的开国君主。契的后代，子姓，名履，又称武汤、武王、成汤、天乙、大乙，或称高祖乙。灭夏而建立商朝。 [2]周成王：周朝的第二位君主，武王之子。姬姓，名诵。即位时年幼，由其叔父周公摄政。周公摄政七年，成王长大，周公还政称臣。周成王在位 30 多年。 [3]秦悼武王：战国时秦国国君，公元前 311 年至前 307 年在位。 [4]成帝：即汉成帝刘骜（前 51—前 7），汉元帝之子。即位以来，怠于朝政，耽于游乐、不理朝政，导致各地人民起义不断，社会矛盾尖锐。西汉政权从此走向崩溃。绥和二年（前 7），因纵欲过度而亡。 [5]哀帝：即西汉哀帝刘欣（前 25—前 1）。在位期间，社会危机加剧，农民起义风起云涌。25 岁崩于未央宫。 [6]献帝：即东汉献帝刘协（181—234），东汉末代皇帝。字伯和，汉灵帝之子。东汉末年，董卓乱政，诸侯讨伐，遂迁都长安。初平三年（192），董卓被吕布所杀，长安陷入战乱。建安元年（196），献帝与残余官员逃往洛阳，被曹操劫持至许昌，挟天子以令诸侯。献帝又成为曹操的政治工具。延康元年（220）曹操死。其子曹丕承袭魏王，不久代汉称帝，建立魏国。献帝被迫逊位，被封为山阳公。逊位 14 年后卒，谥为孝献皇帝。 [7]晋惠帝：西晋皇帝司马衷（259—306）。字正度，晋武帝次子。昏庸无能，朝廷大权落于外戚杨骏之手。贾后荒淫酷虐，干预朝政。各皇族为夺中央政权，互相残杀，史称“八王之乱”。永康元年（300），赵王司马伦起兵诛杀贾后，次年废惠帝自立为帝，迁惠帝于金墉城，号曰太上皇。永安元年（304），河间王司马颙挟持惠帝，自洛阳迁往长安。光熙元年（306），东海王司马越起兵西攻长

安，打败司马颙，迎惠帝回洛阳。不久惠帝食司马越所进饼中毒而死，司马越另立惠帝弟司马炽为帝，是为晋怀帝。 [8] 王弘（379—432）：南朝宋文学家。字休元，琅邪临沂（今属山东）人。少好学，以清恬知名。东晋时曾任琅邪内史、彭城太守。入南朝宋，历任侍中、司徒、扬州刺史，进太保，领中书监。 [9] 沈演之：南朝宋大臣。字台真，吴兴武康人。历任嘉兴令、尚书吏部郎、右卫将军等职。宋文帝加其侍中，参知机密。在吏部尚书任上，因病暴卒。 [10] 门下官：即门下省之官员，为内廷与皇帝亲近之职。 [11] 内史：隋内史省（中书省）的长官。纳言：隋门下省的长官。 [12] 柳述：隋朝官员。字业隆，河东解（今山西运城西南解州镇）人。历任内史侍郎、判吏部尚书事、兵部尚书等职。隋文帝被其子杨广杀害后，柳述因了解此事，故被贬龙川郡（治今广东惠州惠阳区东北）。数年后，遇瘴疠而死。 [13] 杨素（？—606）：隋朝大臣。字处道，弘农华阴（今属陕西）人。在隋文帝时，以功拜荆州总管，封越国公。不久，为纳言，转内史令。后任尚书左仆射，执掌朝政。一家显贵，近古无比。参与宫廷密谋，废太子杨勇，助立杨广为太子，构蜀王杨秀之罪。仁寿四年（604），隋文帝病重，太子杨广无礼于陈夫人。文帝准备废杨广，复立杨勇为太子。杨素勒兵入宫，害死文帝，矫诏立杨广为皇帝。隋炀帝即位，迁尚书令、拜太子太师。次年拜司徒，封楚公。大业二年（606）卒。 [14] 高颎：隋朝大臣。字昭玄，渤海蓨（今河北景县）人。颎少明敏，有器局，略涉书史，尤善词令，是隋文帝的主要谋士，任尚书左仆射，兼纳言，掌握朝中机要。晋王杨广大举伐陈，以颎为元帅长史，三军咨禀，皆取断于颎。全国统一后，封其为齐国公。隋炀帝即位，因忌其功，遂诛杀高颎。 [15] 李勣（594—669）：唐朝著名大将。本姓徐，名世勣，字懋功，曹州离狐（今山东东明东南）人。早年参加瓦岗军，瓦岗军失败后降唐。多次立有大功，封英国公。唐太宗死，被贬出长安。高宗即位后，召拜为仆射（宰相）。由于他赞同高宗立武则天为皇后，在高宗时颇受礼遇，位极人臣。总章二年（669）病逝，终年 86 岁。陪葬昭陵。

禄秩

周制：自天子至下士，凡六等。诸侯国君十卿禄，食二千八百八十人。卿四大夫禄，食二百八十八人。大夫倍上士，食七十二人。上士倍中士，食三十六人。中士倍下士，食十八人。下士与庶人在官者同[1]。食九人。庶人在官，为未命为士者。次国小国同。

汉制：自中二千石至百石[2]，凡十二等。中二千石、月俸百八十斛[3]。二千石、百二十斛。比二千石、百斛。千石、八十斛。六百石、七十斛。比六百石、六十斛。四百石、五十斛。比四百石、四十五斛。三百石、四十斛。比三百石、三十七斛。二百石、三十斛。比二百石、二十七斛。百石、十六斛。

后汉大将军、三公俸各三百五十斛，凡诸受俸，皆半钱半谷[4]。延平中定制[5]：中二千石，月俸钱九千，米七十二斛。真二千石，钱六千五百，米三十六斛。比二千石，钱五千，米三十四斛。千石，钱四千，米三十斛。六百石，钱三千五百，米二十一斛。四百石，钱二千五百，米十五斛。三百石，钱二千，米十二斛。二百石，钱一千，米九斛。百石。钱八百，米四斛八斗。腊及立春[6]，更班赐有差[7]。

宋制：州郡秩俸，多随土所出，无有定准。有父母、祖父母年登七十者，并给见钱。其郡县田禄，以芒种为断[8]。此前去官者，则一年秩皆入前人；此后去官者，悉入后人。

梁制：一品秩万石，二品三品为中二千石，四品五品秩为二千石。

后魏其禄每季一请。诸宰人之官[9]，各随近给公田，刺史十五顷，太守十顷，治中、别驾各八顷，县令、郡丞六顷，更代相付。

北齐官秩，一品每岁八百匹，从一品七百匹，二品六百匹，从二品五百匹，三品四百匹，从三品三百匹，四品二百四十匹，从四品二百匹，五品一百六十匹，从五品一百二十匹，六品一百匹，从六品八十匹，七品六十匹，从七品四十匹，八品三十六匹，从八品三十二匹，九品二十八匹，从九品二十四匹。执事官一品以下[10]，给公田各有差。

后周制禄秩，下士一百二十五石，中士以上至上大夫各倍之，上大夫是为四千石，卿二分，孤三分，公四分，各益其一，公因盈数为一万石。其九秩一百二十石[11]，八秩至于七秩，每二秩六分而下各去其一，二秩、一秩俱为四十石。

隋京官正一品禄九百石，其下每以百石为差，至正四品，是为三百石。从四品二百五十石，其下每以五十石为差，至正六品，是为一百石。从六品九十石，以下每以十石为差，至从八品，是为五十石。其给皆以春秋二季。刺史、太守、县令，则计户而给禄，各以户数为九等之差。其禄唯及刺史二佐及郡守、县令[12]。京官给职分田，一品者给田五顷，至五品则为田三顷。其下每品以五十亩为差，至九品为一顷。外官亦各有职分田，又给公廨田以供。

大唐定给禄之制，京官正一品，米七百石，钱九千八百。从一品，米六百石。正二品，米五百石，钱八千。从二品，米四百六十石。正三品，米四百石，钱六千一百。从三品，米三百六十石。正四品，米三百石，钱四千二百。从四品，米二百六十石。正五品，米二百石，钱三千六百。从五品，米一百六十石。正六品，米一百石，钱二千四百。从六品，米九十石。正七品，米八十石，钱二千一百。从七品，米七十石。正八品，米六十七石，钱一千六百。从八品，米六十二石。正九品，米五十七石，钱一千三百。从九品，米五十二石。从并同外官，各降一等。其干力及防閤、庶仆并别给[13]。内外文武官，自一品以下，并给职田。京官诸司及郡县，又给公廨田，并有差。

在古代社会官府要给官员们提供一定的人力，供其驱使，由税户承担。历代对这种人力的叫法不同，唐代叫干力、防閤、庶仆、白直、仗身等，多者九十六人，少者也有一至二人。唐前期皆为现役，唐后期允许纳资代役，于是这些收入遂成为各级官员俸禄的一部分。

［注释］

[1] 庶人：这里指尚未升为士的自由民，其地位在工商皂隶之上，士之下。 [2] 石：重量单位，一石为 120 斤。这里以石的多少表示官阶的高下。 [3] 斛：容量单位，一斛 10 斗。 [4] 半钱半谷：一半给现钱，一半给谷物。 [5] 延平：汉殇帝刘隆年号，元年即公元 106 年。 [6] 腊：即腊日。先秦时本称蜡（zhà），是古人在年终对天地万物之神举行报谢的大祭典。汉代的腊日是冬至后的第三个戌日。后世把其与腊八日混为一谈，事实上腊日是

祭祀天神、大社、祖先及五祀；腊八则是佛祖成道纪念日。[7]班赐：颁赐。[8]芒种：二十四节气之一。每年六月六日或七日视太阳到达黄经75° 时为芒种。[9]宰人之官：指地方州县之官。人，避唐太宗李世民讳改为人。[10]执事官：即职事官，谓居曹有职事的官员。[11]秩：周文帝宇文泰于西魏大统三年（537）正月，改流外官品阶为九秩，以九为上。[12]刺史二佐：指州长史、司马。[13]干力：唐代力役之一种。防阁：亦称防阁，唐代力役之一种。《旧唐书·职官志二》："凡京司文武职事官，皆有防阁。"庶仆：唐代力役之一种。职事官六品以上所给人力称防阁，六品以下称庶仆，所给人数以官品高下而定。

［点评］

以上内容选自《通典·职官·要略》，内容包括官数、官品、设官沿革、封爵、三公、宰相、三老五更、禄秩等方面。设官沿革这一部分因为存在着不适当的比附，三老五更与历代官制关系不大，故没有收入外，其余内容均一一进行了注释和批注，以表现历代官制发展与变化的基本情况。需要说明的是，这些内容均为十分概括的介绍，其中详细的变化情况以及历代官制的基本内涵，还需要阅读《通典》职官部分、《唐六典》、两《唐书》职（百）官志以及《唐会要》等书。

卷二十一　职官典三

门下省

门下省，后汉谓之侍中寺。嘉平六年[1]，改侍中寺。《晋志》曰[2]：给事黄门侍郎与侍中，俱管门下众事，或谓之门下省。至齐，亦呼侍中为门下，领给事黄门侍郎、公车、太学、太医等令丞及内外殿中监、内外骅骝厩、散骑常侍、给事中、奉朝请、驸马都尉等官。梁门下省有侍中、给事黄门侍郎四人，掌侍从傧相[3]，尽规献纳，纠正违阙，监合尝御药[4]，封玺书[5]。后魏尤重。

北齐门下省掌献纳谏正及司进御之职，有侍中、给事黄门侍郎各六人，统左右局、左右局掌朱华阁内诸事。尚食、知御膳。尚药、主御药。尚衣、主御衣服。殿中，领殿中监，掌驾前奏引行事，制请修补。东耕则进耒耜事[6]。隋改为殿内。凡六局焉。隋门下省有纳言二人，给事黄门侍郎四人，炀帝减二人。及散骑常侍、谏议大夫等官，并掌陪从朝直，兼统六局。开皇三年，罢门下省员外散骑常侍员。炀帝即位，加给事员，废常侍、谏议等官。又改殿内省隶门下省。大唐龙朔二年[7]，改门下省为东台。咸亨初[8]，复旧。至武太后临朝，光宅初，改为鸾台；神龙初，复旧。圣历三年四月敕[9]，别敕赐物中书门下省官，正三品准二品、五品准四品。开元七年八月初，敕中书门下厨杂料破用外，余有宜分取。开元元年，改为黄门省；五年，复旧。有侍中二人，黄门侍郎二人，给事中四人，左散骑常侍二人，谏议大夫四人，典仪二人，起居郎、左补阙、左拾遗各郎二人，城门郎四人，符宝郎四人，弘文馆校书二人，其余小吏各有差。

历代门下官员除了侍从皇帝、赞相献纳的职能外，其机构多为皇帝及宫廷生活服务。隋代将这些服务性质的机构合并，另行设置了殿内省。唐朝称殿中省，正式将其移出门下，遂使该省成为真正的机要之司，意义十分重要。

［注释］

[1]嘉平：三国魏齐王曹芳年号，六年即公元254年。 [2]《晋志》：即《晋书·职官志》的简称。 [3]傧相：亦作“摈相”，指接引宾客和赞礼。[4]合：合制。尝：尝药。御药：指皇帝服用之药。 [5]玺书：秦始皇以玺为皇帝之印的专称，故玺书便成为皇帝诏书的代称。 [6]耒耜：农器名。耒是耒耜的柄，耜是耒耜下端的起土部分。 [7]龙朔：唐高宗李治年号，二年即公元662年。 [8]咸亨：唐高宗李治年号，即公元670—674年。 [9]圣历：武则天年号，三年即公元700年。

中书省

中书之官旧矣，谓之中书省，自魏晋始焉。梁陈时，凡国之政事，并由中书省。省有中书舍人五人，领主书十人，书吏二百人，书吏不足，并取助书。分掌二十一局事，各当尚书诸曹，并为上司[1]，总国内机要，而尚书唯听受而已。被委此官，多擅威势。后魏亦谓之西台。宣武帝谓中书监崔光曰[2]："卿是朕西台大臣。"北齐中书省管司王言[3]，并司进御之乐及清商、龟兹诸部伶官[4]。隋初，改为内史省，置令二人，侍郎四人，炀帝减侍郎二人。舍人八人，炀帝减去四人。通事舍人十六人。炀帝加起居舍人，而改通事舍人为谒者台职。大唐武

梁陈时期的中书省辖有二十一局，对应尚书省诸司。至北齐已发生了变化，隋唐时期的中书省没有局司之设，亦与尚书省诸司不存在对应关系，唯其起草之诏敕，经门下省审议后，由尚书省执行。

德三年，复中书省。龙朔二年，改为西台，咸亨初复旧。光宅元年，改为凤阁[5]，凡中书官，随署名改。神龙初复旧。开元元年，改为紫微省，五年复旧。时谓尚书省为南省，门下中书为北省，亦谓门下省为左省，中书为右省，或通谓之两省。令二人，侍郎二人，舍人六人，右散骑常侍、起居舍人、右补阙、右拾遗各二人，通事舍人十六人，其余小吏各有差。

［**注释**］

[1] 上司：这里指尚书省诸司的上台机构。 [2] 宣武帝：即北魏宣武帝元恪，公元 500 年至 515 年在位。崔光（451—523）：北魏文学家。本名孝伯，字长仁，东清河鄃县（今山东平原西南）人。孝文帝时曾任中书博士，转著作郎，参与撰修国史，被誉为“今日之文宗”。孝明帝时官至司徒。崇信佛教，能诗文。[3] 王言：即皇帝的命令、诏敕。 [4] 清商：即清商乐，又称清乐。其始于汉魏的平调、清调、瑟调，称为相和三调或清商三调（即宫调、商调、角调），流行于中原。晋室播迁，声伎分散，其在南朝发展为吴歌、西曲。北魏孝文帝、宣武帝收集中原旧曲及江南的吴歌、西曲，总称之为清商乐。主要乐器是丝竹，即筝、瑟、箫、竽之类。龟兹：即龟兹乐。十六国时，吕光据凉州，灭龟兹国（今新疆库车一带），遂得其乐。北魏统一北方的过程中，该乐遂传入中原。北周武帝与突厥联姻，又得苏祇婆一系之龟兹乐。至隋代，遂形成龟兹乐之三大派系。一为“西国龟兹”，二为“齐朝龟兹”，三为“土龟兹”。隋文帝创七部乐，炀帝立九部乐，皆为其中之一

部。唐代之十部乐，亦皆有之。该乐部有乐工 20 人，所用乐器，有竖箜篌、琵琶、五弦、笙、横笛、箫、觱篥、毛员鼓、都昙鼓、答腊鼓、羯鼓、铜钹等 15 种。 [5] 凤阁：中书省的改称。晋荀勖由中书监迁尚书令，众人皆贺，勖曰："夺我凤凰池，诸君何贺我耶？"称中书为凤池、凤阁的典故即源于此。武则天光宅元年（684）改中书省为凤阁，改中书令为凤阁令，神龙元年（705）复旧。

［点评］

秦汉时期机要决策权掌握在三公府，其他诸司接受成命而已。自汉武帝以来加强中朝，权归尚书，三公如不加领尚书事、录尚书事衔则无相权。东汉时置尚书台，也称中台、内台，设在宫中。名义上属少府，实际直属皇帝，掌总理奏章、宣布诏令，参与决策，实为总理国事的中枢。其所拟诏令，直接下达三公，甚至越过三公，直接下达九卿。一切行政事务，由其分曹掌管。早在西汉凡宦官任尚书者，则称中书，又有中书谒者令，成帝废宦官典尚书。东汉末曹操置秘书令典尚书奏事，曹丕代汉后，废秘书令置中书省，置中书令、监，遂独立成署，掌典机要，专门草拟诏敕。梁陈时期中书省下置诸局，军国政事，皆由中书。但是中书作为宫廷侍从官的印记仍然十分鲜明。

门下诸职在秦汉时期指少府属下宫官中直接供皇帝驱使的散职，如侍中、散骑、中常侍、黄门侍郎、给事中等。又可作为加官，群臣如加此类名号即可入宫中受事。至东汉时设置侍中寺，为门下省的前身。南北朝时侍中改为纳言，以其出纳王言之故。为了限制中书省的权力，又规定凡中书省所草拟之重要诏敕，要听取侍中意见，成为隋唐时期中书、门下分工的渊源。门下省下为宫廷生活和皇帝日常起居服务的机构与官员甚多，其宫官性质十分浓厚。

中书与门下两省真正成为中枢机要之司是在隋代。隋文帝开皇时，将这些生活事务分统于门下省的殿内、御府、尚食、尚药等局。炀帝大业三年（607），将原在吏部的给事郎移至门下省，掌省读奏章，这是唐代给事中的前身。又把殿内、御府、尚食、尚药等局移出，与太仆寺的骅骝署合并，成立了殿内省，唐称殿中省。使门下省成为职责分明的封驳机构。同年，又将内史省（中书省）原来掌管的修史之职并于秘书省，礼乐并于太常寺，兼理疑狱归于大理寺，使其成为起草诏敕、接受百官奏事的中枢机关。至此，中书省、门下省完全摆脱了宫官性质，为三省制的真正形成奠定了基础。

卷二十二　职官典四

尚书省并总论尚书

昔尧试舜于大麓[1]，领录天下事，似其任也。周之司会，又其职焉。郑玄注《周礼》云："司会，若今尚书。"秦时，少府遣吏四人在殿中[2]，主发书[3]，谓之尚书。尚犹主也。汉承秦置。及武帝游宴后庭，始用宦者主中书，以司马迁为之。中间遂罢其官以为中书之职。至成帝建始四年[4]，罢中书宦者，又置尚书五人，一人为仆射[5]，四人分为四曹，通掌图书、秘记、章奏之事及封奏，宣示内外而已，其任犹轻。至后汉则为优重，出纳王命，敷奏万机，盖政令之所由宣，选举之所由定，罪赏之所由正。斯乃文昌天府[6]，众务渊薮[7]，内外所折衷[8]，远近所禀仰。故李固云[9]："陛下之有尚书，犹天之有北斗。斗为天喉舌，尚书亦为陛下喉舌。斗斟酌元气，运平四时；尚书出纳王命，赋政四海。"赋，布也。令及左丞[10]，总领纲纪，无所不统。仆射及右丞，分掌廪假钱谷。《隋志》曰[11]："令总统之，仆射副令，又与尚书分领诸曹。"汉初，尚书虽有曹名，不以为号。及灵帝以侍中梁鹄为选部尚书[12]，于是始见曹名，总谓之尚书台，亦谓之中台。吴诸葛恪既定山越[13]，孙权使尚书仆射薛综劳军[14]，曰："故遣中台近官，迎致犒赐之。"大事八座连名[15]，而有不合，得建异议。自顺帝永建元年，初令三公、尚书入奏事。其八座，具《历代尚书》中。二汉皆属少府。蔡质《汉仪》曰[16]："凡三公、列卿、将、大夫、五营校尉行复道中，遇尚书令、仆射、左右丞郎、御史中丞、侍御史，皆辟车先相回避。卫士传不得迕台官，台官过，乃得去。"至晋宋以来，尚书官上朝及下，禁断行人，犹其制也。魏置中书省，有监、令，遂掌机衡之任，而尚书之权渐

凡遇大事八座连名，得存异议的做法，是后世八座会议的渊源。隋唐时期凡尚书省有大事都要召开八座会议讨论决定，这种体制有利于集思广益，避免军国大事出现失误。

减矣。晋以后，所掌略同，八座丞郎初拜，并集都省交礼[17]，迁职又解交[18]，本汉制也。至于晋、宋，唯八座解交，丞郎不复解交也。梁陆杲迁尚书殿中曹郎[19]，拜日，八座丞郎并到上省交礼。而杲至晚，不及时刻，坐免官。宋曰尚书寺，居建礼门内[20]，亦曰尚书省，令若阙，则左仆射为省主。亦谓之内台。每八座以下入寺，门生随入者各有差，不得杂以人士。凡尚书官，大罪则免，小罪遣出。遣出者百日无代人，听还本职。宋顾琛为库部郎[21]，以顾硕头寄尚书张茂度门名[22]，而硕头与同席坐，琛坐此遣出。又《宋志》曰："今朝士诣三公，尚书丞郎诣令，仆射，尚书丞郎并门外下车履，度门阈[23]，乃纳履也。"其令及二仆射出行分道之制，与中丞同。令、仆各给威仪十八人[24]。说在《御史大夫篇》。自晋以后，八座及郎中多不奏事。

［注释］

[1] 大麓：掌管大政的官职，相当于尚书。《新论》曰："昔尧试于大麓者，领录天子事，如今尚书官矣。"故某些文人称太尉、司徒、尚书等大官为"大麓"。 [2] 少府：官署名，亦作官名。秦置，九卿之一，为掌管官手工业与皇家财政的中央行政管理机关，兼管皇帝的秘书、膳食等事务。 [3] 发书：颁宣文书。 [4] 建始：汉成帝刘骜年号，四年即公元前 29 年。 [5] 仆

射：官名。秦始置，汉因之。成帝所置之仆射，主封门，掌授廪假钱谷。 [6] 文昌天府：为尚书之别称。古星座图，以斗魁六星为文昌宫，《周礼》："天府掌祖庙之宝藏者。"后人遂以文昌天府比六曹尚书。 [7] 众务渊薮：全国政务聚集之处。 [8] 折中：取正之意。 [9] 李固（94—147）：东汉大臣。字子坚，汉中南郑（今陕西汉中）人。东汉自和、安二帝之后，外戚当权，宦官干政，朝政日益腐败。顺帝时，李固纵论时弊，建议削夺外戚梁冀势力，罢退宦官，为此受到宦官排挤和诬陷。后遂隐居不仕。永和中任荆州刺史，累迁将作大匠、大司农、太尉。又遭权臣梁冀诬陷，被捕入狱。李固门生上书为其申冤，得到太后赦免。李固出狱，京师市里皆称万岁，梁冀畏惧李固的声望，仍据奏前事，将其杀害。 [10] 令：指尚书令，尚书之长。 [11]《隋志》：《隋书·百官志》的简称。 [12] 梁鹄：东汉书法家。字孟皇，安定乌氏（今甘肃平凉西北）人，生卒年不详。初举孝廉为郎，灵帝时为选部尚书，任凉州刺史。后附刘表，再归曹操，署军假司马。 [13] 诸葛恪（203—253）：三国吴大臣。字元逊，琅邪阳都（今山东沂南南）人，诸葛瑾子。少有才名，弱冠拜骑都尉，自中庶子转左辅都尉。孙权死后，任大将军、太子太傅、中书令，辅立孙亮，专国政。后为皇族孙峻所杀。山越：古族名，秦汉以后对居住于江淮等地山区越人的通称。 [14] 薛综（？—243）：三国吴大臣。字敬文，沛国竹邑（今安徽宿州北）人。孙权用为五官中郎将，合浦、交趾二郡太守。累迁至选曹尚书、太子少傅。屡上书言事，得到舆论的赞扬。 [15] 八座：六曹尚书、尚书令、尚书仆射的总称。 [16]《汉仪》：东汉蔡质撰，1 卷，已佚。清人孙星衍辑有《汉官六种》，其中包括《汉仪》。 [17] 都省：原指尚书令办公之处，后世指尚书省总办公厅。 [18] 解交：古制，八座及丞、郎初拜官，以对拜为交礼。升迁之日又集，对拜而去，谓之解交。 [19] 陆杲：南朝梁大臣。字明霞，江苏吴县（今江苏苏州旧城区）人。曾任尚书郎，因赴交礼迟到而被解职。天监五年（506），任御史中丞。山阴县令贪赃枉法，被陆杲捕办。梁武帝萧衍听说此事，请其宽恕，遭到拒绝。人们纷纷赞扬陆杲不畏权势，执法如山。 [20] 建礼门：南朝宋的宫门名，在建康（今江苏南京）城内。 [21] 顾琛（？—475）：南朝宋大臣。字弘玮，吴郡吴县人。历任驸马都尉、奉朝请、尚书库部郎等官。《宋书》本传载："尚书寺门有制：八座以下，门生随入者各有差，不得杂以人士。琛以宗人顾硕头寄尚书张茂度门名，而与硕头同席坐。明年，坐遣出。"后补司徒录事参军、山阴令，迁少府、吴兴太守等职，因罪免官。后起复为大司农，都官尚书。元徽三年（475）卒，终年 86 岁。 [22] 顾硕头：吴郡吴县人，顾琛同族人，生卒年不详。 [23] 门阈（yù）：门槛。 [24] 威仪：指仪仗。

梁天监元年[1]，诏曰："自礼闱陵替[2]，历兹永久，郎署备员，无取职事。糠秕文案，贵尚虚闲。空有趋墀之名[3]，了无握兰之实[4]。曹郎可依昔奏事。"自是始奏事矣。又诏："尚书中有疑事，先于朝堂参议[5]，然后启闻。"旧尚书官不以为赠，唯朱异卒[6]，特赠右仆射，武帝宠之故也。故周舍问刘杳[7]："尚书官着紫荷橐[8]，相传云'挈囊'，竟何所出？"答曰："《张安世传》云：'持橐簪笔，事武帝数十年。'注云：'橐，囊也。近臣簪笔，以待顾问。'"自魏晋魏晋以来中枢决策之权由尚书省转移到中书省，侍从献纳之任又转移到门下，尚书不再是天子近臣，尚书省也一变为外朝机构，成为只是接受成命的执行机关。

重中书之官，居喉舌之任，则尚书之职，稍以疏远。至梁陈，举国机要，悉在中书，献纳之任，又归门下，而尚书但听命受事而已。后魏天兴元年[9]，置八部大夫于皇城四方四维[10]，面置一人，以拟八座，谓之八国常侍，各有属官。分尚书三十六曹及诸外署，令大夫主之。崔玄伯通署三十六曹[11]，如令仆统事。四年，又复尚书三十六曹。天赐元年[12]，复罢尚书三十六曹，别置武归、修勤二职，分主省务。武归比郎中，修勤比令史。至神䴥元年[13]，始置仆射、左右丞及诸曹尚书十余人，各居别寺。旧例，尚书簿，诸曹须，即出借。任城王澄为尚书时[14]，公车署以理冤事重[15]，奏请真案。澄执奏，以为"尚书政本，特宜远慎，故凡所奏事，阁道通之，盖以秘要之切，防其宣露。宁有古制所重，今反轻之？宜尽写其事意，以付公交车"。诏从之。北齐尚书省亦有录、令、仆射，总理六尚书事，谓之都省，亦谓之北省。后济南王以太子监国，立大都督府，与尚书省分理众事，仍开府置佐。显祖特崇此官[16]，以赵郡王守侍中[17]，摄大都督府长史。

[注释]

[1] 天监：梁武帝萧衍年号，元年即公元 502 年。 [2] 礼闱：指尚书省。 [3] 墀：台阶。 [4] 握兰：指皇帝左右处理政务的近臣。 [5] 朝堂：宰相主持的朝廷百官议事之所。 [6] 朱异（483—549）：南朝梁大臣。字彦和，吴郡钱唐（今浙江杭州东南）人。历任尚书仪曹郎、中书郎、侍中、中领军等官。贪得无厌，四方赂遗，纳之不拒，侯景反，以讨朱异为名。太清三年（549）病故，诏赠尚书右仆射。 [7] 周舍：南朝梁文学家。字昇逸，汝南安城（今河南汝南东南）人。博学多才，尤精义理。仕齐为太学博士、丹阳主簿、太常丞。梁初拜尚书祠部郎，历秣陵令、太子洗马、尚书吏部郎、太子詹事。卒于官。刘杳（487—536）：南朝梁学者。字士深，平原郡平原（今山东邹平东南）人。历任太学博士、知著作郎、尚书左丞等官。著述丰富，撰国史，主编类书《寿光书苑》，另与他人合编类书《华林遍略》700 卷，并著有《古今四部书目》5 卷、《东宫新旧记》30 卷、《高士传》2 卷、《要雅》5 卷、《楚辞草木疏》1 卷和文集 15 卷。 [8] 紫荷橐：古代高级官吏朝服肩上有紫色囊，俗称“紫荷”。汉时“簪笔以待顾问”，后世沿袭，尚书郎皆服紫荷橐。橐，即囊。 [9] 天兴：北魏道武帝拓跋珪年号，元年即公元 398 年。 [10] 八部大夫：官名，北魏置。拓跋珪定都平城后，部族南迁，遂在平城及其周围，置八部大夫，每部一人。掌督部民，劝课农耕，改游牧为定居耕种。其统辖地区称“国”。八部大夫即八部大人，简称八大人，又称八部帅。 [11] 崔玄伯（？—418）：北魏大臣。清河东武城（今河北故城西南）人。前秦时任征东功曹，慕容垂以为吏部郎、尚书左丞、高阳内史。北魏时历任黄门侍郎、吏部尚书等官，这期间制官爵，撰朝仪，协音乐，定律令，申科禁，通掌三十六曹之事。泰常三年（418）卒。《魏书》本传载：“尤

善草隶行押之书，为世摹楷。” [12] 天赐：北魏道武帝拓跋珪年号，元年即公元 404 年。 [13] 神䴥（jiā）：北魏太武帝拓跋焘年号，元年即公元 428 年。 [14] 任城王澄：指北魏宗室任城王元澄，曾任司徒、尚书令等官。 [15] 公车署：官署名。秦有公车司马令，隶卫尉。汉因之，掌宫城外门司马门警卫。其长官称令，历代品阶高下不一，北魏从八品上。 [16] 显祖：北齐文宣帝高洋的谥号。 [17] 赵郡王：指北齐赵郡王高睿，曾任尚书仆射、尚书令、侍中等官。

后周无尚书。隋及大唐皆有，其制略同，凡尚书省事无不总。龙朔二年，改尚书省为中台，咸亨初复旧。光宅元年，改为文昌台。垂拱元年，又改为都台，长安三年又改为中台，神龙初复为尚书省。亦谓之南省[1]。都堂居中，左右分司。旧尚书令有大厅，当省之中，今谓之都堂。都堂之东，有吏部、户部、礼部三行，每行四司，左司统之。都堂之西，有兵部、刑部、工部三行，每行四司，右司统之。凡二十四司，分曹共理，而天下之事尽矣。故事，叔父兄弟不许同省为郎官，格令不载，亦无正敕[2]。贞观二年十一月，韦叔谦除刑部员外郎[3]；三年四月，韦季武除主爵郎中[4]；其年七月，韦叔谐除库部郎中[5]。太宗谓曰：“知卿兄弟并在尚书省，故授卿此官，欲成一家之美。无辞，稍屈阶资。”其后同省者甚多。近日非特恩除拜，即须相回避，当以准令同司曹判及勾检之官[6]，不得用大功以上亲[7]。若制敕授者，即申所司，从早改拟，遂同别省亦罢也。**左右仆射各一人，**总统省事。**左丞一人，**掌辖吏部、户部、礼部十二司事。**右丞一人，**掌辖兵部、刑部、工部十二司事。**左右司郎中各一人，员外郎各一人，**各掌付左右丞所管诸司事。**尚书六人，**吏、户、礼、兵、刑、工六部各一人。**侍郎九人，**吏部、户部、兵部各二人，余各一人。**郎中二十八人，**吏部、户部、兵部、刑部各二人，余各一人，并左右司，则三十人。**员外郎二十九人，**吏、户、兵、刑四部及司勋各二人，余司各一人，并左右司，共三十一人。**都事六人。**以下各有差。

唐代有任官回避之制，亲属不得在同一部门内任职。唐初尚不严格，越到后来便越来越严格了。

尚书省原置有尚书令一人，为本省长官。由于其位高权重，早在隋代便不轻易授人。唐初秦王李世民曾任尚书令，其即皇帝位后，此职便不再授人，于是原来的副职左右仆射遂成为尚书省的实际长官。唐代宗因郭子仪功大，任其为尚书令，郭再三推辞，不许，然其避嫌，从未赴尚书省视事。唐末，凤翔节度使李茂贞曾任尚书令，不久辞去。

[注释]

[1] 南省：在唐代指尚书省，由于其处于长安皇城之内，而皇城位于宫城之南，故谓之南省。 [2] 正敕：正式颁布的敕条。 [3] 韦叔谦：唐朝官员。京兆万年（今陕西西安）人。隋司农卿韦瓒第三子，历任刑部员外郎、考功郎中。 [4] 韦季武：唐朝官员。京兆万年（今陕西西安）人。隋司农卿韦瓒第二子，历任主爵郎中等官。 [5] 韦叔谐：唐朝官员。京兆万年（今陕西西安）人。隋司农卿韦瓒长子，历任库部郎中等官。《新唐书·韦凑传》载：“祖叔谐，贞观中为库部郎中，与弟吏部郎中叔谦、兄主爵郎中季武同省，时号‘三列宿’。”然据《新唐书·宰相世系

表四上》载：韦瓒“四子：叔谐、季武、叔谦、季贞”。则韦季武为韦叔谐之弟。 [6] 曹判：指曹司主管官员。勾检之官：指唐朝诸司负有勾检之责的官员，在中央诸司主要指主簿、录事、主事，在诸卫、诸军主要指录事参军事或录事，对尚书省而言指左、右丞。勾检内容包括受（付）事发辰、勾检稽失、省署钞目等三个方面。 [7] 大功：古代丧服名。“五服”中次于齐衰的丧服。凡堂兄弟、未嫁的堂姊妹、已嫁的姑姊妹，已嫁女为伯叔父母、为丈夫的祖父母、为自己的兄弟，公婆为嫡子之妻，均服大功，服期九个月。

［点评］

我国古代自秦汉以来中枢决策之权逐渐由三公府转移到尚书台，又自魏晋以来从尚书省转移到中书省，表面上看，只是一种权力的转移，实质上则是皇权对相权的削夺。古代宰相的权力很大，三公府既是决策机关，又是执行机关，从而对皇权形成威胁。由于相权的核心是决策权，故皇帝削夺相权首先从决策权开始。然皇帝又不能独决天下之事，必须有人辅佐，那么谁来承担这一角色，自然是皇帝信任的亲近之臣。尚书本来是宫中掌管文书的小官，隶属于少府，于是皇帝便把越来越多政事交给他们处理，而尚书直接秉承天子之命，久而久之，三公府反倒成了接受成命的机构。汉武帝加强中朝，就是加强尚书们的权力。故尚书台设置以来，一直都在宫中，属于内朝（中朝）机构。当尚书令、仆的权力越来越重后，皇帝又把决策权交给中书，中书令、监与侍中均为天子近臣，所以自魏晋以来中书之权愈重，而尚书就愈轻。这种趋势发展的结果，导致了尚书省彻底外朝化了。这就是隋唐时期尚书省设在宫城外的皇城之内，而中书省与门下省仍然设在宫中的根本原因。

卷二十四　职官典六

御史台

御史之名，《周官》有之，盖掌赞书而授法令[1]，非今任也。王有命，则赞为之辞，写其理之法令，命来受者即授之。战国时亦有御史，秦赵渑池之会[2]，各命书其事，又淳于髡谓齐王曰[3]“御史在后”，则皆记事之职也。至秦汉，为纠察之任。秦以御史监郡。汉初，叔孙通新定礼仪[4]，以“御史执法，举不如仪者辄引而去”是也。所居之署，汉谓之御史府，亦谓之御史大夫寺，汉御史大夫寺，在大司马门内，无塾[5]，其门署用梓板[6]，不臒色[7]，题曰“御史大夫寺”。亦谓之宪台。成帝时，御史府吏舍百余区，井水皆竭，又其府中列柏树，常有野乌数千栖宿其上，晨去暮来，号曰“朝夕乌”，乌去不来者数月，长老异之，后果废御史大夫为大司空，是其徵也。后汉以来，谓之御史台，亦谓之兰台寺。颜师古曰：“官曹通名为寺。”后汉赵岐本名嘉[8]，以生于御史台，因字台卿。又应劭《官仪》曰[9]：“廷尉案责上御史台。”又谢灵运《晋书》曰[10]：“汉尚书为中台，御史为宪台，谒者为外台，是谓三台。”后汉蔡邕以侍御史转持书御史[11]，迁尚书，三日之间，周历三台。梁及后魏、北齐或谓之南台。北齐王高澄用崔暹为御史中尉[12]，宋游道为尚书左丞[13]，谓之曰：“卿一人处南台，一人处北省，当使天下肃然。”后魏之制，有公事，百官朝会，名簿自尚书令、仆以下，悉送南台。后魏临洮王举哀[14]，兼尚书左仆射元顺不肯送名[15]，又不送簿。中尉举弹之。顺奏曰：“尚书百揆之本，令、仆纳言之贵，不宜下隶中尉，送名御史。”诏许之。后元子思为御史中尉[16]，朔朝，台移尚书索应朝名帐。尚书郎裴献伯移注云[17]：“按蔡氏《汉仪》，御史中尉逢台郎于复道，中尉下避执版，郎中车上举手礼之。以此而言，明非敌体。”子思奏曰：“臣按《汉书》，御史中丞为独坐。

又按《魏书》曰[18]：'崔琰既为中丞[19]，百僚震恐。'则中丞不揖省郎，亦已久矣；宪台不属都坐，亦非今日。又按孝文帝《职令》：'朝会失时，则御史弹之。'若不送名，到否何验。献伯等乱常变纪，请付法。"诏曰："国异政，不可据以古事。检孝文帝旧格以闻。"寻从子思奏。后周曰司宪，属秋官府。隋及大唐皆曰御史台。龙朔二年改为宪台，咸亨元年复旧。门北辟[20]，主阴杀也。按北齐杨楞伽《邺都故事》云[21]："御史台在宫阙西南，其门北开，取冬杀之义。"斯事久矣。今东都台门所以不北向者，盖欲变古之制，或建造者不习故事耳。龙朔中，改司经局为桂坊[22]，置司直，为东宫之宪府，亦开北门，以象御史台，其例明矣。或云：隋初移长安城，造御史台，时以兵部尚书李圆通检校御史大夫[23]，欲于尚书省近，故开北门。此说非也。故御史为风霜之任，弹纠不法，百僚震恐，官之雄峻，莫之比焉。旧制但闻风弹事，提纲而已。旧例，御史台不受诉讼。有通辞状者，立于台门，候御史，御史径往门外收采。知可弹者，略其姓名，皆云"风闻访知"。永徽中，崔义玄为大夫[24]，始定受事御史，人知一日，劾状题告人姓名或诉讼之事。其鞫案禁系，则委之大理。贞观末，御史中丞李乾祐以囚自大理来往[25]，滋其奸故，又案事入法，多为大理所反，乃奏于台中置东西二狱，以自系劾。开元中，大夫崔隐甫复奏罢之[26]。其后罕有闻风弹举之事，多受辞讼，推覆理尽，然后弹之。将有弹奏，则先牒监门禁止，勿许其入。按《宋书》云[27]：“二台劾奏，符光禄加禁止，不得入殿省”，是其先例。光禄主殿门。武太后时，改御史台为肃政台，凡置左、右肃政二台，别置大夫、中丞各一人，侍御史、殿中、监察各二十人，又置肃政台使六人，受俸于本官，略与御史同，寻罢之。左以察朝廷，右以澄郡县。时议以右多名流，左多寒刻[28]，其迁登南省者[29]，右殆倍焉，以其不陵朝贵故也。二台迭相纠正，而左加敬惮。神龙以后去肃政之名，但为左右御史台。初置两台，每年春秋发使，春曰风俗，秋曰廉察。令地官尚书韦方质为条例[30]，删定为四十八条，以察州县。载初以后[31]，奉敕乃巡，不每年出使也。睿宗即位，诏二台并察京师，资位既等，竞为弹纠，百僚被察，殆不堪命。太极元年[32]，以尚书省悉隶左台。月余，右台复请分绾尚书西行事。左台大夫窦怀贞乃表请依贞观故事[33]，遂废右台，而本御史台官复旧，废台之官并隶焉。其左台，本御史台也。又别置右台，右台地即

唐朝在高宗、武则天时期频繁改变职官制度，大都是官名的改变，只有少数机构变化较大，其中监察制度就是如此。神龙元年，武则天下台后，唐朝的制度又趋于稳定。

今太仆寺是也。本隋长秋监地，武太后改为司宫台，移于街北。遂以其地置右台。右台既废，以其地为御史台使院。开元八年，移太仆寺于此。大夫一人，中丞二人，侍御史四人，殿中侍御史六人，监察御史十人，主簿一人。内供奉、里行者各如正员之半[34]。太宗朝，始有里行之名。高宗时，方置内供奉及里行官，皆非正官也。开元初，又置御史里使及侍御史里使、殿中里使、监察里使等官，并无定员，义与里行同。穆思泰、元光谦、吕太一、翟章并为里使[35]，寻省。建中三年九月[36]，御史台请置推官二人，常与本推御史同推覆，奉敕依。其台宪故事，官资轻重，则杜易简、韩琬注记详焉[37]。杜易简撰《御史杂注》四卷，韩琬撰《御史台记》十二卷。

[注释]

[1] 赞书：一种文体，这里指起草王命为法令。 [2] 渑池之会：周赧王三十六年（前 279），秦昭王约赵王在渑池（今河南渑池县西）相会。席间秦王逼迫赵王鼓瑟，并令史官记载此事，以侮辱赵王。赵臣蔺相如针锋相对，胁迫秦王击缶，从而维护了赵国的尊严。 [3] 淳于髡（kūn）：战国时齐国政治家。博学多才、善于辩论，是稷下学宫中最具有影响的学者之一。长期活跃在齐国的政治舞台，对齐国的振兴与强盛做出过贡献。他身长不满七尺，滑稽多辩，数度出使诸侯，未尝屈辱。 [4] 叔孙通（？—约前 194）：西汉初儒者。薛（今山东枣庄薛城北）

人。在秦代为博士，后追随项羽，不久降汉王刘邦。汉五年（前202），刘邦称帝于定陶，众将不知礼仪，叔孙通遂与诸生共同制定了汉之朝庙典礼。后任太常、太子太傅等职。 [5] 塾：古时门东西两侧的堂屋。 [6] 梓板：即梓木制成的板材。梓，落叶乔木，古人常用作瑟琴及建筑木材。 [7] 臒（huò）：赤石脂之类，古代以为好颜料。 [8] 赵岐（约110—201）：东汉经学家。京兆长陵（今陕西咸阳东北）人。初名嘉，字台卿，后避难改名岐，字邠卿，以示不忘本土。任并州刺史，遭党锢之祸而罢官。党锢解，历官至太常。 [9]《官仪》：书名。又称《汉官仪》，东汉应劭撰，已佚，有辑本。 [10]《晋书》：指东晋人谢灵运所撰之书，今已亡佚。 [11] 蔡邕（132—192）：东汉文学家、书法家。字伯喈（jiē），陈留圉（今河南杞县南）人。好辞章、数术、天文，妙操音律。建宁三年（170），初为司徒桥玄属官，出补河平长，旋召任郎中，校书于东观，迁为议郎。曾校定《六经》文字，邕乃写经于碑，使工匠镌刻，立于太学门外，世称“熹平石经”。后因上书论朝政缺失，遭诬陷，下狱，流放朔方。遇赦后，亡命江湖十余年。董卓推荐出任侍御史，又转持书御史，迁尚书。初平元年（190），拜左中郎将，从献帝迁都长安。及董卓被诛，邕亦被捕，死于狱中，终年61岁。有《蔡中郎集》，已佚，后人有辑本。 [12] 高澄：即北齐文襄帝高澄。崔暹（？—559）：北齐大臣。字季伦，博陵安平（今河北安平）人。历任丞相长史、御史中尉、度支尚书、右仆射等官。 [13] 宋游道：北齐大臣。广平（今河北鸡泽东南旧城营）人。历任刺史、殿中侍御史、左中兵郎中、尚书左丞等官。《北齐书》本传载：“游道刚直，疾恶如仇，见人犯罪，皆欲致之极法。弹纠见事，又好察阴私。问狱察情，捶挞严酷。”故被列入《酷吏传》。 [14] 临洮王：指北魏临洮王元愉。 [15] 元顺：

北魏大臣。历任尚书仆射、侍中等官。　[16] 元子思：北魏大臣。历任侍中、河南尹、行台仆射等官。　[17] 裴献伯：北魏大臣。历任东雍州大中正、尚书郎中、散骑常侍等官。　[18]《魏书》：纪传体正史，为二十四史之一。北齐魏收撰。有本纪 14 卷、志 20 卷、列传 96 卷，共 130 卷。记载始自魏道武帝登国元年（386），至魏孝静帝武定八年（550），共 164 年的历史。　[19] 崔琰：北魏大臣。历任中尉、御史中丞等官。　[20] 门北辟：门向北面开。　[21]《邺都故事》：北齐杨楞伽撰，记载北齐都城邺城建筑与发生的事情。　[22] 司经局：官署名。唐东宫系统官署之一，掌经籍图书。其官有洗马二人，从五品，掌经籍和出入侍从；文学三人，正六品下，分知经籍，侍奉文章。另外还有校书、正字等官。　[23] 李圆通：隋朝大臣。京兆泾阳（今陕西泾阳云阳镇）人。历任内史侍郎、左卫长史、给事黄门侍郎、尚书左丞、摄刑部尚书、兵部尚书等官。　[24] 崔义玄（585—656）：唐朝大臣。贝州武城（今河北清河县旧城西北）人。初追随瓦岗军李密，降唐后跟随太宗征王世充有功。后历任左司郎中、婺州刺史、御史大夫。　[25] 李乾祐：唐朝大臣。历任万年令、御史中丞、御史大夫等官。　[26] 崔隐甫（？—736）：唐朝大臣。贝州武城（今河北清河县旧城西北）人。历任洛阳令、太原尹、御史大夫等官。崔隐甫与宰相张说有隙，各自结为朋党，引起唐玄宗的不满，被免官。后又起复为御史大夫，迁刑部尚书、东都留守。开元二十四年（736）卒。　[27]《宋书》：纪传体正史，为二十四史之一。南朝梁沈约撰。有本纪 10 卷、志 30 卷、列传 60 卷，记载了刘宋 60 年史事。　[28] 寒刻：指出身寒素，行吏苛严。　[29] 南省：指尚书省。　[30] 韦方质：唐朝宰相。京兆万年（今陕西西安）人。武则天光宅初，拜凤阁侍郎、同凤阁鸾台平章事，迁地官尚书。因不愿讨好武承嗣兄弟，被酷吏诬陷，流放于儋州，死于当地。[31]载初：武则天年号，仅一年，即公元689年。[32]太极：唐睿宗李旦年号，仅一年，即公元712年。[33]窦怀贞（？—713）：唐朝大臣。又名从一，洛阳（今属河南）人。历任县令、金部郎中、越州都督、御史大夫等官。睿宗景云二年（711），迁同中书门下平章事。九月，迁侍中。十月，罢相。三年正月，复为同中书门下三品。七月，为尚书右仆射、平章军国重事。先天二年（713）七月，因参预太平公主谋逆，事败自杀。[34]内供奉：职事名。凡官员加内供奉名号者，皆可入禁中供职。里行：职事名。始见于唐太宗时任命马周为监察御史里行。资浅不够御史资格的官员，破格提拔而为御史时，带“里行”之名。[35]穆思泰：唐朝官员。元光谦：唐朝官员。吕太一：唐朝官员。河东蒲州（今属山西）人。历任县令、监察御史里行、户部员外郎、中书舍人等官。翟章：唐朝官员。[36]建中：唐德宗李适年号，三年即公元782年。[37]杜易简：唐朝官员。襄州襄阳（今属湖北）人。杜审言从祖兄。进士出身，咸亨中，历殿中侍御史、司封员外郎，改考功员外郎。因其与吏部侍郎裴行俭结成朋党，高宗恶之，贬开州司马，寻卒。撰有《御史杂注》4卷，已佚。韩琬：唐朝官员。字茂贞，邓州南阳（今属河南）人。进士出身。历任高邮主簿、亳州司户、监察御史、殿中侍御史等官。撰有《续史记》130卷、《南征记》10卷、《御史台记》12卷，皆亡佚。

[点评]

中国古代官职名虽同，而职能却前后变化颇大。吕思勉先生在《中国制度史》一书中说：“官制一门，在制度中最为错杂，此由历代设官时有变迁，即其制不变者，其职亦或潜行改易。”御史制度即是如此。先秦时期的御史为记事记言之官，至秦汉时期一变为纠察之官。其所在机构为御史大夫府，实际上是副丞相府，监察权仅是其全部职能的一小部分，而且丞相府之司直亦负有监察之责，故御史大夫府并非专门负责监察的机构。自东汉始称御史台，分为三台，其中包括并无监察之权的中台，说明这一时期国家监察机构还不十分完善。整个魏晋南北朝时期，仍然属于过渡时期，直到北周仍是如此。其所设司宪，竟隶属于负责司法的秋官府，不仅没有独立成署，地位反倒有所降低。我国古代监察制度真正的完善时期是在唐代，唐设御史台，置有大夫、中丞等高级监察官员，有权监察包括宰相在内的中央诸司及地方官员。下设三院御史，即台院之侍御史、殿院之殿中侍御史、察院之监察御史。三院御史的分工是：侍御史知奏弹、三司理事、知东西推、理赃赎、理匦等；殿中侍御史掌殿廷供奉之仪式，分知左右巡、同知左右推、监莅仓库等；监察御史的主要职责是分察尚书六曹、巡按地方州县。三院御史的监察职责虽然繁多，然侍御史职责要在奏弹，殿中侍御史要在知班，监察御史要在出巡。除了在长安设御史台外，东都洛阳还置有留台，亦称东台，负责监察洛阳与周边及其以东地区的官员。唐代监察制度的完善之处，不仅表现在御史台职官与职能设计的完善，还表现在将监察官员亦纳入到监察范围中来。规定尚书左、右丞负有监察御史台工作之责，其官员工作有误或者懈怠，左、右丞有权弹劾。这样就把所有官员都纳入到监察范围之内，不留死角，亦没有不受监察的特殊人员。故唐朝的监察制度对后世影响最大，时间长达一千多年。

卷二十五　职官典七

总论诸卿少卿附

夏制九卿，《记》曰："夏后氏官百，天子有三公、九卿也。"亦有六卿，殷周皆然。**殷亦九卿。**伊尹曰："三公调阴阳，九卿通寒暑。"**周之九卿，即少师、少傅、少保、冢宰、司徒、宗伯、司马、司寇、司空。**三代诸卿虽名号不同，然其官职相沿，与周不异，说在《历代官制篇》。**汉以太常、光禄勋、卫尉、太仆、廷尉、大鸿胪、宗正、大司农、少府谓之九寺大卿。后汉九卿而分属三司，**太常、光禄勋、卫尉三卿并太尉所部；

太仆、廷尉、大鸿胪三卿并司徒所部；宗正、大司农、少府三卿并司空所部。多进为三公，各有署曹掾史[1]，随事为员。九卿有疾，使者临问，加赐钱布。尚书令陈忠常欲褒崇大臣[2]，故奏建此礼。魏九卿与汉同。九卿名数与汉同。晋以太常等九卿即汉九卿。兼将作大匠、太后三卿、大长秋皆为列卿[3]，各置丞、功曹、主簿、五官等员。太康四年[4]，增九卿礼秩。元帝以贺循为太常[5]，而散骑常侍如故。循以九卿旧不加官，唯拜太常而已。宋、齐及梁初，皆因旧制。宋卿、尹皆银章青绶，进贤两梁冠[6]，佩水苍玉[7]，卫尉则武冠。晋服制以九卿皆文冠，乃进贤两梁冠，非旧也。梁武帝天监七年，以太常为太常卿，加置宗正卿，以大司农为司农卿，三卿是为春卿。加置太府卿，以少府为少府卿，加置太仆卿，三卿是为夏卿。以卫尉为卫尉卿，廷尉为廷尉卿，将作大匠为大匠卿，三卿是为秋卿。以光禄勋为光禄卿，大鸿胪为鸿胪卿，都水使者为大舟卿，三卿是为冬卿。凡十二卿，皆置丞及功曹、主簿。后魏又以太常、光禄勋、卫尉谓之三卿。太仆、廷尉、大鸿胪、宗正、大司农、少府为六卿，各有少

九卿制度形成于秦汉，其地位虽低于三公，然其机构却与三公府是并列的。三代虽有九卿之说，可靠与否尚可持疑。东汉明确将九卿分属三公，这在制度上应是一个变化。

卿。太和十五年[8]，初置少卿，官掌同大卿。北齐以太常、光禄、卫尉、宗正、太仆、大理、鸿胪、司农、太府是为九寺，晋荀勖曰："九寺可并于尚书。"后魏亦有三府、九寺，则九卿称寺久矣。然通其名，不连官号。其官寺连称，自北齐始也。置卿、少卿、丞各一人，各有功曹、五官、主簿、录事等员。隋九寺与北齐同，自昔三代以上，分置六卿，比周百事。至秦及汉，虽事不师古，犹制度未繁。后汉有三公九卿，而尚书之任，又益重矣。魏晋以降，职制日增。后周依《周礼》置六官，而年代短促，人情相习已久，不能革其视听。故隋氏复废六官，多依北齐之制。官职重设，庶务烦滞，加六尚书似周之六卿，又更别立寺、监，则户部与太府分地官司徒职事，礼部与太常分春官宗伯职事，刑部与大理分秋官司寇职事，工部与将作分冬官司空职事。自余百司之任，多类于斯，欲求理要，实在简省。炀帝降光禄以下八寺卿阶品于太常，而少卿各加置二人。始开皇中，诸司署唯典掌受纳，至炀帝，署令为判首[9]，取二卿同判，丞唯知勾检。令阙，丞判。大唐九寺与北齐同，卿各一人，少卿各二人，丞以下有差。龙朔二年，改九寺之名，凡卿皆加正，若太常卿为奉常正卿，他皆如此。后各复旧。

九卿皆为正三品。隋炀帝大业三年（607），除太常卿仍为正三品外，其余八卿皆降为从三品。又加少卿各二人，从四品。这一变化反映了诸卿地位的下降，因为六部尚书皆正三品，诸卿与尚书地位相当，此次品阶的降低实际反映了事务官（诸卿）与政务官（诸尚书）地位的差别。

[注释]

[1] 署曹：指机构。掾史：官名。在三公府和将军府，掌管一曹事务的长官称“掾”，有时也称“掾史”，此之“掾史”与“掾”义同，皆为正职，其副称“属”。 [2] 陈忠常：东汉大臣。生卒年不详。 [3] 将作大匠：官名。主管土木建筑工程的官员。秦设将作少府，掌治宫室。西汉景帝中元六年（前 144）更名将作大匠，二千石。后世或置或废。太后三卿：官名。自汉至魏晋，凡立皇太后，皆置某宫卫尉、某宫少府、某宫太仆，以掌太后宫给事、给使，合称“太后三卿”。《晋书·职官志》：“太后三卿：卫尉、少府、太仆，汉置，皆随太后宫为官号，在同名卿上。无太后则阙。魏改汉制，在九卿下；及晋复旧，在同号卿上。”大长秋：官名。在秦朝和西汉初期称将行，由宦者担任，掌宣中宫命。汉景帝中元六年（前 144），改称大长秋，或用宦者，或用士人。成帝鸿嘉三年（前 18）省詹事官，其职并归大长秋，大长秋则兼掌皇后、太子家事。其后各朝多沿置，晋、齐、梁、陈称大长秋，北魏称大长秋卿，北齐称长秋寺卿，隋炀帝改内侍省为长秋监。 [4] 太康：晋武帝司马炎年号，四年即公元 283 年。 [5] 贺循（260—319）：东晋大臣。字彦先，会稽山阴（今浙江绍兴）人。历任县令、尚书郎、中书令、散骑常侍、太常等官。 [6] 进贤两梁冠：古代官员所戴之冠。仿古缁布冠，前高七寸，后高三寸，长八寸。东汉定制：公侯三梁，列侯不奉朝请、侍祠祭者不得服此；中二千石以下至博士两梁；自博士以下至小史、私学弟子皆一梁；宗室两梁，以示优礼。梁，指冠顶的横梁。 [7] 水苍玉：玉色像水的青色而杂有纹理的玉。 [8] 太和：北魏孝文帝元宏年号，十五年即公元 491 年。 [9] 署令：官名。指寺之下所置诸署的长官。上署令，正六品；中署令，从六品；下署令，正七品。

[点评]

秦汉以来诸卿官名与机构名不分，官名上也没有卿字，这是我国古代职官制度不够成熟的表现。南朝梁武帝天监七年（508）始给诸卿官名上加卿字，这是第一个变化。北魏孝文帝太和十五年（491），在诸卿之下增置少卿作为其副贰，这是第二个变化。第三个变化就是给九卿之名加寺字，作为其机构名称，从此诸卿的官名与机构就有了明确的区分。关于九寺名称出现的时间，杜佑认为并非始于北齐，而是早在晋代就已有九寺的称呼。宋人高承所撰的《事物纪原》一书称，北魏时期始有三府、九寺之称。但是将九卿之名与寺名相连，应该是在北齐时期，杜佑的这种看法应该是正确的。

关于诸卿职能的性质，在隋唐之前尤其是两汉时期，事务与政务基本不分，甚至连宫中后妃之事与皇帝的家事皆掌之。经过此后历代的发展完善，至隋唐时期已经将事务性机构与政务性机构完全分开了，并且确定了政务机构指导事务性机构的工作机制。决策与审议之权归之中书、门下两省，尚书省六部承旨发布政令，由九寺五监及地方州县具体执行，故《新唐书·杨收传》说“总群官而听曰省”“分务而专治曰寺”，就反映了这一实际情况。

卷二十六　职官典八

秘书监

《周官》太史掌建邦之六典[1]；又有外史[2]，掌四方之志、三皇五帝之书。汉氏图籍所在，有石渠、石室、延阁、广内，贮之于外府[3]。又有御史中丞居殿中，掌兰台秘书及麒麟、天禄二阁[4]，藏之于内禁。后汉图书在东观[5]，桓帝延熹二年[6]，始置秘书监一人，掌典图书古今文字，考合同异，属太常，以其掌图书秘记，故曰秘书。后省。魏武帝又置秘书令，典尚书奏事。即中书令之任。

文帝黄初初[7]，乃置中书令，典尚书奏事，而秘书改令为监，掌艺文图籍之事。初属少府，后乃不属。自王肃为监[8]，乃不属。其兰台亦藏书籍，而御史掌之。魏薛夏云[9]："兰台为外台，秘书为内阁。"晋武帝以秘书并入中书省[10]，其秘书著作之局不废。惠帝永平中[11]，复别置秘书监，并统著作局，掌三阁图书。自是秘书之府，始居于外。其监，铜印墨绶[12]，进贤两梁冠，绛朝服，佩水苍玉。华峤为秘书监[13]，南省文章、门下撰集皆统之。《峤集·谢秘书监表》曰："刘向父子[14]，世典史籍，马融博通[15]，三入东观，非臣庸贱所敢投迹。"华谭为秘书监[16]，自负宿名，意甚不快，曰："臣老矣，将待死秘阁。汲黯之言[17]，复存于今日。"上不悦。温峤表曰[18]："国史之兴，将明得失，使一代之典，焕然可观。"今之秘书著作是也。宋与晋同，梁曰秘书省。任昉字彦昇[19]，为秘书监。自齐永元以来，秘阁四部，篇卷纷杂，昉手自雠校，由是篇目定焉。陈因之。后魏亦有之。后周秘书监亦领著作，监掌国史。说在《秘书丞》注。隋秘书省领著作、太史二曹。炀帝增置少监一人，后又改监、少监并为令。大唐武德初，复改为监。龙朔二年，改秘书省为兰台，改监为太史，少监为侍郎，咸亨初复旧。天授初，改秘书省为麟台，神龙初复旧。掌经籍图书，监国史，领著作、太史二局。太极元年，增秘书少监为二员，通判省事。其后国史、太史分为别曹，而秘书省但主书写勘校而已。汉初，御史中丞掌兰台秘书图籍之事，至魏晋，其制犹存。故历代营都邑，置府寺，必以秘书省及御史台为邻。虽非要剧，然好学君子，亦求为之。魏徵后为秘书监[20]，奏引学者校定四部书，自是秘府图籍，灿然毕备。

秘书省之著作局原有修史职能，唐太宗在门下省设史馆，剥夺了其修史职能，后移于中书省北。所辖的太史局只有观察天文，考定历数的职能，唐肃宗乾元元年（758）改太史局为司天台，长官司天监，从三品，遂成为与秘书省同等地位的机构。

［注释］

[1] 太史：官名。夏商周三代为史官和历官的长官。春秋时期，太史掌管起草文书，记录给诸侯、卿、大夫的命令等，记载史事，编写史书，还兼管国家典籍、天文历法、祭祀等事，为朝廷大臣。汉初，太史令掌管编写史书和天文历法。 [2] 外史：官名。《周礼》春官之属。掌书王令的发布，又掌四方之志及三皇五帝之书。 [3] 外府：官名。西周置，掌财物出纳。这里指宫廷之外的府库。 [4] 兰台：汉宫内藏书之所。由御史中丞掌管，后来因此称御史台为兰台。麒麟：即麒麟阁，在未央宫中，为汉代藏书之所之一。汉宣帝时曾画霍光等十一功臣像于阁内，以表扬其功绩。天禄：汉代阁名。位于未央宫北部，西距石渠阁 520 米。主要用于收藏文献典籍，亦为整理皇家图书之处。 [5] 东观：东汉宫中藏书及校书之所。 [6] 延熹：汉桓帝刘志年号，二年即公元 159 年。 [7] 黄初：三国魏文帝曹丕年号，即公元 220—226 年。 [8] 王肃（195—256）：三国经学家。字子雍，魏国东海

郯（今山东郯城西北）人。王朗之子，司马昭之岳父。历任散骑黄门侍郎、散骑常侍、秘书监、河南尹、太常、中领军等职。精通贾逵、马融之学，不喜郑玄学派。曾注《尚书》《诗经》《论语》《三礼》《左传》等典籍，有集 5 卷，已佚，有辑本。 [9] 薛夏：三国魏名士。字宣声，天水（今甘肃天水西南天水镇）人。博学善辩，受魏文帝曹丕重用，任秘书丞。文帝常与之推论书传，其思敏辩捷，对答流利，且旁征博引，非圣人之言不谈。 [10] 晋武帝（236—290）：西晋开国皇帝，在位 26 年。名炎，字世安，河内温县（今河南温县西南）人。其祖父司马懿、伯父司马师、父亲司马昭都是曹魏重臣，相继专断曹魏政权。公元 265 年废黜魏元帝曹奂，自立为帝，建国号为“晋”，建都洛阳，史称西晋。280 年消灭东吴，结束了三国分立的时代，统一全国。其死后，诸王为争夺中央权力内讧不已，形成 16 年的内战，史称“八王之乱”。 [11] 永平：晋惠帝司马衷年号，仅一年，即公元 291 年。 [12] 铜印墨绶：古代官员的印分为金、银、铜质，其中铜印等级较低；绶，系印的丝带，墨绶即黑色的丝带。 [13] 华峤（？—293）：西晋大臣。字叔骏，平原高唐（今属山东）人。历任散骑常侍、秘书监等官，封乐乡侯。才学深博。所撰《后汉书》，张华、王济称为“文质事核，有迁、固之规，实录之风”。曾著论、议、难、驳、诗、赋之属数十万言，已佚。 [14] 刘向（前 79—前 8）：西汉学者。本名更生，后改名向，字子政，宗室后裔。博学多才，善为文章。成帝河平三年（前 26）奉诏领校中秘图书，他领校经传、诸子、诗赋。每校完一书，“向辄条其篇目，撮其指意”，写成书录奏上，后被辑为《别录》20 卷，这是我国最早的书目提要。此外，还编撰有《新序》《说苑》《列女传》《洪范五行传论》等书。其中《新序》《说苑》保存了一些孔子及其弟子的遗事遗言，是研究孔子及弟子颇为珍贵的资料。其子刘歆，亦为著名学者。　[15] 马融（79—166）：东汉经学家、文学家。字季长，扶风茂陵（今陕西兴平东北）人。历任校书郎、议郎、太守等官。多次入东观著述，后因病辞官。马融为一代经学名师，聚徒讲学，坐于高堂之上，施绛帐，前授生徒，后陈女乐，任性放达，不拘俗儒小节。生徒达千余人，东汉名儒郑玄、卢植等皆出其门下。遍注儒家诸经，使古文经学达到成熟境地。有文集，已佚，有辑本。　[16] 华谭（246？—322）：西晋学者。字令思，广陵（今江苏扬州）人。历任郎中、太子舍人、秘书监。思想倾向与魏晋玄学相一致。有集 2 卷，已佚。　[17] 汲黯（？—前 112）：西汉大臣。字长孺，濮阳（今河南滑县东北）人。汉景帝时为太子洗马。武帝即位为谒者，拜为中大夫，后召为主爵都尉。学黄老之言，以“清静”治官理民，务在“无为”。为人少礼面折，对上好直谏。　[18] 温峤（288—329）：东晋大臣。字太真，太原祁县（今属山西）人。历任骠骑王导长史、太子中庶子、侍中、中书令等官。因镇压王敦、苏峻、祖约之乱有功，拜骠骑大将军、开府仪同三司，封始安郡公。　[19] 任昉（460—508）：南朝梁文学家。字彦昇，乐安博昌（今山东寿光）人。历仕宋、齐、梁三朝，历任黄门侍郎、诸郡太守。不尚奢华，唯好书籍，藏书万余卷，与沈约、王僧孺为三大藏书家。以善撰表、奏、书、启著称。当时沈约以诗闻名，故世有“沈诗任笔”之誉。著有文集 34 卷及《地记》252 卷、《杂传》247 卷，均亡佚。后人辑有《任彦昇集》。　[20] 魏徵（580—643）：字玄成，馆陶（今属河北）人，一说巨鹿下曲阳（今河北晋州）人。少孤，出家为道士，隋末投瓦岗军。李密败后降唐，任太子洗马，深受太子李建成信赖。玄武门之变后，太宗重其才干，擢为谏议大夫，封巨鹿县男。历任秘书监、侍中等职。直言敢谏，先后向太宗进谏二百余事，为历史上有名的敢谏之臣。晚年进位光禄大夫，封郑国公。贞观十三年（639），上《十渐不克终疏》，恳求太宗励精图治。病逝后，太宗曾慨叹："以铜为镜，可以正衣冠；以古为镜，可以知兴替；以人为镜，可以知得失。魏徵殁，朕亡一镜矣！"

［点评］

我国自古以来就有一个非常突出的优良传统，即十分重视对历史的撰修和收集整理图籍，并且形成了一种非常完善的制度。中国古代图籍文献汗牛充栋，与这种制度有着直接的关系。以上这段文字记述了西周以来历代著史与整理图籍制度的发展变化情况，从西周的相关职官即太史与外史的设置，到历代秘书监逐渐完善的过程。至唐代这一制度又发生了较大的变化，即将史馆与司天台从秘书省中转移出来，成为与其并立的国家机构，这不是对秘书省的削弱，恰恰反映了国家对修史与观察天文工作的重视，是加强这些方面工作的表现。经过此番调整后，使秘书省整理图籍的职能更加突出，更加专一，从而有利于推动这方面工作的发展。此外，还要强调的一点就是，我国古代文化与学术的发展也与这一制度密切相关。这里所说的学术，在古代主要就是指儒家经学，自汉代以来就已经形成了传统，一直延续到明清时期。

殿中监

魏置殿中监官，晋、宋并同。齐有内外殿中监各八人，梁、陈因之，其资品极下。后魏亦有殿中监。北齐有殿中局，置监四人，属门下省，掌驾前奉引。隋改为殿内局[1]，置监二人。大业三年，分门下、太仆二司，取殿内监名，以为殿内省，有监、少监、丞各一人，掌诸供奉，领尚食、尚药、尚衣、尚食即旧御府[2]。尚舍、即旧殿中局。尚乘、领左右六闲及诸闲[3]。尚辇等六局。《汉仪注》曰："省中有五尚，即尚食、尚冠、尚衣、尚帐、尚席。"或云："秦置六尚，谓尚冠、尚衣、尚食、尚沐、尚席、尚书，若今殿中之任。"每局各置奉御二人以总之，置直长以贰之，属门唐之前，殿中官员大都隶属于门下省。隋炀帝大业时，将六局合并，置殿内省，以监为长官，正四品；少监为副贰，从四品。唐朝建立后，将殿中省的长官殿中监升格为从三品，从而与门下省彻底脱离隶属关系。

下省。大唐改为殿中省，加置少监二人，丞亦二人。其官局职任，一如隋制，为一司[4]，不属门下。龙朔二年，改殿中省为中御府，改监为中御大监、少监，改丞为中御大夫，改尚食为奉膳，尚药为奉医，尚衣为奉冕，尚舍为奉扆，尚乘为奉驾，尚辇为奉辇，凡奉御皆改为大夫。咸亨初复旧。

[注释]

[1] 殿内局：官署名。原称殿中局，因隋避杨忠讳，故改之。 [2] 尚食：应为“尚衣”之误。御府：官署名。秦置，汉沿置，属少府。掌天子衣服金钱玉器等珍物。《汉书·百官公卿表上·少府》：“（属官又有）中书谒者、黄门、钩盾、尚方、御府、永巷、内者、宦者八官令丞。”注：“师古曰：御府主天子衣服也。” [3] 左右六闲：隋朝的左右六闲指左右飞黄闲、左右吉良闲、左右龙媒闲、左右駒駼闲、左右駃騠闲、左右天苑闲。唐朝的左右六闲，指飞黄、吉良、龙媒、駒駼、駃騠、天苑，各分左右，共有十二闲。闲，养马的圈，亦称闲厩。 [4] 为一司：组成一个单独的部门。

[点评]

殿中系统的职官虽然始置于三国曹魏时期，但是类似性质的职官早在《周礼》一书就有记载，秦汉时期亦有类似官职的设置，曹魏不过是沿袭了前代制度稍加变化而已。殿中系统的职官就其职能而言，主要是为皇帝及宫廷生活服务的，包括饮食、服饰、医疗、张设、汤沐、车乘、舆辇、伞扇等方面的内容，涉及人员众多，机构十分庞大，实际上是一个复杂而庞大的系统。其中许多方面牵涉到国家政治生活、礼仪制度、朝会、祭祀等重要内容，故亦是国家机器正常运转不可或缺的一个重要方面。

卷二十七　职官典九

内侍省

天文有宦者四星[1]，在帝座之西。周官有宫正、宫伯、皆主王宫，中官之长。宫人、掌王之六寝。内宰、理王内之政令，以阴礼教六宫。阍人、掌守王宫。寺人。掌王之内人及女官。战国时，有宦者令。赵有宦者令缪贤是[2]。秦少府属官有中书谒者令、丞。又有将行、卫尉、少府各一人。并皇后卿。汉景帝中元六年，改将行为大长秋。颜师古曰："秋者，收成之时，长者，恒久之义，故以为皇后官名。"或用中人，或用士人。中人，阉人。成帝加置太仆一人，掌太后舆马，通谓之皇太后卿，皆随太后宫为官号，在正卿上，无太后则阙。卫尉在卫尉上，少府在少府上之类是也。又有长信詹事[3]，掌皇太后宫。景帝六年[4]，更名长信少府。平帝元始四年[5]，更名长乐少府。帝祖母称长信宫，帝母称长乐宫[6]，故有长信少府、长乐少府，职如长秋，位在长秋上，及职吏皆宦者也。后汉常用宦者，职掌奉宣中宫命，凡给赐族亲，当谒见者关通之，中宫出则从。属官有丞、中宫仆、谒者、私府署令。初，秦又置中常侍官，参用士人，皆银珰左貂[7]，给事殿省。汉制，置侍中、中常侍各一人，省尚书事，黄门侍郎一人，传发书奏，皆用姓族[8]。后汉中常侍赞导内事，顾问应对。永平中，始定员数，中常侍四人，《汉旧仪》曰："秩千石，得出入卧内，举法省中。"省中即禁中也。成帝外家王禁贵重[9]，朝中为讳禁曰省。小黄门十人。自明帝以后，员数稍增，改以金珰右貂，兼领卿署之职。自和熹太后以女主称制[10]，不接公卿，乃以阉人为常侍、小黄门，通命两宫，自此以来，悉用阉人，不调他士。自安讫桓[11]，权任尤重，手握王爵，口含天宪[12]。桓帝既与宦官谋诛梁冀[13]，乃封宦者五人，单超、徐璜、具瑗、左悺、唐衡也。同日为侯，皆食邑，故世号“五侯”焉。宦者郑众字季产，事和帝，一心王室。每策勋班赏，辞多受少，由是常与议事。中官用权，自众始也。又和帝时[14]，中常侍蔡伦数犯颜匡弼[15]。有宦者曹腾[16]，历常侍、长秋，封费亭侯，用事省闼三十余年，奉事四帝，未尝有过。其所进达，皆海内名人。又有宦者奇音、良贺等，皆清俭，足以劝俗也。杨秉为太尉[17]，奏请免中常侍侯览、具瑗等官。尚书召对秉掾属曰：“公府外职，而劾近官，经典汉制，有故事否？”秉使对曰：“《春秋》赵鞅以晋阳之甲[18]，逐君侧之恶。又《传》曰：‘除君之恶，惟力是视。’邓通戏慢[19]，申屠嘉召责[20]，文帝请之。汉制故事，三公之职，无所不统。”帝不得已，遂免览官，削瑗国。及袁绍大诛宦者之后，永巷、掖庭复用士人，闱闱出入[21]，莫有禁切，侍中、侍郎、门部驺宰[22]，中外杂错，丑声彰闻。魏改汉制，太后三卿在九卿下；晋复旧，在同号卿上，有后则置，无后则阙。齐郁林王立[23]，文安太后即尊号[24]，以宫名置宣德卫尉、少府、太仆。梁有弘训太后[25]，亦置属官。陈亦有太后三卿。后魏大长秋掌顾问应对，自文明冯后[26]，阉官用事，大者令、仆，小者卿、守。宦者赵黑为选曹尚书[27]。北齐有中侍中省，置中侍中二人，中常侍四人，掌出入门阁。又有长秋寺，置卿、中尹各一人，掌诸宫阁，领掖庭等令，并用宦者。后周有司内上士、小司内中士、巷伯中士等官。隋曰内侍省，领内侍、内常侍等官。内侍即旧长秋也，内常侍即旧中常侍。炀帝改内侍省为长秋监，置令一人，少令一人，丞二人，并用士人，余用宦者，领掖庭、宫闱、奚官三署，亦参用士人。大唐武德初，改为内侍省，皆用宦者。龙朔二年，改为内侍监，咸亨元年复旧。光宅元年，改为司宫台，神龙元年复旧。有内侍四人，掌知宫内供奉，中宫驾出则夹引，总判局事。旧二人，开元中加二人。贞元七年三月敕："内侍五品以上，许养一子，仍以同姓者，初养日不得过十岁。"内常侍六人，通判省事。属官有内给事八人，内谒者监六人，内寺伯二人，寺人六人，领掖庭、宫闱、奚官、内仆、内府等五局。神龙元年以后，始以中使出监诸军兵马。宝应元年五月，敕诸道州所承上命，须凭正敕可施行[28]，不得悬便信中使宣敕即遵行[29]。

在宫禁之内任职的男性，历代在任用宦者的同时，有些朝代亦参用士人，并不全是宦者，直到隋代亦是参用士人。唐代内侍省官员全用宦者，不再参用士人，自此以后士人遂退出了这一系统。

[注释]

[1] 宦者四星：古人以星宿附会人间之事。《石氏星经》云："宦者四星，在帝座西。"故《周礼》置官，亦备其数。《晋书·天文志》曰："宦者四星，在帝坐西南，侍主刑余之人也。"刑余之人，指被阉之人，以此作为设置宦官的依据。 [2] 缪贤：战国时赵国人，任宦者令，即宦官的长官。有一次缪贤得罪了赵王，打算逃走，其家臣蔺相如劝其主动向赵王请罪，或许能到赵王的谅解。缪贤后来果然获得到宽恕，从此其更加看重蔺相如。 [3] 长信：指汉代之长信宫，为皇帝的祖母所居之宫。 [4] 景帝六年：即公元前 151 年。 [5] 元始：汉平帝刘衎年号，四年即公元 4 年。 [6] 长乐宫：西汉皇宫名。位于汉长安城内东南部。城垣基本探出，占地约 6 平方公里，约占长安城总面积的六分之一，是在秦兴乐宫基础上扩建而成的。 [7] 银珰：宦官冠上的银制装饰品。左貂：指官员冠饰以貂尾于左侧得名。 [8] 姓族：古指望族、大族。 [9] 王禁：汉朝外戚。汉成帝外家，封阳平侯，生卒年不详。 [10] 和熹太后（？—121）：东汉和帝刘肇皇后。姓邓，名绥，南阳新野（今河南新野南）人。和帝继位时，窦太后临朝称制，窦家外戚专权。邓后、和帝与宦官郑众密谋诛灭了窦家，邓氏始亲政。元兴元年（105）和帝病死，她与其兄邓骘先后迎立殇帝、安帝，并以太后身份临朝听政，其兄邓骘辅政。永宁二年（121）邓氏病死后，安帝便与宦官李闰等合谋诛灭了邓氏，邓骘被迫自杀，邓氏政权覆灭。和熹为其谥号。 [11] 自安迄桓：意为自汉安帝到汉桓帝。 [12] 天宪：犹言王法，指朝廷的法令。 [13] 桓帝：汉桓帝刘志。公元 147 年至 167 年在位。梁冀（？—159）：东汉外戚。字伯卓，大将军梁商长子。父死，拜为大将军。建康元年（144），顺帝驾崩，梁太后临朝听政，梁冀专权，随意废立君王，皇帝成为傀儡。本初元年（146），即位不到一年的冲帝

突然死去，梁冀立质帝，不久又鸩杀之，另立刘志为桓帝。梁氏专政，势力之大，倾动朝野。延熹二年（159），汉桓帝联合宦官单超、具瑗等人诛杀梁冀及其族人，梁冀被迫自杀。 [14] 和帝（79—105）：东汉和帝刘肇，汉章帝第四子。建初七年（82）立为皇太子。章和二年（88）即位。在位期间，恢复了东汉初年食盐民制、民运、民销政策。 [15] 蔡伦（？—121）：东汉宦官。字敬仲，桂阳（今湖南郴州境内）人。汉章帝时为小黄门，和帝即位，迁中常侍，参预政事。伦有才学，办事认真，多次犯颜谏诤，匡弼得失。后迁尚方令。改进造纸技术，采用树皮、破布及渔网用来造纸，世称“蔡侯纸”。封龙亭侯。因参预宫廷斗争，被汉安帝下狱，饮药而死。 [16] 曹腾：东汉宦官。魏武帝曹操祖父，字季兴，沛国谯（今安徽亳州）人。封费亭侯，在宫廷用事30多年，未尝有过，好进达贤能。曹腾死后，养子曹嵩嗣。曹魏太和三年（229），追曹腾为高皇帝。 [17] 杨秉（92—165）：东汉大臣。字叔节，弘农华阴（今陕西华阴东）人。东汉名儒太尉杨震之子。桓帝时拜太尉，以直谏无隐闻名天下。 [18] 赵鞅：春秋时晋国权臣。即赵简子，又名志父，亦称赵孟。其扩大封地，为后来分晋建立赵国奠定了基础。 [19] 邓通：西汉富翁。蜀郡南安（今四川乐山）人，汉文帝时为黄头郎。后得文帝宠幸，官至上大夫，多加赏赐，文帝常去其家游乐。又赐邓通严道（今四川荥经）铜山，得自铸钱，因此邓氏钱布天下，富甲一方。后来景帝继位，将邓通的资产全部没收入官。邓通最终穷饿而死。 [20] 申屠嘉：西汉大臣。历任都尉、太守、御史大夫、丞相。文帝崩，景帝继位，请求诛宠臣晁错，不成，归家后呕血而死。 [21] 阃闱：亦作“壶闱”。指妇女居住的内室。 [22] 驺宰：官名。汉置，为驺之长，掌驾御或骑从。 [23] 齐鬱林王（474—494）：即废帝萧昭业，齐武帝长孙，文惠太子萧长懋子。

字元尚，小字法身。武帝即位，封为南郡王。永明十一年（493），文惠太子死，被立为皇太孙。同年七月，即帝位。次年，改元隆昌。即位后，不理朝政，恣情挥霍，沉湎于声色狗马。又欲诛尚书令萧鸾。隆昌元年（494）七月，萧鸾带兵闯宫，将其勒死。死后，被皇太后追废为鬱林王。 [24] 文安太后：姓王，讳宝明，琅邪临沂（今江苏南京栖霞山西麓）人。为皇太子妃，其孙鬱林王即帝位，尊其为皇太后。 [25] 弘训太后：姓王，讳贞风，琅邪临沂人。宋明帝皇后，废帝即位，尊为皇太后，所居宫曰弘训，故称弘训太后。 [26] 文明冯后（442—490）：北魏文成帝皇后。姓冯，长乐信都（今河北冀州）人。献文帝即位后，尊为皇太后，临朝听政。孝文帝时尊为太皇太后，继续听政，前后临朝 25 年。 [27] 赵黑（？—482）：北魏宦官。字文静，初名海。有容貌，恭谨小心，逐渐升迁，历任选部尚书、侍中、镇南大将军、仪同三司、定州刺史，封王爵。太和六年（482）卒。 [28] 正敕：正式颁行的敕条。 [29] 中使：宦官充任的使职。

[点评]

在中国自从有了帝王与宫禁，应该就有了宦官，只是历代称呼不一，或称寺人、阍人、奄人、奄士、宦者，或称宦官、中人、中官、中使、太监等，不一而足。其最早见于记载应该是在《诗经》一书中，关于其制度则最早见于《周礼》《礼记》等书。夏、商两代是否有此类职官，未见于记载，但从常理推测应该是有的。因为从上古遗留下来的文化遗迹看，生殖崇拜是十分明显的，而生殖方面则存在着很强的排他性，进入阶级社会后的统治者，必然要采取措施，以维护自己在这方面的特权，在宫禁之内设置宦官便是其采取的最主要的措施。随着社会的发展与进步，宫禁也愈来愈严密，事务繁杂，人员众多，为了管理这些事务与人员，宦官队伍必然随之膨胀，终于形成了一支不可忽视的政治力量。从以上《通典》的记载看，历代在这方面的设官非常复杂，分工细密，变化颇多，除了皇帝外，皇后、太后亦各有设置，在相当长的时期宦者之卿的地位还要高于朝廷正卿。

随着我国古代职官制度的不断完善，宦官制度也不断变化，将原来属于皇后、皇太后系统的机构与人员与皇帝系统逐渐合并，最终形成了内侍省系统，从而使原来纷乱复杂的内官系统整齐划一。内侍省系统的机构与设官也更加合理，职能与分工更加明确，这一时期应该是在唐代，并对后世产生了较大的影响。

还有一个问题需要指出，即宦官专权的问题。历代都存在一些宦官权势膨胀的现象，真正形成宦官长期专权的时期，则是东汉与唐代，明代宦官专权也很严重，但不在本书的论述的范围内，就不多说了。汉唐时期的宦官主要利用其与皇帝或皇后、太后亲近的方便条件，口含天宪，玩弄权柄。这一点在东汉时期表现得十分明显，因为宦官势力是皇帝的附庸，宦官权力实际是皇权的延伸，故得到皇帝的纵容。但是唐代的情况则稍有不同，除了皇帝的信任与纵容外，这一时期的宦官集团主要是通过掌握禁军与中枢机要来控制决策权，又通过内诸司使系统把持了许多行政权力，而这一切与内侍省不存在直接的关系。宦官专权之所以能够长期延续下去，除了制度上的原因外，还一点十分重要，即宦官通过收养假子以延续家族世系和已取得的政治利益与经济利益。东汉未见允许宦官收养假子的明确规定，亦未见禁令出现，而唐代则明确规定允许收养假子，这就为宦官世家的形成提供了制度上的保障，使宦官专权愈演愈烈。关于这些问题学术界已有许多研究成果存世，就不再多说了。

国子监

孙卿在齐为三老[1]，称祭酒。胡广曰[2]："凡官名祭酒，皆一位之元长。古者，宾得主人馔，则老者一人举酒以祭地。"故以祭酒为称。汉之侍中，魏之散骑常侍，功高者并为祭酒，用其义也。公府有祭酒，亦因其名。汉吴王濞年老不朝[3]，为刘氏祭酒，则祭酒之名久矣。王莽以安车驷马迎夏侯胜为讲学祭酒[4]，胜推而不受。又汉置博士，至东京，凡十四人，而聪明有威重者一人为祭酒，谓之博士祭酒，盖本曰仆射，中兴转为祭酒。昭帝增博士弟子员满百人[5]，宣帝末增倍之。元帝时[6]，诏能通一经者皆复。数年，郡国置《五经》百石卒史。成帝末，增弟子员三千人。平帝时[7]，王莽增元士之子得受业如弟子，勿以为员，岁课甲科四十人为郎中，乙科二十人为太子舍人，丙科四十人补文学掌故。后汉安帝薄于艺文[8]，博士倚席不讲，学舍颓弊，鞠为园蔬，牧儿刍竖至于薪刈其下。顺帝感翟酺之言[9]，乃更修黉宇，凡所构二百四十房，千八百五十室。试明经下第补弟子，增甲乙之科员各十人，余郡国耆儒皆补郎、舍人。魏因之。晋武帝咸宁四年[10]，初立国子学，置国子祭酒一人。永嘉中，又置儒林祭酒，以杜夷为之[11]。国子，周之旧名，周官有师氏之职，即魏国子祭酒。《周礼》师氏以三德三行教国子。又有保氏而养国子以道，教之六艺也。晋介帻皂朝服[12]，进贤两梁冠，佩水苍玉。旧视侍中、列曹尚书。刘毅、嵇绍并为此官[13]。又袁瓌字山甫，为国子祭酒。时屡经丧乱，礼教陵迟。瓌上疏求立学徒，帝从之。国学之兴，自瓌始也。又裴頠为祭酒[14]，奏立太学，起讲堂，筑门阙，刻石写《五经》也。宋代若不置学，则助教唯置一人，而祭酒、博士常置也。明帝泰始六年[15]，以国学废，初置总明观祭酒一人，有玄、儒、文、史四科，科置学士各十人。齐高帝建元四年[16]，有司奏置国学，祭酒准诸曹尚书，博士准中书郎，助教准南台御史，选经学为先，若其人难备，给事中以还明经者，以本位领。其后国讳废学。永明三年[17]，立学，尚书令王俭领祭酒[18]，学既建，乃省总明观[19]。八年，国子博士何胤单为祭酒[20]，疑所服，陆澄等皆不能据[21]，遂以玄服临试，月余日，博议定，乃服朱衣。齐、梁号为国师。梁王承字安期[22]，为国子祭酒。承祖俭，父暕，并居此职，三代为国师，前代未有，当时以为荣。暕音简。陈、后魏亦曰国子祭酒。其初定中原，先立太学，置五经博士。北齐国子寺有祭酒一人。隋开皇十三年，国子寺罢隶太常，凡国学诸官，自汉以下，并属太常，至隋始革之。又改寺为学。仁寿元年，罢国子学，唯立太学一所，省国子祭酒、博士，置太学博士，总知学事。炀帝即位，改国子学为国子监，依旧置祭酒。大唐因之。龙朔元年，东都亦置。龙朔二年，改为司成馆，又改祭酒为大司成，咸亨初复旧。光宅元年，改国子监为成均监，神龙元年复旧。领国子学、学生三百人。太学、学生五百人。四门、学生五百人，俊士八百人。律学、学生五十人。书学、学生三十人。算学，学生三十人。凡六学生徒二千二百一十人。每学各置博士，以总学事，及有助教等员。天宝九载，又于国子监置广文馆，领学生为进士业者。置博士、

自汉代以来国学皆隶太常，隋文帝将其从太常中分离出来，独立成署，表明国学地位的提高。炀帝时又将国子学升格为国子监。这些都是对学校教育重视的表现，并为唐朝以及唐以后历代所沿袭，影响可谓大矣。

总称国子监六学，其中前三学学习儒家经典，后三学为专科学校，分别学习法律、书法、数学。这是国学教育的一种创新，值得关注。

助教各一人，品秩与太学同。置祭酒一人，掌监学之政。皇太子受业，则执经讲说，皆以儒学优重者为之。天宝九载，置广文馆学生进士。

[注释]

[1] 孙卿：即“荀子”“荀卿”。汉朝人避宣帝（名询）讳，故以“孙”代“荀”；一说“荀”“孙”二音相近，“荀”之为“孙”，如孟卯之为芒卯，司徒之为申徒，为语音之转。三老：官名，掌教化。战国时，魏国就有此官。《汉书·百官公卿表》：“大率十里一亭，亭有长。十亭一乡，乡有三老、有秩、啬夫、游徼。三老掌教化。”三老乃乡官。 [2] 胡广（91—172）：东汉大臣、文学家。字伯始，南郡华容（今湖北监利北）人。曾一任司空，两为司徒，三登太尉，官至太傅。著有诗、赋、铭、颂、箴等22篇，原有集2卷，已佚。 [3] 吴王濞（前215—前154）：西汉诸侯王之一。刘邦兄刘仲之子。汉高祖十一年（前196）封吴王。其利用封国内有利的自然条件，大量铸钱煮盐，积聚财富，又招纳党羽，扩充势力，积极准备谋反。公元前154年，汉景帝采纳御史大夫晁错的建议，削夺王国的封地时，刘濞便联合楚王刘戊、赵王刘遂、胶西王刘卬、济南王刘辟光、菑川王刘贤、胶东王刘雄渠，打着“诛晁错，以清君侧”的旗号，发动了叛乱。汉景帝派太尉周亚夫率大军平叛，击败七国军队。刘濞逃到丹徒，为东越人所杀。 [4] 夏侯胜：西汉经学家。为今文《尚书》“大夏侯学”的开创者。字长公，东平（今山东东平东）人。历任博士、长信少府、太子太傅等官，封关内侯。有《大小夏侯章句》各29卷、《大小夏侯解故》29篇、《鲁夏侯说》21篇。已佚。清人陈乔枞辑有《尚书欧阳夏侯遗说考》，收入《皇清经解

续编》。 [5] 昭帝：即汉昭帝刘弗陵。 [6] 元帝：即汉元帝（前76—前33）刘奭。汉宣帝之子。喜欢儒家学说，善书法，多才艺，能鼓琴瑟，吹洞箫。公元前48年即位，征用儒生，命其执掌大权，先后任用贡禹、薛广德、韦玄成、匡衡等为丞相。在位时宦官弘恭、石显弄权，朝政混乱，西汉开始由盛转衰。匈奴呼韩邪单于归属汉朝，要求和亲。元帝派宫女王嫱（昭君）出塞，同呼韩邪单于结婚。 [7] 平帝：即汉平帝（前9—5）刘衎（kàn）。元帝庶孙，中山孝王子，本名箕子，更名衎。年三岁嗣立为王。元寿二年（前1），哀帝崩，无子。太皇太后王政君诏令新都侯王莽为大司马总领朝政，商定迎请中山王即皇帝位。是年平帝9岁，太皇太后临朝称制，大司马王莽秉政，百官皆听命于莽。元始三年（3），王莽假借民意，请平帝纳采其女，次年立为皇后。他又谋诛平帝母后卫氏家族。王莽的这些举止，引起平帝不满，被莽觉察。故于元始五年（5），毒死平帝，年仅14岁。 [8] 后汉安帝（94—125）：即东汉安帝刘祜。清河孝王刘庆之子，东汉王朝的第六位皇帝。在其统治的时期，内忧外患，太后专权。其亲政后，又昏庸无能，朝中一片混乱。尤其是羌人起义历时达11年之久，耗费巨大，使东汉元气大伤。 [9] 顺帝：即汉顺帝刘保（114—144）。安帝之子，永宁元年（120）立为皇太子。延光三年（124），安帝乳母王圣、宦官江京等诬太子乳母及厨监，杀之。太子数为叹息。王圣等惧有后祸，遂谗太子，太子坐废为济阴王。次年，安帝崩，宦官拥立济阴王即皇帝位，时年11岁。宦官孙程等十九人虽因功封侯，但顺帝并不重用他们，其更多地依靠官僚士大夫们协理国事。永建六年（131）顺帝下令修缮太学，进一步扩大太学规模，扩充官僚集团的后备力量。翟酺：东汉官员。字子超，广汉洛（今四川广汉北）人。历任尚书、太守、将作大匠等官。曾上书顺帝，建议扩建太学，

“诱进后学”。 [10] 咸宁：晋武帝司马炎年号，四年即公元 278 年。 [11] 杜夷（258—323）：西晋学者。字行齐，庐江灊（今安徽霍山东北）人，少性恬泊，操尚贞素，家境贫窘，然博览经籍百家之书，算历图纬，靡不毕究。曾寓居汝、颍之间，潜心攻读研习，十载足不出门。年四十余，始还乡里，设学聚徒，闭门教授，生徒千人。晋惠帝时征召不就，直到晋元帝时才被任命为国子祭酒。晋明帝即位，上表请退。太宁元年（323）卒于家，终年 66 岁。 [12] 介帻：古代帻的一种，指用以束发的巾饰。帻耳较长，顶端隆起如甲縠状，形似尖角屋顶。一般为文官戴进贤冠时配用，历代皆流行。皂朝服：汉代官吏上朝之服。皂，黑色。西汉制度，官吏虽有四时服，至朝皆着皂衣。故习惯以皂衣代指为官。 [13] 嵇绍（253—304）：西晋文学家。字延祖，谯郡铚县（今安徽濉溪西南临涣）人。嵇康之子。太康中为秘书丞，迁汝阴太守。后迁散骑常侍、侍中、平西将军等官。永兴元年（304），惠帝征成都王颖，大败，他以身卫帝，为颖兵所杀。原有集，已佚。 [14] 裴頠（267—300）：西晋哲学家。字逸民，河东闻喜（今属山西）人。曾任太子中庶子、国子祭酒、尚书左仆射等职。著作除《崇有论》得以保存外，《贵无论》《辩才论》等均佚。 [15] 明帝：即南朝宋明帝（439—472）刘彧。字休炳，宋文帝第十一子，9 岁封淮阳王，后改封湘东王。泰始元年（465）即皇帝位，公元 465 年至 472 年在位。泰始六年：即公元 470 年。 [16] 齐高帝（427—482）：南朝齐的创建者。姓萧，名道成，字绍伯，小字斗将。祖先为东海兰陵（今山东枣庄东南）人，后迁居南兰陵（今江苏常州西北）。公元 479 年，废刘準而自立为帝，国号齐，年号建元，都建康。即位后，注意减免逋租宿债，限制诸王营建私邸。在位 4 年，病死，葬于泰安陵，庙号太祖。建元：齐高帝年号，四年即公元 482 年。 [17] 永明：齐武帝萧赜年号，三年即公元485年。 [18] 王俭（452—489）：南朝齐官员。字仲宝，琅邪临沂（今山东临沂北）人。历任秘书丞、尚书右仆射、国子祭酒、中书监等官。曾主编过官书目录《元徽元年四部书目录》4卷。后又依《七略》编为《七志》，体例与四部迥异。除了仿《七略》旧例分为经典志、诸子志、文翰志、军书志、阴阳志、术艺志、图谱志以及道、佛二附录以外，于书名之下，每立一传，又作九篇条例，编于首卷之中。为当时著名藏书家。 [19] 总明观：南朝宋藏书及教学机构。宋明帝泰始六年（470）建立。 [20] 何胤：南朝宋官员。历任国子祭酒、中书令等官。 [21] 陆澄（425—494）：南朝齐官员。字彦渊，南朝齐吴郡吴（今江苏苏州）人。仕宋，任著作郎，迁御史中丞。入齐，历官度支尚书、秘书监、国子祭酒等。澄著述宏富，然均已亡佚，清王谟《重订汉唐地理书钞》辑有其《地理书钞》1卷。 [22] 王承：南朝梁官员。任国子祭酒，祖王俭、父王暕，祖孙三代任国子祭酒，为世所称扬。

［点评］

我国历代均十分重视教育，早在春秋时的齐国，就建立了稷下学官，置学官为大夫，聚徒讲学，至战国时遂成当时的学术中心，培养了大批人才。至西汉时期官学教育更加发达，置五经博士，除议政、制礼、修书、顾问应对等事外，各置弟子员，教授儒家经典。汉武帝元朔五年（前124）创建太学，标志着国家最高学府的建立，并且拟定了办学具体方案，规定了博士弟子员的限额、身份及选送、考试、任官与淘汰办法，影响后世最为深远。晋武帝咸宁四年（278），首次创建了国子学，这是我国教育史上在太学之外另立国子学的开始。置国子祭酒、博士各一人、助教十五人以教生徒。博士皆取履行清淳、通明典义者，若散骑常侍、中书侍郎、太子中庶子以上，乃得召试。国子学限五品官以上贵族子弟方可入学。国子学与太学并立，均是专门研习儒家经典的学校。至唐代官学教育发生了较大的变化，不仅机构更加健全，而且学科也发生了变化，即将法律、书法、数学等纳入到官学教育体系之中。如果将太医署所办的医学、针学、按摩学、药学以及司天台所办的天文学、历学等包括在内，唐朝的专门学校还要进一步增加。此外，唐朝的教坊也办有学校，招收弟子学习器乐、声乐、舞蹈等艺术，并且制定学习年限及考试办法。唐文化空前繁荣，与这种教育体制有着密不可分的关系。

卷二十八　职官典十

将军总叙

三代之制，天子六军，其将皆命卿，一万二千五百人为军。故《夏书》曰[1]："大战于甘[2]，乃召六卿。"盖古之天子寄军政于六卿，居则以田，警则以战，所谓入使理之、出使长之之义。其职在国，则以比长、闾胥、族师、党正、州长、乡大夫为称，其在军则以卒伍、司马、将军为号，所以异军国之名。诸侯之制，大国三军，次国二军，小国一军，其将亦命卿也。晋献公初作

夏、商、周三代，官职文武不分，故其六卿在国内则为长，在军队则为将。"居则以田"，是指在国内管理农业生产；"警则以战"，意为发生战争则又率军作战。

二军[3]，公将上军，则将军之名起于此也。魏献子、卫文子并居将军之号[4]。《左传》曰："晋阎没、女宽谓魏献子曰[5]：'岂将军食之而有不足。'"注曰："献子为中军率，故谓之将军。"又《礼记》曰："将军文子之丧既除，而后越人来吊。"又《家语》曰[6]："卫将军文子问于子贡。"是也。文子为卫之将军，名弥牟。自战国置大将军，周末又置前后左右将军，至秦，将军之官多矣。汉兴，置大将军、骠骑将军，位次丞相。车骑将军、卫将军、左右前后将军，皆金印紫绶[7]，位次上卿，《后汉志》曰[8]："汉将军比公者四：谓大将军、骠骑、车骑、卫将军。"掌京师兵卫，四夷屯警。孝武征闽越、东瓯[9]，又有伏波、楼船；及伐朝鲜、大宛[10]，复置横海、度辽、贰师。宣帝增以蒲类、破羌。权时之制，若此非一，亦不常设。光武中兴，诸将军皆称大。及天下已定，武官悉省。《后汉志》曰："其前后杂号将军皆主征伐，事讫皆罢。"四征兴于汉代，四安起于魏初，四镇通于柔远，镇东西南，并后汉末有之。镇北，魏置。四平止于丧乱。魏置。晋武帝重兵官，故军校多选朝廷清重之士居之。置中军将军以统宿卫七军。及五王作难，东海王越以顷兴事皆由殿省[11]，乃奏宿卫有侯爵者皆罢之。时殿中武官并封侯，由是出者略尽，皆涕泣而去。乃以东海国官领左右卫，以国兵宿卫。晋宋以来，以领军、护军、左右二卫、骁骑、游击将军，谓之六军。《宋舆服志》曰[12]："骠骑、车骑、卫将军及诸将军加大者，皆金章紫绶[13]，武冠[14]，佩水苍玉。诸军司马，银章青绶，朝服武冠。"其四安、四平、左右前后、征虏等将军及四中郎将，晋代荀羡、王胡之并居此官[15]。宋齐以来，唯处诸王素族无为者。齐以二卫，左右。四军，前后左右将军，谓之四军。五校，即汉之五校。骁骑、游击、积射、强弩、殿中员外、殿中、武卫七将军，殿中司马督及虎贲中郎将，冗从仆射[16]，《宋志》曰："冗从仆射，汉东京有中黄门冗从仆射，非其职也。魏代因其名而置冗从仆射。"《职官要录》曰[17]："本期门之职，汉桓帝时置冗从仆射，掌诸散从，其射事则主帅之。"羽林监，武骑常侍谓之西省，而散骑谓东省。梁武帝以将军之名高下舛杂[18]，命更加厘定，于是有司奏置一百二十五号将军。以镇卫、骠骑、车骑为二十四班，内外通用。四征、四中为二十三班，四中谓军、卫、抚、权。八镇为二十二班，东西南北左右前后。

八安为二十一班，东西南北左右前后。四平、四翊为二十班，四平，东西南北。四翊，左右前后。凡三十五号，为重号将军。又有五德将军，忠武、军师，武臣、爪牙、龙骑、云麾，镇兵、翊师、宣惠、宣毅，智威、仁威、勇威、信威、严威，智武、仁武、勇武、信武、严武，谓五德将军。以班多者为贵。凡十品二十四班。品十取其盈数，班二十四以法气序。制簿悉以大号居后，以为选法，自小迁大也。前史所记，以位得从公[19]，故将军之名，次于台槐之下[20]。至是备其班品，叙于百官之外，凡一百二十五将军。

[注释]

[1]《夏书》：为《尚书》之一部，其余三部分别为《虞书》《殷书》（或《商书》）和《周书》。 [2] 大战于甘：约前 21—前 19 世纪，夏启征伐有扈氏，双方战于甘，即今陕西某地。 [3] 晋献公：春秋时晋国国君。名诡诸，谥献，晋武公之子。公元前 676 年至前 651 年在位。初作：初次组建之意。 [4] 魏献子：春秋战国之际晋国的卿。卫文子：卫国卿，名弥牟。 [5] 阎没：人名，春秋时晋国大夫，曾戍守周，修筑胥靡城，今地不详。女宽：人名，春秋时晋国人。女宽亦曰女叔宽。 [6]《家语》：即《孔子家语》。三国魏经学家王肃托名孔安国所作，共 10 卷。后人多疑为王肃伪作，然书中包含了不少遗文逸事，故自唐以来，虽知其伪而不能废。 [7] 金印紫绶：指黄金铸成的官印，紫色丝织的系印

带子。 [8]《后汉志》：书名。指《后汉书》之《百官志》，为西晋司马彪所撰。 [9]孝武：指汉武帝。闽越：古族、国名，也作“闽粤”，古越人的一支。秦汉时分布于今浙江南部及福建北部一带。秦时于其地置闽中郡。秦末其首领无诸因反秦有功，于汉高祖五年（前 202）被封为闽越王。至汉武帝建元六年（前 135）分为东越和繇两部。东瓯：古族、国名。西汉惠帝三年（前 192）封瓯越族首领摇为东海王，都东瓯（今浙江温州），俗称东瓯王。汉武帝时，为闽越所攻，遂徙其族于江淮间。 [10]朝鲜：箕子之国，周武王封之。《尚书大传》：“武王闻之，因以朝鲜封之。”郑玄注：“朝鲜，今乐浪郡。”大宛：西域国名。位于今中亚费尔干纳盆地，都贵山城（今乌兹别克斯坦境内卡散赛）。辖贰师城、郁城等 70 余城，人口数十万，操古伊朗语，从事农牧业，所产血汗马最有名。 [11]东海王越：西晋宗室司马越（？—311），封东海王。永康（300—301）初，为中书令，徙侍中，迁司空，领中书监。惠帝北征邺，以越为大都督。六军败，越还东海。永兴三年（306），越起兵徐州，率诸侯及鲜卑将士西至长安，迎惠帝返回洛阳。其后，越毒死惠帝，另立皇太弟司马炽为晋怀帝，由其专制朝廷。导致上下崩离，祸结衅深。司马越遂忧惧成疾，于永嘉五年（311）病死。 [12]《宋舆服志》：书名。指《宋书》之《礼志五》，《通典》此处有误。 [13]金章紫绶：金章即金印，参见“金印紫绶”条。 [14]武冠：武官所戴之冠，又名赵惠文冠。秦灭赵，即以其君之冠赐近臣。汉代亦因用之，曰武弁，一名大冠，诸武官戴之。汉代武冠以细纱制成，左右加二鹖（hé）尾，亦称鹖冠。侍中、常侍则加黄金珰，附蝉为文，貂尾为饰。晋代始缩小于头顶，称小冠子。唯在顶部横别一小簪导，绾住发髻，用不同材料区别等级。隋代武冠由汉代梁冠去梁改进而成。重新定为制度，用金、玉、犀角、象牙制成。 [15]荀羡：东晋将军。生卒年不详，历任北中郎将、北府都督等官。王胡之：东晋将军。生卒年不详。历任郡守、中郎将等官。 [16] 冗从仆射：西汉所置中央禁卫官名。 [17]《职官要录》：书名。《隋书·经籍志》作 30 卷，陶藻撰。 [18] 舛杂：驳杂，错乱。 [19] 从公：官称名。晋诸大将军与左、右光禄及光禄大夫等三大夫开府设官者，称从公。《晋书·职官志》："骠骑、车骑、卫将军、伏波、抚军、都护、镇军、中军、四征、四镇、龙骧、典军、上军、辅国等大将军，左、右光禄，光禄三大夫，开府者皆为位从公。" [20] 台槐：三公之位。台即三台星，象征三公；周时在外朝植三槐，亦象征三公，故有此称。后亦以"台槐"称宰辅大臣。

后魏将军之名多矣，谓骠骑、车骑、卫为三将军。末年有八柱国大将军[1]，其中六人各督二大将军，事在《柱国将军篇》。凡十二大将军。元赞、元育、元廓、侯莫陈顺、宇文导、达奚武、李远、豆卢宁、宇文贵、贺兰祥、杨忠、王雄，此十二大将军。又各分统开府二人，一开府领一军兵，是为二十四军，分掌禁旅，当爪牙御侮之寄。自大统十六年以后[2]，功臣位至柱国及大将军者众矣，咸是散秩，无复统御。后周武帝三年[3]，改诸军军士并为侍官。隋炀帝以左右翊卫、改左右卫为之。左右骁卫、改左右备身为之。左右武卫、隋初旧名。左右屯卫、改左右领军为之。左右御卫、新加置。左右候卫，改左右武候为之。凡十二卫，各置

这里所说后（北）魏末年，实际是指西魏时期，《通典》的说法稍有瑕疵。

改诸军军士为侍官，即天子的侍卫，目的在于改变府兵的部属观念，以加强皇权。

大将军一人，将军二人，以总府事。每卫各置长史、录事参军、司仓、兵、骑、铠等参军员。军人总名卫士。盖魏、周十二大将军之遗制。大唐武德初，秦王既平王世充及窦建德[4]，高祖以秦王功殊今古，自昔位号不足以为称，乃特置天策上将军以拜焉，位在王公上。及升储宫[5]，遂废天策府。二年七月，高祖以天下未定，事资武力，将举关中之众，以临四方，乃置十二军，分关中诸府以隶焉。以万年道为参旗军，长安道为鼓旗军，富平道为玄戈军，醴泉道为丹钺军，同州道为羽林军，华州道为骑官军，宁州道为折威军，岐州道为平道军，豳州道为招摇军，麟州道为苑游军，泾州道为天纪军，宜州道为天节军。每军将一人，副一人，取威名素重者为之，杨恭仁、刘弘基、长孙顺德等并为其将[6]。督耕战之备。自是士马强劲，无敌于天下。五年省。七年，以突厥寇掠[7]，复置十二军，后又省之。其后定制，有：左右卫隋之翊卫。左右骁、左右武、左右威、左右威，隋之屯卫。左右领军、左右金吾、金吾，隋之武候卫。左右监门、左右千牛，凡十六卫，大将军各一人，左右卫及左右金吾总谓之四卫，其余谓之杂卫。将军总三十人。左右千牛卫将军各一左右羽林、左右龙武、左右神武，为天子六军，属于北衙军事系统，十六卫为南衙系统，南北相维，以达到军事上的平衡。

人，余位各二人。左右羽林、左右龙武、左右神武六军，大将军各一人，将军各三人，皆有卫署。开元十二年，张说奏[8]，于三辅拣五尺八兵十二万人[9]，谓之旷骑，置于南衙。每月分番，自此以后，不复简点[10]。其余骠骑、辅国、镇军、冠军四大将军，云麾、忠武、壮武、宣威、明威、定远、宁远、游骑、游击等九将军，并为五品以上武散官[11]。先天二年正月十日诏[12]："往者卫士，计户取充使，二十一入幕，六十出军，既惮劬劳，咸欲避匿。今改取二十五以上充，十五年即放出。频经征镇者十年放出。自今以后，羽林、飞骑先于卫士中简择[13]。"开元十一年二月敕："同、华两州，精兵所出，地资辇毂，不合外支。自今以后，更不得取同、华两州兵防。"

［注释］

[1] 柱国：官名。战国时楚国设此官，分上柱国和柱国，上柱国位次令尹（宰相），为武职最高官衔。原为保卫国都之官，后也率兵远征；柱国位次低于上柱国。赵国亦有此官。西魏时作为府兵的统帅。握实权的宇文泰与宗室元欣都是柱国大将军，为军事最高统帅，其余六柱国分统六军，每军置两个大将军，每个大将军督两开府，共二十四开府（军），开府下辖诸军府，形成了

完整的府兵系统。 [2] 大统：西魏文帝元宝炬年号，十六年即公元 550 年。 [3] 后周武帝三年：即北周武帝宇文邕即位的第三年，即保定三年，公元 563 年。 [4] 秦王：即唐高祖次子李世民，在武德时封秦王，即后来的唐太宗。王世充（？—621）：隋末割据者。新丰（今陕西临潼东北）人，字行满。本姓支，祖籍西域。大业十四年（618），宇文化及等在扬州杀炀帝后，王世充在洛阳拥立越王侗为帝，自任吏部尚书，独揽朝政。不久击败瓦岗军。次年，他废掉杨侗，自己登基称帝，国号郑，年号开明。武德三年（620），李世民率唐军围洛阳。王世充向窦建德求援。窦建德兵败后，王世充援绝粮尽，被迫于次年投降唐朝。至长安，被流放，将行时为仇人所杀。窦建德（573—621）：隋末农民起义军首领。清河漳南（今河北故城东北故城镇）人，世代务农，当过里长，仗义疏财。因助孙安祖起义，家属被杀，遂率众起义。投靠高鸡泊高士达起义军。高士达死后，他继为领袖，称将军，拥兵十余万。大业十三年（617），在乐寿称长乐王，年号丁丑。后攻占河北大部分郡县，称夏王，建都乐寿，国号夏，年号五凤。武德二年（619），迁都洺州。李世民率唐军围攻在洛阳的王世充，窦引兵来救，因轻敌，败于唐军，被俘，在长安被杀。 [5] 储宫：古称太子为储君，储宫即东宫，这是指太子。 [6] 杨恭仁（？—639）：唐朝大臣。本名纶，弘农华阴（今陕西华阴东南）人。隋时，为甘州刺史，务举大纲，不为苛察。入唐，拜黄门侍郎，封观国公。后历任凉州总管、洛州都督等官。刘弘基（582—650）：唐朝大将。雍州池阳（今陕西三原北清水峪南）人，一说雍州池阳乃其郡望，实为礼泉人。参预唐高祖太原起兵，屡立战功，建唐后任右骁卫大将军、领行军左一总管。后随秦王李世民平定各地割据者，以功封任国公。后因受义安王李孝常谋反牵连，被免官除名。不久，恢复封爵，征拜卫尉卿。贞观九年（635）改封夔国公。高宗永徽元年（650）去世。长孙顺德：唐朝外戚，唐太宗皇后长孙氏之族叔。参预唐高祖太原起兵，屡有军功，建唐后，拜左骁卫大将军，封薛国公。因参预玄武门之变，太宗授食实封1200户。后因犯罪免官，不久死去。太宗、高宗因其功，继有封赠。 [7] 突厥：古族名。广义的突厥包括铁勒、突厥各部落，狭义指突厥汗国。公元6世纪初兴起于金山（今阿尔泰山）西南麓，为一游牧部族。公元552年，建政权于今鄂尔浑河流域。创文字、立官制，与中原交流频繁。隋开皇二年（582），分裂为东、西二部。唐贞观四年（630），东突厥为唐所灭。显庆四年（659），西突厥亦为唐所灭。 [8] 张说（667—730）：唐朝大臣。字道济，一字说之，祖籍河东（今山西永济），14岁丧父后迁居洛阳（今属河南），故又称洛阳人。从太子校书干起，累迁中书侍郎，景云二年（711）拜同中书门下平章事，监修国史。开元元年（713）守中书令，成为宰相。封燕国公。因与另一宰相姚崇不合，贬到地方任刺史。开元九年（721）入朝为兵部尚书、同中书门下三品。十一年（723）正除中书令、右丞相。十三年（725）诏改丽正殿书院为集贤殿书院，充学士，知院事。十四年（726）为人所劾，停中书令。十五年（727）致仕。十七年（729）复为右丞相，依旧知集贤院事。旋迁左丞相。开元十八年（730）卒。张说长于文笔，朝廷重要文诰，多出其手，时人将其与许国公苏颋并称为“燕许大手笔”。有《张燕公集》30卷传世。 [9] 五尺八：指所选军士身高。 [10] 不复简点：不再如府兵那样分番服役。 [11] 武散官：唐朝武散官自骠骑大将军（从一品）至陪戎副尉（从九品下），共29阶。表示品阶与资历，决定官员的章服。 [12] 先天：唐玄宗李隆基年号，二年即公元713年。 [13] 飞骑：唐代宿卫兵名。太宗贞观十二年（638），始置左右屯卫于玄武门，领以诸卫将军，选材力骁捷善驰射者充之，号“飞骑”。

［点评］

这段文字不仅记载了历代将军设置的渊源以及变化情况，而且还历述了军制以及军种的设置和变化情况。侧重记载了西魏、北周至隋唐时期的军制变化情况。《通典》一书不记历代军制，被学者们视为极大的缺憾，这段记载虽然简略，然亦可聊补于无。尤其是关于西魏、北周府兵之制的指挥系统、隋十二卫、唐十六卫、唐十二军以及六军设置情况的记载，具有一定的史料价值。不过由于此段记载比较简略，在阅读与引用时最好与他书互相参照。我国古代官制文、武之职最初并无明确的区分，西周时开始有粗略的划分，至迟在春秋时期已有明确的区分，此后的划分愈加明确，在阅读这一段文字时应该仔细体会。

卷三十　职官典十二

东宫官叙

凡三王教世子[1]，必以礼乐。乐所以修内，礼所以修外，礼乐交错于中，发形于外，是故其成也怿，恭敬而温文。中，心也。怿，悦也。立太傅少傅以养之，欲其知父子君臣之道也。言养者，积浸成长也。太傅审父子君臣之道以示之，少傅奉世子以观太傅之德行而审谕之。太傅在前，少傅在后，谓其在学时也。入则有保，出则有师，谓燕居出入时也[2]。汉班彪上书曰[3]：“昔成王为孺子，出则周公、召公、史佚[4]，入则太颠、闳夭、南宫适、散宜生[5]，左右前后皆正礼。”是以教谕而德成也。师也者，教之以事而谕诸德者也。保也者，慎其身以辅翼之而归诸道者也。慎其身者，谨安护之。秦汉以下，始加置詹事、中庶子及诸府寺等官，亦有以他官而监护者。汉孝宣帝欲令中郎将许舜监护太子家[6]，疏广以为示狭，非所以广太子也。后汉顺帝立太子居承光宫，以侍御史种暠监护[7]。有中常侍卒乘衣车来载太子。太子太傅杜乔忧惧不能止[8]，开门将出，而暠至，手剑当车曰：“太子国之储副，人命所系。常侍来，无尺一，何以得将太子去，何知不与内宠奸臣共挟邪谋。今日之事，有死而已。”乃遣乔诣台启白，得中决敕，乃听之。自魏明帝以后，久旷东宫，制度阙废，官司不具。吴孙权即位[9]，孙登为太子[10]，兼置四友等官。以诸葛恪为左辅，张休为右弼[11]，顾谭为辅正都尉[12]，陈表为翼正都尉[13]，是为四友。于是东宫号为多士。晋初，詹事、左右率、庶子、中舍人诸官并未置。唯置卫率令典兵，二傅并摄众事[14]。至咸宁元年[15]，始置詹事，以领宫事。宋孝武置东宫率更令等官[16]，其中庶子、庶子、中舍人、舍人、洗马各减旧员之半。后周加置太子谏议员四人。

以上文字虽然记载的是三代情况，其实夏商两代的情况并不明了，实际上记载的仅是西周时期的情况。

至隋罢詹事，分东宫置门下坊、典书坊，北齐已有典书坊。以分统诸局。比门下、内史二省。门下坊有左庶子二人，内舍人四人，录事二人，统司经、宫门、内直、典膳、药藏、斋帅等六局。典书坊有右庶子二人，舍人、通事舍人各八人，领内坊。大唐置詹事府以统众务，置左右二春坊以领诸局。龙朔二年，改门下坊为左春坊，典书坊为右春坊。咸亨初复旧。景云元年又改为之。左春坊置左庶子二人，中允二人，司议郎四人，录事二人，左谕德一人，左赞善大夫五人，崇文馆校书二人，亦统六局。六局之中，唯改斋帅为典设，余局名与隋同。其六局长官，唯司经置洗马，宫门置大夫，余各置监，以局名冠之，所职如其名。龙朔中，改宫门大夫及诸监并为郎，遂为永制也。右春坊置右庶子二人，中舍人二人，舍人四人，录事二人，右谕德一人，右赞善大夫五人，通事舍人八人，兼领内坊。内坊置典内二人，掌阎内诸事。诸坊局小吏各有差。因隋制也。

[注释]

[1] 三王：夏禹、商汤、周文王之合称。世子：古代对天子、诸侯之嫡子的称谓。[2] 燕居：闲居，退朝而处。　[3] 班彪（3—

54）：东汉史学家。扶风安陵（今陕西咸阳东北）人，字叔皮。光武帝闻彪材，召入见，举司隶茂才，授徐令，因病免官。彪才高而好述作，遂专力从事史学。以《史记》所记史实，止于汉武帝太初年间，乃继采前史遗事，傍贯异闻，欲踵继《史记》，作《后传》60余篇。建武三十年（54）卒，年52岁。后由其子班固、女班昭按断代体例续成父业，是为《汉书》。 [4] 召（shào）公：姬姓，名奭。西周宗室，与周公旦共同辅佐周成王。因采邑在召（今陕西岐山西南），故称召公。召公也是周武王的重臣和助手。在孟津观兵、伐纣灭商、分封诸侯、营建新都、制定礼乐制度等过程中，他都积极辅佐，为建立和巩固周初的政权起了很大作用。周公摄政，开始召公也心疑之。周公作《君奭》，向召公表明心迹，召公很快理解了他，支持摄政。武王封召公于燕，都于蓟（今北京西南），召公以长子就封，自己留下担任太保，辅佐武王。周公与其分陕而治，召公治理自陕以西的地方，很得当地人民的拥护。他经常巡行乡邑，在甘棠树下听讼断狱，自侯伯至庶人都能各得其所，各司其职，过着安居乐业的生活。召公死后，人们思念他的政绩，作《甘棠》之诗歌颂他。史佚：西周初史官，也作史逸。 [5] 太颠：又作泰颠。闳夭：西周初年，闳夭与南宫适、散宜生、太颠等同辅周文王，为文王四友。纣囚文王于羑里，闳夭患之，乃求有莘氏美女、骊戎之文马、有熊九驷及其他奇物献之，纣乃赦文王，后随武王灭纣。 [6] 汉孝宣帝：即汉宣帝。许舜：东汉大臣。生卒年不详。历任中郎将、长乐卫尉，封博望侯。 [7] 种暠：河南洛阳人，汉顺帝时出任侍御史，因办案有功，被选拔到承光宫监护太子。 [8] 杜乔：东汉大臣。河内林虑（今河南林州）人，字叔荣，主要活动于东汉顺帝至桓帝时代。举孝廉，迁南郡太守，转东海相，入拜侍中、太子太傅，迁大司农。时梁冀子弟五人及中常侍等以无功并封，乔上书切谏。

桓帝时为太尉，每与权臣梁冀相对，正色无所回挠，为朝野所瞻望。后终为梁冀谮害，死于狱中。 [9] 孙权（182—252）：三国吴的开国皇帝。字仲谋，吴郡富春（今浙江富阳）人。出身江南吴郡大族，继承父兄之业，在赤壁联合蜀军大败曹军，又在夷陵大败蜀军。公元 229 年孙权在武昌正式称帝，国号吴，史称东吴。同年迁都至建业（今江苏南京），统治江东达 50 余年。 [10] 孙登：孙权之子。册为皇太子，因病而卒。 [11] 张休：三国吴大臣。生卒年不详。 [12] 顾谭：三国吴大臣。吴郡（今江苏苏州）人。 [13] 陈表：三国吴大臣。历任新都都尉、翼正都尉等官。 [14] 二傅：指太子太傅、太子少傅。 [15] 咸宁：晋武帝司马炎年号，元年即公元 275 年。 [16] 宋孝武：指南朝宋孝武帝刘骏，公元 454 年至 464 年在位。

[点评]

东宫系统的职官源于三代所设置的世子辅导之官，经过历代不断增置机构与职官，至隋唐时期遂达到了一个相对完善的程度。以唐朝为例，其所置三太、三少与太子宾客，相当于朝廷所置的三公。詹事府统管东宫三寺及十率府之政令，相当于朝廷的尚书省机构，置太子詹事、少詹事各一人，相当于尚书令与仆射。左、右春坊相当于门下省与中书省，左春坊以左庶子二人为长官，右春坊以右庶子二人为之长。左春坊所置的太子中允二人与司议郎二人相当于门下省的门下侍郎和给事中，右春坊下所置太子舍人与太子通事舍人相当于中书省的中书舍人和中书通事舍人。太子崇文馆相当于弘文馆，司经局相当于秘书省，典膳局相当于尚食局，药藏局相当于尚药局，内直局相当于尚衣局与尚辇局，典设局相当于尚舍局，宫门局相当于城门郎，此六局相当于殿中省。东宫三寺即家令寺、率更寺、仆寺，相当于朝廷的九寺五监。东宫十率府相当于朝廷之十六卫。综上所述，可知东宫职官系统完全是是仿照朝廷职官制度而设置的，也就是缩微版的小朝廷。之所以如此设计制度，原因就在于太子是储君，是未来的皇帝，为东宫设置这些机构与职官，就是为了锻炼太子的理政能力，为将来正式即位做准备。

卷三十一　职官典十三

王侯总叙

法古者多封国之制[1]，魏曹元首《六代论》、晋陆士衡《五等论》皆言封建之利[2]。是今者贤郡县之理，贞观中，朝议封建，李伯药盛陈不可[3]，马周继言之，遂止。虽备征利病，而终莫究详。尝试论之曰：在昔制置，事皆相因。物土疆，建万国，成则肇于轩后[4]，方有可称。不应创择万人，首令分宰[5]。盖因其豪而伏众，即其地而名国。或循沿旧政，简朴不传；或坟籍散亡[6]，建兹复纪。涂山之

曹元首与陆士衡是主张封建制的学者，而李百药和马周则是反对实行封建制的历史学家与政治家，双方各持一辞，莫衷一是。杜佑罗列了这两种不同观点后，引发了自己在这一问题上的观点。

会[7]，亦云万数。夏祚经四百[8]，已丧七千，殷氏六百年间，又损千二百矣。爰及周赧[9]，八百余祀，离为十二，合为六七[10]。始皇荡定，天下一家，历载千九百，并万而为一[11]。众暴寡，且无虚月；大灭小，未尝暂宁[12]。迭寻干戈，挤人涂炭。秦睹其弊，不复建侯，才及嗣君，天下怨溃。汉祖矫枉，并建勋亲。旋则韩、彭菹醢[13]，续有吴、楚逆乱。武、昭之后[14]，制许推恩[15]，分人为差，但食租税。王莽阶缘后族[16]，克成篡夺，诸刘微劣，势同编甿[17]。光武远惩大封，优全劳旧。邓、寇、耿、贾，国止四县。二汉所立，列郡不殊。中有伪新[18]，乃如羿、浞[19]。虽无涂山万国，享祚侔于夏氏。曹魏翦弱藩戚，未几覆亡。晋室分兵八王，致乱尤速。晋以魏公族微弱，神器易迁[20]，故委兵诸王，未几迭相攻伐，遂亡天下，所谓矫枉过当，其败愈速也。刘宋改更旧制，国吏不得称臣。孝武性多猜忌，诸国吏人于本国君不得称臣，改称曰“下官”也。自兹以还，建侯日削，欲行古道，势莫能遵。天生烝人[21]，树君司牧[22]。人既庶焉，牧之理得，人既寡焉，牧之理失。庶则安所致，寡则危所由。汉、隋、大唐，海内统一，人户滋殖，三代莫俦[23]。唐虞之前，记录简略，人户损益，不可复知。夏氏以来，载籍渐备。西汉有千二百余万户，东汉有千余万户，隋及大唐皆有九百余万户。虽三代致理，亦莫比焉。魏晋之后，凋耗则甚。若以为人而置君，欲求既庶，诚宜政在列郡，然则主祀或促矣[24]。若以为君而生人，不病既寡，诚宜政在列国，然则主祀可永矣。主祀虽永乃人鲜[25]，主祀虽促则人繁。建国利一宗，列郡利万姓，损益之理，较然可知。夫立法作程，未有不弊之者，固在度其为患之长短耳。政在列国也，其初有维城磐石之固[26]，其末有下堂中肩之辱[27]。远则万国屠灭，近则鼎峙战争[28]，所谓其患也长。夏殷周三代，诸国相灭。魏晋鼎峙六十余年，车书方一[29]。永嘉之后，天下幅裂，三百余载，江左乃平。政在列郡也，其初有四海一家之盛，其末有土崩瓦解之虞。高、光及于国初[30]，戡定之勋易集，所谓其患也短。自秦二世元年，陈胜首起兵乱[31]，至汉高平项羽[32]，凡八年而天下定。自王莽地皇三年[33]，海内兵起，至光武建武十二年平公孙述[34]，凡十三年而甲兵戢。自隋文大业十一年[35]，已有群盗起，至国家武德七年[36]，凡十年而干戈息。岂非已然之证欤！夫君尊则理安，臣强则乱危。《管子》曰："君尊则国安，君卑则国危。"是故李斯相秦[37]，坚执罢侯置守。其后立议者，以秦祚促，遂尔归非。向使胡亥不嗣[38]，赵高不用[39]，闾左不发，酷法不施，百姓未至离心，陈、项何由兴乱？自昔建侯，多旧国也。周立藩屏，唯数十焉，余皆先去声封，不废其爵。楚灭六、蓼[40]，鲁臧文仲叹曰[41]："皋繇、庭坚，不祀忽诸。"按：皋繇、庭坚，重于唐虞之际，封立国邑，不应殷周之时。略征一二，是沿习也。谅无择其利遂建诸国[42]，惧其害不立郡县。故曰"事皆相因"，斯之谓矣。自五帝至于三王，相习建国之制，当时未先知封建则理，郡县则乱。而后人睹秦汉一家天下，分置列郡，有溃叛陵篡之祸，便以为先王建万国之时，本防其萌，务固其业，冀其分乐同忧[43]，飨利共害之虑[44]。乃将后事以酌前旨，岂非强为之说乎？览曹、陆著论[45]，诚谓文高理明，不本为人树君，不稽烝甿损益[46]。观李、马陈谏[47]，乃称冥数素定[48]，不在法度得失，不关政理否臧[49]。故曰"终莫究详"，斯之谓矣。但立制可久，施教得宜，君尊臣卑，干强枝弱，致人庶富，享代长远。为理之道，其在兹乎！

[注释]

[1] 法古：效法古代。 [2] 曹元首：名冏，生卒年不详，字元首。齐王曹芳族祖，沛国谯（今安徽亳州）人。任过弘农太守。《六代论》：文章名，曹元首撰。这是一篇总结历史经验、联系当代政治得失的政论文章。其中对曹魏政权有鉴于汉代宗族之祸，从一开始就只讲“尊尊”，而不言“亲亲”，主张恢复封建之制。文章征引了贾谊、刘向的言论，比较全面地论述了秦汉以来的经验教训，论证相当充分，有一定的说服力。陆士衡（261—303）：西晋书法家、文学家。名机，字士衡，吴郡华亭（今上海松江区）人，三国东吴名将陆逊之孙。少负才名，工诗文，与其弟陆云并称“二陆”。在西晋任太子洗马、著作郎等职。后成为成都王司马颖的后将军、河北大都督，兵败被谗，为颖所杀，时年 43 岁。《五等论》：文章名，晋陆机撰。以圣王经国，义在封建的理论，极力主张推行封建制。 [3] 李伯药：即李百药（564—648），字重规，博陵安平（今河北安平县）人。唐代大臣、史学家。历任中书舍人、太子右庶子、宗正卿，封安平县公。撰有《北齐书》。 [4] 轩后：借指圣主。唐魏徵《奉和正日临朝应诏》诗云：“百灵侍轩后，万国会涂山。” [5] 分宰：分别治理。 [6] 坟籍：犹“坟典”，泛指古书。《后汉书·李固传》：“遂究览坟籍，结交英贤。” [7] 涂山之会：见卷七“历代盛衰户口”条注 [5]。 [8] 经四百：相传夏朝统治时间为 400 年。经，经过。 [9] 周赧：即周赧王（？—前 256）姬延，延一作“诞”。东周末代君主，公元前 314 年至前 256 年在位，被秦昭襄王击败，投降秦国，不久死去。 [10] 合

为六七：指东周末年，只有六七个诸侯国。[11] 并万而为一：是说从大禹时期的万国，至秦始皇并为一国。[12] 暂宁：暂时的安宁。[13] 韩：指西汉开国大将韩信。彭：指彭越，汉初功臣，封梁王。菹醢（zū hǎi）：古代一种酷刑，把人剁成肉酱。[14] 武、昭：指汉武帝与汉昭帝。[15] 推恩：汉武帝于元朔二年（前127）颁布推恩令，令诸侯推私恩分封子弟为列侯。名义上为施恩惠，实为剖分其国。诸侯王国遂裂为数个、十余个侯国。汉制，侯国隶属于郡，地位与县相当，其势力被大大削弱。[16] 阶缘：凭借，依附。[17] 编甿：百姓。[18] 伪新：王莽所建的新朝。西汉初始元年（8），外戚王莽代汉称帝，改国号“新”，都长安，史称新莽。曾推行复古改制，实行“王田”制和五均赊贷及六筦法。更始元年（23）为绿林农民起义军所灭。[19] 羿、浞：羿，指后羿；浞，指寒浞。后羿为夏代有穷氏国君，或称夷羿。夏朝衰弊时，羿依靠夏民的支持而取代夏政。恃其善射，乐于狩猎而不恤民事，信用宠臣寒浞，最后被寒浞杀害。寒浞为后羿相，在宫廷中培植自己的势力，伺机夺取了帝位，登上有穷国的王位，同时霸占了帝羿的妻室。后被少康攻灭。[20] 神器：指政权、帝位，亦为玉玺的别称。[21] 烝人：民众、百姓。[22] 树君：选立君主。司牧：统治之意。司，主持、掌管。牧，古代统治者称统治人民为牧。[23] 莫俦：不能相比。[24] 主祀：祭祀仪式上第一个祭祀的人。[25] 人鲜：人口少。[26] 维城：连城以卫国。[27] 下堂中肩：比喻君弱臣强。下堂，谓下及殿堂台阶。《礼记·郊特牲》：“觐礼：天子不下堂而见诸侯。”中肩：指射王中肩的典故，周桓王与郑国交战，被郑人射中肩部，虽然没有危及生命，但已让周天子的威信降到了最低。[28] 鼎峙：如鼎足并峙。[29] 车书方一：车同轨、书同文之意，比喻政治统一。[30] 高、光：指汉高祖与汉光武帝。[31] 陈胜（？—前

208）：秦末农民起义领袖，字涉，阳城（今河南登封东南）人。雇农出身。公元前209年被征发去戍守渔阳（今北京市密云西南），误期，遂在蕲县大泽乡（今安徽宿州境内）发动反秦起义。迅速攻占陈县，建立了“张楚”政权，陈胜被推举为王。次年，秦将章邯率军镇压，陈胜战败，退到下城父（今安徽蒙城西北）时，被其车夫庄贾杀害。葬于砀（今安徽砀山南）。 [32] 项羽（前232—前202）：秦末著名将领。名籍，字羽，下相（今江苏宿迁西南）人。出身楚国贵族，秦末陈胜起义时，其叔父项梁举兵响应，项梁死后，项羽统率了这支军队。大破秦军，斩苏角，俘王离，逼杀涉间。继又威诱并用，迫使秦将章邯率20万军投降，从而摧毁了秦军主力。奉楚怀王之命，进攻关中，公元前206年初，破关西。屠咸阳，焚秦宫室，秦朝灭亡。不久，在关中分封十八位诸侯王，自立为西楚霸王。其中刘邦被封为汉中王，但刘邦并不满意，明修栈道，暗度陈仓，与项羽争夺天下，项羽最终战败，自杀于乌江（今安徽和县东北）。 [33] 地皇：新莽年号，三年即公元22年。 [34] 公孙述（？—36）：字子阳，东汉初扶风茂陵（今陕西兴平东北）人。新莽天凤中，任导江卒正（蜀郡太守），居临邛。后起兵，恃地险众附，自立为蜀王，都成都。建元初，进称天子，号成家。尽有益州地，聚甲兵数十万人，营造宫室，设置百官。汉光武帝出兵征讨，并修书劝降，不听。建武十二年（36），军败被杀。 [35] 隋文大业十一年：即公元615年。《通典》记为隋文，误，应为隋炀帝。 [36] 武德七年：即公元624年。 [37] 李斯（？—前208）：战国末期著名法家人物。楚国上蔡（今河南上蔡县）人。与韩非为同学。学成后，认为在楚国建立功业无望，遂于秦庄襄王三年（前247）西去秦国。受到重用，历任长史、客卿、廷尉等官。秦王尽用其计，二十余年，统一了天下，为“始皇帝”，以李斯为丞相。李斯还助秦始皇统一法律、货币、度量衡和车轨等，为巩固统一的中央集权的秦朝，做出了很大贡献。公元前 210 年，秦始皇病死，他伙同宦官赵高立秦始皇第十八子胡亥为皇帝。不久，李斯也为赵高所陷害，腰斩于咸阳。 [38] 胡亥（前 230—前 207）：秦二世名。他在赵高等人的拥戴下，登上皇帝宝座。即位后，下令后宫嫔妃无子者皆死，并诛杀诸公子、公主 20 余人，秦始皇的许多亲信大臣被杀。其后，诛罚日益严峻，大臣人人自危。他又实行种种暴政，社会矛盾迅速激化。陈胜大泽乡起义后，天下响应。刘邦军攻克武关后，赵高担心秦二世追究责任，遂派其婿咸阳令阎乐等人杀死了秦二世。 [39] 赵高（？—前 207）：秦朝宦官。原为赵国人，进入秦宫后，被提拔为中车府令。秦二世即位后，任郎中令。陈胜、吴广起义后，赵高任中丞，专断朝政。在秦二世面前故意指鹿为马，凡不愿随声附和的大臣，均遭迫害。刘邦义军进入关中后，赵高遂派兵包围望夷宫，迫使二世自杀。企图自立为帝，但因百官不从，遂立二世侄子婴为秦王。同年九月，子婴用计杀赵高于斋宫，夷其三族。 [40] 楚灭六、蓼：六与蓼，皆为国名。春秋时楚国利用秦、晋两大国交战之机，乘机向东吞并淮水流域诸小国。周襄王三十年（前 622），楚国吞并六国（今安徽六安北）。同年，楚公子燮又率军灭亡蓼国（今河南固始东北）。 [41] 臧文仲：春秋时鲁国大夫。又称臧孙、臧孙辰，早期无神论者。 [42] 谅：相信，诚然。 [43] 冀：希望。 [44] 飨：享有，享受。 [45] 曹、陆：指曹元首与陆士衡。 [46] 烝甿：百姓。 [47] 李、马：指李百药与马周。 [48] 冥数：旧谓上天所确定的气数或命运。 [49] 否臧：是非，善恶。

[点评]

这段文字名为王侯总叙，却没有论述王侯的源起以及历代演变的过程，而是论述了封建制与郡县制的问题。通过这段论述可以明显地看出，杜佑反对推行封建制，坚决支持郡县制的态度。首先，杜佑认为上古时期之所以国多，是因为人们居住分散，联系不紧密，故“即其地而名国”。这种所谓“国”在今天看来，实际上是一个个部落。大禹涂山之会，实际上是一次部落联盟的会议，大禹名为天下之主，实际也只是部落联盟首领。随着生产的发展，社会的进步，这种“国”必然越来越少。杜佑已经观察到了这一发展趋势，认为经过夏代的统治，已经减少了七千个，经过商代又减少了一千二百个，至东周末年仅剩下十二国，战国后期仅余七国。意在说明封建制愈来愈不适应社会发展的趋势，是一种落后过时的体制。其次，杜佑举西汉吴、楚七国之乱与西晋的八王之乱的例子，说明强行推行封建制只能导致政治不稳，天下大乱，生民涂炭，政权衰亡。关于秦朝二世而亡，杜佑认为不是实行郡县制的缘故，而是嗣君选择不当，统治残暴的缘故。其三，杜佑认为实行封建制的历史时期，政在列国，“远则万国屠灭，近则鼎峙战争，所谓其患也长”；实行郡县制的历史时期，其统治末年虽“有土崩瓦解之虞”，但是从动乱分裂到天下重新统一耗时较短，如秦末动荡到西汉统一，仅仅八年；新莽末至光武中兴，仅仅十三年；隋末战乱到唐武德七年平定各地割据，仅耗时十年。杜佑还认为立法建政未有不弊者，没有一种制度是完美无缺的，其制优劣与否，在于为患时间的长短，这是一个了不起的观点。杜佑还指出："建国利一宗，列郡利万姓，损益之理，较然可知。"把利一家与利万姓作为检验这两种制度优劣的标准，值得后世学者借鉴。所谓"封建制"，我国传统的说法一直指"封土建国"，欧洲的封建社会以及马克思的论述，也都是这个意思。杜佑在这里论述的封建制也是建立在这一认知的基础之上的，与我国学术界过去长期坚持的"封建"概念截然不同。我国在一个较长的时期内认为封建制是地主占有土地、剥削农民（或农奴）剩余劳动为基础的社会制度，并对封建制的开始，即奴隶制与封建制的分期进行了讨论，观点各异，其中占主流地位的观点是春秋战国之交。目前学术界的观点已日益回归到传统的说法上去了。

卷三十二　职官典十四

司隶校尉

司隶，周官也，掌五隶之法[1]，辨其物而掌其政令，五隶，谓罪隶、四翟之隶也。物谓衣服、兵器之属。帅其民而捕盗贼。

汉武帝征和四年[2]，初置司隶校尉，持节[3]，从中都官徒千二百人，中都官，京师诸官府。捕巫蛊[4]，督大奸猾。督谓察视之。后罢其兵。察三辅、三河、弘农[5]。《晋志》曰[6]："汉武帝初置十三州刺史各一人。又置司隶校尉，察三辅、三河、弘农七郡。"元帝初元四年[7]，去节，后诸葛丰为司隶又加节[8]，寻复去之。司隶去节，自丰始也。诸葛丰为司隶，无所回避，京师语曰："间何阔，逢诸葛。"言间者何久阔不相见，以逢诸葛故也。侍中许章以外属贵幸，宾客犯法，与章相连。丰欲劾奏，适逢章出，丰驻车举节招章曰："下！"欲收之。章驰去，丰奔车逐之，章突入殿得免。因此成帝遂收丰节。成帝元延四年省[9]。绥和二年[10]，哀帝复置，但为司隶，除校尉字。冠进贤冠，属大司空，比司直[11]。司隶掌察皇太子以下，行马内事皆主之[12]。专道而行，专席而坐。初除，皆谒两府。两府谓丞相、御史也。惟涓勋初为司隶[13]，不肯谒丞相、御史大夫，后为翟方进奏免[14]。又《汉书》曰："鲍宣字子都[15]，明经，为司隶。丞相孔光行园陵[16]，官属行驰道中，宣使敛止丞相掾史，没入其车马，摧辱宰相。事下御史中丞，官欲捕，从事闭门不纳。宣坐闭拒使者，大不敬，下狱。博士弟子王咸举幡太学下[17]，曰：'欲救鲍司隶者，会此下。'诸生会者千余人。朝日，遮丞相孔光自言，丞相车不得行。宣罪减死一等。"《列异记》曰[18]："自宣至子永孙昱，俱为司隶校尉，其为公皆复乘骢马。京师歌之曰：'鲍氏骢，三入司隶再入公。马虽疲，行步工。'"又王骏为司隶校尉[19]，奏免丞相匡衡[20]。又盖宽饶为司隶[21]，亦无所回避。

这一段话出自《汉书·诸葛丰传》，不知何故，杜佑竟没有说明出处。其中"间何阔，逢诸葛"一句后的"言间者何久阔不相见，以逢诸葛故也。"为颜师古的注文。

[注释]

[1] 五隶：即罪隶、蛮隶、闽隶、夷隶、貉隶。罪隶为罪人及罪人之家属没为奴者，其余为四方蛮夷之俘虏为隶者，即谓之四翟之隶。翟同“狄”，亦称四夷之隶。 [2] 征和：汉武帝刘彻年号，四年即公元前 89 年。 [3] 持节：使臣的凭证。大臣奉命出使，由皇帝授予节杖，作为使臣的凭证。分为“使持节”“持节”“假节”。加“使持节”者可杀二千石以下的官吏，可以调动军队；“持节”低于“使持节”，有权杀无官职的人，而无权杀官吏；“假节”又低于“持节”，只有权杀罪犯，而无权杀平民百姓。 [4] 巫蛊：古代巫术，谓巫师使用邪术嫁祸于人，蛊为毒虫，故名巫蛊。 [5] 三辅：西汉建都长安，京畿官统称内史。汉景帝时分置左、右内史及主爵都尉，即有三辅的名称。汉武帝太初元年（前 104）改右内史为京兆尹，治长安以东；左内史为左冯翊，治长陵以北；主爵都尉为右扶风，治渭城以西。三河：汉称河东、河内、河南三郡为三河，与三辅、弘农同为畿辅之地。弘农：郡名。西汉元鼎四年（前 113）置，治弘农县（今河南灵宝北），取弘大农桑为名。辖境相当今河南省黄河以南，宜阳以西的洛、伊、淅川等流域及陕西省洛水、社川河上游、丹江流域。 [6] 晋志：指《晋书·职官志》。 [7] 初元：汉元帝刘奭年号，四年即公元前 45 年。 [8] 诸葛丰：西汉大臣。字少季，琅邪（今山东诸城）人。历任侍御史、司隶校尉。因诸葛丰侦查检举奸徒不避权贵，无所畏惧，后遂用“葛丰刺举”称美正直公平的司隶之官。 [9] 元延：汉成帝刘骜年号，四年即公元前 9 年。 [10] 绥和：汉成帝刘骜年号，二年即公元前 7 年。 [11] 比：相当于。司直：官名。丞相司直省称，掌纠举不法。 [12] 行马：阻拦人马通行的木栅，置于宫廷、官府门外。 [13] 涓勋：西汉大臣。曾任司隶，不肯谒见丞相、御史大夫，后朝会相见，礼节轻慢，遂被免

官。 [14] 翟方进（？—前 7）：西汉大臣。字子威，西汉汝南上蔡（今河南上蔡西南）人。历任议郎、博士、朔方刺史、丞相司直，先后举奏罢免司隶陈庆、涓勋两人。后迁为京兆尹、御史大夫、丞相。绥和二年（前 7），因天象灾异免丞相，被迫自杀。 [15] 鲍宣（？—3）：西汉大臣。字子都，渤海高城（今河北盐山东南）人。哀帝时，任谏大夫，曾上书抨击时政，大胆揭露社会危机，对人民的悲惨处境表示同情，极力主张采取措施，尽早缓和日益尖锐的阶级矛盾。后任司隶。王莽篡汉时，被迫自尽。 [16] 孔光（前 65—5）：字子夏，西汉鲁国（今山东曲阜）人，孔子第十四世孙。历任仆射、尚书令、光禄勋、御史大夫。绥和二年（前 7），拜相。不久，免其丞相与博山侯官爵，退居闾里，杜门自守。元寿元年（前 2），征为光禄大夫，又迁御史大夫、丞相，复故爵博山侯。次年，更为大司徒。及平帝即位，大司马王莽权威日盛。光乃引退，为太傅、太师，告老归乡。 [17] 王咸：西汉官员。济南（今山东济南章丘西）人，生卒年不详。曾为博士弟子，后官居护军、五威将。 [18]《列异记》：书名，亦题《列异传》。三国魏志怪小说集，旧题曹丕撰。《隋书·经籍志》著录为 3 卷，《新唐书·艺文志》著录为 1 卷，已有阙失。宋以后原书佚。 [19] 王骏：西汉官员。琅邪（今山东诸城）人，生卒年不详。以孝廉为郎，曾任幽州刺史、京兆尹、司隶等官。为官有能名，至御史大夫。 [20] 匡衡：西汉经学家。字稚圭，东海承（今山东枣庄）人。出身农家，生活穷困，自幼酷爱读书，为了读书曾“凿壁偷光”，传为美谈。历任博士、光禄勋、御史大夫、丞相等官。依附于宦官石显，石显失势，被贬为平民。 [21] 盖宽饶（？—前 60）：西汉大臣。字次公，魏郡（今河北临漳西南）人。历任郎、谏大夫、司马、太中大夫、司隶校尉等官。纠举无所避，公卿贵戚不敢犯禁。后因得罪宦官，宣帝欲治罪，遂引刀自刭而死。

后汉复为司隶校尉，所部河南尹、河内、右扶风、左冯翊、京兆尹、河东、弘农凡七郡，治河南洛阳。《北齐书》曰[1]："后汉凡皇族不得典三河，盖忌其亲而惜形迹之地。"无所不纠，唯不察三公。后汉江冯上言"宜令司隶校尉督察三公"[2]，陈元议以为不宜使有司省察公辅[3]，乃止。廷议处九卿上，朝贺处公卿下。鲍永为司隶[4]，鲍恢为都官从事[5]，并不避强御。诏策曰："贵戚且当敛手，以避二鲍。"鲍永子昱[6]，复为司隶，初拜，使封胡降檄[7]。光武遣问昱曰："有所怪否？"对曰："臣闻故事，通官文书不著姓，又当司徒露布，怪使司隶下书而著姓也。"上曰："吾欲令天下知忠臣之子复为司隶。"又中常侍王甫、曹节等用事[8]，尚书令阳球常唾手拊髀曰[9]："当令阳球作司隶，此辈敢尔。"后及拜司隶，球列车骑导从，当入司隶府，雒阳贼捕掾皆故墨绶公府掾孝廉也，邀见道侧。球怒曰："雒阳都邑，吏当得熊虎敢搏噬者，乃用鼷鼠当校尉车耶？不足污鞭杖，且举扑之。"于是威风振烈。明日诣阙谢恩，遂表劾王甫，自临考，父子皆死于杖下，乃磔甫尸，署曰"贼臣王甫"。于是权门股栗，皆雀目鼠步。曹节见甫尸，乃收泪入言球罪。帝徙为卫尉。球叩头曰："愿假臣一

司隶校尉与九卿均为二千石的官职，由于司隶校尉有监察九卿之权，故在廷议时其班位排在九卿之上，三公之下；然在举行朝贺时，却排在三公九卿之下，这是因为公卿皆为政务官，历代惯例监察官地位要低于政务官，以体现"以卑临尊"的原则之故。

月，必令豺狼鸱鸮悉伏其辜。”又，李膺字元礼[10]，拜司隶校尉。张让弟朔为野王令[11]，贪残无道，畏膺而逃藏让舍柱中。膺率将吏破柱取朔，付狱杀之。让诉冤于帝，帝召让膺。膺曰：“昔仲尼为鲁司寇，七日而诛少正卯[12]。今臣到官已积旬，惧以淹流为愆[13]，不意获速疾之罪。乞留五日，克殄元恶。”帝谓让曰：“汝弟之罪也。”自是宦官屏气，休沐不敢复出。帝问其故，并叩头泣曰：“畏李司隶。”凡司隶属官，有从事史十二人。其都官从事史，至为雄剧[14]，主察百官之犯法者。胡腾字子升[15]，辟荆州部南阳从事，遇桓帝南巡至南阳，千骑万乘，呼召求索，不可堪。腾奏曰：“天子无外，乘舆所在，即为京师。请荆州刺史比司隶，臣比都官从事，南阳守比河南尹，宛令比雒阳令。”许之。于是大将军亡马，西曹掾召腾。腾乃作都官从事鹄头召掾[16]，掾乃觉，膝行辞谢，由是不敢辄有呼召。

魏晋司隶与二汉同。刘聪僭号[17]，置左右司隶。司隶于端门外坐[18]，在诸卿上，绝席[19]。其入殿，按本品秩在诸卿下，不绝席。魏钟会为司隶[20]，虽在外司，时政损益，当世与夺，无不必综。《晋诸公赞》云：“刘毅字仲雄[21]，为司隶，奏太尉何曾、尚书刘寔父子及羊琇、张佗等所犯狼藉[22]。司郡守令事相连及观风投印绶者甚众，皆以为毅能继诸葛丰、盖宽饶。”初以司隶官属制置如州仪，而俗称之司州。见《太康记》[23]。及魏晋，乃以京辅所部定名，置司州，以司隶校尉统之。及东晋渡江，罢司隶校尉官，变其职为扬州刺史。

后魏、北齐为司州牧。

后周有司隶下大夫，掌五隶及徒者，捕盗贼囚执之事，属大司寇。

隋初有雍州牧。后炀帝置司隶台，有大夫一人，掌诸巡察。薛道衡为司隶大夫[24]，别驾二人，分察畿内，一人按东都，一人按京师。后又罢司隶台。裴蕴为御史大夫[25]，欲重己权，令虞世基奏罢司隶刺史以下官属[26]。而留司隶从事之名，不为常员，临时选京官清明者权摄以行。

大唐无司隶校尉，而有京畿采访使，亦其职也。

[注释]

[1]《北齐书》：纪传体史书，二十四史之一，唐李百药撰。全书有帝纪 8 卷，列传 42 卷，总计 50 卷。原名《齐书》，加“北”字，以与萧子显的《南齐书》相区别。 [2] 江冯：东汉大臣。生卒年不详。曾任大司农。 [3] 陈元：东汉经学家。字长孙，苍梧广信（今广西梧州）人。曾上疏请立《左传》博士，又请勿令司隶校尉督察三公，光武帝皆从之。 [4] 鲍永：东汉大臣。字君长，

上党屯留（今山西长治屯留县南）人。生卒年不详。历任谏议大夫、鲁郡太守、扬州牧。建武十一年（35），征为司隶校尉。纠举贵戚，朝廷肃然。后又辟扶风鲍恢为都官从事，鲍恢亦不畏权贵，光武帝曰："贵戚且宜敛手，以避二鲍。"后因查田不实，外任兖州牧，死于任所。 [5] 鲍恢：参见"鲍永"条。 [6] 鲍永子昱：鲍昱（？—81），字文泉。历高都长、司隶校尉等官。鲍昱在职奉法守正，有乃父风。永平五年（62），坐救火迟，免官。后任汝南太守、司徒、太尉等官。 [7] 胡降檄：这里指招降胡人的文书。檄，军书。 [8] 王甫：东汉宦官。历任黄门令、中常侍。汉灵帝时专权乱政，诛杀宗室、朝臣。灵帝崩后，被司隶校尉阳球诛杀。曹节（？—181）：东汉宦官。字汉丰，南阳新野（今属河南）人。历任长乐卫尉、中常侍、中书令，封育阳侯。与王甫等专权，父兄子弟皆为公卿列校、牧守令长，布满天下。光和四年（181）卒，赠车骑将军。 [9] 阳球：东汉大臣。字方正，渔阳泉州（今天津武清区西北）人。历任尚书侍郎、平原相、尚书令。光和二年（179），迁为司隶校尉，上奏灵帝捕杀王甫、淳于登、袁赦等宦官十余人及其子弟家属。引起权阉的愤恨，诬陷阳球，将其罢为卫尉。不久收捕下狱，诛死。 [10] 李膺（110—169）：东汉大臣。字元礼，颍川襄城（今属河南）人。初举孝廉，为司徒胡广召请，举高第，再迁青州刺史。桓帝闻其能，复召为度辽将军，再迁河南尹，官至司隶校尉，曾与太学生首领郭泰等结交，反对宦官专政，杀宦官张让弟朔，诸宦畏惧。李膺声名自高，太学中语曰："天下模楷李元礼。"士被其容接者称为"登龙门"。延熹九年（166），宦官以结党诽谤朝廷之罪，将他逮捕入狱，释放后禁锢终身。灵帝立，外戚窦武执政，起为长乐少府，因与陈蕃等谋诛宦官失败，被害。 [11] 张让（？—189）：东汉宦官。颍川（今河南禹州）人。灵帝时迁中常侍，封列侯，与赵忠、夏恽十二人皆为中常侍，他们封侯贵宠，父子兄弟布列州郡，所在贪残，侵掠百姓，时人鄙称之为“十常侍”。灵帝经常说：“张常侍是我公，赵常侍是我母。”中平六年（189），灵帝崩，中军校尉袁绍与大将军何进合谋诛宦官，事泄，让、忠等共杀何进。袁绍率兵大杀宦官，张让等劫持少帝逃到黄河边，因追兵甚急，被迫投河自杀。 [12] 少正卯：春秋时鲁国大夫，事迹不详。传说鲁定公十四年（前 496），被孔子以“五恶”（心达而险，行辟而坚，言伪而辩，记丑而博，顺非而泽）乱政之罪诛杀。少正，复姓，一说为官名。 [13] 愆（qiān）：罪过，过失。 [14] 雄剧：谓地位重要而事务繁重。 [15] 胡腾：东汉官员。生卒年不详。曾任大将军窦武府掾。 [16] 鹄头：汉字书体名，亦作“鹄书”。 [17] 刘聪（？—318）：十六国汉国皇帝。字玄明，新兴郡虑虒（今山西五台县）人，匈奴铁弗部。光文帝刘渊第四子，公元 310 年至 318 年在位。在位期间，派兵攻破洛阳和长安，俘虏并杀害晋怀帝及晋愍帝，制造永嘉之乱，覆灭西晋王朝。大力开拓疆域，采用胡汉分治的政治体制。统治后期，疏离朝政，纵情声色。麟嘉三年（318）崩，谥号昭武皇帝。 [18] 端门：皇宫的正门。 [19] 绝席：不同席，独坐一席。表示地位尊贵。 [20] 钟会：三国曹魏大将。字士季，颍川长社（今河南长葛东）人。早年任秘书郎。司马昭弄权时，拜为镇西将军，与邓艾分路伐蜀。钟会攻下汉中，进兵剑阁。蜀将姜维投降钟会，挑拨其与邓艾互争，钟会在司马昭的授意下，收捕邓艾父子，拥兵谋反，妄图自立，失败被杀。 [21] 刘毅（？—285）：西晋大臣。字仲雄，东莱掖（今山东莱州）人。历任尚书郎、驸马都尉，迁散骑常侍、国子祭酒、司隶校尉。《晋书》本传载：“纠正豪右，京师肃然。司部守令望风投印绶者甚众，时人以毅方之诸葛丰、盖宽饶。”年七十，告老，以光禄大夫归第，门施行马，复赐钱百万。太康六年（285）卒。 [22] 何曾（？—278）：西晋贵族。字颖考，陈国阳夏（今河南太康）人。官居太尉，日食万钱，尤言无下箸处。刘寔：西晋大臣。生卒年不详。曾任尚书、司空等官。羊琇（xiù）：西晋大臣。字稚舒。历任左卫将军、中护军、散骑常侍，典禁兵，预机密，宠遇甚厚。病卒。张佗：西晋官员。生卒年及事迹不详。 [23]《太康记》：书名，早佚。 [24]薛道衡（540—609）：隋代文学家。字玄卿，河东汾阳（今山西万荣）人。历仕北齐、北周，入隋官至司隶大夫，后为隋炀帝所害。诗风颇受南朝诗风的影响，情词淡丽，一些边塞诗较为雄健。原有集，已佚，《全隋诗》录其存诗 20 余首，明人辑有《薛司隶集》。 [25]裴蕴：隋朝官员。生卒年不详，曾任御史大夫之职。 [26]虞世基（？—618）：隋代文学家。字茂业，会稽余姚（今属浙江）人。仕陈，历祠部、殿中二曹郎，散骑常侍、尚书左丞。入隋，任通直郎，直内史省。历内史舍人、内史侍郎，官至金紫光禄大夫。后从炀帝南巡江都，为宇文化及所杀。博学工诗，善草隶。有《虞茂业集》，已佚。《先秦汉魏晋南北朝诗》存其诗 20 首。

［点评］

汉武帝设置司隶校尉之职，主要目的在于“捕巫蛊，督大奸猾”，因此允其持节，并督率中都官徒 1200 人，也就是说其既有便宜之权，又拥有一定的兵权。这是汉武帝为了对付“巫蛊之祸”而专门设置一种官职，是一种权宜之计。巫蛊之后，汉武帝遂罢去其兵权，任务是督察三辅、三河、弘农七郡，遂演变为地方监察官，这是司隶校尉职能的第一次重要变化。汉元帝初元四年（前 45）至汉成帝元延四年（前 9），司隶校尉的地位又一次发生变化。由于诸葛丰得罪了外戚许章，导致了其所持之节被剥夺。此后，司隶校尉虽仍然有督察、劾举之责，但由于失去了皇帝钦差使者的身份，其职能已与诸州刺史无异。这期间又发生丞相司直奏免了两位司隶校尉，即陈庆与涓勋，理由竟然是“轻谩丞相”，说明司隶校尉威权扫地，已被丞相所控制。至元延四年，汉成帝索性罢去了司隶校尉一职。司隶校尉地位的第三次变化，是汉哀帝复置此官后，去掉校尉，只称司隶。司隶校尉原有属兵 1200 人，加校尉这种武官衔是名符其实的。此次复置因不再领兵，去掉校尉亦无不可，关键在于其属于大司空，位比丞相司直，也就是说司隶不再直属于皇帝，而成为负责监察之务的大司空的下属之官，地位明显下降了。以上情况表明，司隶校尉在西汉的地位每况愈下。此后历代司隶校尉的职能与地位基本沿袭了汉制，只是将其所部七郡在魏晋时期正式改称为司州，东晋渡江后罢司隶之名，另置扬州刺史，北朝复置司州，长官称牧而不是司隶校尉。隋炀帝置司隶台，成为负责监察之务的三台之一，已无专门的行政区域。唐代把所有监察工作归之于御史台，从而将司隶校尉之制的痕迹消除得干干净净。杜佑说唐有京畿采访使，亦其职也，但此职并非常设之官，事罢即废，与前代的司隶校尉之制是不可同日而语的。

州牧刺史

黄帝立四监[1]，以治万国。

唐有九州[2]。

舜置十二州，有牧。

夏为九州牧。

殷周八命曰牧[3]。

秦置监察御史。

汉兴省之。至惠帝三年，又遣御史监三辅郡，察词讼，所察之事凡九条，监者二岁更之。常以十月奏事，十二月还监。其后诸州复置监察御史。文帝十三年，以御史不奉法，下失其职，乃遣丞相史出刺并督监察御史[4]。武帝元封元年[5]，御史止不复监。至五年，乃置部刺史，掌奉诏六条察州，凡十二州焉。汉制，刺史以六条问事，非条所问即不省。一条，强宗豪右田宅逾制，以强凌弱，以众暴寡。二条，二千石不奉诏书，遵承典制，背公向私，旁诏守利，侵渔百姓，聚敛为奸。三条，二千石不恤疑狱，风厉杀人[6]，怒则任刑，喜则任赏，烦扰刻暴，剥截黎元[7]，为百姓所疾，山崩石裂，妖祥讹言。四条，二千石选署不平，苟阿所爱，蔽贤宠顽[8]。五条，二千石子弟恃怙荣势，请托所监。六条，二千石违公下比，阿附豪强[9]，通行货赂，割损正令。居部九岁，举为守相[10]。成帝绥和元年，以为刺史位下大夫而临二千石[11]，轻重不相准，乃更为州牧，秩真二千石，位次九卿，九卿缺以高第补[12]。是时，何武与翟方进奏曰[13]："古选诸侯贤者以为州伯。今部刺史居牧伯之位，选第大吏，所荐位高至九卿，所恶立退，任重职大。《春秋》之义，用贵理贱，不以卑临尊。刺史位下大夫，而临二千石，轻重不相准。请罢刺史，更置州牧，以应古制。"奏可。哀帝建平二年[14]，复为刺史。时朱博又奏曰[15]："汉家立置郡县，部刺史奉使典州，督察郡国，吏人安宁。故事，居部九岁举为守相，其有异材功效著者辄登擢。秩卑赏厚，咸劝功乐进。今增秩为牧，以高第补九卿，其中材则苟自守而已，恐功效陵夷[16]，奸宄不禁。

任刺史满九年，可升迁为太守或诸侯王国相。因为刺史虽然监临守相，但是品阶较低，初置时仅六百石，而守相为二千石之故。

臣请罢牧，置刺史如故。”奏可。元寿二年[17]，复为牧。何武字君公，为扬州刺史，举奏二千石吏必先露章[18]，服罪者为亏除[19]，免之而已，不复极法。九江太守戴圣行治多不法[20]，前刺史以其大儒，多优容之。武使从事廉得其罪[21]，圣惧，自免。后毁武于朝，武闻之，终不扬其恶。黄霸为扬州刺史[22]，治有绩，汉宣诏赐车盖，特高一丈，别驾主簿车，缇油屏泥于轼前[23]，以彰有德。

［注释］

[1] 四监：官名。相传黄帝所设置的四个监察官。 [2] 唐：指唐尧。九州：传说中的中国上古地理区域。九州为冀州、兖州、青州、徐州、扬州、荆州、豫州、梁州、雍州。见《尚书·禹贡》。 [3] 八命：周代官分九等，称九命。其中八命为王之三公及州牧。 [4] 丞相史：官名。西汉丞相府有丞相史 20 人，秩四百石。 [5] 元封：汉武帝刘彻年号，元年即公元前 110 年。 [6] 风厉：本意为疾速，这里是指暴虐，暴戾。 [7] 黎元：指百姓。 [8] 宠顽：宠信愚顽之人。 [9] 阿附：巴结奉承。 [10] 守相：官名。指郡太守与诸侯国相。 [11] 临：监临。 [12] 高第：指官吏的考绩优等者，亦指对策成绩优异者。 [13] 何武（？—3）：西汉大臣。字君公，蜀郡郫县（今四川成都郫都区北）人。举孝廉出身，历任县令、扬州刺史、司隶校尉、京兆尹、御史大夫，累迁大司空，封汜乡县侯。元始三年（3），受累于“吕宽、王宇事件”，坐罪自杀。 [14] 建平：汉哀帝刘欣年号，二年即公元前 5 年。 [15] 朱博：西汉大臣。

字子元，京兆杜陵（今陕西西安南）人。少时为亭长，迁为功曹。汉成帝时，历任冀州刺史、琅邪太守、左冯翊、廷尉、后将军。汉哀帝时，为京兆尹、大司空、御史大夫。建平二年（前5），朱博弹劾丞相孔光，朱博继任丞相，封阳乡侯。因为依附傅太后，弹劾大将军傅喜，被汉哀帝派廷尉调查，朱博自杀。 [16]陵夷：衰颓。 [17]元寿：汉哀帝年号，二年即公元前1年。 [18]露章：纠弹二千石官员时，必须公开弹奏的内容。 [19]亏除：减免。 [20]戴圣：西汉学者。字次君，祖籍梁国甾县（今河南商丘南）。戴圣与叔父戴德曾跟随后苍学《礼》，两人被后人合称为“大小戴”。汉宣帝时，戴圣以博士身份参与石渠阁论议，官至九江太守。著作有《礼记》，为儒家经典之一。 [21]从事：这里指扬州刺史部下属吏。廉：察。 [22]黄霸（前130—前51）：西汉丞相。字次公，淮阳阳夏（今河南太康）人。一生经历汉武帝、汉昭帝和汉宣帝三朝。汉武帝末年，捐官出仕，授侍郎谒者，累迁扬州刺史、京兆尹、丞相长史、太子太傅，擢为御史大夫。汉宣帝五凤三年（前55），代替丙吉为相，封建成侯。甘露三年（前51）卒。执法严明，治绩卓著，后世常将其和龚遂作为“循吏”的代表，并称“龚黄”。 [23]缇油：古代车轼前的红色油布，后世遂以“缇油”作为殊遇之标志。屏泥：车轼前的装饰，亦用以遮挡泥土。轼：古代马车上前方的横木。

十二州各置一名刺史，京畿地区为司隶校尉部，合称十三部州。最初刺史没有固定的治所，东汉时期才有了固定的治所，从而为州发展成为一级行政区划奠定了基础。

后汉光武建武十八年，复为刺史。外十二州各一人，其一州属司隶校尉。汉刺史乘传周行郡国[1]，无适所治，中兴所治有定处。旧常以八月巡行所部，常以秋分行部[2]，郡国各遣一吏迎之界上。录囚徒[3]，考殿最。不称职者为殿，其有能者为最。初岁尽诣京都奏事，中兴但因计吏[4]，不复自诣京师。建武十一年，初断州牧自还奏事[5]。虽父母之丧，不得去职。元嘉元年[6]，初听刺史二千石行三年服[7]。延熹二年复断之。或谓州府为外台。谢夷吾为荆州刺史[8]，第五伦荐之曰[9]："寻功简能，为外台之表；听声察实，为九伯之冠[10]。"灵帝中平五年[11]，改刺史，唯置牧。是时天下方乱，豪杰各欲据有州郡，而刘焉、刘虞并自九卿出领州牧[12]，州牧之任，自此重矣。旧制，州牧奏二千石长吏不任位者，事皆先下三公，三公遣掾史按验，然后黜退。光武即位，用法明察，不复委三府[13]，故权归举刺之吏。李膺为青州刺史，守令畏威明，闻风弃官。郭伋字细侯[14]，再为并州，请州中雄俊以为师友，朝夕参政，分禄以养之。初行部到美稷[15]，数百小儿骑竹马迎送，问使君何日还，伋令别驾计日告之。及还入美稷，先期一日，伋即止野亭[16]，须期乃往。又种暠字景伯[17]，为梁州，被征还。吏民诣阙复留一年。迁汉阳太守，戎夷男女至界共相辞，十里不得乘车。又贾琮字孟坚[18]，为交趾刺史，时州人反，琮到乃安。巷路歌曰："贾父来晚，使我先反，今见清平，吏不敢饭。"迁冀州，旧典，传车骖驾[19]，垂赤帷裳[20]，琮曰："刺史当远视听，反自掩塞乎？"乃令褰之[21]，百城闻风振悚。又，百里嵩为徐州刺史[22]，州旱，传车所经，甘雨必注。又，郭贺字乔卿[23]，为荆州，百姓歌曰："厥德仁明郭乔卿。"帝赐三公之服，去襜露冕[24]，使百姓见之，以彰有德。又，周乘为交趾刺史[25]，举奏二郡秽浊太守，属县解印绶弃官者四十余城。又，韦康代父为荆州[26]，父出止传[27]，康入官，时人荣之。

魏晋为刺史，任重者为使持节都督，轻者为持节，皆铜印墨绶，进贤两梁冠，绛朝服；领兵者武冠。而晋罢司隶校尉，置司州，江左则扬州刺史。魏贾逵字梁道[28]，为荆河州刺史，逵曰："州本监郡，谓察二千石以下。其状皆言严能鹰扬有督察之才，不言安静宽仁有恺悌之德也[29]。"于是不如法者，皆奏免之。帝曰："逵真刺史也，布告天下，当以荆河州为法。"当阳侯杜元凯为荆州[30]，人号为杜父。旧水道惟沔汉达江陵千数百里。君乃开阳口，起夏水，导洪洞，达巴陵，径近千余里。南土美而谣曰："后世无叛由杜翁，孰识智名与勇功。"又，吴隐之召为广州[31]，州界有贪泉，父老云："饮此水使廉士变贪。"隐之先至水，酌而饮之，赋诗曰："古人云此水，一饮重千金。若使夷齐饮，终当不易心。"自魏以来，庶姓为州而无将军者，谓之单车刺史。庶姓谓非帝族。**凡单车刺史，加督进一品，都督进二品，不论持节、假节。晋制，刺史三年一入奏。**《甲午诏书》曰[32]：“刺史衔命，国之外台，其非所部而在境者，刺史并纠之。”

［注释］

[1] 乘传：是指乘坐驿站之车。 [2] 行部：指刺史巡查所辖地区。 [3] 录囚徒：这里指刺史巡视监狱，对在押囚犯进行审录，以防止冤狱和淹狱，是一种监督监狱及司法工作的制度。 [4] 计吏：指上计之吏，即每年州郡向朝廷汇报财政收支及官员考核情况的官吏。 [5] 初断：首次禁止的意思。 [6] 元嘉：汉桓帝刘志年号，元年即公元 151 年。 [7] 行三年服：服丧三年之意。 [8] 谢夷吾（25—89）：东汉官员。字尧卿，会稽山阴（今浙江绍兴）人。少为郡吏，太守第五伦擢其为郡督邮。后举孝廉，出任寿张县令，迁荆州刺史。 [9] 第五伦：东汉大臣。生卒年不详。字伯鱼，京兆长陵（今陕西咸阳东北）人。早年任乡官。举孝廉出身，历任会稽太守、蜀郡太守。永平十八年（75），担任大司空。正直无畏，不惧权贵。元和三年（86）致仕。数年之后去世，享年 80 余岁。 [10] 九伯：指上古时期九州的方伯，这里指地方长官。 [11] 中平：汉灵帝刘宏年号，五年即公元 188 年。 [12] 刘焉（？—194）：东汉末年宗室。字君郎，江夏竟陵（今湖北天门）人。历任雒阳令、冀州刺史、南阳太守、宗正、太常等官。东汉末年，刘焉领益州牧，遂派张鲁盘踞汉中，张鲁截断交通，斩杀汉使，从此益州与中央道路不通。刘焉对内打击地方豪强，巩固自身势力，益州因而处于半独立的状态。兴

平元年（194），刘焉因背疮迸发而卒，其子刘璋继领益州牧。刘虞（？—193）：东汉末年宗室。字伯安，东海郯（今山东郯城西北）人。历任幽州刺史、甘陵国相、宗正等职，在地方政绩卓著，颇有名望。中平五年（188），刘虞出任幽州牧。为政宽仁，安抚百姓，深得人心。由于与公孙瓒意见不合而产生矛盾，因而进兵攻击公孙瓒，兵败为其所执，惨遭杀害。 [13] 三府：这里指三公府。 [14] 郭伋（前 39—47）：东汉官员。字细侯，扶风茂陵（今陕西兴平）人。西汉游侠郭解玄孙。西汉末任渔阳都尉。新莽时，任上谷大尹、并州牧。更始元年（23），更始帝刘玄征为左冯翊。建武元年（25），光武帝刘秀任其为雍州牧、尚书令。此后历任诸郡太守，建武十年（34），调任为并州牧。二十三年（47）卒，时年 86 岁。 [15] 美稷：古县名。位于今内蒙古准格尔旗西北，东汉灵帝中平（184—189）中，县治移至今山西汾阳西北。 [16] 野亭：野外供人休息的亭子。 [17] 种暠（103—163）：东汉大臣。字景伯，河南洛阳人。举孝廉，再举高第。汉安元年（142），任侍御史、益州刺史、凉州刺史、辽东太守等官，深受百姓爱戴。延熹元年（158），南匈奴反叛，汉桓帝命种暠以度辽将军前往平乱，很快平定叛乱，边境安宁。延熹四年（161），升任司徒，位列三公。延熹六年（163）卒，终年 61 岁。百姓闻讯，为之发哀，南匈奴亦举国哀痛。 [18] 贾琮：东汉官员。字孟坚，东郡聊城（今山东聊城东昌府区）人。曾任冀州刺史、度辽将军、交趾刺史等官，为政清廉，百姓爱戴。 [19] 骖（cān）驾：三匹马驾的车子。 [20] 赤帷裳：红色的车帷幔。 [21] 褰（qiān）：撩起，提起。 [22] 百里嵩：东汉官员。生卒年不详。字景山，封丘（今属河南）人。曾任徐州刺史，为官清正廉洁，体察民情，关心百姓疾苦。 [23] 郭贺：东汉官员。字乔卿，雒城（今四川广汉）人。建武中为尚书令，在职六年，晓习故事，多所匡益。拜荆州刺史，因政绩突出，恩宠隆异。 [24] 襜：车帏。 [25] 周乘：东汉官员。字子居，汝南安城（今河南汝南东南）人。历任侍御史、交州刺史等官，品行端庄、励精图治，为人称道。 [26] 韦康（？—212）：汉末三国时官员。字元将，京兆杜陵（今陕西西安南）人。起家京兆郡主簿。举孝廉出身，受到曹操的重用。接替父亲出任凉州刺史，颇受百姓爱戴。建安十七年（212），受到马超攻击，被杀害。 [27] 止传：停止乘坐驿车。 [28] 贾逵（174—228）：汉末三国曹魏名臣。字梁道，河东襄陵（今山西临汾）人。初为并州郡吏，迁渑池县令，拜弘农太守。担任豫州刺史期间，兴修水利，凿通运河 200 余里，时称“贾侯渠”，便利民生。随同曹丕伐吴，进封阳里亭侯，加号建威将军。太和二年（228）卒。 [29] 恺悌：和乐平易。 [30] 杜元凯（222—285）：西晋军事家、经学家。名预，字元凯，京兆杜陵（今陕西西安南）人。杜预初仕曹魏。西晋建立后，历任河南尹、秦州刺史、度支尚书等职。咸宁四年（278）接替羊祜出任镇南大将军，镇守荆州。咸宁五年（279）晋军攻灭东吴，其为统帅之一。太康五年（284），杜预被征入朝，拜司隶校尉，途中于邓县逝世，终年 63 岁。杜预博学多通，时誉为“杜武库”。著有《春秋左氏传集解》及《春秋释例》等书。 [31] 吴隐之（？—414）：东晋名士。字处默，濮阳鄄城（今山东鄄城）人。善于清谈，博涉文史。历任散骑常侍、著作郎。元兴元年（402），出任龙骧将军、广州刺史，领平越中郎将。特意经过“贪泉”，饮水赋诗明志。治理广州期间，力矫贪渎腐败，以清廉著称。义熙十年（414）卒。 [32]《甲午诏书》：书名。内容与成书时间不详。

宋与魏同。

梁刺史受拜之明日，辞宫庙而行，皆持节。梁蔡道恭字怀俭[1]，出为使持节、右将军、司州刺史。后魏围司州，会道恭病笃，呼其兄弟及诸将曰："以死固节，无令吾没有遗恨。"令取所持节曰："禀命出疆，凭此而已，既不还朝，欲与同逝，可与棺柩相随也。"又何胤字子季[2]，为建安太守，民不忍欺。伏腊放囚还家[3]，及期而至。又，安成康王秀都督雍、梁、南北秦四州诸军事[4]，雍州刺史，有疾，百姓商贾咸为请命。既薨，四州人裂裳为白帽，哀哭送迎。又，夏侯亶字世龙[5]，弟夔字季龙[6]，并任荆河州刺史。州人歌曰："我之有州，任仍夏侯，前兄后弟，布政优优。"

后魏天赐二年[7]，又制，诸州置三刺史，皇室一人，异姓二人，比古之上中下三士也。郡置三太守，县置三令长。孝文太和中[8]，次职令[9]。具《官品篇》。上党王天穆世袭并州刺史[10]。又，李崇为并州[11]，州旧多劫盗，崇乃村置一楼，楼悬一鼓，盗发则击之，俄顷之间，声布百里，遂多擒获。诸州鼓楼自崇始。自后魏、北齐，则司州曰牧。而北齐制州为上中下三等[12]，每等又有上中下之差，自上上州至下下州凡九等。

后周则雍州曰牧。而制刺史初除，奉辞之日，备列卤簿[13]。凡总管刺史则加使持节诸军事，以此为常。及苏绰为六条之制[14]，初文帝秉魏政[15]，令百官诵习，其牧守令长非通六条及计帐者[16]，不得居官。六条之制，其略曰：其一先治心，心不清净则思虑妄生，见理不明，是以治民之要，在于清心而已。其二敦教化。其三尽地利。其四擢贤良。其五恤狱讼。其六均赋役。静帝大象元年[17]，诏总管刺史及行兵者加持节，余悉罢之。

隋雍州置牧，余州并置刺史，亦同北齐九等之制。总管刺史加使持节。至开皇三年，罢郡，以州统县。自是刺史之名存而职废。后虽有刺史，皆太守之互名，理一郡而已，非旧刺史之职。按魏置使持节，宠奉使官之任。隋氏废郡，而以刺史牧人，既非使官，则合罢持节之称。其时制置，不以名实相副为意，仍旧存之。后改为太守，亦复不省，所以使持节之名，及于边远小郡，乃不征典故之失。刺史、县令，三年一迁。诸有兵处，则刺史带军事以统之。炀帝乃别置都尉领兵，兵不属郡。十四年，改九等州县为上、中、中下、下，凡四等。刘仁恩为毛州刺史[18]，治绩号天下第一，擢拜刑部尚书。炀帝大业初，复罢州置郡。为司隶台，大夫一人巡察畿内，又有司隶刺史，房彦谦尝为之[19]。其刺史十四人巡

刺史之职在于监察，隋文帝废郡而以州统县，遂使刺史正式变为州一级之政务官，而失去了原来的监察之职责。隋文帝罢郡后，也使以前的州、郡、县三级地方行政区划，变为州、县两级行政区划。从而改变了十羊九牧、官多民少的弊端。

察畿外诸郡，亦有六条之制，与汉六条不同。从事四十人，副刺史巡察。每年二月乘轺巡郡县[20]，十月入奏。

大唐武德元年，罢郡置州，改太守为刺史，而雍州置牧。至神龙二年二月，分天下为十道，置巡察使二十人，一道二人。以左右台及内外官五品以下坚明清劲者为之。兼按郡县，再期而代[21]。至景云二年，改置按察使，道各一人。开元十年省，十七年复置。二十二年，改置采访处置使，其有戎旅之地[22]，即置节度使，仍各置印。天宝九年三月敕："本置采访使，令举大纲，若大小必由，是一人兼理数郡。自今以后，采访使但访察善恶，举其大纲，自余郡务所有奏请，并委郡守，不须干及。"治于所部之大郡。至德之后，改采访使为观察，观察皆并领都团练使。其僚属随事增置。分天下为四十余道，大者十余州，小者二三州，各因其山川区域为制。诸道增减不恒[23]，使名沿革不一，举其职例，则皆古之刺史云。

[注释]

[1] 蔡道恭（？—504）：南朝梁官员。字怀俭，南阳冠军（今河南邓州西北张村镇冠军村一带）人。曾任司州刺史。天监三年（504），北魏军围司州，城中不满 5000 人，粮食只能支持半年。

其率励义勇，奋不顾命，死战不降。五月，蔡道恭死。八月，城陷。梁赠其镇西将军。 [2] 何胤（446—531）：南朝梁学者。字子季，庐江灊（今安徽霍山东北）人。少好学，从刘献受《易》及《礼记》《毛诗》。起家齐秘书郎，出为建安太守。后入为太子中庶子，撰新礼。后入山隐居。何胤著作颇丰，注《百法论》《十二门论》各 1 卷、注《周易》10 卷、《毛诗隐义》10 卷、《毛诗总集》6 卷、《礼记隐义》20 卷、《礼答问》55 卷，皆行于世。 [3] 伏腊：指伏祭和腊祭之日，或泛指节日。“伏”在夏季伏日，“腊”在农历十二月。 [4] 安成康王秀：指梁安成康王萧秀（475—518），字彦达。南兰陵郡（今江苏常州）人。梁武帝萧衍之弟，封安成郡王，康乃谥号。历任江州刺史、荆州刺史、安西将军。天监十六年（517），调任镇北将军、雍州刺史，次年在赴任途中逝世，终年 44 岁。萧秀为人清心寡欲，惟嗜典籍，精意求学，收藏颇富，曾聘请刘孝标等学者一起编撰大型类书《寿光书苑》和《类苑》，书未完稿，已流行于世。另有《安成王集》30 卷，已佚。 [5] 夏侯亶（？—529）：南朝梁大臣。字世龙，谯郡谯（今安徽亳州）人。南朝齐东昏侯时，累官骁骑将军。梁朝建立后，历仕宣城太守、散骑常侍、司州刺史等职。后以中护军之职率军北伐，收复寿阳，积功迁任豫州兼南豫州刺史。任内轻刑薄赋，务农省役，布政施惠，与民休息。大通二年（528），进号平北将军。次年卒，赠车骑将军。 [6] 季龙：即夏侯夔（483—538），字季龙，夏侯亶之弟。历任太子洗马、中书郎、大匠卿、荆河州刺史、司州刺史，累官至右卫将军，封保城县侯。大同四年（538）卒，终年 56 岁。 [7] 天赐：北魏道武帝拓跋珪年号，二年即公元 405 年。 [8] 太和：北魏孝文帝元宏年号，即公元 477—499 年。 [9] 次职令：北魏孝文帝于太和十七年（493）颁布《职员令》，二十三年（499）修订后再次颁《职员令》，故曰次职令，意为再次颁布职令之意。 [10] 天穆：即北魏上党王元天穆（489—530）。鲜卑族，北魏宗室大臣。起家员外散骑侍郎，迁太尉掾。交好权臣尔朱荣，扑灭六镇起义，发动“河阴之变”，拥立孝庄帝元子攸即位，镇压葛荣起义、邢杲之乱，结束北海王元颢叛乱。进封上党郡王，世袭并州刺史，权倾朝野，荣极一时。永安三年（530），随同尔朱荣入宫朝见，赐死于明光殿，时年41岁。 [11] 李崇（455—525）：北魏外戚。字继长，小字继伯，黎阳顿丘（今河南浚县）人。拜镇西大将军，历经孝文帝、宣武帝、孝明帝三朝，历治八州，五拜都督将军，政绩显赫，战功卓著，堪称一代名臣。孝昌元年（525）卒，时年71岁。 [12] 制州：规定州的等级。 [13] 卤簿：仪仗。 [14] 苏绰（498—546）：西魏名臣。字令绰，京兆武功（今陕西武功西）人。年少好学，博览群书，尤善算术，深得西魏权臣宇文泰信任。拜为大行台左丞，参与机密，助其改革制度。曾创制计帐、户籍等法，精简冗员，设置屯田、乡官，增加赋税收入。累迁为大行台度支尚书兼司农卿，封美阳伯。大统十二年（546）病卒，年仅49岁。 [15] 文帝：即宇文泰，西魏权臣，北周建立后，追尊文皇帝。 [16] 计帐：指户口簿籍。《旧唐书·食货志》：“凡天下人户，量其资产，定为九等。……每岁一造计帐，三年一造户籍。”计帐为州县呈报给户部存留的户口簿，供其编造户籍之用。 [17] 大象：北周静帝宇文阐年号，元年即公元579年。 [18] 刘仁恩：隋朝大将。生卒年不详。历任毛州刺史、刑部尚书。又以行军总管从杨素伐陈，以功升为兵部尚书。 [19] 房彦谦（547—615）：隋朝官员。字孝冲，齐州亭山（今山东历城）人。唐朝名相房玄龄之父。一生先后经历了东魏、北齐、北周和隋朝四个王朝。历任县令、郡司马、州录事参军，所到之处多有惠政，百姓号为慈父。隋大业九年（613），随炀帝到辽东，任扶余道监军。卒于隋大业十一年（615）。博通五经，善草隶。 [20] 轺：本义是指迎宾车、先导车、开道车，这里指官府专用马车。 [21] 再期：次年，第二年。 [22] 戎旅：军事，兵事。 [23] 不恒：不常。

［点评］

以上这段文字记述了历代地方监察制度的演变情况。中国自古以来就是大国，地广人众，如何对地方官员进行监察遂成一个重要的问题。从最初由中央不定期派官员巡察到划分监察区域派专人监察，经过了漫长的时期，直到汉武帝元封五年（前106）正式设置部刺史，以六条问事，才算形成了比较规范的制度。西汉的刺史只有监察权而无行政权，六条之外，不得过问其他政务。但是由于刺史地位特殊，越权干预地方政务的情况是难以避免的，于是在汉成帝时期罢刺史而置州牧，并将地位提升到真二千石，从而使州牧向地方长官转化迈进了一大步。尽管后来又有所反复，但这种趋势一旦形成，便不可遏阻，加之刺史固定治所的形成，遂使刺史地方官化的趋势进一步加强了。西汉末年尤其是新莽时期，刺史统率军队和掌管州务的情况越来越多，而监察职能却不断被削弱。东汉初期在平定全国各地割据势力的过程中，州牧地方官化已经基本形成，其掌握着治军、治官、治民等大权，从而对中央集权形成威胁。于是汉光武帝在建武十八年（42）再度废去州牧而重置刺史，并把全国分为十三个部州，置刺史十二员与司隶校尉一员，剥夺了刺史的领兵权，但仍然拥有一定的行政权，“常以八月巡行所部，录囚徒，考殿最”，说明其仍然履行了监察权。这一切都表明东汉刺史的权力已经远远超出了西汉刺史只能以六条问事的范围，这是州牧刺史制度的一大变化。东汉末年至三国时期，州牧地方官化已普遍存在，并且拥有治军、治民以及财政等大权，在镇压黄巾起义中发挥了重要的作用，甚至有的成为新的割据势力。魏晋南北朝以来的刺史继续了这一趋势，持节统军者比比皆是，其虽然仍有监察之责，但已完全地方官化了。《通典》说隋文帝开皇三年（583），“罢郡，以州统县。自是刺史之名存而职废。”并非说直到此时刺史才成为地方长官，而是说自此以后刺史不再拥有监察之责，而成为纯粹的地方长官了。唐代的情况亦是如此，中央对地方的监察主要由御史台负责，辅之以遣使巡察，如采访使、黜陟使、按察使等，皆属此类。不常置，事罢即废。直到肃宗乾元元年（758）统一改为观察处置使后，遂成为固定的道一级行政长官，同时亦拥有监察之权。

卷三十三　职官典十五

京尹

周官有内史，秦因之，掌治京师。汉景帝二年[1]，分置左右内史。武帝太初元年[2]，更名右内史为京兆尹，绝高曰京，十亿曰兆。大众所聚，故曰京兆。更名左内史为左冯翊。冯，辅。翊，佐也。初秦官有主爵中尉，掌列侯。汉景帝中元六年[3]，更名都尉。武帝太初元年，更名右扶风。扶，助。风，化也。与左冯翊、京兆尹是为三辅，治长安城中。《三辅黄图》曰[4]："长安以东为京兆，长陵以北为左冯翊，渭城以西

汉代的京兆尹、右扶风、左冯翊分别治理长安以东、以西、以北地区，实际上是将关中地区一分为三，由其分别治理。但其治所皆在长安城中，其中长安城内的行政与治安由京兆尹负责，责任最为重要。

为右扶风。”皆治在城中。故赵广汉叹曰[5]：“乱吾治者二辅也，诚得兼之，直差易耳。”银章青绶，进贤两梁冠，绛朝服，佩水苍玉。秩异凡州[6]，所监郡为京师，置尹一人，丞一人。赵广汉字子都，为京兆尹，以和颜接士，推功于掾吏，发于至诚。吏见者，皆输写心腹。广汉天性精于吏事，尤善为钩距[7]，以得人情，其发奸擿伏如神。冬狱当断，先为调棺，皆曰“死无所恨”。又张敞为尹[8]，一日捕诸偷得数百人，由是枹鼓稀鸣[9]，市无偷盗。又王尊、王章、王骏并为京兆[10]，皆有名。京师称曰：“前有赵、张，后有三王。”汉初，三辅治长安。后汉都洛阳，置河南尹，以三辅陵庙所在，不改其号，但减其秩，与太守同。后汉延笃字叔固[11]，及边凤皆为京兆尹[12]，并有雄名。语曰：“前有赵、张，后有边、延。”赵、张谓赵广汉及张敞。后汉左冯翊、右扶风属司隶，寻省。魏晋为京兆太守。后周都关中，又为京兆郡。隋京兆郡置尹并佐吏，合二百四十四人。大唐京兆府本为雍州，置牧一人，以亲王为之。太宗为秦王、中宗为英王、睿宗为相王时[13]，并居其任，多以长史理人。开元元年，改雍州为京兆府，置牧如故。掌宣风导俗，肃清所部。或以亲王居阁而遥领焉。初雍州置别驾，以贰牧之事。永徽中，改别驾为长史。开元初，改雍州长史为京兆尹，总理众务。凡前代帝王所都，皆曰尹。南朝曰丹阳尹，后魏初曰代尹，东魏曰魏尹，齐曰清都尹。

河南尹，其地在周为王城。成王命君陈分正东郊成周[14]，曰“尹兹东郊”。盖今河南牧之任，亦留守之始。秦兼天下，置三川守。三川，河、洛、伊也。秦末李由为三川守[15]。汉兴，更名三川为河南，后增守为太守。王莽改太守为大尹，改河南大尹为保忠信卿。光武中兴，徙都洛阳，改太守为尹，章绶服秩与京兆同。主京都，特奉朝请。李膺为河南尹。魏晋皆为河南尹。魏司马芝为河南尹[16]，莫有及者。又晋傅嘏为河南尹[17]，有大益于民，皆隐其端迹，若不由己出。故当时无赫赫之名，人久而后安。后魏太和中，迁都洛阳，又置河南尹。东魏置洛州刺史。后周置洛州总管，寻罢之。隋初为洛州刺史，复为河南内史。樊子盖检校河南内史[18]，屡有治绩。文帝谓曰：“今为公别造玉麟符[19]，以代铜兽。”大业初，为荆河州刺史，又为河南太守，寻为河南尹，与京兆同。大唐武德四年，置洛州都督。贞观十七年，改为刺史。显庆二年，置东都，改刺史为长史。而洛州本置牧一人，以亲王为之，中宗为周王时，及卫王重俊实居其任[20]，多以长史理人。至开元元年，改洛州为河南府，改长史为尹。其牧尹之制，一如京兆。诸曹僚佐亦如之。各有少尹二员，通判府事。京兆少尹，魏晋以来治中之任。隋文帝改为司马，炀帝又改为赞治，后又改为丞。武德初，复为治中。永徽元年，以大皇帝讳改为司马[21]。本一员，太极元年，雍、洛二州各加司马一员，分为左右。开元元年并改为少尹。开元以后，增置太原府为北京，官属制置悉同两京。初，武太后长寿元年[22]，以并州后之故里，改为北都，神龙初废。开元十一年，又以并州高祖起义之始，复置太原府，号曰北京。初，开元元年正月，于蒲州置中都，改州为河中府，至六月而罢。后上元元年，复置岐州为凤翔府，又以益州为成都府。

西周以洛邑为成周，东周为王朝统治中心。东汉为都城之所在，魏晋以及北朝时期的北魏、东魏、北齐皆是如此。隋唐两朝皆以洛阳为东都，故其设官皆仿长安，其长官地位同于京尹。

［注释］

[1] 汉景帝二年：即公元前 155 年。 [2] 太初：汉武帝年号，元年即公元 104 年。 [3] 中元六年：即公元前 144 年。 [4]《三辅黄图》：书名。又名《西京黄图》，作者佚名，一说汉末人作，另一说梁陈间人作，还有说唐肃宗以后人作。原书 1 卷，后有 6 卷或 2 卷本，可能因此掺入后世地名及杂说。此书记载了秦汉时期三辅的城池、宫观、陵庙、明堂、辟雍、郊畤等，间涉及周代旧迹。各项建筑，皆指出所在方位。此书条理清晰，为研究关

中历史地理的重要资料。 [5] 赵广汉：西汉大臣。字子都，涿郡蠡吾（今河北博野西南）人。举孝廉出身，历阳翟县令、京辅都尉、京兆尹。执法不避权贵。联合大将军霍光拥立汉宣帝，封为关内侯。以铁腕治理长安，处置豪强子弟，嫉恶如仇，政治清明，吏民赞不绝口。因执法严酷，受到司直萧望之弹劾，被腰斩处死，百姓惋惜。 [6] 凡州：普通州。 [7] 钩距：指古代一种兵器，这里指机谋。 [8] 张敞（？—前48）：西汉大臣。字子高，茂陵（今陕西兴平）人。昭帝时，为太仆丞。宣帝擢为豫州刺史，征为太中大夫，知尚书事。后历任山阳太守、胶东相、守京兆尹。整顿京师治安颇有成效。尝为妻画眉，时人非之，以此不得大位。后以光禄勋杨恽获罪被杀事牵连，被劾奏当免。其掾属讥之为“五日京兆”，不肯听命，他愤而杀之，以此免为庶人。后复起任冀州刺史、太原太守。元帝即位，任其为左冯翊，未就任因病而卒。 [9] 枹（fú）鼓：报警之鼓。 [10] 王尊：西汉官员。字子赣，涿州高阳（今属河北）人。历任郡吏、县令、太守、刺史、京兆尹等官。捕杀豪侠，整顿治安，号称能吏。王章：西汉官员。字仲卿，泰山钜平（今山东泰安市磁窑镇西太平村）人。历任左曹中郎将、谏大夫、司隶校尉、京兆尹等。因得罪大将军王凤，下狱处死。王骏：西汉官员。历任司隶校尉、京兆尹、御史大夫。治理京师，颇有能名。 [11] 延笃（？—167年）：东汉大臣。字叔坚，南阳犨县（今河南鲁山县张官营镇西）人。历任侍中、左冯翊、京兆尹。其为政主张宽松仁爱，爱惜百姓。后因得罪大将军梁冀，免职回家，以教书维持生计。永康元年（167）卒。 [12] 边凤：东汉大臣。生卒年不详。陈留（今河南开封东南陈留镇）人。曾任京兆尹，颇有治绩。 [13] 睿宗（662—716）：即唐睿宗李旦。唐高宗李治第八子，武则天第四子，唐中宗李显同母弟。谦恭好学，精通书法，历封殷王、冀王、相王、豫王，领洛州牧。嗣圣元年（684）登基，皇太后武则天垂帘听政。武周建立后，降为皇嗣。圣历二年（699），复封为相王。景云元年（710），李隆基联合太平公主发动政变，拥立其为皇帝。先天元年（712），禅位于皇太子李隆基，称太上皇。李旦前后两次登基，一共在位 8 年（684—690，710—712），真正掌权两年。开元四年（716），病逝，享年 55 岁，庙号睿宗，葬于桥陵。 [14] 君陈：西周大臣名，曾治理成周。又为《尚书·周书》篇名。 [15] 李由（？—前 208）：秦朝将军，丞相李斯之子。汝南上蔡（今河南上蔡县）人。迎娶公主，出任三川守，驻守洛阳，抵御了吴广对荥阳的攻击。刘邦攻打关中时，其死守雍丘，秦二世二年（前 208）被刘邦部将曹参所杀。 [16] 司马芝：三国魏大臣。字子华，生卒年不详，河南温（今河南温县）人。历任大理正、甘陵等郡太守、大司农、河南尹等。为官清正，不惧权势，不谋私利。 [17] 傅嘏（gǔ，209—255）：西晋大臣。字兰石（一字昭先），北地泥阳（今甘肃宁县米桥镇）人。历任尚书郎、黄门侍郎、河南尹。任职期间，推行善政，百姓获益。毋丘俭、文钦起兵，傅嘏及王肃劝司马师亲往讨伐，最终大破淮南军。司马师死后，司马昭还洛阳辅政，傅嘏以功进封阳乡侯。正元二年（255）卒，终年 47 岁。 [18] 樊子盖（545—616）：隋朝大臣。字华宗，庐江（治今安徽合肥）人。历任太守、刺史、民部尚书、检校河南内史等职，为官清廉谨慎，不纳贿赂，治军严格，封爵建安侯。大业十年（614），进爵为济公。大业十二年（616）卒，终年 72 岁。 [19] 玉麟符：刻有麒麟的玉质符契。 [20] 重俊：即唐中宗子李重俊（？—707）。早年历封义兴郡王、卫王，拜洛州牧，神龙二年（706）被册为皇太子。安乐公主、武三思等人多次进谗言诬陷他，地位受到极大威胁。神龙三年（707）七月，李重俊与禁军将校发动兵变，诛杀武三思父子，而后攻打宫城，意图杀死韦皇后等人，却被阻于玄武门，因士卒倒戈而失败。他逃奔终南山，中途被部下杀死。睿宗李旦即位后，赐谥节愍太子，陪葬定陵。[21]大皇帝讳：避唐高宗李治的“治”字讳。[22]长寿：武则天年号，元年即公元692年。

郡太守

郡守，秦官。秦灭诸侯，以其地为郡，置守、丞、尉各一人。守治民，丞佐之，尉典兵。

汉景帝中元二年[1]，更名郡守为太守。凡在郡国，皆掌治民，进贤劝功，决讼检奸。常以春行所主县，秋冬遣无害吏按讯诸囚[2]，平其罪法[3]，论课殿最，按律有无害都吏，言如公平吏。《汉书》："萧何以文无害，为沛主吏掾。"并举孝廉。汉制，岁尽[4]，遣上计掾史各一人，条上郡内众事[5]，谓之计偕簿[6]。郡为诸侯王国者，置内史以掌太守之任。宣帝以为太守，吏民之本，数变易则下不安，民知其将久不可欺罔，乃服从其教化。每拜刺史守相，辄亲见问，观其所繇[7]，退而考察，以质其言。质，正。常称曰："与我共理者，唯良二千石乎！"是以汉世良吏，于是为盛，称中兴焉。汲黯为东海太守，治官好清静，择丞史任之，责其大指而已。黯多病，卧阁内不出。岁余，东海大治。召为淮阳守，而黯辞之。上曰："君薄淮阳耶？吾欲得君重，卧而治之。"乃行。又王尊为东郡太守，河溢堤坏，尊执圭[8]，请以身填金堤，而水稍却。又冯立字圣卿[9]，与弟野王相代为西河、上郡[10]。人歌之曰："大冯君，小冯君，兄弟继踵相因循，聪明贤智惠吏民，政如鲁、卫德化均，周公、康叔犹二君"[11]。又召信臣字翁卿[12]，为南阳，民号为召父。龚遂字少卿[13]，为渤海，民有带持刀剑者，使卖剑买牛，卖刀买犊，曰："何为带牛而佩犊乎！"又文翁为蜀郡[14]，修起学宫，天下郡国皆立学校官，自文翁始也。又黄霸为颍川，以礼义教喻犯法者，讽晓令自杀，风化大行，以礼行尤异，增秩中二千石，征为京兆尹，而至丞相，复以礼义为治。又《汉杂事》曰[15]："蒋满为上党，其子万为北地都尉，同诏征见。宣帝曰：'父子割符邪！'即诏满为淮阳相，万为弘农守。"《史记》曰："杜周为御史大夫[16]，家两子，夹河为守。"又《循吏传》叙曰[17]："王成、黄霸、朱邑、龚遂、郑弘、召信臣等[18]，所居民富，所去见思，生有荣号，死见奉祠。"元帝建昭二年[19]，益三河大郡太守秩。凡户十二万为大郡。帝又下制，令诸侯王相位在太守下。**成帝绥和元年，省内史，以相治民，则相职为太守。**哀帝初，御史大夫王嘉上疏曰[20]：“近日公卿以下，变易促急，数改更政事。吏或居官数月而退，送故迎新，交错道路。二千石轻贱，吏人慢易，则有离叛之心。前山阳亡徒纵横，吏士临难，莫肯伏节死义者，以守相威权素夺也。故成帝悔之，诏二千石不以故纵为罪，赐金以厚其意。诚以国家有急，取办于二千石，二千石尊重难危，乃能使下。故尚书章文必有‘敢告之’字乃下，所以丁宁告者之辞[21]。今二千石、部刺史、三辅县令有材任职者，若有过差，宜可阔略[22]，令尽力者有所劝。此方今急务，国家之利也。”**王莽改太守曰大尹。**

西汉之诸侯王国相当于郡，侯国相当于县，故诸侯王国置相或内史掌管政事，在记载郡守时往往连同国相（内史）一并记述，守相并称。

[注释]

[1] 中元二年：公元前 148 年。 [2] 无害吏：汉官制术语。一说意为通晓法律，无人能比；一说持法公正，不以己意私怨枉法的官吏。 [3] 平：同“评”。 [4] 岁尽：岁末。 [5] 条上：谓备文向朝廷呈报。 [6] 计偕簿：即古代计吏登记户口、赋税、人事的簿籍。 [7] 所繇：即“所由”。 [8] 执圭：以手持圭。圭，本义指古代的玉制礼器，这里指测定节气和水文的仪器（即石座上平放的尺）。 [9] 冯立：西汉大臣。生卒年不详。字圣卿，上党潞县（今山西长治潞城区东北）人。历任东海、平原、西河等郡太守，居职公廉，百姓爱戴。 [10] 野王：西汉大臣。冯立之弟。字君卿，上党潞县（今山西长治潞城区东北）人。历任太子

中庶子、当阳等县县令。汉元帝时，升任陇西、西河等郡太守，入朝任左冯翊，升任大鸿胪。竟宁元年（前 33），任琅邪太守。后受大司马王凤排挤，被罢免官职，几年后，老死家中。 [11] 康叔：周武王同母弟，姬姓。原封于康国（今河南禹州西北），故称康叔或康叔封。三监之乱时，康叔参与平乱，因功改封于殷商故都朝歌（今河南淇县），建立卫国，为卫国第一代国君。康叔赴任时，其兄周公旦作《康诰》《酒诰》《梓材》，作为康叔治国法则。并告诫康叔，务必明德宽刑，爱护百姓。康叔统治有方，很快使卫国经济繁荣、社会稳定、百姓安居，成为卫国和卫姓的始祖。 [12] 召信臣：西汉官员。生卒年不详。字翁卿，九江郡寿春（今安徽寿县）人。历任谏大夫、少府、诸郡太守。为官清廉，有“召父”之称。 [13] 龚遂：西汉官员。生卒年不详。字少卿，山阳南平阳县（今山东邹城）人。初为昌邑国郎中令，侍奉昌邑王刘贺。刘贺行为不端，龚遂曾多次规劝。刘贺继帝位后，骄奢淫逸，龚遂屡次劝谏，刘贺仍不改正，最终即位 27 天遭废。刘贺属臣 200 多人遭诛杀，只有龚遂与中尉王吉因多次规劝免于一死，但被判处 4 年徒刑。汉宣帝继位后，龚遂担任渤海太守，平定盗贼叛乱、鼓励农桑，很有政绩。后升任水衡都尉，最终卒于任上。 [14] 文翁（前 187—前 110）：西汉官员。名党，字仲翁，庐江舒（今安徽舒城）人。汉景帝末年为蜀郡守，开湔江口，灌溉繁县农田 1700 顷，发展水利事业和农业生产。同时建立学校，兴办教育，选送蜀郡俊秀之士张叔等 18 人去京师从博士学习，归蜀后教授生徒。公元前 141 年在成都城南建文学精舍讲堂，入学者免除徭役，成绩优良者为郡县吏，政绩卓著。 [15]《汉杂事》：书名。又称《后汉杂事》，10 卷，已佚。 [16] 杜周（？—前 95）：西汉大臣。字长孺，南阳杜衍（今河南南阳卧龙区）人。任御史时，受命查办沿边郡县因匈奴侵扰而损失的人畜、甲兵、仓廪。他在查办过程中，严格追究造成损失的责任。执法严峻，奏事称旨，得到汉武帝的赏识，加以重用，累迁廷尉、御史大夫。太始二年（前 95），病死。 [17]《循吏传》：指《汉书》之《循吏传》。 [18] 王成：西汉官员。生卒年不详。曾任胶东相，招抚流民数万，甚有治绩。宣帝赐爵关内侯，秩中二千石。未及征用，病卒于官。朱邑（？—前 61）：西汉官员。字仲卿，庐江舒县人。早年任郡吏，汉宣帝时，升任北海太守。地节四年（前 66），因政绩、品行第一，入任大司农。郑弘：西汉官员。生卒年不详。字穉卿，泰山刚县（今山东宁阳县堽城镇）人。以高第入为右扶风，京师称之。曾任南阳太守，治绩突出，迁御史大夫。后坐罪免为庶人。 [19] 建昭：汉元帝刘奭年号，二年即公元前 37 年。 [20] 王嘉（？—前 2）：西汉大臣。字公仲，平陵（今陕西咸阳秦都区平陵乡）人。历任九江太守、大鸿胪、京兆尹、御史大夫等官。哀帝建平三年（前 4）拜丞相。元寿元年（前 2），下狱死。 [21] 丁宁：叮咛。 [22] 阔略：宽恕，宽容。

后汉亦重其任，寇恂字子翼，为颍川守，拜执金吾。后光武幸颍川，百姓遮道曰："愿陛下复借寇君一年。"乃留镇之。又张堪字君游[1]，初去蜀郡，乘折辕车而已。后为渔阳，谣曰："桑无附枝，麦穗两岐。张君为政，乐不可支。"又宋均字叔庠[2]，为九江，蝗蜚南到九江界[3]，辄东西分。又廉范字叔度[4]，为蜀郡，民歌曰："廉叔度，来何暮，平生无襦今五袴[5]。"又冯勤曾祖扬[6]，宣帝时为弘农太守。生八男，皆典郡，赵魏间号为万石。又郑弘字巨君，为临淮，天旱，随车致雨，白鹿方道，夹毂而行[7]。又魏朗为河内[8]，以清严为治，为三河之表。又黄昌为蜀郡[9]，未到时，蜀有童谣曰："两日出，尺兵戢[10]。"又杜诗为南阳[11]，人方之召信臣，语曰："前有召父，后有杜母。"又孟尝字伯周[12]，为合浦，而珠还。又刘昆为弘农[13]，虎负子渡河。又王堂字敬伯[14]，为巴郡，民生为立祠。又何敞为汝南[15]，疾文俗吏以苛刻求名称，立春日，常召督邮还府，分遣儒术大吏按行属县，是以郡中无冤声。**或以尚书令、仆射出为郡守，**钟离意、黄香、桓荣、胡广是也。**或自郡守入为三公。**虞延、第五伦、桓虞、鲍昱是也。刘宠字祖荣[16]，为会稽太守，狗不夜吠。将去，山阴父老七八十人赍百钱送宠，宠为选受一大钱，故人号为取一钱。后入居九列[17]，四登三事也[18]。

三国时有郡守、国相、内史。

晋郡守皆加将军，无者为耻。王导[19]，永嘉末，迁丹阳太守，加辅国将军。导上笺曰："昔魏武，达政之主也，荀文若[20]，功臣之最也，封不过亭侯。仓舒[21]，爱子之宠，赠不过别部司马。今者临郡，不问贤愚，皆加重号，辄有鼓盖。有不得者为耻。导饕名窃位，取紊彝典[22]。谨送鼓盖加崇之物，请从导始。”帝嘉而从之。初，泰始中，诏守相三载一巡属县，必以春，此古者所以述职省俗、宣风展义也。又《山公启事》曰[23]：“晋制，春夏农月不迁改长吏郡守县令之属，以其妨农事故也。”晋宋守相、内史，并银章青绶，进贤两梁冠。梁谢朏字敬冲[24]，齐时为义兴太守，加秩中二千石。不省杂事，悉付纲纪。曰：“吾不能作主者吏，但能作太守耳。”又任昉为吴兴太守[25]，清洁。友人到溉与弟洽从昉为山泽游。被代而还，无衣，沈约遗裙迎也[26]。

北魏初期，每郡置三位太守，皆为七品官。不仅郡一级如此，州亦置三刺史，县置三令长。官多权分，治理效果反倒有所下降。

后魏初，郡置三太守。说在《刺史篇》。孝文初，二千石能静二郡至三郡者，迁为刺史。说在《县令篇》。太和中，次职令，郡太守、内史、相、县令，并以六年为限。

北齐制，郡为上中下三等，每等又有上中下之差，自上上郡至下下郡凡九等。

后周郡太守各以户多少定品命[27]。

隋郡太守如北齐九等之制。至开皇三年，罢天下诸郡，以州统县。杨尚希上表曰[28]：“当今郡县倍多于古，十羊九牧，人少官多，请存要去闲，并小为大。”帝嘉之，遂罢诸郡。大业三年，又改州为郡，郡置太守。

[注释]

[1] 张堪：东汉官员。字君游，南阳宛县（今河南南阳）人。曾任渔阳太守，在这期间，屡次击败匈奴，使其不敢南犯。又在境内开垦稻田，教会百姓种植水稻，百姓因此而殷富。史家称为“渔阳惠政”。百姓歌曰：“桑无附枝，麦穗两岐。张君为政，乐不可支。”东汉著名科学家、文学家张衡就是他的孙子。 [2] 宋均（？—76）：东汉官员。字叔庠，南阳安众（今河南邓州）人。光武帝时，以父荫，选为郎官。调补辰阳县令，兴学广教，移风易俗。后丁忧辞职。任九江太守时，百姓传颂其德政，迁东海国相。汉明帝即位，拜尚书令，出为河内太守，治理有方。汉章帝建初元年（76），卒于家中。 [3] 蝗蜚：蝗虫。 [4] 廉范：东汉大臣。生卒年不详。字叔度，京兆杜陵（今陕西西安南）人。汉明帝时，举茂才出身，授议郎，出任云中太守。永平十六年（73），以少胜多，击退匈奴入侵，迁武威、武都二郡太守，颇有政绩。汉章帝建初时，卒于蜀郡太守任上。 [5] 无襦今五袴：指地方官吏治理有方而得百姓称颂。比喻勤俭、廉洁。襦，短衣。袴，腿衣。 [6] 冯勤（？—56）：东汉官员。字伟伯，魏郡繁阳（今河南内黄）人。初任魏郡太守铫期的功曹，以才能著称。后经铫期推荐入朝任职，深得光武帝刘秀的亲近和器重，历任尚书令、大司农、司徒，封爵关内侯。建武三十二年（56）卒。 [7] 夹毂：即随车的意思。毂，指车轮中心，有洞可以插轴的部分，借指车轮或车。 [8] 魏朗（？—169）：东汉官员。字少英（一作叔英），会稽上虞（今浙江绍兴上虞区）人。历任彭城令、尚书、河内太守。因受“党锢之祸”牵连免职家居。灵帝即位，陈蕃等谋诛宦官，事泄被害。魏朗再次受到牵连被召入京，自知凶多吉少，行至丹阳（今安徽当涂）牛渚山时自尽。 [9] 黄昌：东汉官员。字圣真，会稽余姚（今属浙江）人。历任将作大匠、大司农等官。

黄昌出身低微，因家近学宫，慕诸生之礼，遂从事经学，又懂律法，先后出仕决曹、宛令、蜀郡太守、陈国相等职，精明能干，为政主张严猛，喜欢揭发奸邪之徒，因而深得百姓信服，都说他有如神明。 [10] 尺兵戢：意为收藏起兵器。戢，《说文》："藏兵也。" [11] 杜诗（？—38）：东汉水利学家、发明家。字君公，河南汲县（今河南卫辉）人。光武帝建武七年（31），任南阳太守时，创造水排（水力鼓风机），以水力传动机械，使皮制的鼓风囊连续开合，将空气送入冶铁炉，铸造农具，用力少而见效多。他还主持修治陂池，广开田池，使郡内富庶起来，因有"杜母"之称。 [12] 孟尝：东汉官员。生卒年不详。字伯周，会稽上虞（今浙江绍兴上虞区）人。任合浦（今广西北海）太守时，由于前任郡守滥采海珠，致使资源渐渐枯竭，当时认为"珠遂渐徙于交趾郡界"，导致合浦商旅不至，市场萧条。孟尝到任后除弊兴利，对采珠业进行了休养生息。未逾岁，合浦一带又变得有珠可采了，原来靠采珠为生的百姓又有了活命的生计，去珠复还。典故"珠还合浦""孟守还珠"，即源于此。后称病告归，年七十卒于家。 [13] 刘昆（？—57）：东汉官员。字桓公，陈留东昏（今河南兰考北）人。光武帝时任江陵令，当地连年火灾，其辄向火叩头，多能降雨止风。迁侍中、弘农太守。大行仁政，百姓歌颂，老虎带着虎子也迁离郡境。建武二十七年（51），拜骑都尉。后以老乞骸骨，以千石禄终其身。建武中元二年（57）卒。 [14] 王堂：东汉官员。字敬伯，广汉郪（今四川三台）人。官至将作大匠、汝南太守、巴郡太守。平定暴乱，施政有方，百姓为其立生祠。 [15] 何敞（？—约 105）：东汉官员。字文高，扶风平陵（今陕西咸阳秦都区平陵乡）人。汉章帝时，入太尉宋由府为僚佐，历任侍御史、尚书、济南太傅、汝南太守、五官中郎将等职，在任期间以宽和为政，垦田增 3 万余顷。吏人刻石，颂其功德。后被人诬奏，坐罪，卒于家。 [16] 刘宠：西汉大臣。生卒年不详。字祖荣，东莱牟平（今山东烟台牟平区）人。曾任豫章、会稽太守，政绩卓著。其后历任将作大匠、宗正、大鸿胪等职，两次担任司空，一次任司徒、太尉。每次罢官后都回到家乡，最后得以寿终。 [17] 九列：指九卿。 [18] 三事：指三公。 [19] 王导（276—339）：东晋著名政治家。字茂弘，琅邪临沂（今属山东）人，东晋政权的奠基人之一。王导出身于魏晋名门琅邪王氏，晋室南渡后，他联络南方士族，安抚南渡的北方士族。东晋建立后，先拜骠骑大将军、仪同三司，封武冈侯，又进位侍中、司空、假节、录尚书事，领中书监。与其从兄王敦一内一外，形成“王与马，共天下”的格局。咸康五年（339）卒，时年 64 岁。 [20] 荀文若（163—212）：即荀彧，字文若，东汉末年政治家。颍川颍阴（今河南许昌）人。官至侍中，守尚书令，封万岁亭侯，曹操统一北方的首席谋臣和功臣。 [21] 仓舒：曹操之子曹冲（196—208），字仓舒。曹冲自幼聪慧，深得其父宠爱。建安十三年（208）因病而卒，终年 13 岁。谥曰邓哀侯，后又追谥为邓哀王。 [22] 彝典：旧典。 [23]《山公启事》：书名，3 卷。见《隋书》卷三十五《经籍志四》。 [24] 谢朏（441—506）：南朝梁大臣。字敬冲，陈郡阳夏（今河南太康）人。历任太子舍人、中书郎、临川内史。萧道成辅政，引为长史，进侍中，领秘书监，掌管文化典籍、诏令奏议等。萧衍践阼，征为侍中、开府仪同三司，改授中书监、司徒、卫将军。天监五年（506）卒，时年 66 岁。 [25] 任昉（460—508）：南朝梁文学家。字彦昇，小字阿堆，乐安郡博昌（今山东寿光）人。刘宋时，任丹阳主簿、太常博士。齐永明二年（484），任丹阳主簿，后来进京官拜尚书殿中郎，又调任为竟陵王萧子良的记室参军。后因父丧而辞官。永元末年，任司徒右长史。梁武帝萧衍即帝位后，其为黄门侍郎、吏部郎中。天监二年（503），出任义兴太守。后又归朝任职。天监六年（507）春，出任新安太守。次年卒，终年49岁。 [26] 遗裙：赠送衣物之意。裙，下衣。 [27] 品命：官阶等级。 [28] 杨尚希（534—590）：隋朝官员。弘农灵宝（今河南灵宝）人。北周时历任国子博士、太子宫尹、计部中大夫等官。在隋朝任度支尚书、兵部尚书、礼部尚书等官。其曾上疏力张合并州郡，裁减官员。开皇十年（590）卒，时年57岁。

大唐武德元年，改郡为州，改太守为刺史，加号持节。总管则加使持节。按魏晋制，有使持节、持节、假节。使持节得戮二千石以下，持节得戮无官人，若军事得与使持节同，假节唯军事得戮犯令者。皆是刺史兼总军戎，若今采访节度使也。自宋齐以降，虽天下分裂，其州郡渐众。及隋开皇初，有州三百一十，郡五百八。以官烦人弊[1]，遂废郡，便以州亲人，则刺史如太守之职。自后虽官名屡改，而职事不易。盖制置之际，不详源本，因习旧名，遂有持节诸军之虚称。其属官别驾以下，录事、功、户诸曹参军事，亦多汉晋之制，若今之节度采访副使判官之任。本置别驾，乘一车行部，其参军、录事皆佐戎旅，今并无其实，岂所谓必也正名者乎！又按加刺史持节军事之名，以为荣宠，则边荒万里三数百户小郡，亦同此号，又无以别远近小大之差、轻重闲剧之异也。显庆元年，都督府及上州各置执刀十五人，中州下州各置十人。后加号为使持节诸军事，而实无节，但颁铜鱼符而已[2]。天宝元年，改州为郡，刺史为太守。汉文帝二年[3]，初与郡守为铜虎符、竹使符[4]，说在《符宝郎篇》。至隋开皇七年，又别颁青龙符于东方总管刺史[5]，西方以驺虞[6]，南方朱雀，北方玄武。九年，又颁木鱼符于总管刺史，雌一雄三。至十年，悉颁木鱼符于五品以上官。义宁二年[7]，罢竹使符，颁银兔符于诸郡[8]。大唐武德元年，又改银兔符为铜鱼符。自是州郡史守更相为名，其实一也。太宗初理天下也，重亲人之任，疏督守之名于屏，俯仰视焉，其人善恶，必书其下，是以州郡无不率理。贞观中，贾敦实为饶阳令[9]，有能名。时制大功以上不得联职[10]。敦实兄敦颐复为瀛州刺史[11]，朝廷以其兄弟廉谨，许令同州，竟不迁替，时人荣之。敦实历迁洛州长史。初敦颐为洛州刺史，甚有惠政，百姓树碑颂美。及敦实去职，又立颂于兄碑之傍，故人呼为“棠棣碑”[12]。逮贞观之末，升平既久，群士多慕省阁，不乐外任。其折冲果毅有材力者[13]，先入为中郎、郎将，次补郡守，其轻也如是。武太后临朝，垂拱二年[14]，诸州都督刺史，并准京官带鱼[15]。长安四年[16]，纳言李峤、同平章事唐休璟奏曰[17]：“窃以物议重内官而轻外职，凡所出守，多因贬

以上为唐朝前期州郡一级官员的设置的情况，此后只称刺史，掌兵者则另加团练使或防御使的官名。

累，非所以澄风俗、安万人。臣请择才于台阁省寺之中，分典大州，共康庶政。臣等请辍近侍，率先具僚。”太后乃令书名采之，中者当行。于是凤阁侍郎韦嗣立、御史大夫杨再思等二十人中之[18]，皆以本官检校刺史[19]。后二十人内以政绩可称者，独常州刺史薛光谦、徐州刺史司马钟二人而已[20]。当时复有为员外刺史者[21]。永昌中，成王李千里历迁襄州员外刺史[22]。神龙初，以谯王重福之妃[23]，张易之甥也[24]，贬重福为濮州员外刺史。皆不领州务。开元中，定天下州府，自京都及都督、都护府之外，以近畿之州为四辅。同、华、岐、蒲四州谓之四辅。八年，都督刺史品卑者，借绯鱼袋[25]。按武德令，三万户以上为上州。永徽令，二万户以上为上州。显庆元年九月敕，户满三万以上为上州，二万以上为中州。先以为上州、中州者，仍旧。至开元十八年三月敕，太平时久，户口日殷，宜以四万户以上为上州，二万五千户为中州，不满二万户为下州。六千户以上为上县，三千户以上为中县，不满二千户为下县。其余为六雄、郑、陕、汴、绛、怀、魏六州为六雄。十望、宋、亳、滑、许、汝、晋、洺、虢、卫、相十州为十望。十紧、初有十紧州，后入紧者甚多，不复具列。及上中下之差。凡户四万以上为上州，二万五千以上为中州，不满二万为下州。亦有不约户口以别敕为上州者。又谓近畿者为畿内州，户虽不满四万，亦为上州。其亲王任中、下州刺史者，亦为上州。王去任后，即依旧式[26]。天宝中，通计天下凡上州一百九，中州二十九，下州一百八十九，总三百二十七州也。时南海太守刘巨麟[27]，以赃罪，诏杖杀之。自至德之后，州县凋弊，刺史之任，大为精选。诸州始各有兵镇，刺史皆加团练使，故其任重矣。

唐代州等的不同，所任刺史的品阶也不相同。上州刺史，从三品；中州，正四品上；下州，正四品下。县等不同，县令品阶亦不同。京县，正五品上；畿县，正六品上；上县，从六品上；中县，正七品上；中下县，从七品上；下县，从七品下。

［注释］

[1] 烦：这里是多的意思。 [2] 铜鱼符：铜制的鱼形符契，唐代用以证明官员身份和征调兵将的凭证。 [3] 汉文帝二年：即公元前 178 年。 [4] 铜虎符：隋唐以前用于调兵的凭信。竹使符：征调人与物的凭据，右留京师，左与郡国。以竹箭五枚，长五寸，镌刻篆书，第一至第五。亦省称“竹使”，用于调兵之外的其他征调。 [5] 青龙符：隋朝颁给京师以东诸州官员的龙形符契。 [6] 驺虞：一种古代的义兽。 [7] 义宁：隋恭帝杨侑年号，二年即公元 618 年。 [8] 银兔符：银质兔形的符契。 [9] 贾敦实（590—688）：唐朝官员。字景真，曹州冤句（今山东菏泽牡丹区）人。贞观年间，进士及第，授饶阳县令，为政清静。咸亨元年（670），迁洛州长史，百姓为之立“棠棣碑”。四年，迁太子右庶子，出任怀州刺史。永淳初年（682），年老致仕。 [10] 不得联职：不得在同一部门、同一地区任职。 [11] 敦颐（？—656）：即贾敦颐，贾敦实之兄。贞观年间，任沧、瀛二州刺史，为官清廉，生活节俭。任职期间

带领百姓治理境内的滹沱河，从此河水不再泛滥，瀛州也因此成为著名的鱼米之乡。他担任洛州刺史时，曾查出豪富多占了3000多顷田地，并下令将这些土地分给少地或无地的农民。唐高宗显庆元年（656）卒于任上。 [12] 棠棣碑：贾敦颐与贾敦实之碑并立，《诗经·小雅·常棣》，是一首申述兄弟应该互相友爱的诗。“常棣”也作“棠棣”。后常用以指兄弟。取其意而称其碑。 [13] 折冲果毅：折冲都尉与果毅都尉的合称，武职，为折冲府之正副长官。 [14] 垂拱：武则天年号，二年即公元686年。 [15] 带鱼：即佩带鱼袋。 [16] 长安：武则天年号，四年即公元704年。 [17] 李峤（644—713）：唐朝大臣。字巨山，赵郡赞皇（今属河北）人。出身赵郡李氏东祖，早年进士及第，历任长安尉、给事中、凤阁舍人、麟台少监等职。中宗时，依附韦皇后和梁王武三思，官至中书令，封为赵国公。唐睿宗时，贬为怀州刺史，以年老致仕。唐玄宗时，迁庐州别驾。他和杜审言、崔融、苏味道并称“文章四友”，对唐代律诗和歌行的发展有一定的作用与影响。唐休璟（627—712）：唐朝大臣。本名唐璿，字休璟，京兆始平（今陕西兴平）人。明经出身，历任吴王府典签、安西副都护、西州都督、陇右节度使等官。长安三年（703），拜兵部尚书、同中书门下三品，成为宰相。中宗时封宋国公。景云二年（711），致仕还家。延和元年（712）病逝。 [18] 韦嗣立（654—719）：唐朝大臣。字延构，郑州阳武（今河南原阳）人。进士及第，出任双流县令，政有殊绩，迁莱芜县令。得到武则天赏识，入为中书舍人，历任凤阁侍郎、同平章事、参知政事。受韦皇后之事牵连，安置于陈州。开元七年（719）卒，时年66岁。杨再思（634—709）：唐朝大臣。名綝，字再思，郑州原武（今河南原阳西）人。明经出身，历任县尉、员外郎、御史大夫等职，在武则天、唐中宗年间两次担任宰相，封郑国公。他极力迎合皇帝，阿谀奉承，毫无作为，但却官运亨通。景龙三年（709），杨再思任尚书右仆射，同年六月病逝，时年 75 岁。 [19] 检校刺史：即代理刺史。 [20] 薛光谦（647—719）：唐朝官员。原名谦光，改名登。常州义兴（今江苏宜兴）人。历任阆中主簿、给事中、尚书左丞、御史大夫等。为太平公主构陷，贬为岐州刺史。玄宗即位后，官至太子宾客，坐事放归田里。卒年 73 岁。司马钟：唐朝官员。生卒年不详。曾任徐州刺史。 [21] 员外刺史：即正式编制之外的刺史。 [22] 李千里（646—707）：唐朝宗室。唐太宗之孙，吴王李恪长子。武则天执政期间，其明哲保身，数次进献符瑞，竟得免祸。长安三年（703），充任岭南安抚讨击使，历迁右金吾卫将军。参加神龙革命，拥戴唐中宗复辟，晋封成王，拜左金吾大将军、益州都督，迁广州都督、五府经略安抚大使。景龙元年（707），跟随节愍太子发动政变，事败被杀。唐睿宗即位后，平反昭雪，追赠左金吾卫大将军。 [23] 谯王重福（680—710）：唐中宗第二子，历任国子祭酒、左散骑常侍。韦皇后将其出为濮州员外刺史，又转均州刺史。景龙四年（710）中宗被毒死，李重福准备起兵诛杀诸韦。尚未起事，诸韦被杀，睿宗即皇帝位。李重福竟欲先夺洛阳，再取长安，行至洛阳时被东都留守裴谈阻截，投水自杀，时年 31 岁。 [24] 张易之（？—705）：武则天宠臣。小字五郎，定州义丰（今河北安国）人。白皙貌美，初授尚乘奉御。武则天临朝，由太平公主引荐，进入宫中侍奉，成为武则天的男宠，历任奉宸令、麟台监等官，封恒国公。专权跋扈，把持朝政。神龙元年（705），宰相张柬之等发动政变，诛杀张易之于洛阳宫集仙殿。天宝时，外甥杨国忠得势，得以追复官爵。 [25] 绯鱼袋：唐制，三品以上官赐金鱼袋，五品以上官赐绯鱼袋。都督、刺史不到五品者，借绯鱼袋。 [26] 式：唐朝的法律法规分为律、令、格、式，

“式以轨物程事”，共分 32 篇，以尚书省二十四司再加上秘书省、太常、司农、光禄、太仆、太府、少府及监门、宿卫、计帐为篇目，是对各官府行政事务的具体规定。也有学者认为唐式是国家机关的公文程式和行政活动细则，具有行政法规性质。 [27] 刘巨麟：唐朝官员。生卒年不详。曾任南海太守，因当地山峻水深，民不汲井，遂凿井四，民甚便之。后因贪赃被杀。

县令

周官有县正，四百里为县。各掌其县之政令而赏罚之。春秋时，列国相灭，多以其地为县，则县大而郡小。故传云："上大夫受县，下大夫受郡。"《周书·作雒篇》曰："千里百县，县有四郡。"县邑之长曰宰，曰尹，曰公，曰大夫，晋谓之大夫，鲁、卫谓之宰，楚谓之公、尹。其职一也。孔子为中都宰一年，四方皆则之[1]，由中都宰为司空。又齐威王即位，召即墨大夫语之曰："子居即墨，毁日至[2]，然吾使人视即墨，田野辟，民人给，官无留事，东方以宁，是子不事吾左右以求名也。"封之万家。召阿大夫语曰："自子之守阿，名日闻[3]，然使视阿，田野不辟，民人贫苦，是子以币厚吾左右以求名也。"乃烹阿大夫，左右常杜佑所列举的这些治绩突出的人物，大多数人为县级长官，唯独子产不是，他是郑国之卿，所治理者乃是一国，故用在此处，并不适当。

西汉时的侯国、邑、道等，均为县一级行政区划。

称者皆并烹之。遂起兵击诸侯，诸侯震惧。人人不敢饰非，务尽其诚，齐国大治。又子产理郑，人不能欺。宓子贱理单父[4]，人不忍欺。西门豹理邺[5]，人不敢欺。至于战国，则郡大而县小矣。故甘茂谓秦武王曰[6]："宜阳大县，名曰县，其实郡也。"

汉制，列侯所食县曰国，皇太后、公主所食曰邑，有蛮夷曰道。凡县万户以上为令，减万户为长，侯国为相，秩次亦如之。皆秦制也，汉因之。《汉书》曰："凡县大率方百里，民稠则减，稀则旷。"成帝绥和元年，长、相墨绶。哀帝建平二年，复黄绶。秋冬集课，上计于所属郡国。胡广云[7]："秋冬岁尽，各计县户口垦田，钱谷入出，盗贼多少，上集簿。丞尉以下岁诣郡，课校其功。功多尤为最者，于庭慰劳勉之，以劝其后。负多尤为殿者，于后曹对责，以纠怠慢也。"卓茂为密令，劳心谆谆，视民如子，民不忍欺。光武初即位，诏曰："前密令卓茂[8]，能为人所不能为。夫名冠天下，当受天下重赏。今以茂为太傅，封褒德侯，食邑二千户。"以茂长子为太中大夫，次子为郎中。又鲁恭字仲康[9]，为中牟令，专以德为治，螟不犯境，雉驯其旁，童子有仁心，此三异也。恭官至司徒。又周荣字平孙[10]，当窦宪纵暴，荣常排奏之。及窦氏败，荣自郾令擢为尚书令。又刘昆字桓公，为江陵令，县连灾火，昆辄向火叩头，降雨止风。又戴封为西华令，大旱，祈祷无获，乃积薪自焚，火起而雨大降。又王涣为洛阳令[11]，人为立祠。及桓帝事黄老道，毁诸旁祠，唯特诏密县留卓茂庙及涣祠也。又《汉官》曰[12]："明帝临观，见洛阳令车骑，意河南尹，及至而非，尤其泰盛，敕去轩绶。时偃师长治有能名，以事诣台，因取赐之，下县遂以为故事。"其郡有盐官、铁官、工官、都水官者，随事广狭，置令长及丞，秩次皆如县。道无分土，给均吏。后汉凡郡县，出盐多者置盐官，主盐税；出铁多者置铁官，主鼓铸；有工多者置工官，主税物；有水池及鱼利多者，置水官，主平水，收渔税。所在诸县均差吏更给之，署吏随事，不具县员。

晋制，大县令有治绩，官报以大郡。《山公启事》曰："温令许奇等[13]，并见能名，虽在职各日浅，宜显报大郡，以劝天下。"诏曰："按其资历，悉自足为郡守，各以在职日浅，则宜尽其政绩，不宜速他转也。"不经宰县，不得入为台郎[14]。

宋诸县署令，铜印墨绶，进贤两梁冠。自晋宋以后，令、长、国相皆如汉制。齐傅琰字季珪[15]，为山阴令，父僧祐[16]，亦为山阴令。父子并著奇绩。世云"诸傅有治县谱，子孙相传，不以示人"。梁顾宪之字士思[17]，为建康令。京师饮酒得醇旨者，辄号为顾建康，谓其清且美也。又何远字义方[18]，自武昌太守除名，后起为武康令，愈励廉节，除淫祀，武帝闻其能，擢为宣城太守。自县令为近畿大郡，近代未有。又张稷字公乔[19]，为剡县令，多为山水游。及山贼作乱，又保全县境。又萧景字子昭[20]，为永宁令。永嘉太守榜郡门曰："诸县有疑滞，可就永宁令决之。"

后魏县置三令长。说在《刺史篇》。孝文初制，县令能静一县劫盗者，兼理二县，即食其禄；能静二县者，兼理三县，三年迁为郡守。二千石能静二郡者，兼理，至三郡，亦如之，三年迁为刺史。太和中，次职令，其禄甚厚。后魏孝文以北中府长史裴聿、中书侍郎崔亮并清贫[21]，欲以俸禄优之，乃以亮带野王令，聿带温县令，时人荣之。其后令长用人益杂，但选勤旧令史为之[22]，而缙绅之流耻居其位。

北魏孝文帝时，京官俸薄，外官厚，故以一些清贫京官兼领县令，以增加其俸禄。

北齐制县为上中下三等，每等又有上中下之差，自上上县至下下县凡九等。然犹因循后魏，用人滥杂，至于士流耻居之。元文遥遂奏于武成帝[23]，请革之，乃密令搜扬世胄子弟，恐其辞诉，总召集神武门，宣旨慰谕而遣。自此县令始以士人为之。

隋县有令，有长。炀帝以大兴、长安、河南、洛阳四县令，并增正五品。诸县皆以所管闲剧及冲要之处，以为等级。开皇十三年，以临颍令刘旷治政尤异[24]，擢为莒州刺史。又魏德深为贵乡长[25]，转馆陶长，贵乡民吏号泣请留，诏许之。贵乡民吏歌呼满道，馆陶合境悲哭。

大唐县有赤、三府共有六县。畿、八十二。望、七十八。紧、百一十一。上、四百四十六。中、二百九十六。下五百五十四。七等之差。京都所治为赤县，京之旁邑为畿县。其余则以户口多少、资地美恶为差。凡一千五百七十三县，令各一人。天宝四载，柳升为长安令[26]，有赃罪，朝堂杖杀之。

［注释］

[1] 则之：作为学习的榜样。 [2] 毁日至：诬陷诽谤之语天天都有。 [3] 名日闻：说好话的天天都有。 [4] 宓子贱：春秋末年鲁国人，一说宋国人。孔子门生，名不齐，字子贱。曾任单父（今山东菏泽单县）宰，用“无为而治”的办法来治理，结果是“身不下堂而单父治”。 [5] 西门豹：战国时期魏国人。生卒年不详。魏文侯时任邺令，初到这里时，人烟稀少，田地荒芜，一片冷清，百业待兴，于是立志改善现状。趁河伯娶妻的机会，惩治了地方恶霸势力，随后颁布律令，禁止巫风，教育了广大的百姓。同时，他又亲自率人勘测水源，发动百姓在漳河挖掘了12渠，使大片田地成为旱涝保收的良田。在发展农业生产的同

时，还实行“寓兵于农、藏粮于民”的政策，很快就使邺民富兵强，成为战国时期魏国的东北重镇。 [6] 甘茂：战国时秦国左丞相。姬姓，甘氏，名茂，下蔡（今安徽凤台）人。周赧王三年（前312），助左庶长魏章略定汉中地。后遭向寿、公孙奭谗毁，在进攻魏国蒲阪时投向齐国，任齐国上卿。后卒于魏国。秦武王（前329—前307）：战国时秦国国君。秦惠文王之子，公元前311年至前307年在位。秦武王喜好比武角力，秦武王四年（前307），武王与大力士孟说比赛举“龙文赤鼎”，结果大鼎脱手，砸断胫骨，气绝而亡，时年23岁。 [7] 胡广（91—172）：东汉重臣、学者。字伯始，南郡华容（今湖北监利）人。历任尚书郎、汝南太守、司徒、太尉等职，因拥立汉桓帝有功，获封安乐乡侯。汉灵帝继位后，拜司徒、录尚书事。熹平元年（172）卒，时年82岁。曾撰《百官箴》48篇，为后人研究汉朝官制留下了宝贵资料。 [8] 卓茂（？—28）：东汉大臣。字子康，南阳宛县（今河南南阳宛城区）人。在西汉末任密县令，政绩突出，深得百姓爱戴。东汉建立后，前往河阳觐见光武帝刘秀，拜太傅，封褒德侯。建武四年（28）卒。 [9] 鲁恭（32—112）：东汉大臣。字仲康，扶风平陵（今陕西咸阳秦都区平陵乡）人。历任博士、乐安相。汉章帝建初年间任中牟县令，以德化人，遇有讼争，尽量说服，使犯法者自感愧悔，故深受人民爱戴，有“鲁恭三异”（蝗不入境，化及禽兽，竖子有仁心）的传说。累至司徒之位，选拔贤良，大自卿相小到郡守，皆亲自过问。81岁时，在家中辞世。 [10] 周荣：东汉官员。字平孙，庐江舒（今安徽舒城）人。历任郾县令、尚书令、颍川太守、山阳太守等。所历郡县，皆有治绩。因老病乞身，卒于家。 [11] 王涣（？—105）：东汉官员。字稚子，广汉郡郪县（今四川三台）人。历任温县令、侍御史、洛阳令。在职期间，不畏权贵，秉公办案。采用宽严兼施的办法，将洛阳治理得井井有条。汉和帝永元十七年（105），因病而卒。　[12]《汉官》：书名。作者及成书年代亦不详，《隋志》作5卷，宋时仅存1卷，旋即亡缺。今所见佚文唯存《续汉书·百官志》注中，内容侧重于公卿员吏的人数和品秩，并附记诸郡郡治距京师的里程数。　[13]许奇：西晋初官员。生卒年不详。曾任温县令，甚有治绩。　[14]台郎：指御史与尚书郎。　[15]傅琰（？—487）：南朝齐官员。字季珪，北地灵州（今宁夏吴忠西）人。出身北地傅氏，自其先祖南下以后，世代侨居南方，祖孙四代都曾担任过南朝的县令，声名皆著。傅琰历任县令、尚书右丞、刺史等职。为人纯孝，为官明察，处事果决，史载其办案重视证据，人称神明。齐武帝永明五年（487）卒。　[16]僧祐：傅琰之父，生卒年不详。有吏才，任山阴令，甚有能名，后世令长莫及。　[17]顾宪之（？—509）：南朝梁官员。字士思，吴郡吴县（今江苏苏州）人。历太子舍人、比部郎、抚军主簿。元徽中，为建康令。齐高帝执政，以为太尉西曹掾、中书侍郎。及受禅，除衡阳内史。永明初，行会稽太守，行婺州事。建武中，迁太子中庶子，出为晋陵太守。永元初，历豫章太守。梁朝建立后，因病引归。　[18]何远：南朝梁官员。字义方，东海郯（今山东郯城西北）人。梁武帝时任武昌太守，为官轻率，性刚严，吏民多以小事受鞭罚。遂被免官，后又任武康令，生活节俭，铲除淫祀，正身率职，人甚称之。迁为宣城太守、东阳太守。　[19]张稷（451—513）：南朝梁大臣。字公乔，吴郡吴县（今江苏苏州）人。南朝齐永明中，任剡县令，几乎不管政务，而好游玩山水，但却能抵御山贼，保全县境。永元末年，征为侍中兼卫尉，宿卫宫城。梁武帝时，历任侍中、国子祭酒、度支尚书、祠部尚书、都官尚书，迁领军将军。自以功大赏薄，颇有怨言。天监十二年（513），任青州刺史。政令宽弛，僚吏侵夺百姓。青州民徐道角等夜袭州城，杀张稷降魏，时年 63 岁。 [20] 萧景（477—523）：本名萧昺，《梁书》避唐世祖李昺讳而改名，字子昭，南兰陵武进（今江苏丹阳东北）人。在南朝齐时曾任永宁县令，其治绩为诸县第一。由于其为梁武帝萧衍的堂弟，故历任要职，屡立战功，颇受武帝礼遇。普通四年（523），在郢州去世，时年 47 岁。 [21] 裴聿：北魏大臣。生卒年不详。字外兴，河东闻喜（今属山西）人。自著作佐郎出为北中府长史。时高祖以裴聿与中书侍郎崔亮并清贫，欲给其加禄，乃以亮带野王县，聿带温县，时人荣之。转尚书郎，迁太尉谘议参军，出为平秦太守。卒，赠冠军将军、洛州刺史。崔亮（460—521）：北魏大臣。字敬儒，清河东武城（今河北故城）人。历任中书博士、尚书郎、吏部郎中、太子中舍人，迁中书侍郎兼尚书左丞。孝明帝即位，出任抚军将军、定州刺史、殿中尚书，历任吏部尚书、侍中、太常卿、尚书右仆射。正光二年（521）卒，时年 62 岁。 [22] 令史：古代官府吏职，诸司多有设置。 [23] 元文遥：北齐大臣。生卒年不详。字德远，河南洛阳人，鲜卑族。历任祠部郎中，拜侍中、中书监、左仆射，赐姓高氏，进封宁都郡公，改革县令任用制，专擅朝政。得罪了权臣和士开，出为西兖州刺史，迁东徐州刺史。和士开失势后，重新入朝，仍未重用。武成帝（537—569）：即北齐第四位皇帝高湛，公元 561 年至 565 年在位。 [24] 刘旷：隋朝官员。生卒年不详。开皇初，任平乡令，能以仁德化民，所得俸禄，赈施穷乏，任职七年，风教大行。狱中无系囚，争讼绝息。后任临颍令，清名善政，为天下第一。尚书左仆射高颎言其状，隋文帝亲自召见，擢授莒州刺史。 [25] 魏德深：隋朝官员。祖籍巨鹿（今河北巨鹿），后迁居弘农（今河南灵宝东北）。任贵乡长时，适逢炀帝征高丽，全国赋税繁重，唯贵乡百姓负担平均，社会稳定。当时邻县盗贼横行，而贵乡社会稳定，秩序井然。他还约束长吏，不使骚扰百姓。后调任馆陶长，贵乡百姓诣阙请留，有诏许之，馆陶百姓闻之，合境悲哭，移居贵乡者数百家。后与李密军战，死于阵。 [26] 柳升：唐朝官员。生卒年不详。曾任长安令，犯赃被杖杀。一说其不依附宰相李林甫，被陷害致死。

[点评]

我国历代地方行政区划变化较多。商周时期实行分封制，普天之下只有封国而无郡县，诸侯国在国君之下，又分为卿、大夫、士，各有采邑。春秋时期始出现了县、郡之名，最初县比郡大，后来郡又比县大。各国也越来越多的设置郡、县，与采邑之制并存。秦统一六国后，普遍推行郡县制。西汉取代嬴秦，郡国并行，但这时的国已不同于商周时的封国，独立性受到极大的限制。再从郡国并行发展到普行郡县，其间虽有波折，但历史的这一趋势不可阻挡，因为郡县制明显有利于加强中央集权。地方行政区划从郡县两级制发展到州、郡、县三级制，至隋代又变为州（郡）县两级制，唐后期出现了道、州、县三级制，再到宋代的路、州、县，以至于后世的省、州府、县三级制，变化虽然复杂，但总的趋势却是一致的。地方设官亦是如此，历代虽有变化，然发展线索却是十分清楚的，唯有汉代司隶校尉部的设置是一种比较特殊的现象。司隶校尉的始置，是汉武帝出于查处巫蛊之狱和整肃政治的需要，但是其发展成为一个单独的监察区，再到行政区，则是为了强化京畿治安体制的需要，同时也是为了弥补这一时期监察体制尚不健全的需要。随着时代的变化与监察体制的不断完善，司隶校尉部已经转变为司州，成为一种性质寻常的行政区划了，司隶校尉也一变为司州牧。所以杜佑把司隶校尉制度置于州郡门中，是很有道理的。在地方官制中，京尹的设置是比较重要的，从行政区划的角度看，京师地区的行政区划与其他州郡一样，但对其长官的选任却更加重视，其品阶亦明显高一些，仕途也明显优于其他地区的长官，某些时期甚至规定只有皇子亲王才能充任，显示出其地位的特殊之处。当然最重要的还是治理能力，这就是杜佑花了大量文字记载历代京尹事迹的根本原因。对于州县一级官员的选任明显不如京尹那样重视，尤其对县令的选任更是如此，素质普遍不高，直到唐代仍然存在这方面的问题。正因为如此，历代才再三强调要重视治民之官的简选，甚至规定不任县令，不得征为台郎，或者直接从尚书郎中简拔一些人充任京畿地区县令。尽管如此，从历代存在的实际情况看，这个问题始终没有得到较彻底的解决。

卷三十四　职官典十六

后妃

昔帝喾有四妃[1]，以象后妃四星。其一明者为正妃，余三小者为次妃。帝尧因焉。至舜，不告而娶[2]，不立正妃，但三妃而已，谓之夫人。《离骚》所歌湘夫人[3]，舜妃也。夏后氏增以三三而九[4]，合十二人。《春秋说》云“天子娶十二女”[5]，即夏制也。以虞夏及周制差之，则殷人又增以三九二十七，合三十九人。周人上法帝喾[6]，立正妃，又三二十七为八十一人以增之，合百二十一人。其位后也，夫人也，嫔也，世妇也，女御也，五者相参，以定尊卑焉。以上郑玄所云。故《礼》曰[7]："古者天子后立六宫，三夫人，九嫔，二十七世妇，八十一御妻，以听天下之内治[8]。天子立六官，三公，九卿，二十七大夫，八十一元士，以听天下之外治[9]。"诸侯之夫人皆命于天子。"夫人不命于天子，自鲁昭公始也"[10]。周制，同姓百世不婚。鲁昭娶吴，以同姓改谓之吴孟子，故不告于天子，天子亦不命。

汉兴，因秦之称，帝祖母称太皇太后，帝母称皇太后，正嫡称皇后，皇后之尊侔于天子，玺绶如之。凡皇后称椒房者[11]，《诗》云[12]："椒聊之实，繁衍盈升[13]。"国人羡其繁兴，以椒涂室，亦取温暖除恶气也。妾皆称夫人。又有美人、视二千石，比少上造[14]。良人、视八百石，比左庶长[15]。八子、视千石，比中更[16]。七子、视八百石，比右庶长[17]。长使、视六百石，比五大夫[18]。少使、视四百石，比公乘[19]。婕妤、武帝加置，视上卿，比列侯[20]。娙娥、武帝加置，视中二千石，比关中侯[21]。容华、武帝加置，视真二千石，比大上造[22]。充衣、武帝加置，视千石，比左更[23]。昭仪、元帝加置，位视丞相，爵比诸侯王。五官、

秦汉时期的二十等爵制，序是倒着数的，数越少地位越低，即第一等最低，依次是第二、第三、第四……第二十等最高。比，是相当于的意思，即嫔妃等级的高低是以外朝的爵位为参照系数的。

视三百石。顺常、视二百石。无涓、共和、娱灵、保林、良使、夜者、皆视百石。上家人子、中家人子。视有秩斗食[24]。五官以下，死葬司马门外[25]。其太子有妃，有良娣，有孺子，妻妾凡三等。子皆称皇孙，皇孙妻妾无位号，皆称家人。光武中兴，悉阙此号，唯皇后如旧。有贵人、贵人金印紫绶。美人、宫人、采女，皆无禄秩，四时赏赐而已。汉法常因八月算民[26]，遣中大夫与掖庭丞及相工，于洛阳乡中，阅视良家童女，年十三以上二十以下姿色端丽合法相者，载还后宫，择视可否。魏武帝因西汉置夫人、昭仪、婕妤、容华、美人。文帝增置贵嫔、贵嫔、夫人并位次皇后，爵无所视。淑媛、位次御史大夫，爵比县公[27]。修容、比亭侯[28]。顺成、明帝除顺成。良人。视千石。明帝又增淑妃、位视相国，爵比诸侯王。昭华、比乡侯[29]。修仪。比关内侯。自夫人以下，爵凡十二等。明帝游宴在内，又选女子六人为女尚书，典省外奏事也。晋因魏制。宋初，多因旧制。孝武帝孝建三年，置贵妃，比相国。进贵嫔，比丞相。贵人，比三司[30]。以为三夫人。又置昭仪、昭容、昭华，以代修华、修仪、修容。又置中才人、充衣，以为散位。其后或省或改，不能悉举。废帝

《宋书》《南史》等书皆记为贵嫔，《通典》于此处记为贵妃，与诸书所记不同。

即位，上明帝陈贵妃尊号曰皇太妃[31]，依晋孝武李太妃故事[32]，置家令一人。改诸国太妃曰大妃。音怡。其江左四代[33]，互相沿袭，无大异同。宋前废帝以新蔡公主号为谢贵妃[34]，加虎贲龙旗[35]，出警入跸。齐永明元年[36]，有司奏贵妃、淑妃并加金章紫绶，佩于寘玉。自后魏以下，班号谬乱，不足为纪。大唐内官有惠妃、丽妃、华妃三人，正一品。淑仪、德仪、贤仪、顺仪、婉仪、芳仪六人，正二品。美人四人，正三品。才人七人，正四品。宫官有差。初，武德九年，诏曰："王者内职，取象天官[37]，肇自古昔，具有节文。末代奢淫，搜算无度。悯兹深闭，久离亲族。一时减省，各从娶聘。"自是中宫前后所出三千余人。贞观二年，中书舍人李百药上封事曰[38]："窃闻大安宫及掖庭内[39]，无用宫人，动有数万。衣食之费，固自烦多，幽闭之冤，足伤和气。亢阳为害，亦或由兹。"太宗谓侍臣曰："隋氏末年，求采无已。此皆竭人财力，深所不取。且洒扫之余，更何所用。今将出之，任求伉俪。非独省费息人，亦得各遂其性。"于是令尚书右丞戴胄、给事中杜正伦等于掖庭西门简出之[40]。玄宗开元二年，诏曰："古者三夫人、九嫔、二十七世妇、八十一御女，以备内职焉。朕恭膺大宝，颇循旧号，而六宫旷位，未副于《周礼》。八月算人，不行于汉法。

至而姜后进谏，永巷脱簪[41]，袁盎有言[42]，上林引席[43]，此则朕之所慕，未曾忘也。顷者人颇喧哗，流闻道路，以为朕求声色，选备掖庭[44]。岂余志之未孚，何斯言之妄作。往缘太平公主，辄进人入宫，时以事须顺从，未能拒抑。见不贤莫若内省，欲止谤莫若自修，改而更张，损之可也。妃嫔以下，备当简择，使还其家。"

［注释］

[1] 帝喾（kù）：上古部落首领。又号高辛氏，姬姓，黄帝曾孙。颛顼死后，侄子高辛即位，是为帝喾，时年 30 岁。以亳（今河南商丘）为都城。他明察秋毫，顺从民意，为百姓着想，仁威兼施，使天下人民信服。并且订立节气，发展生产，改善人民生活质量，深受百姓爱戴，与黄帝、颛顼一样，均为华夏族的祖先。 [2] 不告而娶：不禀告父母就娶妻了。 [3]《离骚》：诗篇名。战国楚国诗人屈原所作，是中国古代最长的抒情诗。全诗分为两部分，前半篇反复倾诉诗人对楚国命运和人民生活的关心，表达要求革新政治的愿望、坚持理想、绝不与邪恶势力妥协的意志；后半篇通过神游天界、追求实现理想和失败后欲以身殉的陈述，反映出诗人热爱国家和人民的思想感情。 [4] 夏后氏：夏朝王族以国为氏，为夏后氏，简称夏。后字在上古时期的含义，指君主，夏代的多位君主都以后相称，如"后启""后相""后羿""后少康"等，故夏后氏即夏王。 [5]《春秋说》：书名。西汉刘向撰，卷数不详。 [6] 法：效法。 [7]《礼》：书名。指《礼记》。 [8] 内治：意为以这些嫔妃治理宫内之事。 [9] 外治：意为以这些官员治理天下之事。 [10] 鲁昭公（前 560—前 510）：

春秋时鲁国国君。鲁襄公之子，母齐归，鲁国第 25 任国君，公元前 541 年至前 510 年在位。 [11] 椒房：古代皇后所居之宫殿，以椒涂壁，故谓椒房，亦为皇后之代称。 [12]《诗》：书名。指《诗经》。 [13] 椒聊之实，繁衍盈升：出自《诗经・唐风・椒聊》，意为花椒树上果实累累香满园，繁衍丰茂，采来可把升装满。 [14] 少上造：爵位名。秦汉二十等爵的第 15 级。 [15] 左庶长：官爵位名。在秦国为非王族大臣掌管政事者任之。商鞅变法后，左庶长逐渐虚化，不再掌握实权，成为爵位名，为第 10 级。 [16] 中更：爵名。为秦汉二十等爵的第 13 级。 [17] 右庶长：爵名。为秦汉二十等爵的第 11 级。 [18] 五大夫：爵名。为秦汉二十等爵的第 9 级。 [19] 公乘：爵名。为秦汉二十等爵的第 8 级。 [20] 列侯：爵名。本称彻侯，为秦汉二十等爵中的第 20 等，地位最高，后避汉武帝刘彻的讳，改为列侯。 [21] 关中侯：爵名。古代封爵之一，封号始自东汉建安五年（200），第 17 级。 [22] 大上造：爵名。为秦汉二十等爵的第 16 级。 [23] 左更：爵名。为秦汉二十等爵的第 12 级。 [24] 有秩斗食：有秩指百石以上的官吏，百石以下称“斗食”。 [25] 司马门：帝王陵寝的外门。 [26] 算民：《管子・度地》曰：“常以秋岁末之时阅其民，案家人比地，定什伍口数，别男女大小。”以确定是否征收赋税。 [27] 县公：中国古代的一种封爵。西周始置，曹魏、唐、宋等时期也曾使用。曹魏为第 2 等爵，唐为第 5 等爵。 [28] 亭侯：爵名。三国魏文帝定爵制，亭侯为第 9 等。陈制，亭侯八品，视千石。 [29] 乡侯：爵名。东汉后期增设县侯、乡侯、亭侯等爵位。乡侯地位低于县侯，高于亭侯。 [30] 三司：指中书、门下、尚书三个部门。 [31] 明帝：指南朝宋明帝刘彧（439—472）。字休炳，小字荣期，徐州彭城（今江苏徐州）人，南朝宋第七位皇帝。 [32] 晋孝武：指东晋孝武帝司马曜（362—396）。字昌明，东晋的第九位皇帝，在位时间是公元 373 年至 396 年。 [33] 江左四代：指南朝的宋、齐、梁、陈四个王朝。 [34] 宋前废帝（449—466）：南朝宋第六位皇帝刘子业。字法师，徐州彭城（今江苏徐州）人。大明八年（464），正式即位，年号永光，恢复宋文帝元嘉时期的制度。少年即位，根基不稳。面对强势的大臣、宗室和藩镇，出于巩固帝位，刑杀大臣，囚禁诸王，狂悖无道，引发朝野动荡。景和元年冬（466），被湘东王刘彧等人弑杀，时年 17 岁。新蔡公主：宋前废帝的妻子。姓刘，名英媚，生卒年不详，宋文帝刘义隆第十女，封新蔡公主，为前废帝刘子业姑。刘子业即位后，其妃何令婉已去世，于是宣新蔡公主入宫，对外宣称其暴毙。又称公主为宫人谢氏，封为贵嫔，位阶仅次于皇后。欲册其为皇后，公主羞愧拒绝。公主丈夫何迈觉得事情有异，但仍然举办了盛大的丧事，后欲行废立之事，败露被杀。前废帝死，公主不知下落。[35] 虎贲龙旗：天子之旗。[36] 永明：齐武帝萧赜年号，元年即公元 483 年。[37] 天官：中国古代星相学术语，紫微斗数。[38] 封事：指密封的奏章。[39] 大安宫：唐朝宫殿名。原名弘义宫，唐高祖为太上皇时居于此，改名大安宫，位于太极宫西面，位置比较偏僻。 [40] 戴胄（573—633）：唐朝大臣。字玄胤，相州安阳（今河南安阳）人。曾入仕于隋朝，入唐后历任士曹参军、大理少卿、太子左庶子。生性忠直，犯颜直谏，迁尚书左丞。贞观三年（629），代理吏部尚书，主持选官。转户部尚书，封武昌郡公，参预朝政，位列宰相。贞观七年（633）病逝，时年 61 岁。杜正伦（？—658）：唐朝大臣。相州洹水（今河北魏县）人，贞观年间，历任兵部员外郎、给事中、中书侍郎、太子左庶子等。后受李承乾谋反案牵连，被流放驩州。显庆年间拜相，初授黄门侍郎、同三品，后又升任中书令，封爵襄阳县公。显庆三年（658），因与李义府不和，被诬告结党，贬任横州刺史，不久病逝。 [41] 永巷脱簪：周宣王尝终日与女人为乐，其妻姜后请罪，说君王失礼，都是妾的过失，并脱簪待罪于后宫，使宣王猛醒。永巷，指宫中单独关押宫中女性犯罪者的监狱。 [42] 袁盎（？—前 148）：汉朝大臣。《汉书》称爰盎，字丝，汉初楚国人。为人敢言直谏，因此触犯汉文帝，被调任陇西都尉，后迁徙为吴相。汉景帝即位，吴楚七国叛乱，袁盎奏请斩晁错以平众怒，官拜太常，出使吴国。叛乱平定后，封为楚国相。后因反对立梁王为储君，遭到梁王忌恨，派刺客杀之。 [43] 上林引席：上林，指秦汉时期在关中的皇家苑囿。汉文帝游上林时，皇后、慎夫人从。两人同席，袁盎认为尊卑有别，遂将慎夫人的席子抽去，引起慎夫人与皇帝的愤怒。当袁盎讲清尊卑有别的道理后，慎夫人遂赐其黄金五十斤。 [44] 掖庭：这里指掖庭宫，嫔妃与宫女居住的地方。

[点评]

这一部分的文字主要记述了我国古代天子后妃制度的演变情况。通观历代嫔妃之制具有以下几个方面的特点。首先，嫔妃人数越来越多。从帝喾的四妃，到夏代十二人，商代的三十九人，周代的一百二十一人，再到后世人数愈加膨胀。以唐代为例，名义仍是皇后之下，设四夫人、九嫔、二十七世妇、八十一御妻，共计为一百二十一人，但实际人数早已大大地超过此数。别的不说，仅宫中六尚系统的有品阶的女官就有三百五十七人，此外还有大量有品阶而无名号的宫人，数量之多，难以统计。其次，具有严格的等级制度。先秦时期应该已出现了不同的等级，只是文献缺载，尚不知其详情。

从上引《通典》记载看，自汉代始，诸嫔妃均有相应的等级，与官员一样用多少石与相应的爵位来表示等级。魏晋以来，则是以不同的爵位表示等级，南朝甚至比照朝官表示等级，隋唐时期则是以品阶表示等级。这是我国古代等级制度在宫廷内部的反映。其三，赋予嫔妃制度以礼的文化。上古时期以天子四妃以象四星，一为正妃，其余为次妃，已经初步具有了礼的意蕴。至夏商周时期，尤其是周代，则将这一制度完全纳入到礼制之中，在《周礼》《礼记》等典籍中均有记载。后世学者对此多有注疏与研究，并且影响到后世的嫔妃制度，如唐代嫔妃制度就是如此。其四，赋予这一制度以政治意义。明确了嫔妃与女官治内，百官治外的分工。古代的宫廷人数众多，事务繁杂，是一个不小的社会，对其治理主要依靠皇后及其各级嫔妃，因此历代均制定了一套内官制度，并且还设置了相应的监察人员。如果将其放大到社会上，则强调皇后为天下之母仪，要为天下妇女作出表率。其他嫔妃亦是如此要求。正因为如此，在唐代还为皇后设置了朝堂，作为内、外命妇朝拜的场所，甚至要求百官在特定的时间也要朝见皇后。因此，不能把后妃单纯地看成是皇帝的配偶，其政治象征意义还是很大的。

卷四十一　礼典一

礼序

这段话出自《礼记·礼运》篇。礼，先王承天之道，效法天地。而这个先王，就是上古时期推举出来有德行的人，如尧舜禹汤、文武周公。这些先王具有高度的智慧，在尧帝时期，他就洞察到人需要教育，人不学，不知义、不知道，那就麻烦了。因此我国传统的教育，其核心是伦理道德的教育。帝尧推行五伦教育，即父子有亲，君臣有义，夫妇有别，长幼有序，朋友有信。周公制礼作乐，都是为了调整社会和人际关系，所以礼教是一件十分重要的事情。

夫礼必本于太一[1]，极大曰太，未分曰一。分而为天地，转而为阴阳[2]，变而为四时，列而为鬼神。鬼者，精魄所归。神者，引物而出。其降曰令，圣人象此下之以为教令[3]。其居人曰义。《孝经说》曰："义由人出。"孔子曰："夫礼，先王以承天之道，以理人之情，失之者死，得之者生。故圣人以礼示之，天下国家可得而正也。"人知礼则教易。伏羲以俪皮为礼[4]，作瑟以为乐[5]，可为嘉礼；神农播种[6]，始诸饮食，致敬鬼神，禬为田祭[7]，可为吉礼；黄帝与蚩尤战于涿鹿[8]，可为军礼；九牧倡教，可为宾礼；《易》称古者葬于中野[9]，可为凶礼。又，“修贽类帝”[10]，则吉礼也，“厘降嫔虞”[11]，则嘉礼也，“群后四朝”[12]，则宾礼也，“征于有苗”[13]，则军礼也，“遏密八音”[14]，则凶礼也。故自伏羲以来，五礼始彰[15]。尧舜之时，五礼咸备[16]，而直云“典朕三礼”者，据事天事地与人为三耳。其实天地唯吉礼也，其余四礼并人事兼之。夏商二代，散亡多阙。洎周武王既没，成王幼弱，周公摄政，六年致太平，述文武之德，制《周官》及《仪礼》，以为后王法[17]。《礼序》云[18]：“礼也者，体也，履也。统之于心曰体，践而行之曰履。”然则《周礼》为体，《仪礼》为履。周衰，诸侯僭忒[19]，自孔子时已不能具。秦平天下，收其仪礼，归之咸阳，但采其尊君抑臣，以为时用。汉兴，天下草创，未遑制立[20]，群臣饮醉争功，高帝患之。叔孙通草绵蕝子悦切之仪[21]，救击柱之弊，蕝谓以茅翦树地，为纂位习肄处。帝说[22]，叹曰：“吾于今日知为天子之贵也。”以通为奉常[23]，遂定仪法，未尽备而通终。高堂生传《礼》十七篇[24]，而徐生善为颂[25]。但能盘辟为礼容。颂读与容同。孝文帝时，徐生以颂礼官至大夫，而萧奋亦以习礼至淮阳太守[26]。孝武始开献书之路，时有李氏得《周官》五篇，阙《冬官》一篇[27]，河间献王千金购之[28]，不能得，遂取《考工记》以补其阙[29]，奏之。至王莽时，刘歆始置博士[30]，行于代。杜子春受业于歆[31]，能通其读，后汉永平初，郑众、贾逵皆往受业[32]。其后马融作《周官传》，郑玄为注。初，献王又得仲尼弟子及后学所记百四十一篇[33]，至刘向考校经籍，才获百三十篇，向因第而叙之。而又得《明堂阴阳记》二十二篇，《孔子三朝记》七篇，《王氏史记》二十篇，《乐记》二十三篇，总二百二篇。戴德删其烦重[34]，合而记之，为八十五篇，谓之《大戴记》；而戴圣又删大戴之书[35]，为四十七篇，谓之《小戴记》。马融亦传小戴之学，又定《月令》《明堂位》，合四十九篇。郑玄受业于融，复为之注。今《周官》六篇，《古经》十七篇，《小戴记》四十九篇，凡三种，唯郑玄注立于学官，余并散落。魏以王粲、卫觊集创朝仪[36]，而鱼豢、王沈、陈寿、孙盛虽缀时礼[37]，不足相变。吴则丁孚拾遗汉事[38]，蜀则孟光、许慈草建时制[39]。晋初以荀𫖮、郑冲典礼[40]，参考今古，更其节文，羊祜、任恺、庾峻、应贞并加删集，成百六十五篇。后挚虞、傅咸缵续未成，属中原覆没，今虞之《决疑注》是其遗文也[41]。江左刁协、荀崧补缉旧文[42]，蔡谟又踵修缀。宋初因循前史，并不重述。齐武帝永明二年，诏尚书令王俭制定五礼。至梁武帝，命群儒又裁成焉。吉礼则明山宾[43]，凶礼则严植之[44]，军礼则陆琏[45]，宾礼则贺玚[46]，嘉礼则司马褧[47]。苦迥切。又命沈约、周舍、徐勉、何佟之等佟音疼参会其事。陈武帝受禅[48]，多准梁旧式，因行事随时笔削。后魏道武帝举其大体[49]，事多阙遗；孝文帝率由旧章，择其令典，朝仪国范，焕乎复振。北齐则阳休之、元循伯、熊安生，后周则苏绰、卢辩、宇文弼，并习于《仪礼》，以通时用。隋文帝命牛弘、辛彦之等采梁及北齐仪注[50]，以为五礼。

此一百六十五篇，是为《晋礼》。

是为《齐礼》。

是为《隋礼》。据《新唐书·礼乐志》载："唐初，即用隋礼，至太宗时，中书令房玄龄、秘书监魏徵，与礼官、学士等因隋之礼，增以天子上陵、朝庙、养老、大射、讲武、读时令、纳皇后、皇太子入学、太常行陵、合朔、陈兵太社等，为《吉礼》六十一篇，《宾礼》四篇，《军礼》二十篇，《嘉礼》四十二篇，《凶礼》十一篇，是为《贞观礼》。”可知确有《隋礼》之书的存在。另据《隋书·经籍志》载，此书名为《隋朝仪礼》，共100卷。

［注释］

[1] 太一：指宇宙万物的本原、本体，天地未分前的混沌之气。即道家所称的“道”，《吕览·大乐》曰：“道也者，至精也，不可为形，不可为名，强为之名，谓之太一。”也指神名、星名。 [2] 阴阳：古代中国哲学概念。古代朴素的唯物主义思想家把矛盾运动中的万事万物概括为“阴”“阳”两个对立的范畴，并以双方变化的原理来说明物质世界的运动、变化。 [3] 教令：天子所颁布的条例。 [4] 伏羲：华夏民族人文先祖。相传伏羲人首蛇身，与女娲为兄妹而结婚，生儿育女。他根据天地万物的变化，发明创造了占卜八卦，创造文字，结束了“结绳记事”的历史。他又结绳为网，用来捕鸟打猎，并教会了人们渔猎的方法，发明了瑟，创作了乐曲。俪皮：成对的鹿皮，古代用为聘问、酬谢或定婚的礼物。 [5] 瑟：古代一种弦乐器。 [6] 神农：即炎帝。是我国上古时期姜姓部落的首领，号神农氏，又号魁隗氏、连山氏、列山氏。传说姜姓部落的首领由于懂得用火而得到王位，所以称为炎帝。相传炎帝牛首人身，亲尝百草，发展用草药治病；又发明刀耕火种，创造了两种翻土农具，教民垦荒种植粮食作物。还领导部落人民制造出了饮食用的陶器和炊具。传说炎帝部落后来和黄帝部落结盟，共同击败了蚩尤。华人自称炎黄子孙，将炎帝与黄帝共同尊奉为中华民族的人文初祖。 [7] 褚（zhà）：年终祭祀。 [8] 蚩尤：上古时代九黎部落联盟的首领，有兄弟八十一人（81个氏族部落）个个本领非凡，骁勇善战。蚩尤击败炎帝，于是炎帝与黄帝联合，在涿鹿展开激战，最终将蚩尤斩杀。炎黄部族在击败蚩尤部落后，与黎民融合，从此开启了中华文明的辉煌历史。涿鹿：位于河北西北部、桑干河下游。 [9] 中野：原野之中。 [10] 修贽：谓携带礼物求见。类帝：祭礼天帝。 [11] 厘降嫔虞：指帝尧以女嫁虞舜之事。降，下嫁。嫔，服也，谓服事

人。[12]群后四朝：四方诸侯朝见天子。群后，诸侯。[13]有苗：即三苗，是古代一个部落。有，词头，无义。[14]遏密八音：语出《尚书·舜典》。谓各种乐器停止演奏，乐声寂静，指皇帝死后停止演奏音乐。[15]彰：明显，显著。[16]咸备：齐备。[17]后王法：作为以后诸王学习取法的对象。[18]《礼序》：指东汉著名学者郑玄为《礼记》所作之序。[19]僭忒（tuī）：越礼逾制。[20]未遑（huáng）：没有时间顾及，来不及。[21]绵蕝（jué）：又称绵蕞，引绳为“绵”，束茅以表位为“蕞”。后因谓制订整顿朝仪典章为“绵蕞”或“绵蕝”。[22]说：同“悦”。[23]奉常：秦汉九卿之一，掌礼乐。后世改为太常。[24]高堂生：西汉学者。生卒年不详，复姓高堂，名伯，鲁（山东新泰龙廷镇）人。专治古代礼制。《礼》经秦火，而书不传。汉兴，其传《士礼》17篇，即今本《仪礼》，为当时今文礼学最早传授者。[25]徐生：西汉学者。生卒年不详，鲁人。《汉书·毛公传》载：“孝文时，徐生以颂为礼官大夫，传子至孙延、襄。”颂：（颜）师古曰：“颂，读与容同。”即颂读、颂扬。[26]萧奋：西汉经学家。瑕丘（今山东兖州）人。以《礼》至淮阳太守。其学授孟卿，孟卿授后仓，仓授戴德、戴圣、庆普，为西汉《礼》之宗师。[27]《冬官》：《周礼》之一篇。该书分设天、地、春、夏、秋、冬六官。冬官以大司空为长官，掌管工程制作。然《周礼》传本冬官部分全佚，代以《考工记》，设官之制不详。[28]河间献王（前171—前130）：西汉宗室。汉景帝刘启第二子，姓刘，名德，藏书家。汉景帝前元二年（前155）四月，受封为河间王。其对古文化宝贵遗产的保存和延续做出了巨大贡献。[29]《考工记》：《周礼》中的一篇。是中国目前所见年代最早关于手工业技术的文献，该书在中国科技史、工艺美术史和文化史上都占有重要地位。在当时世界上也是独一无二的。全书共7100余字，记述了木工、金工、皮革、染色、刮磨、陶瓷等六大类30个工种的内容，反映出当时中国所达到的科技及工艺水平。此外《考工记》还有数学、地理学、力学、声学、建筑学等多方面的知识和经验总结。 [30] 刘歆（前50—23）：西汉学者。字子骏，京兆长安（今陕西西安）人，经学家刘向之子。汉成帝时，授黄门郎。随父进入天禄阁，负责整理校订国家藏书。汉哀帝时，改名刘秀，交好权臣王莽，历任中垒校尉、侍中、奉车都尉、光禄大夫、太中大夫。地皇三年（23），图谋诛杀王莽，事败自杀。 [31] 杜子春（约前30—约58）：河南缑氏（今河南偃师南）人，西汉末向经学家刘歆学习《周礼》，东汉儒者郑众、贾逵并从受业。自此，《周礼》之学始传。他所注的《周礼》为后来的经学大师、教育家郑玄注解《三礼》时所采用。 [32] 郑众（？—83）：东汉经学家。字仲师，河南开封人。汉明帝时，郑众被司空征辟，曾任给事中、护西域中郎将、武威太守、左冯翊等官。建初六年（81），出任大司农。为官清廉正直，反对重行盐铁专卖。建初八年（83）卒。著有《春秋左氏传条例》9卷、《孝经注》2卷。 [33] 献王：即河间献王刘德。 [34] 戴德：西汉今文礼学"大戴学"的开创者。字延君，祖籍梁国甾县（今河南商丘南）。任信都王太傅。与其兄之子戴圣同学《礼》于后苍。宣帝时立为博士，世称"大戴"，亦称"太傅礼"。曾选集古代各种有关礼义等的论述，编成《大戴礼记》85篇，今残。 [35] 戴圣：西汉今文礼学"小戴学"创始人。字次君，祖籍梁国甾县（今河南商丘南）。西汉今文经学的开创者之一。后世称其为"小戴"。官至九江太守。著作有《小戴礼记》，即今本《礼记》。 [36] 王粲（177—217）：三国魏学者。字仲宣，山阳高平（今山东微山县西北）人。善属文，其诗赋为建安七子之冠，又与曹植并称"曹王"。《三国志》记王粲著诗、赋、论、议近60篇，《隋书·经籍志》著录其文集11卷。

卫觊（155—229）：三国魏大臣。字伯儒，河东安邑（今山西夏县）人。曹操辟为属吏，历任茂陵令、尚书郎、治书侍御史。负责镇守关中。魏国建立后，担任侍中，主掌典礼制度，迁魏国尚书，筹备汉魏禅让之事。曹丕称帝后，拜为尚书，封阳吉亭侯，负责监修国史和谏议朝政。太和三年（229）卒。著有《魏官仪》等。 [37] 缀时礼：连缀当时的礼仪。 [38] 丁孚：三国时吴国太史令。曾收集汉代遗事，并与郎中项峻共同编撰《吴书》。孚、峻俱非史才，其所撰之书，人多非议。 [39] 孟光：三国蜀大臣。字孝裕，河南洛阳人。博物识古，无书不览，尤精于三史，长于汉家旧典。好公羊《春秋》而讥刺左氏。蜀先主时，以议郎掌典制度。历任符节令、屯骑校尉、大司农等官。许慈：三国蜀大臣。字仁笃，南阳（今属河南）人，师从刘熙，精通郑玄经学，钻研《周易》《尚书》《论语》等。建安年间，与许靖等一道来到蜀地。刘备平定蜀地，以许慈、胡潜为学士，与孟光、来敏等一起掌典文献古籍。后主时期逐渐升至大长秋，后卒于任上。 [40] 荀𫖮（？—274）：字景倩，颍川颍阴（今河南许昌）人。起家中郎，拜散骑侍郎、侍中。齐王曹芳在位时，拜骑都尉，赐爵关内侯。高贵乡公即位后，拜尚书仆射、吏部尚书。魏元帝在位时，迁司空。西晋建立后，拜司徒、太尉、侍中，后又代理太子太傅。泰始十年（274）卒。郑冲（？—274）：三国魏末西晋初大臣。字文和，荥阳开封（今河南开封）人。初为魏文帝文学，累迁尚书郎、陈留太守。后又拜司空、司徒。曹奂继位，拜太保，封寿光侯。朝中制定礼仪律令，都先咨询郑冲的意见。西晋建立，拜太傅，进爵寿光公。泰始十年（274）卒。与何晏等撰有《论语集解》，流传于世。 [41]《决疑注》：书名。挚虞撰，1 卷，今有《知不足斋丛书》本、《丛书集成续编》本存世。 [42] 江左：这里指南朝宋、齐、梁、陈诸朝。刁协（？—322）：字玄亮，渤海郡饶安县（今河北盐山）人。永嘉之乱时南奔江东，进入晋元帝司马睿的幕府，由镇东军谘祭酒累迁至丞相左长史，被司马睿引为心腹。他辅佐司马睿建立东晋，历任左仆射、尚书令，参与制定朝廷的典章制度。后被王敦所杀。荀崧（262—328）：字景猷，颍川颍阴（今河南许昌）人。东晋大臣。永嘉之乱后，进爵舞阳县公，迁平南将军，改封曲陵县公。晋元帝即位建康，征为尚书左仆射，与刁协共定礼仪制度。太宁初年，加散骑常侍，领太傅，年虽衰老，仍孜孜于典籍。 [43] 明山宾：南朝梁官员。字孝若，平原鬲（今山东德州德城区南）人。在宋任奉朝请。在齐任抚军行参军、广阳令。在梁任尚书驾部郎、治书侍御史、右军记室参军，掌修撰吉礼。累迁中书侍郎、中庶子、散骑常侍，领青、冀二州大中正，俄以本官兼国子祭酒。 [44] 严植之（457—508）：字孝源，建平秭归（今属湖北）人。曾遍习郑氏《礼》《周易》《毛诗》《左氏春秋》。历任康乐令、五经博士等官。梁天监二年，诏求通儒修五礼，有司奏其主修凶礼。撰有《凶礼仪注》，已佚。 [45] 陆琏：南朝梁学者。吴郡（今江苏苏州）人。曾仕于齐。齐武帝诏修五礼，以其与贺玚、严植之、明山宾、沈宏为五经博士，陆琏掌修军礼。著有《军礼仪注》190 卷、录 2 卷，已佚。 [46] 贺玚（452—510）：南朝梁官员。字德琏，山阴（今浙江绍兴）人。在齐历任奉朝请、太学博士、太常丞等职。齐武帝修五礼，由其主撰宾礼。在梁朝任太常丞。所著有《礼》《易》《老》《庄》讲疏，有朝廷博士议数百篇、《宾礼仪注》145 卷，已佚。 [47] 司马褧（jiǒng，？—518）：南朝梁学者。字元表，河内温县（今属河南）人。起家奉朝请，除祠部郎中，负责创定礼乐制度。迁通事舍人、尚书右丞、御史中丞等官。梁武帝天监十七年（518）卒。所撰《嘉礼仪注》112 卷，已佚。 [48] 陈武帝（503—559）：姓陈，名霸先，字兴国，小字法生，吴兴（今浙江长兴）人。南朝陈的开国皇帝，公元 557 年至 559 年在位。 [49] 后魏道武帝（371—409）：即北魏开国皇帝拓跋珪，字涉珪，云中盛乐（今内蒙古和林格尔县）人。鲜卑族，公元 386 年至 409 年在位。 [50] 牛弘（545—610）：隋朝大臣。字里仁，安定鹑觚（今甘肃灵台）人。隋文帝即位后，授散骑常侍、秘书监，进爵奇章郡公。开皇三年（583），拜礼部尚书，请求修建明堂，制定礼乐制度。修撰《五礼》100 卷。迁吏部尚书。生活俭朴，事君尽礼，遇下仁厚，恪尽职守，书不释手。大业六年（610），病逝于江都。辛彦之（？—691）：隋朝大臣。陇西狄道（今甘肃临洮）人。在北周时，历任典祀、太祝、乐部、御正四曹大夫。封爵五原郡公，拜少宗伯。隋朝建立后，任太常少卿、国子祭酒、礼部尚书。与秘书监牛弘撰新礼。后拜随州刺史。

国初草昧[1]，未暇详定。及太宗践祚[2]，诏礼官学士修改旧仪，著吉礼六十一篇，宾礼四篇，军礼十二篇，嘉礼四十二篇，凶礼六篇，国恤五篇，总百三十篇，为百卷。贞观七年，始令颁示。高宗初，以《贞观礼》节文未尽，重加修撰，勒合成百三十卷，至显庆三年奏上，高宗自为之序。时许敬宗、李义府用事[3]，其所取舍，多依违希旨，学者不便，异议纷然。上元三年下诏[4]，命依贞观年礼为定。仪凤二年[5]，诏并依《周礼》行事。自是礼司益无凭准，每有大事，辄别制一

贞观时颁布的为《贞观礼》，显庆时颁布的称《显庆礼》，这两部礼典均已亡佚。

仪，援古附今，临时专定，贞观、显庆二礼，亦皆施行。武太后时，以礼官不甚详明，特诏国子司业韦叔夏、率更令祝钦明每加刊定[6]。叔夏卒后，给事中唐绍专知礼仪[7]，绍博学，详练旧事，议者以为称职。开元十四年，通事舍人王岩上疏[8]，请改撰《礼记》，削去旧文，编以今事。集贤院学士张说奏曰："《礼记》，汉朝所编，遂为历代不刊之典，去圣久远，恐难改易。但今之五礼仪注，已两度增修，颇有不同，或未折衷。请学士等更讨论古今，删改行用。"制从之。于是令徐坚、李锐、施敬本等检撰[9]，历年其功不就。锐卒后，萧嵩代为集贤院学士[10]，始奏起居舍人王仲丘修之[11]。二十年九月，新礼成，凡百五十卷，是为《大唐开元礼》。於戏！百代之损益，三变而著明，酌乎文质，悬诸日月，可谓盛矣。《通典》之所纂集，或泛存沿革，或博采异同，将以振端末、备顾问者也，乌礼意之能建乎！但前古以来，凡执礼者，必以吉凶军宾嘉为次；今则以嘉宾次吉，军凶后宾，庶乎义类相从，终始无黩云尔[12]。按秦荡灭遗文，自汉兴以来，收

《大唐开元礼》的修撰，是王仲丘在前人修撰的基础上完成的，并非其一人之力，故《新唐书·艺文志》曰：《开元礼》"命贾登、张烜、施敬本、李锐、王仲丘、陆善经、洪孝昌撰缉，萧嵩总之"。

而存之，朝有典制可酌而求者：汉有叔孙通、高堂生、徐生、贾谊、河间献王、董仲舒、萧奋、孟卿、后苍、闻人通汉、夏侯敬、刘向、戴德、戴圣、庆普、刘歆。后汉有曹充、曹褒、郑兴、郑众、贾逵、许慎、杜子春、马融、郑玄、卫宏、何休、卢植、蔡邕。魏有王粲、卫觊、高堂隆、蒋济、王肃、秦静、刘表、刘绍、卢毓、陈群、鱼豢、王沈。蜀有谯周、蒋琬、孟光、许慈。吴则宋敏、丁孚。晋有郑冲、荀顗、陈寿、孙盛、羊祜、杜元凯、卫瓘、庾峻、袁准、贺循、任恺、陈铨、孔备、刘逵、挚虞、束皙、傅咸、邹湛、蔡谟、孔衍、庾亮、范宣、范汪、徐邈、范甯、刁协、荀崧、卞壸、葛洪、王彪之、司马彪、干宝、徐广、谢沈、王裒、何琦、虞喜、应贞。宋有徐羡之、傅亮、臧焘、徐广、裴松之、何承天、颜延之、雷次宗、徐爰、庾蔚之、崔凯、孔智。齐有王俭、何戢、田僧绍、刘献、王逡。梁有司马褧、陆琏、沈约、周舍、明山宾、裴子野、徐勉、顾协、朱异、严植之、贺玚、崔灵恩、皇侃、何佟之、陶弘景、司马宪、丘季彬。陈有谢峤、孔奂。后魏有高允、高闾、王肃。北齐有熊安生、阳休之、元循伯。后周有苏绰、卢辩、宇文弼。隋有牛弘、辛彦之、许善心。皇唐有孔颖达、褚亮、虞世南、陆德明、令狐德棻、朱子奢、颜师古、房玄龄、魏徵、许敬宗、杨师道、贾公彦、杜正伦、李义府、李友益、刘祥道、郝处俊、许圉师、韦琨、范履冰、裴守真、陆遵楷、史玄道、孔志约、萧楚材、孙自觉、王方庆、贺纪、贾大隐、韦万石、贺敳、韦叔夏、祝钦明、许子儒、沈伯仪、元万顷、刘承庆、郭山恽、辟闾仁谞、唐绍、张星、王喦、张说、徐坚、李锐、施敬本、王仲丘、张统师、权无二、孔玄义、贾曾、李行伟、韩抱素、卢履冰、田再思、冯宗、陈贞节、贺知章、元行冲、韦縚等。或历代传习，或因时制作，粗举其名氏[13]，列于此注焉。

[注释]

[1] 草昧：创始，草创。 [2] 践祚：指即位、登基。 [3] 许敬宗（592—672）：唐朝大臣。字延族，杭州新城（今浙江杭州富阳区）人。隋朝大业年间，考中秀才，授淮阳书佐。后投奔瓦岗军，为李密记室。李密兵败后，投奔唐朝，秦王李世民听闻其名，召为秦府十八学士之一。贞观时，历任著作郎、兼修国史、中书舍人、检校黄门侍郎、检校礼部尚书等职，参与《武德实录》《贞观实录》的撰写。唐高宗永徽五年（654），支持武则天为后，官运亨通，迁礼部尚书，兼太子宾客。显庆元年（656），任中书令。龙朔二年（662），拜尚书右仆射。三年（663），拜太子少师、同平章事。咸亨元年（670），以特进的身份致仕。咸亨三年（672）卒，时年 81 岁。李义府（614—666）：唐朝大臣。瀛州饶阳（今河北饶阳县）人。早年以荐举入仕，历任门下省典仪、监察御史、中书舍人。因迎合高宗立武则天为后，拜中书侍郎、同平章事，成为宰相。任相期间，广结朋党，卖官鬻爵，权势熏天，多行不法之事。迁中书令，封河间郡公。因出身微贱，奏请重修《氏族志》，主张不论门第，凡得五品官以上者皆入士流。龙朔三年（663），因请术士望气并索贿，被贬官流放巂州。

乾封元年（666），忧愤而死，时年 53 岁。 [4] 上元：唐高宗李治年号，三年即公元 676 年。 [5] 仪凤：唐高宗李治年号，二年即公元 677 年。 [6] 韦叔夏：唐朝大臣。京兆万年人。少精通三礼，明经及第。历任太常博士、成均司业等官。长安四年（704），擢春官侍郎。神龙初，转太常少卿，充建立庙社使。以功进银青光禄大夫。神龙三年（707），拜国子祭酒。累封沛国郡公。卒时年 70 余岁。撰有《五礼要记》30 卷，已佚。祝钦明：唐朝大臣。雍州始平（今陕西兴平）人。尤精三礼，明经出身，授翰林编修，累迁门下典仪、太子率更令、崇文馆学士、国子祭酒等。中宗时，拜同中书门下三品。被御史中丞萧至忠弹劾，贬申州刺史。后任刑礼二部尚书，封鲁国公。景云初年，受到侍御史倪若水弹劾，贬为饶州刺史。 [7] 唐绍（？—713）：唐朝大臣。京兆长安（今陕西西安）人。博学有才，尤精三礼。唐中宗神龙间，授太常博士，迁左台侍御史、度支员外郎。唐睿宗即位，迁给事中，兼太常少卿。先天二年（713），唐玄宗讲武骊山，唐绍以典仪坐失军容，帝甚怒，被斩。 [8] 王岩：唐朝官员。曾任通事舍人。 [9] 徐坚（？—729）：唐朝大臣。进士出身，精三礼之学。历任太子文学、给事中、黄门侍郎、丽正殿学士等。开元十七年（729）卒，年 70 余岁。有文集 30 卷，已佚。李锐：唐朝大臣。历任著作佐郎、左拾遗、集贤院学士等官。参预《开元礼》的修撰，未成而卒。施敬本：唐朝官员。润州丹阳（今江苏镇江）人。开元中为四门助教，曾上书论封禅典仪。官至右补阙、秘书郎。 [10] 萧嵩（？—749）：唐朝大臣。字乔甫，号体竣，南兰陵郡（今江苏常州武进区）人，梁武帝之后。初任洺州参军，累迁宋州刺史，入为尚书左丞、兵部侍郎。出为河西节度使，任用名将张守珪等人，大败吐蕃。入朝为相，拜中书令，封为徐国公。任相数年，并无治国之能，后改任尚书右丞相、太子太师。开元二十七年（739）致仕。　[11] 王仲丘：唐朝学者。琅邪（今山东诸城）人。开元中历任左补阙内供奉、起居舍人。其在贞观、显庆二礼的基础上，最后撰成《大唐开元礼》150 卷，由是唐五礼之文始备，而后世用之。后迁礼部员外郎，卒赠秘书少监。　[12] 无黩：不轻慢。　[13] 粗举：列举大概之意。

［点评］

我国古代十分重视礼制，并将其与新石器时代的原始文化联系起来，所谓“伏羲以俪皮为礼，作瑟以为乐，可为嘉礼；神农播种，始诸饮食，致敬鬼神，禬为田祭，可为吉礼；黄帝与蚩尤战于涿鹿，可为军礼；九牧倡教，可为宾礼；《易》称古者葬于中野，可为凶礼”，从而将我国礼乐文明追溯到数千年前。杜佑明确指出：“伏羲以来，五礼始彰。尧舜之时，五礼咸备。”即认为伏羲以来，五礼开始出现，尧舜时代，五礼就已经齐备了。在尧舜时代礼教的核心是伦理道德教育，即所谓“五伦”教育。至文武周公时代就已经形成了礼的文本，并认为《周礼》为体，《礼记》为履。那么何谓体？何谓履？杜佑解释得很清楚，即“统之于心曰体，践而行之曰履”。可见古人对礼的实践是多么地重视。春秋、战国时期“礼乐崩坏”，虽经孔夫子的努力整理，已不能完整无阙，再经过秦火的毁灭，至西汉初期礼的文本已残缺不全。幸赖汉代学者的搜集整理，以及后世学者的不懈努力，编撰了不少礼典，如上引《通典》所提到的《周礼》《礼记》《仪礼》《晋礼》《齐礼》《隋朝仪礼》，再到唐代的《贞观礼》《显庆礼》等。这些典籍实际上已渗入了各个历史时代的通行礼仪，并非原始的先秦典籍，尽管如此，仍然是十分珍贵的文化遗产。这些典籍除了“三礼”历代相传外，其余皆已亡佚不存了，但是其部分内容仍保留在后世所编的典籍中。除了“三礼”外，影响最大的当属唐代编撰的《大唐开元礼》150卷。此书“折衷”了《贞观礼》《显庆礼》，以解决和协调对《礼记》经传认识的矛盾，实现了唐朝本朝新礼的创建，体现了唐朝礼制的时代化和创新精神。此书自从开元二十年（732）颁行以来，不仅在有唐一代产生了很大的影响，国家与民间礼仪均以此为本，不再如以前那样临事才组织学者论证相关礼仪。同时对后世也产生了极大的影响，如唐后期的《开元后礼》《曲台新礼》，北宋的《太常因革礼》《政和五礼新仪》，金代的《大金集礼》，乃明清时代的《大明集礼》《大清通礼》等，均是因袭《开元礼》而来。并且远播到东亚、东南亚，对整个汉字文化圈的礼乐制度都产生过极大的影响。此书颁布后，渤海、新罗、高丽、日本等国都曾要求传写，日本的礼乐制度更是全面借鉴《开元礼》。日本著名学者池田温指出：“从来中国哲学的研究，少有未经古典学者之手的，而礼制的分析研究对历史学、人类学、文化和思想研究的学者来说，却留下了广阔的领域，此书给立足于新视野的学人提供了无限丰富的宝库。”（《大唐开元礼·出版前言》）故《开元礼》是我国礼仪制度的集大成者，是我国礼仪文明的结晶，也是我国重要的文化遗产。此书流传至今的版本不多，其中最重要的当属东京大学东洋文化研究所藏的洪氏公善堂校刊本，2000年已由民族出版社影印出版。

卷一百六　礼典六十六

五礼篇目

大唐开元年之制五礼，其仪百五十有二。一曰吉礼，其仪五十有五。一、冬至祀昊天于圆丘[1]。二、正月上辛祈谷于圆丘[2]。三、孟夏雩祀于圆丘[3]。四、季秋大享于明堂[4]。五、立春祀青帝于东郊[5]。六、立夏祀赤帝于南郊[6]。七、季夏祀黄帝于南郊[7]。八、立秋祀白帝于西郊[8]。九、立冬祀黑帝于北郊[9]。十、腊日禘百神于南郊[10]。十一、春分祀朝日于东郊[11]。十二、秋分祀夕月于西郊[12]。十三、祀风师、雨师、灵星、司中、司命、司人、司禄[13]。十四、夏至祭

吉礼主要作为祭礼方面的礼仪，包括四个方面，即天神曰祀，地祇曰祭，人鬼（祖先）曰享，文宣王与武成王（指孔子与姜尚）曰释奠。

关于五方帝具体所指，历代学者是有争议的，郑玄认为是天上五个星辰，王肃认为是上古五个帝王，即所谓五人帝，长期以来莫衷一是。开元时确定为五星辰。

皇地祇于方丘[14]，后土同[15]。十五、孟冬祭神州于北郊[16]。十六、仲春上戊祭太社、太稷[17]。十七、祭五岳、四镇[18]。十八、祭四海、四渎[19]。十九、时享太庙[20]。二十、祫享太庙[21]。二十一、禘享太庙[22]。二十二、拜陵。二十三、太常卿行诸陵。二十四、孟春吉亥享先农[23]，耕籍[24]。二十五、皇后季春吉巳享先蚕[25]，亲桑[26]。二十六、有司享先代帝王[27]。二十七、荐新于太庙[28]，季夏祭中溜于太庙[29]。二十八、孟冬祭司寒[30]，纳冰[31]。二十九、兴庆宫祭五龙坛[32]。三十、皇帝视学[33]。三十一、皇帝、太子释奠于孔宣父[34]。三十二、国学释奠于孔宣父。三十三、仲秋释奠于齐太公[35]。三十四、巡狩告圆丘[36]。三十五、巡狩告社稷[37]。三十六、巡狩告宗庙[38]，归格仪附[39]。三十七、皇帝巡狩。三十八、封祀于太山[40]，禅于社首山[41]。三十九、时旱祈太庙。四十、时旱祈太社。四十一、时旱祈岳镇以下于北郊，报仪同。四十二、就祈岳镇海渎。四十三、诸州祭社稷。四十四、诸州释奠于孔宣父。四十五、诸州祈社稷，祷诸神[42]，禜城门[43]。四十六、诸县诸里祭社稷。四十七、诸县释奠于孔宣父。四十八、诸县祈社稷及诸神。四十九、诸太子庙时享[44]。五十、三品以上时享其庙[45]。五十一、三品以上祫享其庙。五十二、三品以上禘享其庙。五十三、四品五品时享其庙。五十四、六品以上春祠[46]。

五十以下所提到的庙皆为家庙。唐朝大臣多建有家庙，用于祭祀其家族祖先。值得关注的是，唐朝把此类祭祀纳入到国家礼典内，统一规定了相关礼仪，这在古代尚属首见。见《开元礼》卷一百二十一《吉礼十三》。

五十五、王公以下拜扫寒食[47]，拜扫附。

［注释］

[1] 昊天：指昊天上帝。历代对此多有争议，郑玄认为昊天上帝即北辰耀魄宝；王肃认为昊天上帝是天，不能与诸星辰混为一谈。隋朝宗郑玄之说，唐初沿袭隋制，高宗时改奉王肃之说，开元时亦是如此。圆丘：也称圜丘、天坛。唐朝的圆丘遗址已发现，位于西安市南郊陕西师范大学雁塔校区南墙外，现为天坛公园。 [2] 上辛：我国古代以干支记时，每个月都有辛日，如辛丑、辛卯、辛巳、辛未、辛酉、辛亥。所谓上辛日，指的是农历每月的第一个辛日。每年正月的上辛日，为古代帝王祈求丰年之日。祈谷：古代向上帝祈求谷物丰熟的祭礼。 [3] 孟夏：夏季的第一个月，即农历四月。雩（yú）祀：古代祈雨的祭祀。 [4] 季秋：秋季的最后一个月，即农历九月。明堂：古代帝王用于布政、祭祀的重要礼制建筑。 [5] 青帝：五方帝之一，掌管东方。郑玄认为青帝是灵威仰（星名），王肃认为是太昊。 [6] 赤帝：五方帝之一，掌管南方。郑玄认为是赤熛怒（星名），王肃认为炎帝。 [7] 黄帝：五方帝之一。郑玄认为是含枢纽（星名），王肃认为是少昊。 [8] 白帝：五方帝之一，掌管西方。郑玄认为是白招拒（星名），王肃认为是颛顼。 [9] 黑帝：五方帝之一，掌管北方。郑玄认为是汁光纪（星名），王肃认为是黄帝。 [10] 腊日：即农历十二月初八，是古代岁末祭祀祖先、祭拜众神、庆祝丰收的节日。 [11] 朝日：也叫日坛、朝日坛，位于唐长安城东郊，用于祭太阳。 [12] 夕月：也叫月坛、夕月坛，位于唐长安城西郊，用于祭月亮。 [13] 风师、雨师、灵星、司中、司命、司人、司禄：风师，即风神。雨师，即雨神。灵星，又称天田星、龙星，主农事。司中与司命，为共同主掌人之牲、命的神。司

人，神名，主掌人的命运。司禄，神名，主掌人间禄籍。以上这些皆为天上诸星，古人视为神，并赋予其相关职能，掌管人间诸事。 [14] 皇地祇：地祇，即地神。郑玄认为地祇有二：一曰大地昆仑，是为皇地祇；二曰帝王封圻之内，谓之神州地祇。方丘：专门用于祭祀地祇的坛，位于长安北郊。 [15] 后土：亦是地神，这里指汾阴后土。 [16] 孟冬：冬季的第一个月，即农历十月。神州：即神州地祇，参见注释 [14]“皇地祇”条。 [17] 仲春：春季的第二个月，即农历二月。上戊：农历每月上旬之戊日，参见注释 [2]“上辛”条。太社、太稷：郑玄认为社、稷皆是土祇，因其有生育之功异，故有二名。勾龙（共工氏之子）、后稷（即周族之始祖弃，后世奉为谷神）皆为其官，能平能治，有大功德，故配食焉。从此以后，社祭后土，稷祭大稷，而勾龙、后稷皆降为西亨之神。 [18] 五岳：唐代的五岳指东岳泰山、西岳华山、南岳衡山、北岳恒山、中岳嵩山。四镇：即扬州会稽山、青州沂山、幽州医巫闾山、冀州霍山。 [19] 四海：即东、南、西、北海。四渎：即东渎大淮（淮河），南渎大江（长江），西渎大河（黄河）、北渎大济（济水）。 [20] 时享太庙：指皇帝在太庙祭祖，一年五祭，称五享，即孟春、孟夏、孟秋、孟冬与腊日。由于分季节祭祀，故称时享。 [21] 祫（xiá）享：古时天子宗庙祭礼之一。将远近祖先神主集于太祖庙的大合祭，三年丧毕时举行一次，次年又举行一次，以后每五年一次。祫，合祭也。 [22] 禘（dì）享：是指祭祀最早的血脉祖先。禘，大祭也。 [23] 吉亥：古礼，天子于每年农历正月之亥日亲耕。其日卜须吉，故称“吉亥”。先卜上旬之亥日，如不吉，则再卜中旬、下旬。先农：即炎帝神农氏，由皇帝主祭。祭坛称先农坛，也称帝社坛、籍田坛，位于唐长安城春明门外，玄宗时移于浐水东面。 [24] 耕籍：即举行籍田礼。古代每年春耕前，天子举行的亲耕仪式，种植供祭祀用的谷物，并以示劝农。 [25] 吉巳：皇后于每年季春之巳日举行祭先蚕之礼，其日占卜须吉，称“吉巳”。先蚕：蚕神。指嫘（léi）祖，传说是黄帝的妃子，发明了养蚕技术。 [26] 亲桑：每年季春之月皇后躬亲蚕事的典礼。 [27] 有司：指相关部门的官吏。 [28] 荐新：以时鲜的食品祭献于祖先，称之为荐新。 [29] 中溜：也称中霤，指室的中央，这里指宅神。 [30] 司寒：即冬神玄冥。冬在北陆，故用黑色。 [31] 纳冰：将冰块纳入收藏之处的礼仪，由上林令主持。唐代的冰藏于冰井，冰块取自于蓝田山中洁净的河中。 [32] 五龙坛：位于唐长安兴庆宫兴庆池南岸，开元时建。祭五龙唐之前就有，但非国家行为，将其纳入国家礼制是自唐代始，目的在于祈雨。其坛为五层，每层高五尺，五龙座分别为青、赤、黄、白、黑五色。 [33] 皇帝视学：指皇帝亲赴国子监视察的相关礼仪。每年春秋二时举行，随同参加者还有皇太子、文武百官、三馆学官、学生等，表示皇帝对教育的重视。届时还有宣讲经义、问难等活动。 [34] 释奠：在学校设置酒食以奠祭先圣先师的一种典礼。孔宣父：指孔子。 [35] 齐太公：西周的开国元勋。姜姓，吕氏，名尚，字子牙，号飞熊。灭商后，封于齐国，故称齐太公。 [36] 巡狩：谓天子出行，视察邦国州郡。 [37] 社稷：是“太社”和“太稷”的合称，即土地神与谷神。其坛位于皇城内郊社署东面，具体位置在今西安城含光门内之西。分为社坛与稷坛，两坛相距五丈，方五丈，高五尺。 [38] 宗庙：即太庙。唐朝的太庙位于皇城东南部，太常寺以东，安上门内之东。 [39] 归格仪：指皇帝巡狩归来后的相关礼仪。 [40] 太山：即东岳泰山。 [41] 社首山：指泰山旁的小山。帝王在泰山封禅时，多于社首山设坛祭祀后土，而在泰山顶设坛祭祀昊天上帝。此山解放后已毁。 [42] 诸神：也称百神。唐《开元礼》所确定祭祀的诸神共192位，祭祀的目的在于祈福避灾。 [43] 禜（yíng）

城门：禜，古代一种对于水灾和旱灾的祭祀祈祷，在京城门或者诸州城门举行。唐人张说于开元五年（717）撰有《禜城门文》一篇，为举行此种祭祀的祭文。此仪均由当地官员主持。[44]诸太子庙：唐朝为已亡故的诸太子建庙，每年定期祭祀，其庙设在长安城内诸坊。[45]庙：这里指家庙。[46]春祠：春季祭祀。[47]寒食：指寒食节。每年寒食节人们皆要为其父祖扫墓祭祀，唐朝将王公以下官员的寒食扫墓纳入到国家礼典之中，统一规定了祭扫礼仪。

嘉礼的中“嘉”字，本是美、善的意思。因此它是和合人际关系、沟通联络感情的礼仪。其仪式虽有五十项之多，归纳起来主要有六项：一曰饮食，二曰婚冠，三曰宾射，四曰飨燕，五曰脤膰，六曰庆贺。实际上是将五礼中其他四礼无法容纳的内容都归之于嘉礼。

二曰嘉礼，其仪有五十。一、皇帝加元服[1]。二、纳后。三、皇帝正至受皇太子朝贺[2]。四、皇后受太子朝贺。五、皇帝正至受皇太子妃朝贺。六、皇后正至受皇太子妃朝贺。七、皇帝正至受群臣朝贺。八、皇帝千秋节受群臣朝贺[3]。九、皇后正至受群臣朝贺。十、皇后受外命妇朝贺[4]。十一、皇帝于明堂读春令[5]。十二、读夏令[6]。十三、读秋令[7]。十四、读冬令[8]。十五、于太极殿读五时令[9]。十六、养老于太学[10]。十七、临轩册皇后[11]。十八、临轩册皇太子。十九、内册皇太子[12]。二十、临轩册立王公。二十一、朝堂册诸臣。二十二、册命内妇[13]。二十三、遣使册授官爵。二十四、朔日受朝[14]。二十五、朝集使辞见[15]。二十六、皇太子加元服。二十七、皇太子纳妃。二十八、皇太子正至受群臣贺。二十九、皇太子受宫臣朝贺[16]。三十、皇太子与师傅保相见[17]。三十一、皇太子受朝集使参辞。三十二、亲王冠[18]。三十三、亲王纳妃。三十四、公主降嫁[19]。三十五、三品已上子冠。三十六、五品已上子冠。三十七、六品已下子冠。三十八、三品已上婚。三十九、四品已下婚。四十、朝集使礼见。四十一、任官初上[20]。四十二、乡饮酒[21]。四十三、正齿位[22]。四十四、宣赦书[23]。四十五、群臣诣阙上表。四十六、群臣起居[24]。四十七、遣使慰劳诸番。四十八、遣使宣抚诸州。四十九、遣使诸州宣制。五十、遣使诸州宣赦书。

三曰宾礼，其仪有六。一、番国主来朝[25]。二、戒番国主见[26]。三、番主奉见[27]。四、受番使表及币[28]。五、宴番国主。六、宴番国使。

四曰军礼，其仪二十有三。一、亲征类于上帝[29]。二、宜于太社[30]。三、告于太庙[31]。四、祃于所征之地[32]。五、軷于国门[33]。六、告所过山川。七、宣露布[34]。八、劳军将。九、讲武。十、田狩。十一、射宫[35]。十二、观射[36]。十三、遣将出征宜于太社。十四、遣将告太庙。十五、遣将告齐太公庙。十六、祀马祖[37]。十七、享先牧[38]。十八、祭马社[39]。十九、祭马步[40]。二十、合朔伐鼓[41]。二十一、合朔诸州伐鼓。二十二、大傩[42]。二十三、诸州县傩。

凶礼主要是有关丧葬以及荒年抚慰的礼仪。

五曰凶礼，其仪十有八。一、凶年振抚[43]。二、劳问疾患[44]。三、中宫劳问[45]。四、皇太子劳问。五、五服制度[46]。六、皇帝为小功以上举哀[47]。七、敕使吊[48]。八、会丧[49]。九、册赠[50]。十、会葬[51]。十一、致奠[52]。十二、皇后举哀吊祭。十三、皇帝太子举哀吊祭。十四、皇太子妃举哀吊祭。十五、三品已上丧。十六、五品已上丧。十七、六品已下丧。十八、王公已下丧。

［注释］

[1] 加元服：古称行冠礼为加元服。内容是改变发型和服饰，加冠，皇帝、皇太子等成年时皆行此礼。 [2] 正至：指元日与冬至。古称正月初一为元正，冬至为日南至，合称正至。 [3] 千秋节：唐玄宗的诞日。玄宗于开元十七年（729）将自己的生日八月五日定为千秋节，全国放假三日，并举行盛大宴会和乐舞表演，与文武百官、百姓同乐。唐朝之前还没有将皇帝生日作为全国性节日的先例，自此以后多有皇帝将生日作为节日，放假一至三日。 [4] 外命妇：古代称卿、大夫之妻，唐朝将公主、诸王妃、大臣五品以上母妻有邑号者，均视为外命妇。 [5] 春令：古代在不同的季节都要颁布政令，并举办隆重的仪式，称之为读时令。春令，指春季所颁行的政令。 [6] 夏令：夏季所颁行的政令。参见“春令”条。 [7] 秋令：秋季所颁行的政令。参见“春令”条。 [8] 冬令：冬季所颁行的政令。参见“春令”条。 [9] 太极殿：唐长安太极宫之正殿。五时令：汉制，在立春、立夏、大暑、立秋、立冬时读时令，称五时令。唐制，在四季之孟月（第一月）及季夏土王日读时令，仍称五时令。季夏指夏季的第三个月。土王日比较复杂，按照阴阳五行说，春季木旺，夏季火旺，秋季金

旺，冬季水旺，独缺土旺，故于每季末尾留出十八日属土，作为土旺，又称土王日。其中大暑前三日至立秋前为夏土王。[10]养老：我国古代有尊老、养老的习俗，皇帝代表国家亦要举行养老之礼仪，以为表率。这一礼仪在太学举行，在三师、三公致仕者中，选德行及年高者一人为三老，次一人为五更，五品以上致仕者一人为国老，六品以下致仕者为庶老。届时请三老、五更及群老莅临太学，由尚食提供酒馔，皇帝率文武百官向其行礼，敬酒，群老答拜。除了酒馔外，还有乐舞助兴，尽欢而散。[11]临轩：指皇帝不坐正殿而御前殿。殿前堂陛之间近檐处两边有槛楯，如车之轩，故称临轩。[12]内册：唐制，册太子年长者临轩册之，年幼者遣使内册。[13]内妇：即内命妇，指皇后之外的嫔妃。[14]朔日受朝：朔日指每月初一，届时唐朝都要举行大朝会，规定在京文武九品以上皆要入宫参加朝会。此类朝会规模宏大，仪仗齐全，由于人数众多，宫中往往要给众臣提供廊下餐。[15]朝集使：每年诸州派出的参加元日大朝会的使者，或由刺史充任，或另行派官充任。除了参加大朝会外，还要向中央汇报本地财政收支与官员考课情况以及向皇帝进贡物品。故朝集使亦称考使。[16]宫臣：即太子东宫之臣僚。[17]师傅保：在唐代指太子太师、太子太傅、太子太保，太子少师、太子少傅、太子少保等太子辅导之臣。[18]冠：即男子成人之礼，满20岁加冠。[19]公主降嫁：指公主的出嫁成婚之礼。[20]初上：指新官初次上任时的礼仪。[21]乡饮酒：早在西周时就有此礼仪，唐代是由州县长官为参加科举考试的贡士举行饯行之礼仪。以地方长官为主人，其余宾客均为当地身家清白、齿德具尊的耆老乡绅，其中致仕官员称为宾，年高有德者称介，其余人员称众宾。牲用少牢，歌《鹿鸣》之诗，并有乐舞助兴。[22]正齿位：确定尊卑长幼的礼仪，多在举办乡饮酒时进行。[23]赦书：皇帝颁布的赦免命令。有大赦与曲赦之别，前者为全国性质的赦令，后者为局部地区的赦令。唐代通常在元日、皇帝与太子婚娶、生皇子、皇帝诞日、军事胜利、有灾荒时等情况下，颁布赦令。 [24] 起居：即问安。唐代通常在皇帝患病、大丧、巡狩回宫、节庆日、奉参问起居，因故不举行朝会和皇帝巡行期间也要问起居。具体形式分为入宫问起居、宫门问起居、外官奉表问起居等。 [25] 番国主：外国国王及少数民族首领。 [26] 戒番国主见：在皇帝召见外国国王或首领之前，遣使与其约定召见日期及交待相关礼仪。 [27] 番主奉见：即皇帝召见外国国王及首领时的相关礼仪。 [28] 受番使表及币：接受外国或少数民族使者的上表及贡品的相关礼仪。 [29] 亲征类于上帝：指皇帝亲自统军出征前，赴南郊圆丘向昊天上帝祭告的相关礼仪。 [30] 宜于太社：指皇帝亲征前向太社祭告的礼仪。 [31] 告于太庙：指皇帝亲征前赴太庙向祖先祭告的礼仪。 [32] 祃（mà）于所征之地：向军队所要征伐地区之神明祭祀的礼仪。祃，师行所止，恐有慢其神，下而祀之。 [33] 軷（bá）：古代祭路神称“軷”。祭祀后以车轮碾过祭牲，表示行道无艰险。 [34] 宣露布：即将军队获胜的消息写在帛上并对外公布，通常在朝堂举办此仪式，由中书令宣读。 [35] 射宫：天子行大射礼之处。在这种活动中，天子要亲射，并奏乐，文武百官参与。天子射毕，官员依次而射，中者赏，不中者罚。 [36] 观射：由王公以下官员射，天子不射，以中与不中而定赏罚。 [37] 马祖：天驷，即天马。唐代在仲春祭之。 [38] 先牧：养马创始人，即司牧之神，仲夏祭之。 [39] 马社：始乘马之人，配食于社。实际上是相士，仲秋祭之。 [40] 马步：除马匹灾害之神，仲冬祭之。 [41] 合朔伐鼓：合朔，日食。伐鼓，击鼓，责阴助阳以救之也。唐制，日食前二刻，鼓吹署率乐工执旗幡，卫兵执刀立于坛之四方，太史令立于坛北，以观日之变化。日食发生后，击鼓摇旗呐喊。其日，皇帝素服，避正殿，百官废务，皆素服于厅前向日而立，直到日食毕方散。 [42] 大傩：傩，即驱除灾疫的仪式，在季春、仲秋、季冬举行，其中季冬的仪式最隆重，称为大傩。 [43] 凶年振抚：唐朝规定凡四方及蕃夷有水旱蝗等灾发生，皇帝派使者持节至各地，宣制赈抚。使者南面，地方长官或蕃国主北面，再拜，遂授制书。 [44] 劳问疾患：皇帝遣使问候疾病的礼仪。对于不同的人，有不同的礼仪，如诸王、外祖父、皇后父、诸妃主、外祖母、皇后母、大臣、都督、刺史、蕃国主等，所派使者及引导等级皆不相同。 [45] 中宫：即皇后。 [46] 五服制度：即所谓服纪之制，就是如何体现为死者服丧的制度。古代以父宗为重。其亲属范围包括自高祖以下的男系后裔及其配偶，即自高祖至玄孙的九个世系，称为本宗九族。在此范围内的亲属，包括直系亲属和旁系亲属，为有服亲属，死为服丧。亲者服重，疏者服轻，依次递减，服制按服丧期限及丧服粗细的不同，分为五种，即所谓五服。即斩衰、齐衰、大功、小功、缌麻，服丧期分别为三年、一年、九月、五月、三月。 [47] 举哀：举行仪式，表示哀悼。唐朝皇帝通常在大明宫光顺门外举行，为亡者设牌位及祭品，进行祭祀，以表示皇帝的哀悼之情。至于祭品的规格高下，则视亡者的地位及功勋大小而定。 [48] 敕使吊：臣下亡，皇帝遣使赴其宅，或赴外国、少数民族牙帐进行吊祭。 [49] 会丧：共同参加丧葬仪式，在唐代主要是指皇帝派遣百官参加王公以下的丧仪。 [50] 册赠：指人死后获得皇帝的赠官。在唐代包括以下几类礼仪：遣敕使册赠诸王，敕使册赠外祖父母，敕使册赠皇后父母、册赠大臣、番国王等。 [51] 会葬：众人参加葬礼，主要指皇帝派遣百官参加王公以下的葬礼。 [52] 致奠：指皇帝遣使赴亡者灵堂奠酒的相关礼仪。

［点评］

我国自古以来就被称为礼仪之邦，礼的制度形成很早，历代王朝也都重视对礼典的编撰，同时也注意礼的教育，一切以礼行事。之所以如此，与礼的性质与作用密切相关。礼作为一种相对固定的社会规范，与法相辅相成，共同规范着社会成员的行为，维护着社会的秩序。礼和法的最大不同之处，就在于法在规范人们的行为时，具有强制性的作用，从而达到社会的有序化；而礼制则主要以引导的方式体现其功能，其强制性要比法弱得多。但是礼的影响层面则比法更为广泛，涉及的问题也更加细微，从经济形态到社会结构，从政治体制到文化传统，甚至包括风俗习惯、价值观念、心理状态等，可以说礼几乎无所不在。

以上这段文字将《开元礼》的篇目罗列出来，通过这些篇目可以了解《开元礼》的内容与此书的基本框架。需要说明的是，杜佑并没有列出此书的全部篇目，只是择其要者罗列之，比如反映皇帝、皇后、皇太子、王公以下以及内外命妇的卤簿之制，还有衣服、斋戒、祈祷、杂制等方面的内容。但是最重要的、最基本的内容已经披露无遗了。此外，杜佑罗列的五礼顺序也与今本《开元礼》不同，杜佑罗列的顺序是：吉、嘉、宾、军、凶，而今本《开元礼》的顺序是：吉、宾、军、嘉、凶。这实际上是杜佑本人对五礼顺序的新认识，因为在其书的五礼沿革部分就是如此排序的。

我国古代礼制有一个很大的特点，除了对诸神（包括自然神）的敬畏外，就是尊祖、敬祖，所以在吉礼中有不少这方面的规定。其体现的不仅是皇帝对其祖先的尊崇，而且要求所有臣民均要如此，家庙的出现就是这种情况的体现。此外，对唐之前的历代帝王的尊崇与祭祀，体现的是对历史的尊重，不因王朝更替而忽视其存在。对自然神的尊崇与祭祀，也不能视为迷信与落后，实际上体现的是希望风调雨顺、农业发展、避免灾害发生的美好愿望。祭龙求雨的做法由来已久，早在先秦时期就已有之，但都是民间行为，或者地方官员所为，纳入国家礼典则首见于《开元礼》，并对后世产生了极为广泛的影响。需要说明的是，唐朝除了继续尊孔，重视儒家文化外，还尊崇与祭祀姜太公，体现对文武之道的重视。后世亦是如此，唯一变化的是，以关羽取代了姜太公的地位。

军礼中的一些礼仪也具有深刻的社会意义，比如讲武、田狩、大射、观射等，具有训练军队、不忘武备的积极意义。军礼中有与马相关的一些礼仪，如祭马祖、先牧、马社、马步等，这是因为马匹在古代是重要的军事装备，军队的战斗力与机动性都与其有着密切的关系，所以将其内容列入军礼中。至于“合朔伐鼓”与“傩”也列入军礼，是因为在这些仪式中要出动军队，并动用旗幡与兵器。

五礼中还有不少属于调整社会关系、维护社会稳定的内容，这是我国历代重视礼制的重要原因之一。以往将礼视为是国家的政体，以及反映此政体的仪式、符号，并视之为支配的工具或功能，视为士大夫的教养，包括士大夫的生活方式、价值观与学术等，这些观点现在看来并不完全正确。礼也是我国传统文化的重要部分，完整地表现了中华民族的精神文明。礼的内容来自民间，又对民间世俗社会产生很大影响，甚至对法律也产生一定的影响，唐人以礼入律就是一个鲜明的例证。重视对古代礼制的研究，对建设我国现代精神文明具有极重要的意义。

卷一百三十四　礼典九十四

总论制度

王公以下皆三月而葬，葬而虞[1]，三虞而卒哭[2]。十三月小祥[3]，除首绖[4]，练八升布为冠[5]，缨武亦如之[6]；妇人练总，除腰绖[7]。二十五月大祥[8]，除灵座，自后有祭设几席。除缞裳[9]，去绖杖[10]，十五升布深衣[11]，布缟冠[12]，素纰缨[13]，革带素屦[14]；妇人除缞裳，去绖[15]，缟总[16]，衣屦如男子。二十七月禫祭[17]，玄冠皂缨[18]，仍布深衣，革带吉屦[20]，妇人缁总[21]，这一部分主要记述了凶礼中的服纪制度的相关内容。

衣屦如男子。逾月，复平常。

［注释］

[1] 虞：据司马光《虞祭札子》载："虞，安也。柩既藏矣，孝子不忍一日离其亲，恐精神彷徨，无所依归，故祭以安之也。"可知虞乃是安葬返回时举行的祭祀，故称为虞祭，又称反虞。 [2] 卒哭：古代丧礼，百日之后，止无时之哭，变为朝夕一哭，名为卒哭。 [3] 小祥：古时父母丧后一周年（第十三个月）的祭祀。 [4] 首绖（dié）：古丧服，以麻制成，环形，戴于头上。 [5] 练八升布为冠：以八升练（素练）布制成的冠。 [6] 缨武：齐衰与小祥之冠。 [7] 腰绖：丧服上系于腰间的麻带或草带。 [8] 大祥：两周年（即第二十五个月）举行的祭祀。 [9] 缞裳：指居丧所服衣裳。上衣曰缞，下衣曰裳。 [10] 绖杖：即孝杖、丧杖。 [11] 深衣：上衣与下衣连在一起的衣服。 [12] 缟冠：白色生绢制成的帽子。 [13] 纰缨：冠的白色缘边和带子。 [14] 素屦（jù）：无采饰的鞋子，古代居丧两年后所穿。 [15] 去绖：除去用麻做的丧带。 [16] 缟总：古代新娘为翁姑服丧时所用的束发带。 [17] 禫（dàn）祭：除丧服之祭。 [19] 玄冠：用玄（黑）色帛制成的冠。皂缨：黑色的带子。 [20] 吉屦：送葬者所穿的麻鞋。 [21] 缁总：黑色的带子。

［点评］

唐代的服纪制度大体上仍沿袭先秦以来的旧制，而略有修改，主要改动了一些非主流性的规定，如对庶母的服丧、庶母改嫁后的服丧、如何为诸亲服丧等方面。这段文字主要记述了父母安葬后，还要进行哪些祭祀以及如何逐渐除却丧服的相关规定。通过这一记述可知，唐人并非要等到三年丧期满后才除去孝服，而是根据小祥、大祥、禫祭等不同阶段，逐步除去孝服，直到最后完全恢复到正常生活的整个过程。

卷一百四十一　乐典一

乐序

夫音生于人心，心惨则音哀，心舒则音和。然人心复因音之哀和，亦感而舒惨，则韩娥曼声哀哭[1]，一里愁悲；曼声长歌，众皆喜忭[2]，斯之谓矣。是故哀、乐、喜、怒、敬、爱六者，随物感动[3]，播于形气[4]，叶律吕[5]，谐五声[6]。舞也者，咏歌不足[7]，故手舞之，足蹈之，动其容，象其事，而谓之为乐。乐也者，圣人之所乐，可以善人心焉[8]。所以古者天子、诸侯、卿大夫无故不彻乐[9]，士无故不去琴瑟[10]，以平其心，以畅其志，则和气不散，邪气不干[11]。此古先哲后立乐之方也[12]。周衰政失，郑卫是兴[13]。秦汉以还，古乐沦缺，代之所存，《韶》《武》而已[14]。下不闻振铎[15]，上不达讴谣[16]，但更其名，示不相袭，知音复寡，罕能制作。而况古雅莫尚，胡乐荐臻[17]，其声怨思，其状促遽[18]，方之郑卫，又何远乎！爰自永嘉[19]，戎羯迭乱[20]，事有先兆，其在于兹。圣唐贞观初作《破阵乐》[21]，舞有发扬蹈厉之容，象其威武也。歌有粗和啴发之音，粗谓初用干戈平戎，戎既平，子爱百姓，有和乐之心。啴谓乐心，发谓喜心，言天下既安，功成而喜乐也。啴音昌善反。表兴王之盛烈，何谢周之文武[22]，岂近古相习所能关思哉！而人间胡戎之乐，久习未革。古者因乐以著教，其感人深，乃移风俗。将欲闲其邪[23]，正其颓[24]，唯乐而已矣。

《破阵乐》全称《秦王破阵乐》，是秦王李世民率军破刘武周时，军中作《秦王破阵乐》而歌之。即皇帝位后，每举办宴会，必表演之。后命吕才制舞图，以128人被甲执戟作战阵冲击之势，共有三种变化，每变有四阵。又命魏徵、褚亮、虞世南、李百药等重新改定歌词，改名为《神功破阵乐》。唐高宗时正式确定文舞用《功成庆善乐》，武舞用《神功破阵乐》。

［注释］

[1] 韩娥：春秋早期韩国（此韩国非战国时期之韩国）一个善于歌唱的女子。一次韩娥经过齐国，没了盘缠，无法住店，没有饭吃，极尽凄苦。于是就在齐国的雍门卖唱，歌声圆润婉转，神

态凄美动人，感动了无数路人。加之其容貌美丽，嗓音优美，歌声感情浓郁，具有强烈的感染力，使听到她的歌声的人都深深地陶醉了。 [2] 喜：高兴。忭：欣喜。 [3] 随物感动：随着事物环境的变化而情绪发生变化。 [4] 形气：形貌和语气。 [5] 叶：协。律吕：古代乐律的统称。 [6] 谐：谐调。五声：古代音乐中的五种音阶，即宫、商、角、徵、羽。 [7] 咏歌：吟咏歌唱。 [8] 善人心：使人心变善。 [9] 彻乐：指古代遇有灾患病故或天象变异时，帝王或卿大夫撤除乐器，以示忧戚。 [10] 不去：不撤去。 [11] 不干：不侵蚀。 [12] 后：这里指帝王。 [13] 郑卫：指郑、卫两国的音乐。 [14]《韶》《武》：乐曲名。《韶》又称舜乐，是中国的一种传统宫廷音乐，为上古舜帝之乐，是一种集歌、乐、舞为一体的综合古典艺术。历代相传，作为庙乐，自唐宋以来便不再见其表演的记载。《武》指武乐，相传周文王时所作。西汉时，李延年因胡曲更造新声二十八解，作为武乐，即军乐，魏晋以来二十八解不复流传。 [15] 振铎：古代宣布政教法令时，振铎以警众。后指警示、号令之义。铎，有舌的大铃。 [16] 讴谣：歌唱，歌咏。 [17] 荐臻：意思是接连地来到，一再遇到。 [18] 促遽：节奏急促。 [19] 永嘉：西晋怀帝司马炽年号，即公元 307 至 313 年。这里是指永嘉之乱。西晋怀帝永嘉五年（311），匈奴军队在刘渊之子刘聪率领下击败西晋京师洛阳的守军，攻陷洛阳并大肆抢掠杀戮，俘虏晋怀帝等王公大臣。此事导致了西晋于 316 年灭亡。 [20] 戎羯：泛指北方少数民族。 [21]《破阵乐》：全称《秦王破阵乐》。武德三年（620），秦王李世民打败了刘武周，军中歌秦王破阵之曲。李世民即皇帝位后，命魏徵等增撰歌词 7 首，吕才协律度曲，定为《秦王破阵乐》。贞观七年（633），太宗亲制《破阵舞图》，对舞蹈进行加工，首尾回互，往来刺击，以像战阵之形。舞凡三变，每变为四阵，计十二阵，与歌节相应。

令吕才依图教乐工 120（一说 128）人，披甲持戟，执纛演习，定名为“七德之舞”，属于武舞（与文舞相对）一类。 [22] 何谢：不逊于。 [23] 间其邪：阻隔、排除其邪。 [24] 正其颓：纠正其衰退。

［点评］

杜佑所撰的这篇乐序，没有如通常那样撰写历代音乐的沿革情况，而是对音乐的社会功能以及与社会政治的关系进行了详尽的论述。认为音乐有“善人心”，即净化人的心灵的作用；可以调节人的情绪，即“平其心”“畅其志”的功能；而且还有振奋精神的作用，其对《秦王破阵乐》的赞美，就是从这一角度提出的。杜佑的这些观点无疑是正确的。但是，杜佑从西晋少数民族内迁，胡乐大量地传入内地这些现象，进而认为永嘉之乱，“事有先兆，其在于兹”，这种观点则是不足取的。不过杜佑认为音乐具有教育功能，可以“移风俗”“感人深”，排除邪风，阻止社会风气的衰颓，这些观点却是难能可贵的。

卷一百四十五　乐典五

歌

《释名》曰[1]："人声曰歌。歌者，柯也[2]。所歌之言，是其质也。以声吟咏，其上下如草木之有柯叶。"《说文》曰[3]："咏，歌也，从言，永声也。"《尔雅》曰"徒歌谓谣"[4]，齐歌也。

《虞书》曰："九功惟序[5]，九序惟歌[6]。六府三事之功有次序，皆可歌乐，乃德政之致也。劝之以九歌[7]，俾勿坏。"歌以劝之，使政勿坏，在此三者而已。又："帝庸作歌曰[8]：'敕天之命[9]，惟时惟几[10]。'

用庶尹允谐，故作歌以戒之，安不忘危也。敕，正也。奉天命以临民，惟政在顺时，在慎微。乃歌曰：'股肱喜哉[11]，元首起哉[12]，百工熙哉[13]。' 元首，君也。股肱之臣，喜乐尽忠，君之治功乃起，百官之业乃广。乃赓载歌曰[14]：'元首明哉，股肱良哉，庶事康哉[15]。' 赓，续。载，成也。帝歌归美股肱，乃安以成其美。赓音加孟反。又歌曰：'元首丛脞哉，股肱惰哉，万事堕哉[16]。'" 丛脞，细碎无大略也。君如此，则臣懈惰，万事堕废，其功不成，歌以申戒。

《帝王世纪》曰[17]："舜恭己无为，歌《南风》之诗[18]。诗曰：南风之时兮，可以阜吾人之财兮[19]；南风之熏兮[20]，可以解吾人之愠兮[21]。"

禹省南土[22]，涂山之女令其妾候禹于涂山之阳[23]，女乃作歌，始为南音。昔有娀氏二女居九成台[24]，天帝使燕夜往，二女覆以玉筐，既而视之，燕遗二卵，五色，北飞不反。二女作歌，始为北音。夏后孔甲田于东阳萯山[25]，天大风，晦冥[26]，迷入人室，主人方乳[27]，或曰："后来是良日也，必大吉。"或曰："不胜之子，必有殃。"后乃取以归，曰："以为余子，谁敢殃之！"后析橑[28]，斧破断其足。孔甲曰："呜呼！有命矣。"乃作《破斧之歌》，始为东音。周昭王南征[29]，殒于汉中[30]，王右辛余靡[31]，长且多力，振王北济[32]，周公乃封之西翟[33]，徙宅西河，追思故处，作歌，始为西音。此盖四方之歌也。

我国自秦汉以来疆域广大，各地语言、音乐各有不同。杜佑所述的四方之音的源起，有的有文献依据，有的则来自传说，尽管如此，仍可备一说。

夏太康失道[34]，畋游十旬弗反[35]。其弟五人，待于洛汭[36]，述大禹之戒，作《五子之歌》[37]。

《周礼·春官》，太师，大祭祀帅瞽登歌[38]。小师，掌教弦歌。教，谓教瞽蒙。弦，谓琴瑟。歌，依咏诗也。乐师，帅学士而歌彻[39]。于有司彻而歌《雍》也[40]。

[注释]

[1]《释名》：书名，别称《逸雅》。东汉末年刘熙撰，是一部从语言声音的角度来推求字义由来、探求事物名源的著作。 [2]柯：乔木。分布于中国秦岭南坡以南各地。 [3]《说文》：书名。即《说文解字》，东汉许慎撰，是我国第一部系统分析字形、考究字源的文字学著作。 [4]《尔雅》：书名。撰者佚名。成书于战国或两汉之间，是我国第一部词典，书中收集了比较丰富的古汉语词汇。徒歌：唱歌时没有音乐伴奏，类似于清唱。 [5]九功：水、火、金、木、土、谷与正身之德、利民之用、厚民之生，合称九功。 [6]九序：又称九叙。谓九功各顺其理，皆有次序。泛指德政。 [7]劝：勉励。九歌：相对于九功而言，这里有多种歌曲之意。 [8]帝庸作歌：帝（虞）因此而

作歌。[9] 敕天之命：尊奉天命。[10] 惟时惟几：政在顺时慎微。[11] 股肱：指辅政大臣。[12] 元首：指虞舜。[13] 百工熙哉：百事发达。[14] 乃赓载歌：于是继续歌唱。[15] 元首明哉，股肱良哉，庶事康哉：君王英明，大臣贤良，诸事安康。[16] 元首丛脞哉，股肱惰哉，万事堕哉：君王琐碎无大略，大臣懈怠，诸事荒废！[17]《帝王世纪》：书名。西晋皇甫谧撰，专记帝王世系、年代及事迹的一部史书，时间上起三皇，下迄汉魏。[18]《南风》：古代乐曲名。相传虞舜所作。[19] 阜吾人之财：使民众财富丰足。[20] 南风之熏：和暖的南风。[21] 解吾人之愠：解除民众的愁苦。[22] 禹省南土：大禹赴南方巡视。[23] 涂山之女：涂山氏，大禹妻子的氏族，涂山之女即指大禹之妻。涂山之阳：指涂山的南面。[24] 有娀氏：上古的氏族部落，相传帝喾之妃出自有娀氏。[25] 夏后：即夏王，姒姓。孔甲：夏朝的第十四任君主（一说第十六任）。田：田猎，打猎。[26] 晦冥：天色昏暗。[27] 方乳：正在生产。[28] 析橑：屋椽裂开。[29] 周昭王：姬姓，名瑕。周康王姬钊之子，周朝第四任君主。[30] 殒于汉中：死于汉中。汉中，今陕西汉中地区。[31] 辛余靡：人名，周昭王的侍卫官。[32] 振王北济：背负着王到了北岸。[33] 西翟：古国名，为西周诸侯国，后为晋国所灭。[34] 太康：夏朝第三任君主。即位后的生活腐败，只顾游玩享乐，不理朝政，外出狩猎数月不归，被羿夺权，史称“太康失国”。[35] 弗反：不返回。[36] 洛汭：洛水北岸。[37]《五子之歌》：《尚书》中的一篇，原文早佚。伪《古文尚书》有《五子之歌》一篇，说太康五个弟弟述大禹之戒以作歌，刺其豪奢失邦。后人因之用为劝诫帝王之典。[38] 瞽：即瞽蒙，乐官。古代乐官多为盲人，故称。[38] 彻：终了，结束。[40]《雍》：歌名。

上面这几句话论述了唱歌的技巧，要求唱歌时，高音时声音要高亢，低音时声音要下沉，转折时像折断那样干净利落，休止时要像枯木那样寂静，大的曲折要像矩尺那样明显，小的曲折要像钩子一样婉转，这一切要连贯自然就像一串珍珠。说明当时人已经掌握了比较高超的演唱技巧。

《乐记》[1]："师乙曰[2]：'夫歌者，直己而陈德也。宽而静、柔而正者，宜歌《颂》[3]；广大而静、疏达而信者，宜歌《大雅》[4]；恭俭而好礼者，宜歌《小雅》[5]；正直而静、廉而谦者，宜歌《风》[6]；肆直而慈爱者，宜歌《商》[7]；温良而能断者，宜歌《齐》[8]。故《商》者，五帝之遗声也，商人识之，故谓之《商》；《齐》者，三代之遗声也，齐人识之，故谓之《齐》。'又曰：'歌者，上如抗，下如坠[9]，曲如折，止如槀木[10]，倨中矩，句中钩[11]，累累乎端如贯珠。言歌声之著，动人心之审，有如此事也。《郊特牲》曰[12]："歌者在上，匏竹在下，贵人声也。"注云："匏，笙也。"故歌之为言也，长言之也[13]。说之[14]，故言之；言之不足，故长言之；长言之不足，故嗟叹之；嗟叹之不足，故不知手之舞之，足之蹈之也。'"长言，引其声也。嗟叹，和续之也。不知手足舞蹈，欢之至也[15]。

周衰，有秦青者[16]，善讴[17]，而薛谈学讴于青[18]，未穷青之伎而辞归。青饯之于郊，乃抚节悲歌，声振林木，响遏行云。遂留不去，以卒其业[19]。

又有韩娥，东之齐，至雍门，匮粮[20]，乃鬻歌假食，既而去，余响绕梁，三日不绝，左右谓其人不去也。又过逆旅[21]，逆旅人辱之，韩娥因曼声哀哭，一里老幼悲愁，垂涕相对，三日不食。遽而追之，韩娥还，复为曼声长歌，众皆喜跃抃舞[22]，不能自禁，遗向之悲也。乃厚赂遣之[23]。故雍门之善歌哭，效韩娥之遗声也。许慎曰："曼声，长声也。"

卫人王豹处淇川[24]，善讴，河西之人皆化之。齐人绵驹居高唐[25]，善歌，齐之右地亦传其业[26]。

汉有虞公[27]，善歌，能令梁上尘起。

武帝时，李延年善歌[28]，为协律都尉。

《但歌》[29]，四曲，出自汉代。无弦节，作伎最先，一人唱，三人和。魏武帝尤好之。时有宋容华者[30]，清彻好声，善唱此曲，当时称妙。自晋以来不复传，遂绝。

齐有朱顾仙[31]，善《声读曲》[32]，齐武朱子尚又善歌[33]，二人遂俱蒙厚赉[34]。

梁有吴安泰[35]，善歌，后为乐令，精解声律。

初改西曲《别江南》《上云乐》[36]，内人王金珠善歌吴声西曲[37]，又制《江南歌》，当时妙绝。令斯宣达选乐府少年好手[38]，进内习学。吴弟，安泰之子，又善歌。次有韩法秀，又能妙歌吴声读曲等[39]，古今独绝。

大唐贞观中，有尚书侯贵和[40]，妾名丽音，特善唱《行天》[41]，清畅舒雅，含嚼恣态[42]，有喉牙吐纳之异[43]。后改号方等。女亦传其母伎。方等卒后，有郝三宝亦善歌《行天》[44]。有人引三宝歌之，诸女隔帘听之，发声便笑。三宝初不知，怒曰："亦堪女郎终身仿效，何忽嗤笑[45]。"女曰："上客所为，殊有乖越[46]，请一听之。"始发一声，三宝便拜伏曰："真方等声也，诚远所不及也。"

[注释]

[1]《乐记》：书名。成书于西汉，撰者刘德，辑者戴圣。是我国最早的一部具有比较完整系统的音乐理论著作，西汉成帝时戴圣所辑《礼记》第十九篇的篇名。 [2] 师乙：先秦时著名乐师，鲁国人，善弹琴，精于音律。 [3]《颂》：指《诗经》中的《周颂》《鲁颂》《商颂》，为祭祀时所用的舞曲歌辞。 [4]《大雅》：《诗经》的组成部分之一，分为《大雅》与《小雅》，《毛诗序》："雅

者，正也，言王政之所废兴也。政有小大，故有《小雅》焉，有《大雅》焉。” [5]《小雅》：参见“大雅”条。 [6]《风》：《诗经》的组成部分之一，为不同地区的地方诗歌。是从周南、召南、邶、鄘、卫、王、郑、齐、魏、唐、秦、陈、桧、曹、豳等15个地区采集上来的土风歌谣。共160篇，大部分是民歌。 [7]《商》：指商代人的歌曲。 [8]《齐》：指春秋时齐国的歌曲。 [9]上如抗，下如坠：旋律上行时要向上高举，下行时要向下坠落。 [10]槀木：即枯木的意思。槀，同“槁”。 [11]倨中矩，句中钩：大的曲折要像矩尺那样明显，小的曲折要像钩子一样婉转。 [12]《郊特牲》：为《礼记》的组成部分之一。唐陆德明《题解》曰：“郊者，祭天之名，用一牛，故曰特牲。” [13]长言：引长声音吟唱。 [14]说：喜悦，高兴。 [15]欢之至：高兴之极。 [16]秦青：战国时秦国人，善歌，以教唱为业。 [17]讴：歌唱。 [18]薛谈：战国时秦国人，善歌。 [19]卒其业：完成学业。 [20]匮粮：断粮。 [21]逆旅：客舍，旅店。 [22]抃舞：拍手而舞。 [23]厚赂：厚赠。 [24]王豹：春秋时卫国人，善歌。淇川：淇水岸边。淇水源于今河南淇山，流入卫河。 [25]绵驹：春秋时齐国人，善歌。由于在民歌及音乐上的造诣极高，后世把他奉为十二音神之一。高唐：战国时齐国邑名，位于今山东禹城市西南40里。 [26]齐之右地：齐国的西部地区。 [27]虞公：西汉人，善歌。 [28]李延年（？—前90）：西汉武帝时音乐家。其妹李夫人为汉武帝宠妃，死后追赠孝武皇后。李延年对后世音律作词有深刻的影响，其代表作《佳人曲》开启了五言诗的创作。 [29]《但歌》：汉代民间的一种唱和形式，即“一人唱，三人和”，不用乐器伴奏。后随着音乐表演形式的发展，这种带有突出民间特色的演唱方式，逐渐为“丝竹更相和，执节者歌”的新的相和歌曲演唱形式所取代，从而不再流行于世。 [30]宋容华：三国魏人。生卒年不详，以善唱《但歌》四曲闻名。 [31]朱顾仙：南朝齐人，生卒年不详，以善唱《声读曲》闻名。 [32]《声读曲》：又名《读曲哥》，乐府《吴声歌曲》名。《宋书·乐志》云："《读曲哥》者，民间为彭城王义康所作也"。《古今乐录》云："《读曲歌》者，元嘉十七年（440），袁后崩，百官不敢作声歌，或因酒宴，止窃声读曲，细吟而已。以此为名。"可知此歌亦无伴奏。 [33]朱子尚：南朝齐人，善歌。 [34]厚赉：厚赏。 [35]吴安泰：南朝梁官员。生卒年不详，曾任太乐令。 [36]西曲：指魏晋南北朝时期长江中游和汉水两岸的荆楚一带的民歌。《别江南》：歌曲名。南北朝西曲之一。《上云乐》：歌曲名。南北朝西曲之一。 [37]内人：指宫人。王金珠：南朝梁人，生卒年不详，善歌，曾创作《子夜四时歌》共八首。吴声西曲：指以江浙语音演唱西曲。 [38]斯宣达：南朝梁官员。曾任太乐丞。 [39]读曲：无伴奏吟唱。 [40]侯贵和：唐朝官员。生卒年及生平不详。 [41]《行天》：古代曲调名。 [42]含嚼：比喻吹奏。 [43]喉牙：喉牙音是人类最原始、最基本的声音。其后才有唇音、舌音、齿音等，唇音、舌音、齿音中不少字的读音是从喉牙音分化、音转而来的。 [44]郝三宝：唐代歌唱家。生卒年不详。 [45]嗤笑：讥笑。 [46]乖越：差错。

[点评]

我国上古时期的歌或唱或吟，皆无器乐伴奏，故那时的诗与歌并无严格的区别，凡诗皆可吟唱。这一时期的歌大多应为民间流传的民歌，也有一部分为社会上层之人所作，如上文提到《南风》《破斧之歌》《五子之歌》等，民歌由于极少见于记载，反倒湮没无闻了。唱歌有器乐伴奏，最早始于何时没有确切的记载，从上面所引的《礼记·郊特牲》的“歌者在上，匏竹在下，贵人声也”的记载看，至迟此时已经与器乐结合起来了。不过从“贵人声也”一句看，表演时突出的仍然是人声。因此在一个较长的时期内，此种无伴奏的歌唱仍然受到人们的追捧，如韩娥、秦青等都是这样演唱的，其中秦青在演唱时击节，说明没有乐器伴奏。直到汉代著名的《但歌》出现时，仍“无弦节”，一人唱，三人和，说明和声已经出现了。我国上古时期的歌还有一个特点，就是其内容往往与社会生活乃至社会政治密切相关，很少有纯娱乐性质的作品出现，在上面这段文字中杜佑所罗列的这些歌谣，无一不是如此。从《诗经》所收的作品看，至西周时期的诗歌内容才丰富多彩起来了，书中收集了大量的民歌。此外，杜佑还强调了歌谣的教育作用，这一点与其在《乐序》中表达的思想是完全一致的。

舞

夫乐之在耳者曰声，在目者曰容。声应乎耳，可以听知；容藏于心，难以貌观。故圣人假干戚羽旄以表其容[1]，发扬蹈厉以见其意[2]，声容选和，则大乐备矣。《诗序》曰[3]："咏歌之不足，不知手之舞之，足之蹈之也。"然乐心内发，感物而动，不觉手之自运，欢之至也。此舞之所由起也。

所谓舞，是因为歌唱已不能充分地表现愉快的心情，所以手舞之，足蹈之，表现在脸上，尽施于身体的伸展。

《虞书》曰："帝乃诞敷文德[4]，舞干羽于两阶[5]。七旬，有苗格[6]。"

《乐记》："孔子曰：'夫乐者，象成者也。象成功而为乐也。总干而山立，总持干楯，山立不动。武王之事也；发扬蹈厉，太公之志也；志在鹰扬[7]。武乱皆坐[8]，周召之治也[9]。武乱，武之治也。皆坐，盖以象其人无事。且夫武，始而北出，象观兵孟津时[10]。再成而灭商，成，犹奏也。再奏，象克殷时。三成而南[11]，诛纣而南。四成而南国是疆，有南国疆界也。五成而分，周公左，召公右，分陕东西而治之也[12]。六成复缀以崇。六奏，象兵还振旅也。复缀，反位止也。崇，充也。凡六奏，以充武乐。天子夹振之[13]，而四伐[14]，盛威于中国也。”夹振之者，王将夹舞者，振木铎以为节也。武舞，战象也。四伐者，伐四方也。每奏四伐，一击一刺为一伐。

这一段文字描写了周武王伐商之舞的全部过程，包括了六个阶段以及每个阶段的象征意义。

《周礼·地官》：“舞师掌教兵舞，帅而舞山川之祭祀；教帗舞[15]，帅而舞社稷之祭祀；教羽舞[16]，帅而舞四方之祭祀；教皇舞[17]，帅而舞旱暵之事[18]。”四方祭祀，谓四望也。旱暵之事，谓雩也。暵，热气也。《春官》：“乐师掌国学之政，以教国子小舞。谓以年幼少时教之舞。《内则》曰[19]：“十三舞《勺》[20]，成童舞《象》[21]，二十舞《大夏》[22]。”凡舞，有帗舞，有羽舞，有皇舞，有旄舞，有干舞，有人舞。郑众云：“帗舞者，全羽；羽舞者，析羽[23]；皇舞者，以羽冒覆头上，衣饰翡翠之羽；旄舞者，牦牛之尾；干舞者，兵舞；人舞者，手舞。

社稷以帗[24]，宗庙以羽[25]，四方以皇，辟雍以旄，兵事以干，星辰以人舞。”玄谓[26]：“帗，析五采缯，今灵星舞子持之是也；皇，杂五采羽；如凤皇色[27]，持以舞；人舞无所执，以手袖为威仪。四方以羽，宗庙以人，山川以干，旱暵以皇。”旄人[28]，凡四方之以舞仕者属焉。凡祭祀、宾客，舞其燕乐。籥师掌教国子舞羽吹籥[29]。文舞有持羽籥者，所谓籥舞[30]。《文王世子》[31]：“秋冬学羽籥。”《诗》云：“左手执籥，右手秉翟[32]。”祭祀则鼓羽籥之舞，鼓之者，恒为之节也。宾飨则亦如之[33]。”

以上根据《周礼》《礼记》的记载，介绍了西周时期六舞的基本情况，以及其教官、学生与诸舞不同的用途。据此不仅可以了解这一时期乐舞的基本情况和这些乐舞的政治功能，而且也反映了其礼乐制度的部分内容。

《五经通义》曰[34]：“王者之乐有先后者，各尚其德也。以文得之，先文乐，持羽毛而舞；以武得之，先武舞，持朱干玉戚[35]，所以增威武也。戚，斧；干，楯也。玉取其德，干取其仁，明当尚德行仁，以断斩也[36]。”又曰：“东夷之乐持矛舞，助时生也；南夷之乐持羽舞，助时养也；西夷之乐持钺舞，助时杀也；北夷之乐持干舞，助时藏也。”

古代天子作四夷之乐的目的，表示“一天下也”，即天下一统。为了有所区别，所以四夷之乐舞所持的道具各不相同，以反映其生活方式与部族性格的不同。

蔡邕《月令章句》曰[37]：“天子省风以作乐[38]，所以节八音而行八风[39]。天子八佾[40]，诸侯六，大夫四，士二。佾，舞列也，每佾八人。每服冕而执戚[41]，有俯仰张翕之容，行缀长短之制，所以受命而歌王者之功也。人之动而有节者莫若舞，肆舞所以动阳气而导物也[42]。”

这几句话形容了八佾之舞的不同舞姿，用以表现王者的功德。

[注释]

[1] 干戚羽旄：指表演乐舞时所执的道具。干戚，盾牌与大斧。羽旄，雉羽和旄牛尾，亦为旌旗的代称。 [2] 蹈厉：形容舞蹈时动作的威武。 [3]《诗序》：即《毛诗序》。撰者有争议，一说为孔丘弟子子夏作，一说为汉人卫宏撰。 [4] 诞敷：意为遍布。 [5] 干羽：古代舞者所执的舞具。文舞执羽（雉羽），武舞执干（盾牌）。两阶：舞文舞于宾主阶间，谓之两阶。 [6] 苗：苗指三苗之国，左洞庭，右彭蠡，在荒服之例。后因以“格苗”谓边民臣服。 [7] 鹰扬：威武的样子，这里是指武事。 [8] 武乱皆坐：军事叛乱皆要治罪。坐，治罪。 [9] 周召：即周公姬旦与召公姬奭。他们共同平定了武庚与三监之乱，巩固周王朝的统治。 [10] 观兵孟津：周武王即位后的第二年，就出动大军，由镐京出发，进入今河南境内，到达古渡孟津，表面上是为了进行军事演习，但实际上是为了试探伐商的可能性。 [11] 南：指南面称天子。 [12] 分陕：陕指今河南三门峡市陕州区境内的“陕塬”。周武王灭商后四年就去世了，即位的成王年幼，由周公与召公辅政，两人分陕而治，陕之西归召公，东面归周公治理。 [13] 夹振：指古时谓夹舞者振铎。铎，指木铎，以此为节。 [14] 四伐：表演武舞时，一击一刺为一伐，连续反复四次，谓之四伐。 [15] 帗（fú）舞：古时舞蹈，有文武之分，文舞执羽毛，武舞执盾斧。周朝作为教育贵族子弟的乐舞教材，有时也用于某些祭祀场合。 [16] 羽舞：中国古代舞蹈之一。舞者执鸟羽，用于某些祭祀场合。 [17] 皇舞：中国古代舞蹈之一。舞者执五彩

鸟羽，西周时可作为教材，亦可用于祭祀场合。 [18] 旱暵（hàn）：不雨干热。 [19]《内则》：《礼记》篇名。内容为妇女在家庭内必须遵守的规范和准则。 [20]《勺》：这里指一种乐舞，古代未成年儿童者学习勺舞。 [21]《象》：这里指周代摹拟用兵时的击刺动作以象征武功的一种乐舞，由 15 至 17 岁童子舞蹈。 [22]《大夏》：周代的一种舞蹈。因为是沿袭夏代而来的，故称大夏，又称夏籥（yuè）。即以夏人的乐舞形式，歌颂文王、武王及其先公的丰功伟绩。 [23] 析羽：古代用来装饰旌旗、旄节等的穗状羽毛。 [24] 社稷以帗：祭祀社稷时表演帗舞。 [25] 宗庙以羽：祭祀宗庙时表演羽舞。 [26] 玄：指东汉经学家郑玄。 [27] 凤皇：即凤凰。 [28] 旄人：周代官名。掌教乐舞。 [29] 籥师：周代官名。掌教贵族子弟学习籥舞。 [30] 籥舞：周代的文舞，吹籥而舞，舞时依照籥声为节拍。籥，一种乐器。 [31]《文王世子》：《礼记》中的一篇。 [32] 翟：这里指古代乐舞用作舞具的野鸡羽毛。 [33] 宾飨：宴请宾客。 [34]《五经通义》：书名。西汉经学家刘向撰，《隋书・经籍志》著录为 8 卷，未题撰人。两《唐志》并著录为 9 卷。 [35] 朱干玉戚：朱红的盾牌、玉饰的斧头。为古时礼器，亦为仪仗、乐舞之用。 [36] 断斩：意为斩杀，亦为权力的象征。 [37]《月令章句》：书名。东汉蔡邕撰，记叙了汉代星图的大致结构。 [38] 省风：指视察、观察民风。 [39] 八风：指四时气候变化，一说为八方之风。 [40] 八佾：指八佾之舞。一佾，即一行，8 人，八佾共 64 人，按照周礼此为天子乐舞之规格。 [41] 服冕：戴冕。冕，用带子系于下巴的古代礼帽。 [42] 肆舞：意为尽情舞蹈。

[点评]

以上文字记述了我国古代舞蹈的源起以及演变情况。

最主要的内容有三点：其一，给舞蹈下了一个定义，即有节奏的动作就是舞，其作用是“动阳气而导物也”。这一定义无疑是比较精准的，即使后一点也是有道理的。其二，对古代舞蹈的性质有一个系统全面地论述。认为有两点：一是“象成者也”，即表达成功者的喜悦之情，还列举了武王灭商之舞来说明这一点；二是对统治者，即古代圣王歌功颂德，而古代圣王开拓江山和维持统治无非是两手，即文与武，于是便有了文舞与武舞；其三，详细记载了周代所谓六舞的内容，即帗舞、羽舞、皇舞、旄舞、干舞、人舞的基本情况以及功用。对周代官方的舞蹈教育也有所记载，反映了古人对乐舞的重视情况。此外，还记载了天子八佾之舞的由来以及周代礼制在舞蹈方面的规定，即天子八佾、诸侯六佾、大夫四佾、士二佾。如果遭到破坏，则意味着礼乐崩坏。这一切对后世有很大的影响，文武二舞的内容虽然后世各不相同，但体制则是一致的。其中变化最大的是所谓燕乐，即娱乐场合表演的乐舞，我国古代乐舞的发展变化，主要体现在这个方面。

卷一百四十六　乐典六

清乐

清乐指汉朝以来的旧曲、乐器与古调，载于典籍，历代相传。然西晋八王之乱后，迁播于江南，清乐遂随之散佚。之所以能于凉州得之，原因是建立前凉政权的张氏为汉人，其祖张轨又为西晋官员，具有较高的文化素养，注意保存中国传统文化之故。

《清乐》者，其始即《清商三调》是也[1]，并汉氏以来旧曲。乐器形制，并歌章古调，与魏三祖所作者[2]，皆备于史籍。属晋朝迁播，夷羯窃据，其音分散。苻永固平张氏[3]，于凉州得之。宋武平关中[4]，因而入南，不复存于内地。及隋平陈后获之。文帝听之，善其节奏，曰："此华夏正声也。昔因永嘉，流于江外，我受天明命，今复会同。虽赏逐时迁，而古致犹在。

可以此为本，微更损益，去其哀怨，考而补之。以新定吕律，更造乐器。”因置清商署[5]，总谓之《清乐》。

先遭梁、陈亡乱，而所存盖尠[6]。隋室以来，日益沦缺。大唐武太后之时，犹六十三曲。今其辞存者有[7]:《白雪》《公莫》《巴渝》《明君》《明之君》《铎舞》《白鸠》《白纻》《子夜》《吴声四时歌》《前溪》《阿子欢闻》《团扇》《懊侬》《长史变》《督护》《读曲》《乌夜啼》《石城》《莫愁》《襄阳》《栖乌夜飞》《估客》《杨叛》《雅歌》《骁壶》《常林欢》《三洲采桑》《春江花月夜》《玉树后庭花》《堂堂》《泛龙舟》等共三十二曲。《明之君》《雅歌》各二首，《四时歌》四首，合三十七曲。其《吴声四时歌》《杂歌》《春江花月夜》并未详所起，余具前歌舞杂曲之篇。又七曲有声无辞[8]:《上林》《凤雏》《平调》《清调》《瑟调》《平折》《命啸》，通前为四十四曲存焉。

当江南之时[9]，《巾舞》《白纻》《巴渝》等，衣服各异。梁以前，舞人并十二人，梁武省之[10]，咸用八人而已。令工人平巾帻[11]，绯褶[12]。舞以上这些服饰装扮皆为中国传统文化的表现，与这一时期北方地区服饰受胡人影响截然不同。

四人，碧轻纱衣，裙襦大袖[13]，画云凤之状，漆鬟髻，饰以金铜杂花，状如雀钗，锦履。舞容闲婉，曲有姿态。沈约《宋书》恶江左诸曲哇淫[14]，至今其声调犹然。观其政已乱，其俗已淫，既怨且思矣，而从容雅缓[15]，犹有古士君子之遗风，他乐则莫与为比。乐用钟一架，磬一架，琴一,一弦琴一，瑟一，秦琵琶一，卧箜篌一，筑一，筝一，节鼓一，笙二，笛二，箫二，篪二，叶一，歌二。

自长安以后[16]，朝廷不重古曲，工伎转缺，能合于管弦者，唯《明君》《杨叛》《骁壶》《春歌》《秋歌》《白雪》《堂堂》《春江花月夜》等八曲。旧乐章多或数百言，武太后时《明君》尚能四十言，今所传二十六言，就之讹失，与吴音转远。刘贶以为宜取吴人使之传习[17]。开元中，有歌工李郎子[18]。郎子北人，声调已失，云学于俞才生[19]。才生，江都人也。自郎子亡后，《清乐》之歌阙焉。又闻《清乐》唯《雅歌》一曲，辞典而音雅，阅旧记，其辞信典[20]。

自周、隋以来，管弦杂曲将数百曲，多用西

凉乐[21]，鼓舞曲多用龟兹乐[22]，其曲度皆时俗所知也。唯弹琴家犹传楚、汉旧声及清调、琴调，蔡邕五弄、楚调四弄调[23]，谓之“九弄”，雅声独存。非朝廷郊庙所用，故不载。

昔唐虞讫三代，舞用国子[24]，欲其早习于道也；乐用瞽师，谓其专一也。汉魏以来，皆以国之贱隶为之[25]，唯雅舞尚选用良家子[26]。国家每岁阅司农户[27]，容仪端正者归太乐[28]，与前代乐户总名“音声人”。历代滋多，至有万数。

[注释]

[1]《清商三调》：古乐曲名。指《清乐》中的《平调》《清调》《瑟调》。皆为周《房中曲》之遗声，汉时谓之三调。 [2]魏三祖：指曹操、曹丕、曹睿，其时设立了专门管理清商乐的音乐机构，称为清商署。 [3]苻永固（338—385）：前秦国君。即苻坚，字永固，小字文玉，略阳临渭（今甘肃秦安县）人，氐族。十六国时期前秦第三位国君。张氏：指十六国时期前凉的国君。前凉，汉族张寔所建，历八主，共63年。另一说，历九主，共76年。即从晋永宁元年（301）张轨出任凉州刺史始，至前秦建元十二年（376）悼公张天锡被迫投降前秦止，是十六国中享国最久的政权。 [4]宋武：指南朝宋武帝刘裕。 [5]清商署：官办音乐机构。始置于三国曹魏时期，专掌清乐，隋朝复置，唐朝不置。 [6]尠（xiǎn）：稀有，罕见。 [7]辞：歌词。 [8]有声无辞：即有曲调而无歌词。 [9]江南之时：指南朝统治时期，即宋、齐、梁、陈诸朝。 [10]梁武：

指南朝梁武帝萧衍。[11] 平巾帻：又名平上帻。帻本是古时普通人裹在额头上的布。王莽时做成有硬挺的顶部，可以覆罩整个头部，接着出现了顶部呈介字形屋顶的帻，是为介帻，而平巾帻其顶部呈平顶状。[12] 绯褶：红色的褶裤。[13] 襦：指短衣、短袄。[14] 哇淫：鄙俗淫靡。[15] 雅缓：优雅舒缓。[16] 长安以后：指唐朝建都长安以来。[17] 刘贶：唐朝官员。生卒年不详。字惠卿，徐州彭城人，刘知幾之长子。历任起居郎、右拾遗，修国史。著有《六经外传》37 卷、《续说苑》10 卷、《太乐令壁记》3 卷、《真人肘后方》3 卷、《天官旧事》1 卷等。[18] 李郎子：唐朝乐工。生卒年与生平不详。[19] 俞才生：唐朝音乐家。生卒年不详。江都（今江苏扬州）人。[20] 其辞信典：其说法可靠。[21] 西凉乐：古代乐舞名。为中西结合的乐舞。有广义和狭义之分。广义的“西凉乐”指具有西凉地域风格的乐舞；狭义的《西凉乐》指隋唐部伎乐舞中的《西凉伎》。[22] 龟兹乐：为古龟兹的音乐。其中使用的印度乐调理论，成为二十八调体系形成的基础。前秦建元十八年（382），苻坚派大将吕光灭龟兹，将龟兹乐带到凉州。后凉亡后，龟兹乐分散。北魏平定中原，重新获得龟兹乐，此乐得以广泛流传。[23] 蔡邕五弄：东汉学者蔡邕所创作的五种曲子，即《游春》《渌水》《幽居》《坐愁》《秋思》。楚调：指古代楚地的汉族民间曲调，后为汉乐府相和调之一。四弄：四种曲子。[24] 国子：贵族子弟。[25] 贱隶：即贱民，在唐代指官户、乐户、役隶、部曲等。[26] 良家子：出身良家的子女或清白人家的女子。[27] 司农户：指司农寺所隶的官奴婢。[28] 太乐：指太常寺下辖的太乐署。

[点评]

在隋唐时期的七部乐、九部乐、十部乐中，皆有《清乐》，又称《清商乐》，并且皆列为首部，这是因为其是唯一的一部中国传统乐舞。隋文帝时的七部乐中有《西凉乐》，虽然当时称为《国伎》，但并不是纯粹的中国乐舞，而是包括了不少西域乐舞的因素，如天竺乐、龟兹乐等，正因为如此，隋文帝才称《清乐》为“华夏正声”。所谓清乐并非商周以来的乐舞，而是汉魏以来流传的乐舞，主要是在中国北方流传。西晋末年晋室南迁，带到了江左，而中原地区不复闻。隋文帝灭陈，统一全国，中原王朝才重新获得了清乐。实际上早在北魏孝文帝、宣武帝时，就收集了中原旧曲及江南的吴歌、西曲，并称之为《清商乐》。隋朝灭陈后，又融入了来自南方的音乐，所以清乐代表的是整个南北中国的乐舞，其地位之尊是可以想见的。从上文所记载的乐器看，主要是中国传统的丝竹，即筝、瑟、箫、琴、箜篌之类，节奏特点是：从容舒缓，音希而淡，与隋唐时期流行的繁声促节的胡乐形成了鲜明对照。

散乐隋以前谓之百戏

散乐，非部伍之声，俳优歌舞杂奏[1]。

后汉天子临轩设乐，舍利兽从西方来，戏于殿前，激水化成比目鱼，跳跃嗽水[2]，作雾翳日[3]，而化成黄龙，长八丈，出水游戏，辉耀日光。以两大绳系两柱，相去数丈，二倡女对舞行于绳上，切肩而不倾[4]。如是杂变，总名百戏。

江左犹有《高絙紫鹿》《跂行鳖食》《齐王卷衣》《笮鼠》《夏育扛鼎》《巨象行乳》《神龟抃戏》《背负灵岳》《桂树白雪》《画地成川》之伎[5]。

这些均为古代杂技、魔术名。

晋成帝咸康七年[6]，散骑侍郎顾臻表曰[7]："末代之乐，设礼外之观，逆行连倒。四海朝觐，言观帝庭，而足以蹈天，头以履地，反天地之顺，伤彝伦之大[8]。”乃命太常悉罢之。其后复《高絙紫鹿》。又有《天台山伎》。

齐武帝尝遣主书董仲民[9]，按孙兴公赋造莓苔石桥、道士扪翠屏之状[10]，寻省焉。

莓苔石桥、翠屏等景，皆孙绰《天台山赋》中所描写的景色。

梁又设《跳铃》《跳剑》《掷倒》《猕猴幢》《青紫鹿》《缘高絙》《变黄龙弄龟》等伎。陈氏因之。

除变黄龙弄龟为魔术外，其余节目皆为杂技名。

后魏道武帝天兴六年冬，诏太乐、总章、鼓吹增修杂戏[11]，造五兵、角抵、麒麟、凤凰、仙人、长虵、白象、白武及诸畏兽、鱼龙、辟邪、鹿马仙人车、高絙百尺、长趫、缘幢、跳丸，以备百戏。大飨设之于殿前[12]。明元帝初[13]，又增修之，撰合大曲，更为钟鼓之节。

北齐武平中，有鱼龙烂漫、俳优、侏儒、山车、巨象、拔井、种瓜、杀马、剥驴等，奇怪异端，百有余物，名为百戏。

后周武帝保定初[14]，诏罢元会殿庭百戏。宣帝即位[15]，郑译奏征齐散乐，并会京师为之。盖秦角抵之流也。而广召杂伎，增修百戏，鱼龙漫衍之伎常陈于殿前，累日继夜，不知休息。

隋文帝开皇初，周、齐百戏并放遣之。炀帝大业二年，突厥染干来朝[16]，帝欲夸之，总追四方散乐，大集东都[17]。于华林苑积翠池侧，帝令宫女观之。有《舍利》《绳柱》等，如汉故事。又为《夏育扛鼎》，取车轮、石臼、大盆器等，各于掌上而跳弄之。并二人戴竿，其上舞，忽然腾透而换易。千变万化，旷古莫俦[18]。染干大骇之。自是皆于太常教习。每岁正月，万国来朝，留至十五日，于端门外、建国门内，绵緪八里，列为戏场。百官起棚夹路，从昏达曙，以纵观之，至晦而罢[19]。伎人皆衣锦绣缯彩。其歌者多为妇人服，鸣环佩，饰以花髦者[20]，殆三万人。初课京兆、河南制此服，而两京缯锦为之中虚。六年，诸夷大献方物，突厥启人以下皆国主亲来朝贺[21]。乃于天津街盛陈百戏，自海内凡有伎艺，无不总萃。崇侈器玩，盛饰衣服，皆用珠翠金银，锦罽絺绣[22]。其营费巨亿万。关西以安德王雄总之[23]，东都以齐王暕总之[24]，金石匏革之声[25]，闻数十里外。弹弦擫管以上[26]，万八千人。大列炬火，光烛天地，百戏之盛，振古无比。自是每年以为常焉。

大抵《散乐》杂戏多幻术，皆出西域，始于善幻人至中国。汉安帝时，天竺献伎，能自断手足，刳剔肠胃，自是历代有之。大唐高宗恶其惊人，敕西域关津，不令入中国。睿宗时，婆罗门献乐[27]，舞人倒行，而以足舞于极铦刀锋[28]，倒植于地，抵目就刃，以历脸中；又植于背下，吹筚篥者立其腹上[29]，曲终而亦无伤。又伏伸其手，两人蹑之，旋身绕手，百转无已。汉代有《橦末伎》，又有《盘舞》。晋代加之以杯，谓之《杯盘舞》。梁有《长跷伎》《跳铃伎》《踯倒伎》《跳剑伎》，今并存。又有《舞轮伎》，盖今之戏车轮者。透《三峡伎》，盖今之透飞梯之类也。《高絙伎》，盖今之戏绳者也。梁有《猕猴幢伎》，今有《缘竿伎》，又有《猕猴缘竿伎》，未审何者为是。又有《弄椀珠伎》《丹珠伎》。歌舞戏，有《大面》《拨头》《踏摇娘》《窟礧子》等戏。玄宗以其非正声，置教坊于禁中以处之。《婆罗门乐》，用漆筚篥二，齐鼓一。《散乐》，用横笛一，拍板一，腰鼓三。其余杂戏，变态多端，皆不足称也。

《大面》《拨头》《踏摇娘》《窟礧子》等，皆为歌舞戏，并非杂技魔术之类。其中《拨头》来自西域，《窟礧子》类似于今之木偶戏，其余皆源自中国民间故事。

[注释]

[1]俳优：古代指演滑稽戏的艺人。 [2]嗽水：吸吮水。 [3]翳日：遮蔽日光。 [4]切肩：擦肩。 [5]高絚（gēng）：高空中的绳索。紫鹿：古代一种杂技名。 [6]咸康：晋成帝司马衍年号，七年即公元341年。 [7]顾臻：东晋官员。生卒年不详，曾任散骑常侍等官。 [8]彝伦：古指人与人之间通常的道德准则。 [9]董仲民：南朝齐官员。生卒年及生平不详。 [10]孙兴公（314—371）：东晋官员。姓孙，名绰，字兴公，祖籍太原中都（今山西平遥）。历任章安令、廷尉卿等官。少以文才称，善撰碑文，尤工书法。曾写过著名的《天台山赋》。赋：这里指孙绰所撰的《天台山赋》。 [11]太乐、总章、鼓吹：官署名。其中太乐、鼓吹为太常寺所属机构；总章，为明堂五室之一，居中者为大室，大室之西谓总章。 [12]大飨：天子飨宴诸侯来朝者。 [13]明元帝（392—423）：指北魏皇帝拓跋嗣，为北魏第二位皇帝，公元409年至423年在位。 [14]保定：北周武帝宇文邕年号，即公元561—565年。 [15]宣帝（559—580）：北周皇帝宇文赟。字乾伯，代郡武川（今内蒙古武川）人，鲜卑族。北周第四位皇帝，公元578年至579年在位。宣政元年（578）即位以来，沉湎酒色，暴虐荒淫，大修宫殿，滥施刑罚。大象二年（580）病逝，时年22岁。 [16]染干：东突厥启民可汗。姓阿史那氏，名染干，阴山人。 [17]东都：即洛阳。 [18]莫俦：无可相匹。 [19]晦：即晦日，农历每月的最末一天，这里指正月最后一日。 [20]花髦：时尚的花饰。 [21]启人：即突厥启民可汗，避唐太宗李世民讳，改“民”字为“人”字。 [22]絺（chī）绣：古代贵族礼服上的刺绣。 [23]安德王雄：即杨雄，隋朝宗室，隋文帝族子。在隋朝历任左卫将军、宗正卿、右卫大将军、太子太傅、京兆尹等官，先后封广平王、清漳王、安德王、观王。因病而卒，终年

71 岁。 [24] 齐王暕：即齐王杨暕。隋炀帝次子，字世朏，小字阿孩。先后封豫章王、齐王。隋炀帝巡幸江都时伴驾，隋末宇文化及谋反，斩杀之，终年 34 岁。 [25] 匏（páo）革：指笙和鼓。借指各种乐器。 [26] 擫（yè）管：指演奏乐器的人。擫，以指按捺。管，指管乐器。 [27] 婆罗门：指古印度，意为“婆罗门众之国”。中国自东汉后即有以此称古印度的。 [28] 极铦（xiān）：极其锋利。 [29] 筚篥：又称觱篥、悲篥、笳管等。簧管类吹奏乐器，有大筚篥、小筚篥、双筚篥等多种形制。

[点评]

散乐，古称百戏，主要是指杂技、魔术之类的表演，实际上还包括了滑稽表演、歌舞戏、踏歌等，即将音乐、舞蹈之外的其他表演都归之到散乐之类中。这种表演我国自古以来就有之，主要是指杂技与滑稽表演，自从丝绸之路开通后，来自丝路沿线各国各族的杂技、魔术等艺术形式纷纷涌入中国，遂使散乐的节目更加丰富多彩，并与中国固有的散乐相融合，从而极大地促进了这一艺术种类的发展。外来的散乐人员大体通过两种途径流入中国，一是外国外族遣使进贡给中国皇帝，另一种途径是跟随丝路的商队流入中国。从时间上看，应该在西汉武帝以来就有之，但是却极少见于记载，记载较多的是从东汉时起，至隋唐时期达到了顶峰。不仅文献中有大量的记载，考古出土的文物也可充分地证明这一点。宋元以来虽然仍有散乐表演，但就规模与繁荣程度而言，与隋唐时期已不可同日而语。这些外来的散乐尤其魔术由于非常惊险，甚至残割身体，与中国传统的儒家观念大有抵触，故多次受到查禁，但由于受到一些统治者以及广大人民群众的欢迎，屡禁不绝，仍然在中国顽强地生存下来了。从中外文化交流融合的角度看，散乐应该是其中最为彻底的一类艺术形式，并被大量地记载于中国典籍之中。

卷一百四十八　兵典一

兵序

三皇无为[1]，天下以治。五帝行教[2]，兵由是兴，所谓“大刑用甲兵，而阵诸原野”，于是有补遂之战[3]，阪泉之师[4]。若制得其宜则治安，失其宜则乱危。

商周以前，封建五等，兵遍海内，强弱相并。秦氏削平，罢侯置守，历代因袭，委政郡县。缅寻制度可采[5]，唯有汉氏足征：重兵悉在京师，四边但设亭障[6]；又移天下豪族，辏居三辅陵邑[7]，以为强干弱枝之势也。或有四夷侵轶，则从中命将，发五营骑士，六郡良家。贰师、楼船，伏波、下濑，咸因事立称，毕事则省。虽卫、霍之勋高绩重[8]，身奉朝请，兵皆散归。斯诚得其宜也。其后若王纲解纽，主权外分，藩翰既崇，众力自盛，问鼎轻重，无代无之，如东汉之董卓、袁绍，晋之王敦、桓玄，宋谢晦、刘义宣，齐陈达、王敬则，梁侯景，陈华皎，后魏尔朱荣、高欢之类是矣。斯诚失其宜也。

贰师、楼船，伏波、下濑等皆为将军名号，因事而立，事罢即废，这些都是汉代军制比较灵活的表现。

以上人物皆是专权跋扈之人，或篡权自立，或祸国殃民，或挟主乱政，在杜佑看来，皆是因为掌握了强大的兵权。

国朝李靖平突厥，李勣灭高丽，侯君集覆高昌，苏定方夷百济，李敬玄、王孝杰、娄师德、刘审礼皆是卿相，率兵御戎，戎平师还，并无久镇。其在边境，唯明烽燧，审斥候，立障塞，备不虞而已。实安边之良算，为国家之永图。玄宗御极，承平岁久，天下乂安，财殷力盛。开元二十年以后，邀功之将，务恢封略[9]，以甘上心[10]，将欲荡灭奚、契丹[11]，翦除蛮、吐蕃[12]，丧师者失万而言一，胜敌者获一而言万，宠锡云极，骄矜遂增。哥舒翰统西方二师[13]，安禄山统东北三师[14]，践更之卒[15]，俱授官名；郡县

唐朝前期实行府兵制，将不专兵，兵无常帅。有战事派将调兵，事罢则兵还府，将归朝，兵权始终牢牢掌握在朝廷手中，故无专横跋扈之臣。

之积，罄为禄秩。开元初，每岁边费约用钱二百万贯，开元末已至一千万贯，天宝末更加四五百万矣。按《兵部格》，破敌战功各有差等，其授官千才一二。天宝以后，边帅怙宠，便请署官，易州遂城府、坊州安台府别将、果毅之类[16]，每一制则同授千余人，其余可知。虽在行间，仅无白身者[17]。关辅及朔方、河、陇四十余郡，河北三十余郡，每郡官仓粟多者百万石，少不减五十万石，给充行官禄。暨天宝末，无不罄矣。糜耗天下[18]，若斯之甚。于是骁将锐士、善马精金，空于京师，萃于二统[19]。边陲势强既如此，朝庭势弱又如彼，奸人乘便，乐祸觊欲，胁之以害，诱之以利。禄山称兵内侮，未必素蓄凶谋，是故地逼则势疑，力侔则乱起，事理不得不然也。

［注释］

[1] 三皇：三皇的说法不一，有燧人、伏羲、神农说；伏羲、女娲、神农说；伏羲、祝融、神农说；伏羲、神农、黄帝说；有巢氏、燧人氏、知生氏说。 [2] 五帝：有不同的说法，即太昊、炎帝、黄帝、少昊、颛顼；黄帝、颛顼、帝喾、尧、舜；黄帝、少昊、颛顼、帝喾、尧等三种说法。 [3] 补遂之战：相传神农伐补遂的一次战争。补遂，古国名，今地不详。 [4] 阪泉之师：相传黄帝与炎帝战于阪泉之野。今地说法不一，一说在今山西阳曲县东北汉山；一说今河北涿鹿县东南；一说今山西运城县南；另一说今河南扶沟县。 [5] 缅寻：查寻。 [6] 亭障：古代边塞要地设

置的堡垒。 [7] 辏居：聚集而居。 [8] 卫、霍：指汉朝著名大将卫青与霍去病。 [9] 封略：封疆。 [10] 以甘上心：以迎合皇帝的心愿。 [11] 奚、契丹：唐时分布于我国北方、东北的少数民族，当时称为两蕃。 [12] 蛮：指南诏，分布于云南洱海地区。吐蕃：分布于青藏高原，唐太宗曾嫁文成公主于其赞普，后长期与唐为敌。 [13] 西方二师：指河西节度与陇右节度的军队，其节度使长期由哥舒翰充任，用于对付吐蕃。 [14] 东北三师：指河东、范阳、平卢三镇的军队，其节度使由安禄山兼任。 [15] 践更之卒：轮换服役之兵卒。 [16] 别将、果毅：武官名。唐折冲府在正副长官之下置别将一人，上府正七品下，中府从七品上，下府从七品下。果毅，即果毅都尉，为折冲府副长官，上府从五品下，中府正六品上，下府从六品下。 [17] 白身：指无官职之人。 [18] 麋耗：碎烂损耗。 [19] 二统：指哥舒翰为首的西部军事集团与安禄山为首的东部军事集团。

昔汉祖分裂土地，封建王侯，吴芮独卑弱而忠[1]，韩、彭皆强大而悖[2]。贾谊睹七国之盛，献书云："治天下者，令海内之势，如身之使臂，臂之使指，莫不制从。若惮而不能改作，末大本小，终为祸乱。"文景因循莫革，遂致诛错之名[3]。向使制置得其适宜，诸侯孰不信顺？奸谋邪计，销于胸怀，岂复有干纪作乱之事乎！语曰"朝为伊、周[4]，夕成桀、跖[5]"，形势驱之而至此矣。又兵法曰："将者，人之司命，国家安危之主。”固当先之以中和[6]，后之以材器[7]。或未驯其性，苟求其用，授以铦刃，委之专宰，利权一去，物情随之，噬脐之喻[8]，不其然矣。

夫戎事[9]，有国之大者。自昔智能之士，皆立言作训。其胜也，或验之风鸟七曜[10]，或参以阴阳日辰；其教阵也，或目以天地五行，或变为龙蛇鸟兽[11]。人之聪颖，方列轩冕[12]，知吉凶冠婚之礼，习庆吊俯仰之容，稍或非精，则乖常度[13]。故仲尼入庙，每事皆问，是必不免有所失也。矧其万千介夫[14]，出自闾井，若使心存进退之令，耳听金鼓之声，手俟击刺之宜，足趋鹅鹳之势[15]，随地形而变阵，飙驰电发之疾[16]，因我便而乘敌，胜负顷刻之间，事繁目多，应机循古，得不令众心系名数而无暇，安能奋勇锐而争利哉！以愚管窥[17]，徒有其说，只恐虽教亦难必成。然其训士也，但使闻鼓而进，闻金而止，坐作举措，左旋右抽，识旗帜指麾，习器械利便，斯可矣。其抚众也，有吮痈之恩[18]，投醪之均[19]，挟纩之感[20]，行令之必，赏罚之命。斯可矣。此乃用无弱卒，战无坚敌，而况以直伐这里连举了几个事例，用于说明一些军事家所持的阴阳五行的观点是靠不住的。谢艾事指十六国前凉张重华遣大将谢艾率军进攻麻秋，临战前枭鸣于牙旗，有人认为是凶兆，但谢艾不以为然，坚持进兵，果获大胜。宋武事指刘裕进攻卢循时，军中所执麾竿折幡沉水，众人皆惧，而刘裕却认为这是破敌之兆，果大破之。邓禹事指东汉大将邓禹在癸亥日进兵，有人认为这一天是忌日，进兵不利，但邓禹不听，获得了胜利。后魏事是指北魏道武帝讨后燕慕容麟，于是甲子晦日进兵，太史令崇奏曰："昔纣以甲子日亡。"帝曰："周武岂不以甲子日胜乎？"崇无以对。遂战，破之。

曲、以顺讨逆者乎！若以风鸟可征，则谢艾枭鸣牙旗而克麻秋，宋武麾折沈水而破卢循；若以日辰可凭，则邓禹因癸亥克捷，后魏乘甲子胜敌：略举一二，不其证欤？似昔贤难其道，神其事，令众心之莫测，俾指顾之皆从。

语有之曰："天时不如地利，地利不如人和。"诚谓得兵术之要也。以为孙武所著十三篇，旨极斯道[21]，故知往昔行师制胜，诚当皆精其理。今辄捃摭与孙武书之义相协[22]，并颇相类者纂之，庶披卷足见成败在斯矣[23]。凡兵以奇胜，皆因机而发，但取事颇相类，不必一二皆同，览之者幸察焉[24]。其与孙子义正相叶者[25]，即朱书其目；颇相类者，即与墨书。其法制可适于今之用者，亦附之于本目之末。

［注释］

[1] 吴芮（？—前 202）：汉初诸侯王。余干（今属江西）人。项羽分封诸侯，吴芮被封为衡山王。汉朝建立，改封为长沙王。卒于汉高祖五年（前 202）。 [2] 韩、彭：指汉初大将韩信与彭越。 [3] 诛错：指汉初吴楚七国之乱时，汉廷被迫杀死主张削藩的晁错。 [4] 伊、周：指商代杰出的政治家伊尹与周代的政治家周公姬旦。 [5] 桀、跖：指夏代最后一位暴君桀与春秋末期鲁国人展雄。因展雄居于柳下屯，经常赤脚，故人称柳下跖，曾

发动奴隶数千人起义，故又称其为盗跖。 [6] 中和：儒家的世界观和方法论。认为中和为天地万物之根本，也是通行于天下的达道。其思想直接渊源于孔子的“中庸”与“和而不同”。《中庸》：“致中和，天地位焉，万物育焉。” [7] 材器：才华、才能，也指很有才华的人。 [8] 噬脐：自啮腹脐。比喻后悔不及。 [9] 戎事：军事。 [10] 风鸟：以风声占卜吉凶，以鸟的飞鸣占卜吉凶，后泛指占卜术。七曜：指日、月和金、木、水、火、土五星。《素问·天元纪大论》：“九星悬朗，七曜周旋。” [11] 龙蛇鸟兽：以这些动物的形状命名作战之阵。 [12] 轩冕：古时卿大夫的车服。 [13] 乖常度：违反常规。 [14] 矧（shěn）：递进连词。况，况且。 [15] 鹅鹳之势：指古军阵名。 [16] 飙驰电发：比喻进军迅速。 [17] 管窥：从管中看物。比喻所见者小。这里作为谦恭之词。 [18] 吮：吸。痈：化脓的毒疮。 [19] 投醪（láo）：将醪酒倒入河中。比喻同甘共苦。醪，汁滓混合的酒。 [20] 挟纩：指披上丝棉絮。比喻受人抚慰，感到温暖。纩，丝棉。 [21] 旨极斯道：认为《孙子兵法》十三篇的主旨，就是讲“天时不如地利，地利不如人和”这个道理。 [22] 捃摭：摘取，拾取。是指上面所举的几个例证。相协：相比较。[23] 披卷：打开书卷。 [24] 幸察：敬辞。犹言“明察”。 [25] 相叶：相吻合。

立军

周制：万二千五百人为军，军将皆命卿；二千五百人为师，师帅皆中大夫；五百人为旅，旅帅皆下大夫；百人为卒，卒长皆上士；二十五人为两，两司马皆中士；五人为伍，伍皆有长。

军、师、旅、卒、两、伍，皆众名。伍一比，两一闾，卒一族，旅一党，师一州，军一乡，家所出人也。按《司马法》[1]，二十五人为两，四两为卒，百人也；五卒为旅，五百人也；五旅为师，二千五百人也；五师为军，万二千五百人也。万二千象十二月，五百象闰也。

管子言于齐桓公曰："欲正卒伍，修甲兵，则大国亦将为之。君有征战之事，则小国有守圉之备矣。公欲速得意于天下诸侯，则事有所隐而政有所寓。不明习其兵事，故曰事有所隐。军政寓之田猎，故曰政有所寓。公作内政而寓军令焉：三分齐国，为高子之里，为国子之里，为公之里，以为三军。择其贤人，使为里君。每里皆使贤者为君。乡有行伍卒长，则其制令，且以田猎，因以赏罚，因田猎之功过，寄行赏罚。则百姓通于军事矣。”于是乃制五家以为轨，轨为之长；十轨为里，里有司；四里为连，连为之长；十连为乡，乡有良人，以为军令。是故五家为轨，故五人为伍，轨长率之；十轨为里，故五十人为小戎，里有司率之；四里为连，故二百人为卒，连长率之；十连为乡，故二千人为旅，乡良人率之；五乡一帅，故万人为一军，五乡之帅率之。三军：故有中军之鼓，中军，则公之里率也。有高子之鼓，有国子之鼓。春以田，曰搜振旅[2]；因寓军政，而且整旅。秋以田，曰狝治兵[3]。顺杀气，因治兵。是故卒伍政定于里，军旅政定于郊，内教既成，令不得迁徙。故卒伍之人，人与人相保，家与家相受。少同居，长同游，祭祀同福，死丧同恤，祸福同忧，居处同乐，行作春秋时齐国的基层行政编制是：五家为一轨，十轨为一里，四里为一连，十连为一乡。与之相对应的军事编制是：五人为一伍，轨长率之；十轨为一里（五十人，称小戎），里有司率之；四里为一连（二百人，称卒），连长率之；十连为一乡（二千人，称旅），乡良人率之；五乡为一军（万人），五乡之帅率之。全国共置三军。实际上是寓兵于民，亦兵亦民的制度，且又经过训练，故足以横行天下，成就齐桓公的霸业。

以上这一段文字论述了古代阵法的布设。

同和，哭泣同哀。是故夜战，其声相闻，足以无乱；昼战，其目相见，足以相识，欢欣足以相死。是故以守则固，以战则胜。君有此教士三万人[4]，以横行于天下。教士，谓先教习之士。

司马穰苴曰[5]："五人为伍，十伍为队，一军凡二百五十队，余奇为握奇[6]。故一军以三千七百五十人，为奇兵队七十有五，以为中垒[7]，守地六千尺，积尺得四里，以中垒四面乘之，一面得地三百步，垒内有地三顷，余百八十步。正门为握奇，大将军居之，六纛、五麾、金鼓、府藏、辎积皆中垒[8]。外余八千七百五十人，队百七十五，分为八陈，六陈各有千九十四人，六陈各减一人，以为一陈之部署。举一军则千军可知。"凡兵者，有四正四奇，或合而为一，或离而为八，是曰八陈。故以正合为奇胜也。

一说："凡立军，一人曰独，二人曰比，三人曰参，比参曰伍，五人为烈，烈有头。二烈为火，十人，有长，立火子。五火为队，五十人，有头。二队为官，百人，立长。二官为曲，二百人，立候。二曲为部，四百人，立司马。二部为校，八百人，立尉。二校为裨，千六百人，立将军。二裨为军。”三千二百人，有将军、副将军也。

这一段文字记述的是唐代以前的军队编制情况。

[注释]

[1]《司马法》：兵书名。相传姜尚撰，一说即《司马穰苴兵法》，另一说认为此书与《司马穰苴兵法》无涉。此书应该成于众人之手，成书时间约在战国中期齐威王亲政的公元前 348 年至公元前 341 年间。现仅存 5 篇，保存了最古老的军事思想、作战原则和方法。 [2] 振旅：训练作战之阵法，出入进退之动作。 [3] 狝（xiǎn）治兵：即通过打猎以训练军队。狝，秋季打猎。 [4] 教士：经过训练的士卒。 [5] 司马穰苴：田氏，因任大司马之职而有司马穰苴之称。春秋后期齐人（一说乃战国时齐将司马穰苴的误传），出身于闾伍之间，深通兵法。其军事思想在继承古司马兵法的基础上多有新的申明，故战国齐威王命大夫追论“古者司马法”时，附其言辞于其中，即流传至今的《司马法》，或曰《司马穰苴兵法》。 [6] 余奇为握奇：古代阵法术语。古代布列八阵时，由八个旗幡服饰不同的小方阵组成的大阵，分别命名为天、地、风、云、龙、虎、鸟、蛇。部署在前、后、左、右四方的小方阵为正兵，四方正兵向四隅隙地机动时便是奇兵。“余奇”系主将居中掌握的机动兵力，亦称“握奇”。这就是所谓“八阵，四为正，四为奇，余奇为握奇”。布列八阵的基本原则是“薄中厚方”。其合为一整体，居平川如城池，其分为八部，相度地形而立营。这些阵法理论对后世兵家影响甚大。 [7] 中垒：古代军阵中的中心阵地。 [8] 六纛：《太白阴经》：“古者天子六军，诸侯三军；今天子十二卫，诸侯六军，故有六纛以主之。”纛，军中大旗。五麾：即五面旌幡。麾，旌、旌幡。辎积：这里指辎重。辎，有帷盖可载重的车。

大唐《卫公李靖兵法》曰[1]：

诸大将出征，且约授兵二万人，即分为七军。如或少，临时更定。大率十分之中，以三分为奇兵[2]。中军四千人，内取战兵二千八百人，五十人为一队。计五十六队。战兵内，弩手四百人，弓手四百人，马军千人，跳荡五百人[3]，奇兵五百人。左右虞候各一军[4]，每军各二千八百人，内各取战兵千九百人，共计七十六队。战兵内，每军弩手三百人，弓手三百人，马军五百人，跳荡四百人，奇兵四百人。左右厢各二军，军各二千六百人，各取战兵千八百五十人。战兵内，每军弩手二百五十人，弓手三百人，马军五百人，跳荡四百人，奇兵四百人。马步通计，总当万四千，共二百八十队当战，余六千人守辎重。

诸围三径一[5]，尺寸共知，复造幕[6]，尺丈已定。且以二万人为军，四千人为营在中心，左右虞候、左右厢四军共六总管，各一千人为营，兵多外面，逐长二十七口幕，横列十八，六面援中军。六总管下，各更有两营。其虞候两营，兵多外面，逐长二十七口幕，横列十八口幕。四总管有营，外面逐长二十二口幕，横列各十八口幕，四步下，计当千一百三十六步。又有十二营街，各别阔十五步，计当百八十步，通前当千三百十六步。以围三径一取中心竖径，当四百二十九步以下。下营之时，先定中心，即向南北东西各步二百十四步，并令南北东西及中心标端。四面既定，即斜角更安四标，准南北令端。从此以后，分擘配营极易。计二万兵，除守辎重六千人，马军四千人，步兵令当二百队，别取六步三尺二寸地，并冲塞总尽。若地土宽广，不在贼庭，即五步以上下幕准算折；若地狭，安置不得，即须逐角长斜算计尺寸，一依下营法。

以上记述了唐代野战军队安营扎寨之法。

凡以五十人为队，其队内兵士，须结其心。每三人自相得意者[7]，结为一小队；又合三小队得意者，结为一中队；又合五中队为一大队。余欠五人：押官一人[8]，队头执旗一人，副队头一人，左右傔旗二人，即充五十。至于行立前却，当队并须自相依附，如三人队失一人者，九人队失小队二人者，临陈日仰押官、队头便斩不救人。陈散，计会队内少者，勘不救所由[9]，斩。

这种编制称之为结队法，是唐初军队作战的基本单位。

[注释]

[1]《卫公李靖兵法》：古代兵书名。又名《李卫公兵法》。唐李靖撰。北宋初年尚有单行本，后散佚。清人汪宗沂采摘《通典》、《太平御览》、杜牧《孙子注》、《武经总要》、《武编》等书中所引《李卫公兵法》逸文，参互辑条成帙，为《卫公兵法辑本》。 [2] 奇兵：出其不意而突然出击的军队。 [3] 跳荡：锐卒之名。顾炎武《日知录》卷七："古人以左右冲杀为荡陈，其锐卒谓之跳荡，别帅谓之荡主。" [4] 虞候：武官名。或掌军法，或掌山泽，或为侍卫官，这里指领兵之官。 [5] 围三径一：是指围的周长是直径的三倍。 [6] 幕：营幕。 [7] 自相得意：相互之间关系密切。 [8] 押官：官名。唐初缘边军镇，每五百兵士置押官一人领之，亦有一队五十人置一押官者。任期随兵交替。 [9] 勘：勘问，调查。

[点评]

兵序并没有记载历代具体的军制，而是论述了政治、军事体制的一些相关问题，强调了强干弱枝、内外相维、慎重选将等问题。此外，杜佑还认为"天时不如地利，地利不如人和"，是用兵的要旨之所在，反对风鸟日辰等神学观点和一些兵家的故弄玄虚。他列举了一些具体事例证明这种观点的牵强附会、相互矛盾，不足为信，有力地驳斥了古代一些兵家这些荒谬的神学观点。在这些方面杜佑的思想无疑是进步的，是值得肯定的。在立军方面，杜佑主要记述了四个方面的内容：一是记载了历代的军队编制情况，对管仲主政齐国时的军队编制予以特别关注，实质上是杜佑对这种寓兵于民、亦兵亦民之制的高度肯定。二是记载了古代结阵的方法，重点记述了司马穰苴与唐朝李靖的布阵之法。三是记载了唐代野战军队的安营扎寨之法。四是记载了唐人李靖的结队法，这种方法有利于提高军队基层单位的战斗力，对后世产生了一定的影响。北宋前期没有采用此法，宋神宗时仿唐李靖兵法而重新制定了类似的军队编制法，称之为新结队法。从以上这些方面看，杜佑《通典·兵典》的内容也是比较重要的，对后世有一定的借鉴作用。

卷一百五十一　兵典四

间谍

所谓用间，就是指收集军事情报。孙子将其分为五种方式，并且详加解释，反映了古人对军事情报的重视程度，认为其是夺取战争胜利的主要因素。

孙子曰：“用间有五：有因间，有内间，有反间，有死间，有生间。五间俱起，莫知其道，是谓神纪[1]。因间者，因其乡人而用之者也[2]。因敌乡人知敌表里虚实之情，故就而用之，可使伺候也。内间者，因其官人而用之者也。因在其官失职者，若刑戮之子孙与受罚之家也[3]。因其有隙，就而用之。反间者，因其敌间而用之者也。敌使间来视我，我知之，因厚赂重许，反使为我间也。萧世诚曰[4]：“言敌使人来候我[5]，我佯不知，而示以虚事，前却期会，使归相语，故曰反间。”死间者，为诳事于外，令吾间知之，而待于敌间者也。作诈诳之事于外，佯漏泄之，使吾间知之。吾间至敌中，为敌所得，必以诳事输敌，从而备之。吾所行不然，间则死矣。又云，敌间来，闻我诳事，以持归，然皆非所图也。二间皆不能知幽隐深密，故曰死间也。萧世诚曰：“所获敌人，及已叛亡军士有重罪系者，故为贷免，相敕勿泄，佯不秘密，令敌间窃闻之。吾因纵之使亡，亡必归。敌必信焉，往必死，故曰死间。”生间者，反报者也。择己有贤才智谋，能自开通于敌之亲贵，察其动静，知其事计，彼所为已知其实，还报，故曰生间。故三军之亲莫亲于间，若不亲抚，重以禄赏，则反为敌用，泄我情实。赏莫厚于间，厚赏之，赖其用。事莫密于间，间事不密，则为己害。非圣智不能用间，不能得间人之用。非仁义不能使间，非微密者不能得间之实[6]。用意密而不漏。间事未发而先闻，其间者与所告者皆死。凡军之所欲击，所欲击之军。城之所欲攻，所欲攻之城者。人之所欲杀，所欲杀之人者。必先知其守将、左右、谒者、门者、舍人之姓名，守，谓官守职任者。谒，告也，主告事者也。门者，守门者也。舍人，守舍之人也。必先知之为亲旧，有急则呼之，则不见呵止，亦因此知敌之情。令吾间必索知之[7]。敌间之来间我者，因以利导而舍之，舍，居止也。令吾人遗以重利，复遇而舍止之，可令诡其辞。故反间可得而用也。故能取敌之间而用之。因是而知之，故乡间、内间可得而使也。因反敌间而知敌情，乡间、内间者皆可得使。因是而知之，故死间为诳事可使告敌，因是可得而攻也。因诳事而知敌情，生间往返，可使知其敌之腹心所在。因是而知之，故生间可使如期[8]。五间之事，主必知之，人主当知五间之用，厚其禄，丰其财。故反间不可不厚也。反间，五间之本，事之要也，故当在厚待。则伊、吕之在夏、殷[9]，为殷、周反间，岂不重之哉！唯明主贤将，能以上智为间者，必成大功。此兵之要，三军所恃而动者也。”

伊尹在夏朝为间，服务于商汤，姜尚在殷商为间，服务于西周，这只是古人的说法之一。

［注释］

[1]神纪：神秘莫测之道。 [2]乡人：同乡。 [3]刑戮之子孙：指受刑戮之人的子孙。受罚之家：指受过处罚的人家。 [4]萧世诚（508—554）：南朝梁元帝萧绎，字世诚，小字七符，梁武帝第七子。天监十三年（514），封为湘东郡王。太清元年（547），累迁为使持节、都督、镇西将军、荆州刺史。侯景叛乱时，他乘机消灭昭明太子之子、湘州刺史萧誉势力。又遣王僧辩、陈霸先讨平侯景，害死豫章王萧栋。然后在江陵称帝，年号承圣。承圣

三年（554），西魏遣万纽于谨统领大军攻破江陵，萧绎被杀。著有《老子讲疏》等。 [5]候：侦查，刺探。 [6]微密：机密的事情，隐微的事。 [7]索知：尽知，全都知道。 [8]如期：按时，准时，按期。 [9]伊、吕：指商朝的伊尹与周代的姜尚。

［点评］

利用间谍获取军事情报，是夺取战争胜利的重要手段之一，故自古以来就为历代兵家所重视。孙武所论述的五种用间的方式，是对古代战争经验的总结，并且上升到了军事理论的高度。这五种用间的方式相辅相成，其中以反间最为重要，是五间之本，对其人必须厚待之。古人还强调用间必须隐秘，《李卫公兵法》云："凡此五间皆须隐秘，重之以赏，密之又密，始可行焉。"此外，还要对间者高度信任，《孙子》云："三军之亲，莫亲于间。"为什么对其信任亲近呢？该书又说："若不亲抚，重以禄赏，则反为敌用，泄我情实。"用间还有一个原则，就是要不吝钱财，对己方间谍要"厚其禄，丰其财"，这样才能使其人不惜生死地获取情报。这方面的事例很多，如秦国为了收买晋鄙的门客以陷害信陵君，花费了一万斤黄金；汉王派陈平离间项羽与其部下的关系，拿出四万斤黄金听任陈平使用而不加以过问。直到后世这方面成功的事例仍然很多，反面的例子也不少，所有这一切都是具有借鉴意义的历史经验。

卷一百五十五　兵典八

避锐

战国魏武侯问吴起曰[1]："暴寇卒至[2]，掠吾田野，取吾牛马，则如之何？"起曰："暴寇之来，必精且强。善守勿应，潜伏路傍。暮去必卒，朝乘重装。骁骑逐击，势必莫当。遇我伏内，如雪逢汤。"

后汉末，袁尚据邺[3]，率兵围击兄谭于南皮[4]，留苏由、审配守[5]。曹公围邺[6]，尚还救邺，诸将皆以为"此归师，人自为战，不如避之"。

公曰："尚从大道来，当避之；若循西山来者，此成擒耳。"尚果循西山来，临滏音父水为营[7]。夜遣兵犯围，公逆击破走之，城中崩溃。

东晋末，宋武帝伐南燕慕容超[8]，岭南贼卢循、徐道覆乘虚袭建业[9]。循多疑少决，每欲以万全为虑，谓道覆曰："大军未至，晋吏部尚书孟昶便睹风自裁[10]，大势言之，自当计日溃乱。今决胜负于一朝，既非必定之道，且杀伤士卒，不如按兵待之。"宋武奔还拒守。宋武曰："贼若新亭直上[11]，且当避之；回泊蔡洲[12]，乃成擒耳。"于是登石头城以睹循军[13]，初见引向新亭，宋武顾左右失色。既而回泊蔡洲。道覆犹日日欲上，循禁之。使羸老悉乘舟舰向白石。宋武虑其从白石步上，乃率刘毅、诸葛长民北出拒之[14]。贼遂率众数万屯丹阳郡[15]。宋武率诸军驰归。众虑贼过江，咸谓当径还拒战。宋武乃先引军还石头，众莫之晓。是日大热，三军疲顿，既入城，解甲息士，洗浴饮食，久之，乃出列阵于南塘[16]。参军褚叔度、朱龄石率劲勇千余人过淮[17]。贼数千，皆长刀矛铤[18]，在作战中，避敌锋锐，是一个战术原则，历来为兵家所重视。在实际运用中，如何准确地判断敌情，是运用好这一战术的关键。

精甲耀日，奋跃争进。龄石所领多鲜卑，善步矟[19]，并结阵以待之。贼短兵弗能抗，死伤者数百人，乃退走。

［注释］

[1] 魏武侯（？—前 370）：战国初期魏国国君。姬姓，魏氏，名击，魏文侯之子，公元前 395 年至前 370 年在位。吴起（前 440—前 381）：战国初期军事家。姜姓，吴氏，名起，卫国左氏（今山东曹县）人。一生历仕鲁、魏、楚三国。在楚国时，辅佐楚悼王变法。公元前 381 年，因变法得罪守旧贵族，惨遭杀害。著有《吴子兵法》，与兵圣孙武并称“孙吴”。 [2] 卒至：突然到达。 [3] 袁尚（？—207）：东汉末年群雄之一，冀州牧袁绍的第三子。字显甫，汝南郡汝阳县（今河南商水）人。继承袁绍的官爵，招致长兄袁谭的怨恨，兄弟相残，均被曹操所败。建安十二年（207），投奔辽东太守公孙康，遭处死，首级传送于曹操。 [4] 谭：即袁谭（？—205），袁绍长子，曾任青州刺史。建安十年（205），曹操兴兵进攻南皮，袁谭战败被杀。南皮：县名。今河北南皮县东北古城。 [5] 苏由：东汉末冀州牧袁尚部将。建安九年（204），袁尚攻袁谭，其与审配守邺城（今河北临漳）。曹操北上攻邺，苏由投降。审配（？—204）：东汉末年军阀袁绍帐下谋臣。字正南，魏郡阴安（今河南清丰北）人。奉袁尚命镇守邺城，曹操率军攻之，城破被杀。 [6] 邺：城名。今河北临漳。 [7] 滏水：古水名。上游即今河北磁县滏阳河，下游东北至今肥乡县西入漳水。 [8] 慕容超（385—410）：十六国南燕末代皇帝。字祖明，昌黎棘城（今辽宁义县）人，鲜卑族。太上元年（405）即位，奢侈糜费，凌虐宗室大臣，人心离散。东晋权臣刘裕领兵攻打，

太上六年（410），战败被俘，南燕灭亡，被杀于建康，年仅26岁。 [9] 卢循（？—411）：东晋末年群雄之一。字于先，小字元龙，范阳涿县（今河北涿州）人。东晋末年起兵反晋，攻占广州，自称平南大将军、广州刺史，设置百官，割据岭南地区。义熙六年（410），乘刘裕北伐南燕之际，发兵进犯建康。刘裕回师讨伐，兵败自杀。徐道覆（？—411）：东晋起义军将领。卢循的姊夫。义熙六年（410），随同卢循进犯建康。次年，兵败逃回始兴，被晋将孟怀玉等攻破城池斩杀。 [10] 孟昶：东晋大臣。生卒年不详。历任吏部尚书、左仆射。 [11] 新亭：城名。今江苏南京市西南。 [12] 蔡洲：沙洲名。今江苏南京市西南长江中的沙洲。 [13] 石头城：又称石首城，在今江苏南京市清凉山。 [14] 刘毅：东晋官员。字希乐，彭城沛（今江苏沛县）人。历任卫将军、开府仪同三司、荆州刺史等官。与刘裕斗争失败而死。诸葛长民：东晋官员。琅邪阳都（今山东沂南南）人。历任使持节、都督青扬二州诸军事、青州刺史，领晋陵太守。后被刘裕所杀。 [15] 丹阳郡：郡名。今江苏南京市。 [16] 南塘：地名。又称横塘。在今江苏南京市西南秦淮河南岸。 [17] 褚叔度（378—424）：东晋官员。河南阳翟（今河南禹州）人。历任太尉谘议参军、右卫将军、雍州刺史、襄阳义成太守等官。朱龄石（379—418）：东晋将领。字伯儿，沛郡沛县（今属江苏）人。刘裕率军伐后秦时，任其为左将军。大夏赫连勃勃南下略地关中，晋军全线崩溃，朱龄石因水道被断遭擒，押解至长安被杀。 [18] 铤（chán）：兵器名。一种铁把短矛。 [19] 矟：长矛，即槊。

[点评]

这一段文字主要讨论了在战争中如何回避敌方锐气，争取主动，夺取胜利的问题。杜佑主要通过三个实例论述了这一问题，其中魏武侯问吴起事与曹操击袁尚事差强人意，刘裕与卢循之间的战事并不典型，而且结局交待不清，说明杜佑在选择实例时还不够精细。之所以仍然选择了这一段文字进行注释与点评，是因为《通典》中的《兵典》一门，其主要内容大都是通过事例进行记述的，选出这一段以便使读者对《兵典》的这一特点有一个基本的了解。

卷一百六十三　刑法典一

刑法序

《前志》曰[1]："夫人，有生万物之最灵者也。然而爪牙不足供其欲，趋走不足避其害，无毛羽以御寒暑，必役物以为养[2]，任智而不恃力者也[3]。故不仁爱则不能群，不能群则不能胜物。群而聚之，是为君矣；归而往之，是为王矣。人既群居，不能无喜怒交争之情，乃有刑罚轻重之理兴矣。刑于百度[4]，其最远乎！"又曰："圣人因天讨而作五刑[5]。大刑用甲兵，次用斧钺；

人们生活在一起，不免有喜怒交争冲突等情况发生，于是就有刑罚的设立。这里是讲设立刑法的原因。

中刑用刀锯，次用钻凿；薄刑用鞭扑。大者陈诸原野，小者致之市朝[6]。”又曰：“鞭扑无弛于家，刑罚无废于国，征伐无偃于天下[7]；但用之有本末，行之有次第尔。”历观前躅[8]，善用则治，不善用则乱。在乎无私绝滥，不在乎宽之与峻。又病斟酌以意，变更屡作。今捃摭经史[9]，该贯年代[10]，若前贤有误，虽后学敢言，亦庶几成一家之书尔。前代搢绅之徒，多设三皇之言，又不载其刑法，故以五帝为首云。

［注释］

[1]《前志》：指《汉书·刑法志》。 [2] 役物：指役使外物为我所用。 [3] 任智：依靠智谋。 [4] 百度：百事的节度。 [5] 天讨：指帝王禀承天意惩罚罪人。五刑：在古代有多种说法，一曰甲兵、斧钺、刀锯、钻凿、鞭扑；一曰野刑、军刑、乡刑、官刑、国刑；一曰墨、劓、刵、宫、大辟；隋唐的五刑指笞、杖、徒、流、死。 [6] 市朝：市场和朝堂。 [7] 无偃：不停止。 [8] 前躅（zhú）：前人的典范。 [9] 捃摭：采取，选取。 [10] 该贯：博通。

［点评］

杜佑引用了《汉书·刑法志》来表达自己的法律思想，认为法律是维护社会秩序的工具。因为人有“喜怒交争之情”，因而导致了“刑罚轻重之理兴”。并且认为

“鞭扑无弛于家，刑罚无废于国，征伐无偃于天下”，是一种正常的社会现象，关键在于如何运用这些手段，强调“用之有本末，行之有次第”。要善用法律手段，反对滥施严刑酷法，“善用则治，不善用则乱”。杜佑的这些思想皆是可取的，是可以借鉴的。

卷一百六十五　刑法典三

刑制下 大唐

大唐高祖起义至京师，约法十二条，唯制杀人、劫盗、背军、叛逆者死，余并蠲除之。及受禅，又制五十三条格[1]，入于新律，武德七年颁行之。

这里所谓“新律”，即《武德律》十二卷，唐高祖武德七年（624）颁行。

至太宗即位，制绞刑之属五十条[2]，免死，断右趾。其后，蜀王府法曹参军裴弘献又驳律令不便者四十余事[3]，太宗遂令删改之。除断趾法，改为加役流三千里，居作二年[4]。比古死刑，殆除其半。据有司定律五百条，分为十二卷，于隋代旧律，减大辟入流九十二条[5]，减入徒者七十一条。具《宽恕篇》。又定令千五百九十条[6]，为三十卷。贞观十一年正月，颁行之。又删武德、贞观以来敕格三千余件，定留七百条，以为格十八卷。国家程式虽则具存，今所纂录不可悉载，取其朝夕要切，简易精详，则临事不惑耳。他皆类此。七年十二月，诏："三品以上犯公罪流、私罪徒[7]，送问日不须追身[8]。"

此即《贞观律》，共三十卷，较之《武德律》增加了十八卷之多。

高宗永徽初，又令长孙无忌等撰定格式[9]，旧制不便者，皆随有无删改。遂分格为两部：曹司常务为《留司格》[10]，天下所共者为《散颁格》[11]。四年，有司又撰《律疏》三十卷，颁天下。麟德二年[12]，重定格式行之。仪凤二年[13]，又删缉格式行之。及文明元年四月[14]，敕："律令格式，内外官人退食之暇，各宜寻览。仍以当司格令[15]，书于厅事之壁，俯仰观瞻，使免遗忘。"贞元二年七月[16]，刑部侍郎韩洄奏[17]："刑部掌律令，定刑名，按覆大理及诸州应奏之事，并无为诸司寻检格式文。比年诸司每有予夺，悉出检头，下吏得以生奸[18]，法直因之轻重。又先有敕：

唐高宗永徽四年（653）颁行这部律疏，即《永徽律》。

当司格令并书于厅事之壁。此则百司皆合自有程式，不惟刑部独有典章。讹弊日深，事须改正。”敕旨：“宜委诸曹，各以本司杂钱，置所要律令格式。其中要节，仍准旧例，录郎官厅壁。左右丞勾当事毕[19]，日奏其所请，诸司于刑部检事，待本司写格令等了日停。”

武太后临朝，又令有司删定格式，加计帐及勾帐式[20]，通旧式成二十卷。又以武德以来、垂拱以前诏敕便于时者[21]，编为《新格》二卷，太后自制序。其二卷之外，别编六卷，堪为当司行用，为《垂拱留司格》。时韦方质详练法理[22]，又委其事咸阳尉王守慎[23]，又有经治之才，故垂拱格、式，识者称为详密。其律唯改二十四条。

此即《垂拱律》，变化最少。

神龙中，又删定垂拱格及神龙元年以来制敕，为《散颁格》七卷。又删补旧式为二十卷，颁于天下。景龙三年八月敕：“应酬功赏，须依格式，格式无文，然始比例。其制敕不言自今以后及永为例程者，不得举引为例。”

景云初，又敕删定格式令。太极元年二月奏上，名《太极格》。

开元初，玄宗又令删定格式令，名为《开

元格》。六年，又令删定律令格式，名为《开元后格》。至二十五年，又令删缉旧格式律令及敕，总七千四百八十条。其千三百四条于事非要，并删除之。二千一百五十条随文损益，三千五百九十四条仍旧不改，总成《律》十二卷[24],《疏》三十卷,《令》三十卷,《式》二十卷,《开元新格》十卷。又撰《格式律令事类》四十卷，以类相从，便于省览。二十五年九月奏上之，敕于尚书都省写五十本，发使散于天下。略件文要节如后：开元十四年九月敕："如闻用例破敕及令式，深非道理。自今以后，不得更然。"二十五年九月，兵部尚书同中书门下三品李林甫奏[25]："今年五月三十日以前制敕，不入新格式者，望并不在行用。"

此为《开元律》，又称《开元二十五年律》。

[**注释**]

[1] 格：尚书省各部门职掌的详细规定。"格以禁违正邪"，共分二十四篇，以尚书省二十四曹为篇目，编录当时的制敕，作为各曹司的办事法规。 [2] 之属：之类。 [3] 裴弘献：唐朝官员。生卒年不详。曾任蜀王府法曹参军，奉敕与房玄龄、长孙无忌撰《式》33 卷。 [4] 居作：专指徒刑服役。又称"居役""罚作""输作"等。因强制犯人在配所服劳役，并居住在配所，故得名。 [5] 大辟入流：改死刑为流刑。 [6] 令：这里指唐令，

大唐帝国制度的总汇。包括职官令、田令、学令、选举令、假宁令、赋役令等相关规定，所谓“令以设范立制”。 [7] 公罪流：因处理公务不当而被判处流刑。私罪徒：官员因私事而被判处徒刑。 [8] 追身：传讯。 [9] 长孙无忌（？—659）：唐朝大臣。唐太宗长孙皇后之兄。字辅机，河南洛阳人。武德九年（626），与房玄龄等决策发动玄武门之变，助太宗夺取帝位，以功迁吏部尚书，进封齐国公。后迁太子太师、同中书门下三品。奉命与房玄龄等修定唐律，悉心辅政。因反对高宗立武则天为后，被许敬宗诬告谋反。高宗下诏削其官爵，将其流放于黔州。许敬宗又派人至黔州，严厉审讯无忌，遂自缢而死。上元元年（674），高宗复其官爵，许其陪葬昭陵。 [10]《留司格》：尚书省诸司常用之格称留司格。 [11]《散颁格》：指尚书省诸司之外适用于其他诸司及地方事务的格条。 [12] 麟德：唐高宗李治年号，二年即公元 665 年。 [13] 仪凤：唐高宗李治年号，二年即公元 677 年。 [14] 文明：唐睿宗李旦年号，元年即公元 684 年。 [15] 当司：本司，本部门。 [16] 贞元：唐德宗李适年号，二年即公元 786 年。 [17] 韩洄（732—794）：唐朝官员。字幼深，京兆长安（今陕西西安）人。历任谏议大夫、知制诰。因元载案受牵连，被贬邵州司户参军。德宗时历官户部侍郎、刑部侍郎、谏议大夫。死于国子祭酒任上。 [18] 下吏：低级胥吏，这里是指刑部之吏。 [19] 勾当：办理，处理。这里是指左右丞检查工作。 [20] 计帐：指户部计帐，即地方官府上报的每年户口、土地、资产之数，是国家三年一造户籍之重要依据。这里是指计帐式，为三十三篇式之一。勾帐式：唐朝法规之一。唐朝的式共计三十三篇，即尚书省二十四司再加上秘书、太常、司农、光禄、太仆、太府、少府及监门、宿卫、计帐等篇，并无勾帐式。所谓勾帐应是反映勾检制度的式，颇疑此式乃武则天时期新增的一种，此后未见再有记载。 [21] 垂拱：武则天年号，即公元 685—688 年。 [22] 韦方质（？—690）：唐朝大臣。雍州万年（今陕西西安）人。出身京兆韦氏阆公房。武则天时任鸾台侍郎、地官尚书、同凤阁鸾台平章事。时改修《垂拱留司格》，其多所损益，甚为时人所称。因得罪武承嗣、武三思，配流儋州，籍没其家，死于当地。 [23] 王守慎：唐朝隐士。生卒年不详。武则天时曾任咸阳尉、监察御史。因不愿与小人、酷吏为伍，请求出家为僧，武则天赐号法成，后寿终。 [24]《律》：这里指唐律。唐人说“律以正刑定罪”，即刑法法典，故居于各种法律文书之首。保存至今的唐律，即《唐律疏议》，共计 30 卷、12 篇、502 条。 [25] 李林甫（？—752）：唐朝大臣。唐宗室，小字哥奴，工书善画，通音律，无学术，但擅长谄媚，“口蜜腹剑”。历任御史中丞、刑部侍郎、吏部侍郎、礼部尚书、中书令，后封晋国公。其任相 19 年，权势极盛，朝野侧目，妒贤嫉能，杜塞言路。重用番将，使安禄山等得掌重兵。天宝十一载（752）卒。

[点评]

唐朝的法律体系实际上是由律、令、格、式等四部分构成的。律为刑法典，居于其首，根据文献记载，唐朝前后颁行过五部律，即《武德律》《贞观律》《永徽律》《垂拱律》《开元律》。此外，还多次修改、刊正过律，如显庆二年（657）、载初元年（689）、神龙元年（705）、太极元年（712）、天宝元年（742）、天宝四载（745）、乾元二年（759）、建中二年（781）以及元和二年（807）等。唐律保存至今的就是《唐律疏议》，关于其是上面众多唐律中的哪一部？中外学术界是有争议的，大体上有永徽说、日本学者倡导的开元说以及折衷说等三种。所谓折衷说，其基本观点是，《唐律疏议》并非一朝一夕完成的，而是经过了长期的修改才最后完成的。认为《唐律疏议》为唐前期文献是可以肯定的，但反对把它严格限定在永徽或开元时期，认为开元时期曾对它进行了某些修改。我国多数学者还是坚持永徽说，不同意日本学者所持的开元说。关于唐律的实施问题，从中唐以来发生了变化，以敕补律甚至破律的现象比比皆是，可以说中唐以来虽不能说停止实施唐律，但唐律在社会实际中已经越来越多地受敕的限制，或者说被敕的作用所淡化，却是不争之事实。故唐后期以及五代、两宋时期的立法活动，从原来的编撰律书一变为编集敕条，即编敕成为这一时期重要的法典。

关于唐代的令、格、式的颁行及修改更加频繁，在以上所引的《通典》文字中已经多有提及，但是完整保留至今的却是一部也没有。关于其定义在本书的相关注释中已分别予以说明，这里就不再重复了。其中唐令有日本学者仁井田陞编辑的《唐令拾遗》与池田温的《唐令拾遗补》两书以及天一阁发现的《天圣令》中的唐令。至于格、式除了敦煌文书有为数不多的几份残卷外，其余散见于各种典籍之中，已有学者进行了辑佚工作，发表了若干相关论文，由于数量太少，尚不足以整理成书。关于其研究情况，中国学者一般将律、令、格、式均视为法制文书，四者并称，在研究中同等对待，早在20世纪30年代，我国学者黄秉心在其所著的《中国刑法史》中就是这样认识的，他说：“要之，四法中，除律（为刑法典）外，皆为行政上之法规；国家之政务，均须依此施行，有反此者，则据律处断。”20 世纪 80 年代以来的中国法制教科书通常认为：令、格、式是从积极方面规定的国家制度、方针、政策、办事章程等，属于行政法规，律则是对违反了这些规定的消极处罚。即认为唐代的律、令、格、式是广义上的刑法法典，因为唐律本身具有刑罚作用，所以民事与行政制裁的部分只是作为补充。这是一种不同于通常观点的新看法，还未被学界广泛接受。总之，关于这些问题已经取得了很多共识，但仍需要进一步研究。正因为律、令、格、式均为唐代的法律法规，所以杜佑在以上文字中将其均纳入在内，一并进行了介绍。

卷一百六十六　刑法典四

杂议上

《虞书》云："帝谓皋陶曰：汝作士[1]，明于五刑，以弼五教。期于予治。弼，辅。期，当也。叹其能以刑辅教，当于治体。刑期于无刑[2]，人协于中[3]，时乃功[4]，懋哉[5]！"虽或行刑，以杀止杀，终无犯者。刑期无所刑，人皆合于大中，是汝之功，勉之。

周制：以八辟丽邦法[6]，附刑罚。辟，法也。丽，附也。《易》曰："日月丽乎天。"一曰议亲之辟，若今宗室有罪先请是也[7]。二曰议故，故旧不遗[8]，则民不偷。

三曰议贤，若今廉吏有罪，先请是也。贤，谓有德行者。四曰议能，能，谓有道艺者。《传》曰[9]："夫谋而鲜过[10]，惠训不倦者[11]，叔向有焉[12]。社稷之固也，宥之以劝能者。"五曰议功，谓有大勋力立功者。六曰议贵，若今吏墨绶[13]，有罪先请是也。七曰议勤，谓憔悴以事国[14]。八曰议宾。谓所不臣者，三恪二代之后[15]。以两造禁民讼，入束矢于朝[16]，然后听之。争财曰讼。两至，使入束矢，乃治之也。不至，不入束矢，则是自服不直者也。《诗》曰："其直如矢。"古者一弓百矢。《礼记》曰："刑人不在君侧。公族有死罪，即罄于甸人[17]，不于市朝者，隐之也。甸人，掌郊野之官。悬缢杀之曰罄。而无宫刑。其刑罪，即纤剸[18]，亦告于甸人。纤读曰歼。歼，刺也。剸，割也。皆以刀锯割刺之。告读曰鞫。刑肃而俗弊[19]，则人不归也。刑人于市，与众弃之。"又，"考礼正刑，一德以尊天子"。《大戴礼》曰[20]："刑法者，御人之衔勒也[21]；吏者，辔也；刑者，筴也[22]；天子，御者；内史、太史，左右手也。古者以法为衔勒，以官为辔，以刑为筴，以人为手，而御天下。公家不畜刑人[23]，大夫不养，士遇之途，不与之言。屏诸四方，唯其所之，不及以政，不欲生之

从周代的"八辟"到唐代的"八议"之制，都是关于一些特殊人物犯罪处理的相关规定。其实质是中国古代法律伦理化、儒家化的体现，以维护等级制度和士大夫阶层的特权和尊严。

故也。”又曰：“刑不上大夫者，古之大夫有坐不廉污秽者，则曰‘簠簋不饰[24]’；淫乱男女无别者，则曰‘帷薄不修[25]’；罔上不忠者，则曰‘臣节未著’；罢软不胜任者，则曰‘下官不职[26]’；干国之纪者，则曰‘行事不请[27]’。此五者，大夫定罪名矣，不忍斥然正以呼之[28]。是故大夫之罪，其在五刑之域者，闻有谴发，则白冠牦缨[29]，盘水加剑[30]，造乎阙而自请罪，君不使有司执缚牵而加之也。其有大罪者，闻命则北面跪而自裁[31]，君不使人捽引而刑杀之也[32]，捽，才忽反。曰：‘子大夫自取之耳！吾遇子有礼矣。’是曰‘刑不上大夫’。”

［注释］

[1] 作士：官名。掌刑狱。 [2] 刑期于无刑：指国家使用刑罚，目的在于制止犯罪行为，最终达到废除刑罚。刑，刑罚，对违法者依照法律实行强制处分。期，期望，期待。 [3] 人协于中：使人的行为中规中矩。 [4] 时乃功：这是你的功劳。 [5] 懋：勤勉，努力。 [6] 八辟：西周贵族议罪的八项法规。《周礼·秋官·小司寇》：“以八辟丽邦法，附刑罚。一曰议亲之辟，二曰议故之辟，三曰议贤之辟，四曰议能之辟，五曰议功之辟，六曰议贵之辟，七曰议勤之辟，八曰议宾之辟。”辟，法。丽，附。邦法，国家法律。 [7] 有罪先请：有罪先奏请皇帝，经允准后，于

都堂集议，议定后再奏请皇帝裁决。 [8] 故旧不遗，则民不偷：指天子不遗弃原来的朋友，百姓就不会对人刻薄。故旧，旧友。遗，遗弃。偷，刻薄，不厚道。 [9]《传》：这里指《春秋左氏传》。 [10] 谋而鲜过：凡事深思熟虑则很少出现过失。 [11] 惠训不倦：即教导他人，不知疲倦。 [12] 叔向：春秋时晋国大夫。晋悼公即位，命其辅佐太子彪（即晋平公）。晋平公六年（前552），范宣子逐栾盈，杀其党羊舌虎（叔向弟）等，他受牵连而被囚。后由祁奚进说得释。任太傅。孔子曾评论曰：“叔向，古之遗直也。治国制刑，不隐于亲。” [13] 墨绶：本义是指黑色的系印丝带，也用来指铜印墨绶的官。俸比六百石以上至俸比二千石以下的官，皆铜印墨绶。 [14] 憔悴以事国：为了国事而废寝忘食。 [15] 三恪二代之后：我国历代都有优待前代帝王之后的制度。唐代以舜、禹、成汤之后裔为“三恪”；二代，也叫二王，唐初以周、隋之后袭爵者为二王后，唐高宗永淳元年（682）以来，以周、汉之后袭爵者为二王后，以存修废继绝之礼。 [16] 束矢：五十支箭或一百支箭。 [17] 磬：意为缢杀。 [18] 纤：刺。剸：割。 [19] 刑肃而俗弊：刑法严酷而社会风俗败坏。 [20]《大戴礼》：参见卷四十一《礼序》注［34］“戴德”条。 [21] 衔勒：马勒口。 [22] 筴：马鞭。 [23] 畜：养。 [24] 簠簋（fǔ guǐ）不饰：古代对做官不廉正者的一种婉转的说法。簠簋，两种盛黍稷稻粱之礼器。不饰，不整饬。 [25] 帷薄不修：男女不分，内外杂沓。指家庭生活淫乱。帷薄，帐幔和帘子，古代用以障隔内外。不修，不整饬。 [26] 下官不职：对下属官吏不胜任的委婉说法。 [27] 行事不请：意为做事专擅而不请示。 [28] 不忍斥：不忍直斥。 [29] 白冠牦缨：用兽尾作缨的白帽。古代大夫触犯五刑，则戴之，表示自己有罪。 [30] 盘水加剑：古代大臣自刎而死的一种婉转的说法。盘水，颜师古曰：“杀牲者以盘水取颈血，故示若此也。”后因以“盘水”指处死。加剑，自杀。 [31] 自裁：自杀。 [32] 捽引：意为揪拉。

[点评]

杜佑的这一段议论主要论述了对统治阶级犯罪的处理原则，是“刑不上大夫”的礼制原则在刑罚适用上的具体体现。这种思想最早源于《周礼·秋官·小司寇》所提出的“八辟”，这是一种特权的表现。其正式写入法律是在曹魏时期，魏明帝编制“新律”时，首次将“八议”制度正式写入国家法典，从而使贵族官僚的司法特权逐渐法律化、制度化。此后历代法律皆有这方面的规定，凡八议范围内的人员犯罪可以堂而皇之、有法可依地享有“议、请、减、当、免”的特权。但是至明清时期，其律文中虽有八议的条文，但应用范围却不断缩小，甚至载而不用，徒有虚名。这是专制极权主义在法律上的表现，也是儒家礼制思想不断弱化的结果。

卷一百六十七　刑法典五

杂议下

大唐律曰“八议”，具《刑制》下篇。“诸疑狱，法官执见不同者，得为异议。议不得过三”。贞观十四年，尚书左丞韦悰句司农木橦七十价[1]，百姓者四十价，奏其干没[2]。上令大理卿孙伏伽亟书司农罪[3]，伏伽曰：“司农无罪。”上惊问之，伏伽曰：“只为官木橦贵，所以百姓者贱。向使官木橦贱，百姓者无由贱矣。但见司农识大体，而不知其过。”上乃悟，顾谓韦悰曰：“卿识用不

在断案时，如法官之间有不同的意见时，要经过研究讨论。唐朝规定，凡疑狱可经过尚书省八座会议的讨论决定。大理寺判决的流、徒以上案件要交到刑部复核，重要的要报送中书门下详复，死刑要报皇帝批准。贵族官僚犯罪，如使用“八议”之条减免时，规定“皆申刑部，集诸司七品已上，于都座议之”。

逮伏伽远矣。”遂罢司农罪。

二十一年，刑部奏言：“准律：‘谋反大逆，父子皆死，兄弟处流。’此则轻而不惩，望请改重法。”制遣百僚详议。司议郎敬播议曰[4]：“昆弟孔怀[5]，人伦虽重，比于父子，情理有殊。生有异室之文，死有别宗之义。今有高官重爵，本荫唯逮子孙[6]；胙土析珪[7]，余光不及昆季[8]。岂有不沾其荫，辄受其辜，背理违情，恐为太甚。必其反兹春令[9]，踵彼秋荼[10]，创次骨于道德之辰[11]，建深文于刑措之日[12]，臣将不可，物论谁宜！”诏从之。

永徽二年七月，华州刺史萧龄之[13]，前任广州都督，受左智远及冯盎妻等金银奴婢[14]，诏付群臣议奏，上怒，令于朝堂处尽[15]。御史大夫唐临奏曰[16]：“臣闻国家大典，在于刑赏，古先圣王，惟刑是恤。今天下太平，合用尧、舜之典。比来有司多行重法，叙勋必须刻削[17]，论罪务从重科，非是憎恶前人，止欲自为身计。今议龄之事，有轻有重，重者至流、死，轻者请除名。以龄之受委大藩，赃罚狼藉，原情取事，死有余辜。然既遣详议，终须近法。臣窃以律有八议，并依《周礼》旧文，矜其异于众臣，所以特制议法。《礼》'王族刑于僻处'，所以议亲；'刑不上大夫'，所以议贵。明知重其亲贵，议欲缓刑；非为嫉其贤能，谋致深法。今议官必于常法之外，议令入重，正与尧舜相反，不可为万代法。臣既处法官，敢不以闻。"诏遂配流岭南[18]。

唐律有"八议"之条，其中"议贵"一条适合于萧龄之案，因为他是南朝齐高帝之孙、唐朝大臣。以上唐临的这一段议论，就体现了这一点，这也是使用八议之条的一个典型案例。

[注释]

[1] 韦悰：唐朝官员。生卒年不详。京兆杜陵（今陕西西安南）人。太宗贞观时期，历任治书侍御史、尚书左丞。句：同"勾"，即勾检之意。左丞亦有监察百官及御史台工作之责。木橦：海盐生产工具。横阔，与木攻相似。用以治平埕坎、击坚围堤等。 [2] 干没：侵吞，截取。 [3] 大理卿：大理寺长官，负责司法审判。孙伏伽（？—658）：唐朝大臣。贝州武城（今河北清河县旧城西北）人。唐初任万年县法曹，因上书进谏，受唐高祖赏识而擢任治书侍御史。唐太宗即位，先后任大理少卿、民部侍郎、大理卿。永徽五年（654）以年老致仕。 [4] 敬播（？—663）：唐朝大臣。蒲州河东（今山西永济蒲州镇）人。历任校书郎、谏议大夫、给事中，兼修国史，有良史之才。参与修撰《隋书》《汉书》《晋书》《高祖实录》《太宗实录》《西域图》等书。坐事贬官，出为越州长史。 [5] 孔怀：《诗·小雅·常棣》："兄弟孔怀。"后世因以"孔怀"为兄弟的代称。 [6] 逮：及于。 [7] 胙土析珪：古代封诸侯，按爵位高下，分颁圭玉，称析珪。胙土，帝王以土地赐封功臣，

酬其勤绩，谓之胙土。此语指分封爵位、土地。　[8] 昆季：谓兄弟。　[9] 春令：春季所行的政令，宽和的政令。　[10] 秋荼：荼至秋则花叶繁密，以喻刑法繁苛。　[11] 次骨：意思是入骨。形容程度极深。　[12] 深文：谓制定或援用法律条文苛细严峻。刑措：谓没有人犯法，刑罚搁置不用。　[13] 萧龄之（587—656）：唐朝大臣。字寿，雍州长安（今陕西西安）人。历任司农少卿等官。贞观十八年（644），迁任广州都督。萧龄之在广州任内政绩卓著，但却大肆受贿，收受了岭南土豪左智远及冯盎妻等人行贿的金银奴婢。永徽二年（651），受贿之事发，被免官削爵，流放岭南。死于显庆元年（656），终年 70 岁。　[14] 左智远：岭南豪族，生卒年不详。冯盎妻：冯盎（？—646），字明达，高州良德（今广东高州）人。隋唐初期岭南豪族，任高州总管，封耿国公。其为著名的谯国夫人冼夫人之孙，玄宗时著名宦官高力士之曾祖父。其妻姓氏不详，其向萧龄之行贿时，冯盎已故。　[15] 处尽：处死。　[16] 唐临（600—659）：唐朝大臣。字本德，北海平寿（今山东潍坊潍城区）人。历任太子右卫率府铠曹参军、殿中侍御史、黄门侍郎及刑部、兵部、度支、吏部尚书，参与编著《唐律疏议》。清正不阿，得罪于宰相李义府，坐事免官。显庆四年（659），卒于潮州刺史任上，时年 60 岁。　[17] 叙勋：依据功绩大小，比照勋赏条例规定给予勋赏。　[18] 配流：流放罪人于远地。

神龙元年正月，赵冬曦上书曰[1]：“臣闻夫今之律者，昔乃有千余条。近有隋之奸臣，将弄其法，故著律曰：‘犯罪而律无正条者，应出罪则举重以明轻[2]，应入罪则举轻以明重[3]。’立夫一言，而废其数百条。自是迄今，竟无刊革，遂使死生罔由乎法律[4]，轻重必因乎爱憎，赏罚者不知其然，举事者不知其犯。臣恐贾谊见之，必为恸哭矣！夫立法者，贵乎下人尽知，则天下不敢犯耳，何必饰其文义、简其科条哉？夫条科省则下人难知，文义深则法吏得便。下人难知，则暗陷机阱矣[5]，安得无犯法之人哉！法吏得便，则比附而用之矣，安得无弄法之臣哉！臣请律令格式，复更刊定，其科条言罪，直书其事，无假饰文[6]；其以准、加减、比附、原情及举轻以明重[7]，不应为而为之类，皆勿用之。使愚夫愚妇闻之必悟，则相率而远之矣，亦安肯知而故犯哉！苟有犯者，虽贵必坐，则宇宙之内，肃然咸服矣。故曰：'法明则人信，法一则主尊[8]。'《书》曰：'刑期于无刑。'诚哉是言。"

这一段文字论述了法律条文必须直接、简洁，一目了然，使人易于了解，包括普通百姓在内都能知法，这样就可以减少犯罪，也使不良法官无法营私舞弊。

开元十年十一月，前广州都督裴伷先下狱[9]，中书令张嘉贞奏请决杖[10]。兵部尚书张说进曰："臣闻刑不上大夫，以其近于君也，故曰'士可杀，不可辱'。臣今秋巡边，中途闻姜皎朝堂决杖流[11]。皎是三品，亦有微功，不宜决杖廷辱，以卒伍待之。且律有八议，勋贵在焉。今伷先不可轻行决罚。”上然其言。嘉贞不悦，退而谓说曰[12]：“何言事之深也？”说曰：“宰相者，时来则为，岂能长据？若贵臣尽当可杖，但恐吾等行当及之。此言非为伷先，乃为天下士君子也。”

［注释］

[1] 赵冬曦（677—750）：唐朝官员。字仲庆，定州鼓城（今河北晋州）人。历任左拾遗、监察御史。后坐事流放岳州。交好燕国公张说，入朝为官，授集贤院修撰，历任考功员外郎、中书舍人，外放华阴太守，迁国子祭酒。 [2] 出罪：古代法官将有罪之人判为无罪、重罪之人判为轻罪的行为称作“出罪”。 [3] 入罪：是“出罪”的对称。指法官在定罪判刑时，将无罪判为有罪或将轻罪判为重罪的行为。 [4] 罔由：不由。 [5] 机阱：比喻陷人受害的圈套。 [6] 饰文：从文辞方面进行修饰，以掩饰过失。 [7] 原情：从情理上原谅、赦罪。即撇开表面事实，从情理上加以原谅赦免。 [8] 法一：法律统一。 [9] 裴伷先（667—753）：唐朝官员。绛州闻喜（今山西闻喜）人。未及冠礼之年已担任太仆丞。他是宰相裴炎之侄，当武则天处死裴炎时，他在朝堂被杖一百，并发配岭南。武则天垮台后，其重新得到任用，先后任秦州都督、广州都督、御史大夫、工部尚书等。 [10] 张嘉贞（666—729）：唐朝宰相。蒲州猗氏（今山西临猗）人。垂拱元年（685），举明经，授平乡县尉。后迁监察御史、秦州都督、并州长史、天兵军节度使。开元八年（720），入朝拜相，任中书侍郎、同平章事，后迁中书令。开元十一年（723），受累于其弟

张嘉祐贪污之事，贬为豳州刺史。历任益州长史、定州刺史，封河东郡侯。 [11] 姜皎（？—722）：唐朝大臣。字号不详，秦州上邽（今甘肃天水）人。历任尚衣奉御、润州长史、殿中监等官，封楚国公。开元十年（722），因泄露禁中言语，受到宰相张嘉贞打击，发配钦州，同年卒。 [12] 说：指宰相张说。

［点评］

以上文字主要论述了唐代司法方面的四件事。其一，关于孙伏伽对司农寺购买木橦价高之事的司法处理意见。其二，讨论了谋反罪连坐父子、兄弟的法律规定问题。其三，讨论了法律条文应该简洁、直接的问题。其四，讨论了唐律中“八议”问题，这是这段文字议论的重点。主要围绕着萧龄之、裴伷先二人犯罪是否应该在朝堂决杖之事展开了讨论。唐初的朝堂设在太极宫承天门外，政治中心移到大明宫后，朝堂设于含元殿两边的翔鸾阁与栖凤阁前。朝堂本为百官的议政和候朝之处，如官员当廷被弹劾，则在朝堂待罪。在朝堂决杖或者处死官员始于隋文帝，唐朝沿袭隋制，从唐太宗起开始在这里决杖甚至斩杀官员。此后，唐高宗、武则天、唐玄宗都在这里决杖、处斩官员，甚至直接杖杀。由于这种行为既不合“八议”之条，又非正式的行刑之处，故引起了许多大臣的反对，认为这是对士大夫侮辱，强烈地表达了对这种方式的不满情绪。所以自安史之乱以后，在朝堂惩处和杖决臣下的现象便极少再出现了。

卷一百七十一　州郡典一

州郡序

天下之立国宰物尚矣[1]，其画野分疆之制，自五帝始焉。道德远覃[2]，四夷从化，即人为治，不求其欲，斯盖羁縻而已[3]，宁论封域之广狭乎！尧舜地不过数千里，东渐于海，西被流沙，朔南暨声教[4]，五帝之至德也[5]。武丁、成王东则江南[6]，西氐羌，南荆蛮，北朔方，三代之大仁也。秦氏削平六国，南取百越，北却匈奴，筑塞河外，地广而亡，逮战国之酷暴也。汉武灭朝鲜、闽越，开西南夷，通西域，逐北狄，天下骚然，人不聊生，追悔前失，引咎自责，下诏哀痛，息戍轮台[7]，既危复安，幸能觉悟也。隋炀逐吐谷浑[8]，开通西域，招来突厥，征伐高丽，身弑祀绝，近代殷鉴也。夫天生烝人[9]，树君司牧[10]，是以一人治天下，非以天下奉一人，患在德不广，不患地不广。秦汉之后，以重敛为国富，卒众为兵强，拓境为业大，远贡为德盛，争城杀人盈城，争地杀人满野，用生人膏血，易不殖土田。小则天下怨咨，群盗蜂起；大则殒命歼族，遗恶万代，不亦谬哉！则五帝三王可以师范[11]。凡言地理者多矣，在辨区域，征因革，知要害，察风土，纤介毕书[12]，树石无漏，动盈百轴[13]，岂所谓撮机要者乎！如诞而不经，遍记杂说，何暇编举，谓辛氏《三秦记》、常璩《华阳国志》、罗含《湘中记》、盛弘之《荆州记》之类[14]，皆自述乡国灵怪，人贤物盛。参以他书，则多纰谬，既非通论，不暇取之矣。或览之者，不责其略焉。

“是以一人治天下，非以天下奉一人，患在德不广，不患地不广。”这句话非常重要，是先秦以来儒家的一贯思想。

杜佑认为地理类典籍的编撰原则，就是撮其机要，不必纤介毕书，《通典·州郡典》的编撰就体现了这一原则。

[注释]

[1] 宰物：从政治民，掌理万物。晋陆云《吴故丞相陆公诔》：“和美未扬，宰物下邑。” [2] 远覃：意为远播。 [3] 羁縻：这

里意为笼络，怀柔。 [4] 朔南：指北方和南方。声教：声威与教化。 [5] 至德：大德，指最高的道德境界。 [6] 武丁：商朝君王。号高宗，盘庚弟小乙之子。在位期间启用傅说为相，勤修政事，国运中兴。 [7] 轮台：古城邑名。在今新疆轮台县东南。 [8] 吐谷（yù）浑：古族名。亦作吐浑。原为鲜卑的一支，游牧于今辽宁凌海西北。西晋末（公元 4 世纪初），其首领吐谷浑率所部西迁今甘肃、青海间。隋唐曾以公主嫁给吐谷浑王。8 世纪中叶，其子孙徙朔方，部族分散，河东称之为退浑。五代时余部散处蔚州。 [9] 烝人：民众，百姓。 [10] 树君：即立君主。司牧：管理，统治。 [11] 师范：学习的榜样。 [12] 纤介：比喻极其微小。 [13] 百轴：形容篇幅之大。唐朝的书为卷子装，皆装有轴，故用百轴形容书籍篇幅多。 [14]《三秦记》：书名。汉人辛氏撰，清人张澍辑。据王谟考证，辛氏在汉时为陇西大姓，然失其名。原书已佚。辑本有《二酉堂丛书》本、《三秦记辑注》本、刘纬毅《汉唐方志辑佚》本等。《华阳国志》：书名。晋人常璩撰，12 卷。《华阳国志》内容包括三大部分：卷一至卷四主要记载梁、益、宁三州的历史、地理，以地理为主；卷五至卷九以编年体的形式叙述公孙述、刘焉与刘璋父子、蜀汉、成汉四个割据政权以及西晋统一时期的历史；卷十至卷十二记载三州自西汉至东晋初年的贤士列女。《湘中记》：书名。又名《湘中山水记》，晋人罗含撰，3 卷。此书内容主要包括山、水、物产、古迹四类，为湖南地区最早之舆地书。原书已佚。有元陶宗仪《说郛》、清王谟《汉唐地理书钞》、清陈运溶《荆湘地记》等辑本。《荆州记》：书名。南朝宋盛弘之撰，3 卷。书中所记荆州旧事甚详，时有神话传说存于其间。《汉唐地理书钞》有辑本 1 卷，《麓山精舍丛书》有陈运溶辑本 3 卷。

[点评]

这篇序文名为州郡序，却没有从州郡的产生、发展、变化论起，而是从古代历史说起。五帝时期没有州郡之制，其对四夷的控制只是羁縻而已。尧舜时期地不过数千里，亦是以仁德与声教控御四方。直到夏、商、周三代，尽管有武丁、成王对周边地区的用兵，然统治之术却是比较温和的，故杜佑视之为大仁。接着杜佑对秦皇、汉武的穷兵黩武提出了严厉的批评，认为“天下骚然，人不聊生”，都是由于这种政策造成的。同时还指出了隋炀帝统治残暴，导致身死国亡的历史教训，然后得出了“是以一人治天下，非以天下奉一人，患在德不广，不患地不广”的思想结论。这一思想是十分难能可贵的，是我国传统的“仁政”思想的反映，值得重视和借鉴。至于在地理类书籍的编撰方面，杜佑反对“纤介毕书，树石无漏”的繁琐写法，并以《三秦记》《华阳国志》《湘中记》《荆州记》等书为例，指出其“诞而不经，遍记杂说”的缺点，主张撮其精要，强调通论，这一点与《通典》“将施有政”的编撰宗旨完全一致。

卷一百七十二　州郡典二

序目下

大唐武德初，改郡为州，太守为刺史，其边镇及襟带之地，置总管府以领军戎。至七年，改总管府为都督府。

自因隋季分割州府，倍多前代。贞观初，并省州县，始于山河形便[1]，分为十道：一曰关内道，二曰河南道，三曰河东道，四曰河北道，五曰山南道，六曰陇右道，七曰淮南道，八曰江南道，九曰剑南道，十曰岭南道。既北殄突厥颉利[2]，西平高昌[3]，东西九千五百十里，南北万六千九百十八里。

高宗平高丽、百济[4]，得海东数千余里，旋为新罗、靺鞨所侵[5]，失之。又开四镇，即西境拓数千里，于阗、疏勒、龟兹、焉耆诸国矣[6]。

景云二年，又分置二十四都督府，分统诸州，时议以权重不便，寻罢之。

开元二十一年，分为十五道，置采访使，以检察非法：京畿、理西京城内[7]。都畿、理东都[8]。关内、多以京官遥领。河南、理陈留郡[9]。河东、理河东郡[10]。河北、理魏郡[11]。陇右、理西平郡[12]。山南东、理襄阳郡[13]。山南西、理汉中郡[14]。剑南、理蜀郡[15]。淮南、理广陵郡[16]。江南东、理吴郡[17]。江南西、理章郡[18]。黔中、理黔中郡[19]。岭南。理南海郡[20]。

又于边境置节度、经略使，式遏四夷。节度使十，经略守捉使三。大凡镇兵四十九万人，戎马八万余匹。每岁经费：衣赐则千二十万匹段，军仓则百九十万石，大凡千二百十万。开元、天宝每岁边用不过二百万。

开元十五道是在贞观十道的基础上，将山南、江南两道一分为二，又增加了京畿、都畿与黔中三道，作为监察区。

[注释]

[1] 山河形便：意为根据山河等自然地理情况。 [2] 突厥颉利（579—634）：东突厥汗国可汗称号。姓阿史那氏，名咄苾，突厥族，启民可汗之子。武德三年（620），继任为颉利可汗，秉承父兄基业，兵马强盛，阻挠唐朝统一。连年侵略边地，杀掠官民，劫夺财物。唐贞观三年（629），太宗派名将李靖、李勣率大军征伐，颉利兵败于阴山。次年被俘，押送进入长安，授右卫大将军。 [3] 高昌：西域国名。国都位于今新疆吐鲁番高昌区东南，是古时西域交通枢纽。为天山南路东西交通往来的商业要冲，亦为古代新疆政治、经济、文化的中心之一。唐时国王为麹氏，阻碍唐朝与西域的交通。贞观十四年（640），唐太宗派大将侯君集攻灭高昌，在其地设西州。 [4] 高丽：唐时朝鲜半岛三国之一。即高句（gōu）丽，其极盛时的疆域，东部濒临日本海，南部控制了汉江流域，西北跨过辽水，北部到辉发河流域。由于与隋唐王朝交恶，引起了隋文帝、隋炀帝、唐太宗的数次征讨，皆以失败告终。唐高宗总章元年（668），派大将李勣攻灭了高句丽。百济：朝鲜半岛三国之一。位于朝鲜半岛西南部，主体民族是扶余人。唐高宗显庆五年（660），唐朝联合新罗攻灭之。 [5] 新罗：唐时朝鲜半岛三国之一。位于朝鲜半岛东南部，首都位于金城（今韩国庆尚北道庆州市）。唐朝灭亡高句丽与百济后，由于民族矛盾激化，逐渐退出半岛，新罗乘机扩张势力，统一了今大同江以南的朝鲜半岛中南部地区。公元 935 年灭亡。靺鞨（mò hé）：中国东北古代民族。居住于粟末水（今松花江）与黑水（今黑龙江）一带。秦以前称肃慎，两汉时称挹娄，南北朝时称勿吉，隋唐时称靺鞨。唐朝时建渤海国。 [6] 于阗、疏勒、龟兹、焉耆：西域国家名。于阗，位于今新疆和田一带；疏勒，位于今新疆喀什一带；龟兹，位于今新疆库车一带；焉耆，位于今新疆焉耆西

南一带。这四国构成了唐太宗时期的安西四镇。 [7] 西京：指唐都长安。 [8] 东都：指唐代的洛阳。 [9] 陈留郡：郡名。治今河南开封市东南陈留。 [10] 河东郡：郡名。治今山西永济西南蒲州镇。 [11] 魏郡：郡名。治今河南安阳市。 [12] 西平郡：郡名。治今青海乐都县。 [13] 襄阳郡：郡名。治今湖北襄阳襄州区。 [14] 汉中郡：郡名。治今陕西汉中市。 [15] 蜀郡：郡名。治今四川成都市。 [16] 广陵郡：郡名。治今江苏扬州市。 [17] 吴郡：郡名。治今江苏苏州市。 [18] 章郡：应为豫章郡之误，治今江西南昌市。 [19] 黔中郡：郡名。治今重庆市彭水苗族土家族自治县。 [20] 南海郡：郡名。治今广东广州市。

[点评]

唐朝有一批学者致力于州郡、边疆地理的研究，成就相当可观，加之政府对此十分重视，规定地方政府必须三年一造地图，故这方面的资料比较丰富。其行政区划变化也颇多，唐朝前期除了设州一级行政区划外，在军事要地沿袭隋制设总管府，武德七年（624）改为都督府，有大都督府、上都督府、都督府之别。行政区划为州、县两级制。贞观元年（627），太宗将全国划分为十道，作为监察区，置采访使巡察，没有固定的治所。开元二十一年（733）又分为十五道，虽然各有治所，但仍为监察区。天宝末，在沿边地区设置了十个节度使（其中岭南称经略使，后升为节度使），所管区域仍称道。安史之乱以来，为了平叛战争的需要，在内地大量设置节度使，掌管一道之行政、军事、财政大权，于是形成了道、州、县的三级行政区划。需要说明的是，道一级的行政长官称观察使，军事长官称节度使，节度使均兼任观察使，故置观察使的道地位略低于设节度使的道。唐后期全国普遍设节度使，遂使节度使成为道一级的军政长官，而观察使极少有单置。

卷一百八十五　边防典一

东夷序略

东夷《白虎通》云[1]：“夷者蹲也，言无礼仪。”或云：“夷者抵也，言仁而好生，万物抵地而出，故天性柔顺，易以道御。”有九种，曰畎夷、方夷、于夷、黄夷、白夷、赤夷、玄夷、风夷、阳夷，率皆土著，迟略反。喜饮酒、喜，许利反。歌舞，或冠弁衣锦[2]，器用俎豆[3]，所谓中国失礼，求之四夷者也。凡蛮、夷、戎、狄，总名四夷者，犹公、侯、伯、子、男，皆号诸侯。昔尧命羲仲宅嵎夷[4]，曰旸谷[5]，盖日之所出也。夏后氏太康失德，夷人始叛，其后至后发即位[6]，宾于王门[7]，献其乐舞。桀为暴虐，诸夷内侵。商汤革命，伐而定之。至于仲丁[8]，蓝夷作寇[9]。自是或服或叛，三百余年。武乙衰弊[10]，东夷浸盛，遂分迁淮、岱[11]，渐居中土。周初封商太师国于朝鲜。太师为周陈《洪范》[12]。其地，今安东府之东[13]，悉为东夷所据。时管、蔡畔周[14]，乃招诱淮夷作乱，周公征定之。其后徐夷僭号[15]，穆王命楚灭之。徐偃王也。至楚灵王会申[16]，亦来同盟。后越迁琅琊[17]，遂陵暴诸夏，侵灭小国。

秦并天下，其淮、泗夷皆散为人户。其朝鲜历千余年，至汉高帝时灭[18]。武帝元狩中[19]，开其地，置乐浪等郡[20]。至后汉末，为公孙康所有[21]。魏晋又得其地。其三韩之地在海岛之上[22]，朝鲜之东南百济、新罗，魏晋以后分王韩地。新罗又在百济之东南，倭又在东南[23]，倭，乌和反。隔越大海。夫余在高丽之北[24]，挹娄之南[25]。其倭及夫余自后汉，百济、新罗自魏，历代并朝贡中国不绝。而百济，大唐显庆中，苏定方灭之[26]。高丽本朝鲜地，汉武置县，属乐浪郡，时甚微弱。后汉以后，累代皆受中国封爵，所都平壤城，则故朝鲜国王险城也[27]。后魏、周、齐渐强盛。隋文帝时寇盗辽西，汉王谅帅兵讨之[28]，至辽水遭疠疫而返[29]。炀帝三度亲征：初渡辽水败绩；再行，次辽水，会杨玄感反[30]，奔退；又往，将达涿郡[31]，属天下贼起及饥馑，旋师。贞观中，太宗又亲征，渡辽，破之。高宗总章初，英国公李勣遂灭其国。

古之肃慎，宜即魏时挹娄，自周初贡楛矢、石砮[32]，楛音户。至魏常道乡公末、东晋元帝初及石季龙时始皆献之[33]。后魏以后曰勿吉国，今则曰靺鞨焉。

大抵东夷书文并同华夏。其闽越之地，秦平天下以为郡，及秦乱，其帅又自称王于故地。武帝元封初[34]，杨仆灭其国[35]，迁其人于江淮，虚其地。自后虽人庶复集，遂为郡县矣。

东夷在文化上同于华夏，其中闽越之地早在秦始皇时期已实行了郡县制。秦末天下大乱，东夷首领又在当地称王，当汉武帝灭亡闽越，迁其人于江淮后，在这一带重新设立了郡县。此后，其后人尽管又陆续迁回故地，却不复为中国之患，而同化为华夏之民了。

[注释]

[1]《白虎通》：书名。全称《白虎通义》，亦称《白虎通德论》。东汉班固等纂，4卷，一作6卷或10卷（篇名、内容与4卷本同）。东汉建初四年（79），汉章帝在白虎观（宫名）召集经

师、儒生、官吏等数十人，“讲议五经异同”，后班固等根据记录整理成书。其内容以君臣父子之义为主题，以今文经学的基本观点为依据，对经学的重要问题作理论说明，使经义归于统一。现存版本主要有：明《汉魏丛书》《广汉魏丛书》，清《四库全书》《抱经堂丛书》《增订汉魏丛书》，民国《四部丛刊》《丛书集成初编》等。 [2] 弁：古代王公贵族的一种帽子，分为皮弁、爵弁。皮弁，武冠；爵弁，文冠。 [3] 俎豆：俎和豆之合称。俎，青铜制，也有木制漆饰的，用以载牲。豆，木制，也有用铜或陶制，或有盖，用以盛菹醢等有汁肉食。因俎豆均为祭祀所用之物，故俎豆也代表礼器。 [4] 羲仲：上古人物。尧的大臣，世代掌管天文历法。尧命羲仲居嵎夷，为东方之官，督民耕，使有期程。建立“羲和之国”，被举为部落酋长，是为东方一国之君。 [5] 旸谷：地名。尧命羲仲居住在嵎夷旸谷，观察日出。日中，观察朱雀七宿，来确定春分，以方便春天的播种。 [6] 后发：指夏朝的君主发，姒姓。生卒年不详，在位 11 年。后，即王。 [7] 王门：王宫之门。 [8] 仲丁：商朝的君主。亦作“中丁”，名庄。即位之初，将国都自亳迁于隞（一作嚣，在今河南荥阳北、敖山南；一说即郑州高城遗址）。在位第六年，东南方的夷族兴起，其中蓝夷攻商，仲丁发兵将其击退。传说在位 11 年，病卒。 [9] 蓝夷：商代的东夷部落之一。 [10] 武乙：商朝的倒数第四位君主。甲骨文作武且乙，名瞿。当时东夷渐盛，西方的羝方和旨方亦联合扰商，商出兵征伐，克之。武乙晚年，田猎于潢河、渭水一带，遭雷击而死。或谓武乙可能死于征伐，被雷击死的说法多半是巫师们编造出来的。在位仅 4 年。 [11] 淮：指淮河一带。岱：指泰山一带。 [12]《洪范》：《尚书》之《洪范》篇。 [13] 安东府：地名。安东都护府之简称。唐高宗平高句丽时所置，治所为平壤城（今朝鲜平壤市）。 [14] 畔周：叛周。 [15] 徐夷：古族名，东夷之一，嬴姓。分布于今江苏泗洪一带。西周初，在东夷联盟中最为强大。后来，徐偃王又联盟反周，穆王命楚国加以征伐。后周宣王命召穆公等南征，终使“徐方来庭”。春秋时仍为江淮间强国，齐桓公与之联合抗楚，公元前512年灭于吴。[16]楚灵王（？—前529）：芈姓，熊氏，初名围，是楚共王的次子。公元前541年，杀了侄儿楚郏敖自立，即王位后改名虔。统治残暴，公元前529年，国内政变，灵王自缢。[17]琅琊：山名。指今安徽滁州市西南一带。[18]汉高帝：即汉高祖刘邦。[19]元狩：汉武帝年号，即公元前122—前117年。[20]乐浪：郡名。西汉元封三年（前108）置，治朝鲜县（今朝鲜平壤市南）。[21]公孙康：东汉将军。辽东襄平（今辽宁辽阳）人，生卒年不详。东汉末任辽东太守，建安十二年（207），擒斩袁尚、袁熙兄弟，将其首级献与曹操，被拜为左将军，封襄平侯。建安十四年（209），大破高句丽，陷其国都，并讨伐韩濊，设置带方郡。死后由公孙恭继任。[22]三韩：古代朝鲜半岛南部的三个部族。即马韩、辰韩、弁韩。半岛北部为汉朝建立的乐浪郡、玄菟郡、真番郡及临屯郡。其中马韩在三韩中最为强大，被三韩拥立为“辰王”，定都目支国，统领三韩之地。公元4世纪时，扶余诸部建立了百济国，辰韩中的最强大的斯卢部统一辰韩，建立新罗国，弁韩则逐渐融合成为伽倻国，后又被新罗国所兼并。[23]倭：即日本。[24]夫余：中国古族名。亦作扶余、凫臾。西汉时亦称其所建的政权为夫余。南与高句丽、东与挹娄相接。在今松花江中游平原上，以今农安为中心。[25]挹娄：中国古代东北少数民族名。周至西汉称肃慎，东汉称挹娄。活动于今黑龙江、乌苏里江流域。汉时仍处于原始社会晚期。[26]苏定方（592—667）：唐初名将。名烈，以字行。冀州武邑（今属河北）人。历任左武候中郎将、伊丽道行军大总管、左骁卫大将军，封邢国公。在平定东、西突厥的战争中立有显功。显庆五年（660），又为神丘道大总管，攻百济，擒其王。后任凉州安集大使，防御吐蕃。 [27] 王险城：古城名。今朝鲜平壤市。公元前 2 世纪为古朝鲜的都城。 [28] 汉王谅：隋朝亲王。隋文帝第五子，姓杨，名杰，字德章，后改名谅。开皇元年（581）封汉王。十二年，为雍州牧，十七年为并州总管。文帝死，炀帝即位，以文帝玺书征杨谅入朝。仁寿四年（604）八月，杨谅以诛杨素为名，发兵反。被杨素击败，押回京师，幽拘至死。 [29] 辽水：河名。隋唐时所谓辽水，指大辽水，即今辽河，与《汉书》中辽水指小辽水，即今浑河不同。唐代人已知辽水有两源，并以今东辽河为辽水之源。 [30] 杨玄感（？—613）：隋朝贵族。弘农华阴（今陕西华阴）人。隋朝贵族杨素之子。袭封楚国公，官至礼部尚书。大业九年（613），隋炀帝出征辽东，其乘机起兵反隋，众至十余万人。率军围攻东都洛阳，屡遭失败。后弃洛阳，向关中进军，至阌乡（今河南灵宝西南），被隋军追及，全军溃败，与十余骑逃入山林，后来被俘，死于东都。 [31] 涿郡：郡名。隋大业中改幽州置，治所在蓟县（今北京市西南）。 [32] 楛（hù）矢：用楛木做杆的箭。石砮：石制的箭镞。 [33] 常道乡公（246—302）：三国魏皇帝。甘露三年（258），燕王宇之子曹璜被封为常道乡公，后改名奂。甘露五年（260）被司马昭立为皇帝，实为司马氏的傀儡。咸熙二年（265），司马昭死后，其子司马炎嗣位晋王，篡夺曹魏政权，曹魏灭亡，被降封为陈留王。东晋元帝（276—322）：东晋开国皇帝。姓司马，名睿。初封琅邪王，公元 307 年被晋怀帝任为安东将军、都督扬州江南诸军事。在王导谋划下，出镇建康（今江苏南京），依靠中原南迁士族，联合江南士族，成为在长江流域的中心势力。西晋灭亡后。他于公元 317 年在南方建立政权，史称东晋。318 年称帝，改元太兴。永昌元年（322）病卒。石季龙

（295—349）：后赵皇帝。上党郡武乡县（今山西榆社）人，羯族。原名石虎，字季龙。因避唐讳，只称其字。石虎早年丧父，从小随母亲生活，由石勒的父亲抚养长大。石勒死后，其子石弘继位，石虎废石弘，自立为帝，以邺城（今河北临漳）为都。太宁元年（349）卒。 [34] 元封：汉武帝年号，即公元前 110—105 年。 [35] 杨仆：西汉将军。宜阳（今河南宜阳县西）人。公元前 112 年，为楼船将军，率领水军与路博德的陆军一起平定南越国，封将梁侯。公元前 111 年，与诸将平定了东越国。公元前 109 年，出征卫氏朝鲜，与左将军荀彘同为将军，因贻误战机，被荀彘扣押。灭朝鲜后，汉武帝知道二将争功，诛杀荀彘，杨仆当诛，赎为庶人。后病死。

［**点评**］

上古时期的东夷是指中原以东的各部族，主要分布在今山东、苏北及安徽淮北地区。这些部族与中原地区有着密切的往来，文化上并不比中原落后，因此才有上述的“中国失礼，求之四夷者也”的记载。故尧曾命羲仲治理东夷，继尧之位的舜亦来自东夷。夏代自太康始与东夷交恶，夏桀统治时期关系更加紧张，时有战争发生。商汤以来双方关系缓和，但是仲丁、武乙、纣王统治时期关系又趋紧张，纣曾派大军征讨，才使周人乘虚灭商。周成王时，爆发管叔、蔡叔、武庚之乱，亦曾联合东夷抗周，失败后遂臣服于周。此后，周穆王联楚平定徐夷。周厉王无道，淮夷入寇，直至周宣王时才由召公伐而平之。西周末年，幽王淫乱，四夷交侵。春秋时期，齐桓公任管仲为相，尊王攘夷，才制服东夷，保住了东周王室。秦并六国，淮、泗夷皆散为民户。汉武帝时，所灭亡的南越、东越等国，就其族属来说，应为越人，从总的方面来看亦属于东夷。故秦汉以后，所谓东夷主要是指东北夷，包括夫余、挹娄、勿吉（靺鞨）、朝鲜半岛诸部族以及倭人。

卷一百八十七　边防典三

南蛮序略

南蛮，其在唐虞，与之要质，故曰要服[1]。夏商之时，渐为边患。暨于周代，党众弥盛，故《诗》曰："蠢尔蛮荆[2]，大邦为雠。"至楚武王时[3]，蛮与罗子共败楚师[4]，杀其将屈瑕[5]。莫敖不设备，故败缢于荒谷，群帅囚于冶父[6]。楚师后振，遂属于楚。及吴起相悼王[7]，南并蛮越，遂有洞庭、苍梧之地。今长沙、衡阳等郡地。秦昭王使将伐楚[8]，略取蛮夷，置黔中郡[9]。今武陵、澧阳及黔中

南蛮，笼统地说指中原以南广大区域分布的人口，具体而言，指今两湖、云贵、川蜀地区居住的部族。

五溪中诸郡地。汉兴以后，时有寇盗。其西南诸夷，夜郎之属[10]，悉平定置郡县。今夜郎、播川、犍为即古夜郎地。公孙述时，夜郎大姓为汉保境。后汉初从番禺江奉贡。光武建武中，武陵蛮帅单程今武陵、澧阳、黔中、宁夷、泸溪等郡，即汉武陵郡。大寇郡县[11]，汉将刘尚战败[12]，数岁方平。顺帝时[13]，武陵太守增其租赋，蛮又举种反[14]，杀乡吏。东晋时沔中蛮因刘、石乱后[15]，渐徙于陆浑以南[16]，遍满山谷。宋、齐以后，荆、雍二州今荆南江陵郡，雍州，襄阳郡。各置校尉以抚宁之，群蛮酋帅互受南北朝封爵。至后魏末，暴患滋甚，僭称侯王，屯据峡路，断绝行旅。周武帝遣陆腾大破之[17]。其獠初因蜀李势乱[18]，后自蜀汉山谷出，侵扰郡县。至梁时，州郡每岁伐獠以自利。及后周平梁、益，梁，汉川；益，蜀川。自尔遂同华人矣。以其黔中东谢、西赵自古不臣中国[19]，大唐贞观以后，置羁縻州领之。

羁縻州制度是有唐一代在少数民族居住区域推行的一种自治性质的行政制度。州的长官由当地少数民族首领担任，由朝廷任命，可以世袭。其生产、生活方式维持原状，要承担一定赋税（税额较轻），作战时要服从调遣，要服从中央统一的政令。

［注释］

[1] 要服：古代五服之一。古代王畿以外每五百里为一服。由近及远，有侯服、甸服、绥服、要服、荒服等五服。相传距王

城一千五百里至二千里为要服。 [2] 蠢尔蛮荆，大邦为雠：出自《诗·小雅·采芑》。意为愚蠢的南蛮，竟与大邦为仇敌。蛮荆，指长江中游一带的部族，亦指南蛮。 [3] 楚武王（？—前690）：楚国国君熊通。芈姓，熊氏，名通，楚若敖之孙，楚霄敖次子，楚厉王之弟，公元前740年至前690年在位。 [4] 罗子：国名。是夏商时代芈部落穴熊的一个分支，和荆楚同祖。大约在殷高宗武丁时，芈族诸部落遭到殷的征伐，罗便随楚由罗山（今河南罗山县）迁到今甘肃正宁县。以后又被周王朝压迫，随楚国迁于今湖北房县和宜城。到了春秋初期，被楚所灭，将其遗民迁于枝江，后来又被迁至湖南汨罗。 [5] 屈瑕（？—前699）：春秋时楚国贵族。芈姓，熊氏，名瑕，楚武王之子。曾担任楚国最高官职“莫敖”，故史称“楚莫敖”。 [6] 冶父：古邑名。春秋楚邑，在今湖北荆州沙市区东。 [7] 悼王：指楚悼王熊疑，楚声王之子，公元前401年至前381年在位。 [8] 秦昭王（前324—前251）：战国时期秦国国君。即秦昭襄王嬴稷（一作名侧），公元前306年至前251年在位。其即位后，起用白起为将，战胜韩、赵、魏、齐、楚等国，夺得魏的河东和南阳、楚的黔中和楚都郢。前266年任范雎为相，又在长平消灭赵军40多万人。为秦取得统一战争的胜利奠定了基础。 [9] 黔中郡：郡名。楚国置，辖境约当今湖南省西部和贵州省东部，后地入秦。治临沅县（今湖南常德市）；一说治沅陵县（今湖南沅陵县西南）。辖境扩大，约当今湖南省沅江、澧水流域，湖北省清江流域，重庆市黔江流域和贵州省东部。 [10] 夜郎：古国名。夜郎人在战国、秦汉时散居于今贵州西部、北部，云南东北部，四川南部，广西北部，东接交趾，西邻滇，北连邛都。秦汉时，建立夜郎国。汉武帝时于此地置牂牁郡，夜郎国君受王印。成帝时，夜郎君主被牂牁太守诛杀。 [11] 单程：人名。东汉时两湖地区蛮族首领，曾起兵反汉。 [12] 刘尚：东汉宗室。光武帝刘秀之孙，东平宪王刘苍次子，封任城王。 [13] 顺帝（115—144）：东汉第七位皇帝。名保，公元125年至144年在位。 [14] 举种：意为全族。 [15] 沔中蛮：指今湖北襄阳市为中心的沔水（汉水）中游一带的蛮族。刘、石：指东晋十六国时的匈奴人刘渊、刘聪等与羯族人石勒、石虎等。 [16] 陆浑：县名。今河南嵩县东北。 [17] 周武帝（543—578）：北周皇帝宇文邕，字祢罗突。武成二年（560）即位，宣政元年（578）病死，在位18年。在位期间攻灭北齐，统一北方。又推行抑佛政策，缓和了国内矛盾，增强了国力。陆腾（？—578）：西魏、北周时期将领。本姓步陆孤，字显圣，代郡（今山西代县）人，鲜卑族。 [18] 李势（？—361）：成汉末代皇帝。字子仁，蜀郡成都（今四川成都）人。公元343年至347年在位。在位期间，骄狂吝啬，贪财好色，不理国事，残害大臣。被东晋大司马桓温率军攻灭。 [19] 东谢：南蛮的别种，分布在今贵州东部。西赵：南蛮之一部。大约分布在今贵州省东部的思南县以南地区。西赵蛮的风俗与物产情况与东谢蛮相同，因首领姓赵而得名。

[点评]

我国古代以中原（黄河中下游地区）为天下中心，称周边四方之人为“夷、蛮、戎、狄”，南方的部族即为南蛮。《礼记·王制》形容南蛮是“雕题交趾，有不火食者矣。”雕题，是指在额上刺花纹。交趾，有两种解释：一种是“足相向”，即盘腿；另一种男女同川而浴，故曰交趾。不火食意为不食熟食。这些话已将先秦时期南蛮的生活方式表露无遗了。春秋、战国时期地处南方的楚国不断向诸蛮发起攻击，占据了不少地盘，所谓“南并蛮越，遂有洞庭、苍梧之地”。秦昭王灭楚后，又进一步进占了蛮人居住的湘鄂川黔地区。秦汉时，居住在武陵郡（今湘西、黔东及鄂西南边缘地区）、长沙郡（今湘中、湘南地区），故又称“武陵蛮”或“长沙蛮”，因其地有雄、樠、辰、酉、武五溪，故又有“五溪蛮”之称。其部落分散，各有首领，汉王朝授予邑君、邑长称号，颁赐印绶。西汉又将夜郎国灭亡，把今贵州、云南东北部、四川南部以及广西北部纳入中央王朝的直接统治之下。再经过东汉、南北各朝的经营，梁、益等州的南蛮部落的经济、文化有了较大的发展，“遂同华人矣”。对一些边远地区的蛮族部落，唐朝推行了羁縻府州制度，亦纳入到中央王朝统治范围内，遂成为华夏民族的组成部分。

卷一百八十九　边防典五

西戎序略

西羌本出三苗[1]，盖姜姓也。其国近衡山。今长沙、衡阳、零陵、江华等郡地。及舜，徙之三危，三危山，今在敦煌郡敦煌县界。汉金城之西南羌地是也。今金城、会宁、安乡、西平等郡之西南地。滨于赐支[2]，《续汉书》曰[3]：河关西可千余里，有河曲，羌谓之赐支，盖析支也。接汉河关县，属金城郡，则今安乡郡也。其赐支在其西。又按《风俗通》云[4]："羌者其先本戎贱，主牧羊，故羌字从羊。"至于河首[5]，绵地千里。南接蜀汉徼外蛮夷，西北接

这一段记载的内容主要来自《后汉书·西羌传》。

鄯善、车师诸国[6]。所居无常，依随水草。地少五谷，产牧为业。其俗氏族无定，或以父名母姓为种号。……

[**注释**]

[1] 三苗：上古时代在江汉流域生活的氏族部落集团。又称“三苗国”“苗氏”“有苗”。古代以“三”为多，故谓之三苗。三苗是九黎的后裔，与现今的苗族有渊源关系。 [2] 滨：是靠近的意思。赐支：又称析支，今青海大积石山（阿尼玛卿山）与巴颜喀喇两山间的果洛州地区。 [3]《续汉书》：史书名。晋司马彪撰，共 83 卷。分为纪、传、志诸体，记载了自东汉光武帝至献帝间约 200 年的历史。其书已佚，其中八志由于被收入范晔《后汉书》而保留。 [4]《风俗通》：书名。亦名《风俗通义》，东汉应劭撰，原书 32 卷，今存 10 卷。记东汉社会风俗，通过考释议论名物、时俗，宣传无神无鬼思想。 [5] 河首：指黄河源头。 [6] 鄯善：西域古国。本楼兰国，西汉元凤四年（前 77）改名。都伊循城（今新疆若羌县东米兰）。车师：西域古国。旧称姑师国。在今新疆吐鲁番盆地，地当古代中西交通要冲。

昔夏启之子太康失国，四夷背叛。及后相立[1]，乃征畎夷，即犬戎也[2]。夷者，四蕃之总号。七年然后来宾。至于后泄[3]，始加爵命，由是服从。泄，启八代孙，帝芒之子[4]。后桀之乱，畎夷入居邠岐之间。邠今新平郡，岐今扶风郡。成汤既兴，伐而攘之。

及殷室中衰，诸戎皆叛。至于武丁，征西戎鬼方[5]，克之。武丁，高宗，《易》曰“高宗伐鬼方”也。《后汉史·西羌传》云[6]：“武丁征西戎鬼方，三年乃克，故其《诗》曰：自彼氐羌，莫敢不来王。”言因高宗讨伐[7]，然后氐羌朝享。按《商颂》曰[8]：“挞彼殷武，奋伐荆楚，罙入其阻[9]，裒荆之旅[10]。”言殷道衰，荆楚背叛，高宗能出兵伐之，美其功也。又曰：“惟汝荆楚，居国南乡，昔有成汤，自彼氐羌，莫敢不来享，莫敢不来王。”言成汤之时，远夷西方氐羌之国，皆来朝见，汝居中国之南方，乃背叛乎！此责之之辞，非谓高宗时氐羌也。时高宗亦伐荆楚。蔚宗不详[11]，误引此诗以附合也。又按《竹书》[12]，周王季伐西落鬼戎[13]。《后汉·章帝纪》有司述明帝功德，又云“克伐鬼方，开通西域”，则鬼方宜是西羌也。或云鬼阴类，鬼方即北方。斯乃臆断，诸家因谓之北狄，误矣。及武乙暴虐，犬戎寇边，周古公逾梁山[14]，在今好畤县西北。而避于岐下。在今扶风郡界。及王季，遂伐西落鬼戎。《竹书纪年》曰：“武乙三十五年，周王季伐西落鬼戎。”自是之后，更伐始呼、翳徒之戎[15]，皆克之。《竹书纪年》曰“太丁七年，周人伐始呼之戎，克之。十一年，周人伐翳徒之戎，捷其三大夫”也。及武王伐商，羌、髳率师髳音矛会于牧野[16]。至穆王时[17]，戎狄不贡，王乃西

商朝在武丁统治时期取得了对西戎战争的一系列胜利，一举扭转了以前的颓势，史称“高宗中兴”。

征犬戎，获其五王，遂迁戎于太原[18]。夷王衰弱。及宣王立，召秦庄公兴兵伐破之[19]。其后侵盗不已。至幽王昏虐[20]，西戎寇周，杀幽王于郦山[21]，郦山，今京兆府界。周乃东迁洛邑。及平王之末[22]，周遂陵迟[23]，戎逼诸夏，自陇山以东，及乎伊、洛[24]，往往有戎。于是渭首有狄、豲、邽、冀之戎，狄、豲并今陇西郡。邽、冀并今天水郡。豲音桓，邽音珪。泾北有义渠之戎，今安化郡地。洛川有大荔之戎，今洛交、中部郡地。渭南有骊戎，即今昭应县。伊洛间有杨拒、泉皋之戎，颍首以西有蛮氏之戎，今颍川郡地。间在中国，与诸夏盟会。后晋灭骊戎。今昭应县。是时伊、洛戎强，东侵曹、鲁[25]。襄王时[26]，秦晋自瓜州今敦煌、晋昌郡地。迁陆浑之戎于伊川，允姓之戎迁于渭汭[27]，允姓，阴戎之祖，与三苗俱放三危，即瓜州也。至襄王时，鲁僖公之二十一年[28]，秦晋迁陆浑之戎于伊川。本在秦晋西北，二国诱而徙之，遂从戎号，至今为陆浑县焉。水口曰汭。今京兆府北新平、彭原之间。一云汭在新平宜禄县，亦有宜禄水。东及轘辕[29]。今河南府阳翟县界。在河南山北者号曰阴戎。河南山北，自今上洛郡以东，至陆浑。秦穆公得戎人由余[30]，遂霸西戎，开地千里。由余其先晋人，亡入戎。及晋悼公[31]，又使魏绛和诸戎[32]，复修霸业。其后阴戎之种，遂以滋广，与晋伐周。《左传》鲁昭公九年[33]，晋大夫梁丙率阴戎以伐颍[34]。颍，周邑。阴戎即陆浑戎也。景王使詹桓伯责晋平公曰[35]："允姓之奸居于瓜州，伯父惠公归自秦，而诱以来，使偪我诸姬，入我郊甸，戎有中国，晋之咎也。"后陆浑戎叛晋，晋荀吴灭之[36]。后楚执蛮氏[37]，而尽囚其人。至周贞王八年[38]，秦厉公灭大荔[39]，取其地。赵亦灭北戎。韩、魏后稍并伊、洛、阴戎，灭之。其遗脱者皆走，西逾汧、陇[40]。自是中国无戎寇，唯余义渠种焉[41]，最为强盛，屡为秦患。及昭王，起兵灭之，始置陇西、今天水、陇西、金城、会宁、安乡、河池、和政等郡地。北地、今安定、彭原、安化、平凉、灵武、宁朔及五原等郡地。上郡焉。今上郡、洛交、银川、新秦、朔方、中部、延安、咸宁等郡地。戎本无君长，夏后氏末及商周之际，或从侯伯征伐有功，天子爵之，以为藩服。春秋时，陆浑、蛮氏戎称子；战国时，大荔、义渠称王。及其衰亡，余种皆反旧为酋豪。始皇兵务东向，故得繁息。秦平天下，蒙恬西逐诸羌出塞[42]。

战国时期在北方韩、赵、魏、秦诸国的打击下，河洛与关中地区的戎人或被消灭，或被迫迁徙，内地几无戎人分布了。

[注释]

[1] 相：夏朝的第五代国君。其时国力强盛，曾对反叛的四夷用兵。 [2] 犬戎：古代部落名。又称猃狁、畎夷，居住于今陕、甘一带。 [3] 泄：夏朝第十代国君。 [4] 芒：夏朝第九代国君。 [5] 西戎：中国古代对西北戎族的总称。鬼方：商周时古部族名。殷商早期游牧于今陕西、内蒙古及其以北的广大地区。殷商中期居于今晋南一带。 [6]《后汉史》：书名。即南朝宋范晔所撰之《后汉书》。 [7] 高宗：指商朝国君武丁。 [8]《商颂》：《诗经》中《颂》的组成部分，共 5 篇。相传宋微子后七世戴公时，大夫正考父得《商颂》12 篇于周太师，归以祀其先王。孔子录诗之时，仅得 5 篇。 [9] 罙（shēn）：同“深”。 [10] 裒（póu）：俘获。 [11] 蔚宗：指《后汉书》的撰者范晔，字蔚宗。 [12]《竹书》：即《竹书纪年》的简称。先秦编年体史书。因写于竹简而得名。晋武帝太康二年（281）汲县（今河南卫辉西南）民盗发魏襄王墓，得竹书数十车，经整理校写成书。此书记述了夏、商、西周、春秋时晋国和战国时魏国的史事。 [13] 王季：名季历，又名公季，周太王古公亶父的第三子，周人追号王季。 [14] 古公：西周的祖先之一。即古公亶父，其为王季的父亲，周文王的祖父，周人追谥他为太王。古公是其在豳（bīn）地的封号，亶父是他的字。 [15] 始呼、翳徒：皆为商末族名，分布于关中西部。 [16] 髳（máo）：古部族名。分布于今西南一带。牧野：又作坶野，在今河南淇县西南。 [17] 穆王：即周穆王姬满，昭王之子。 [18] 太原：地名。在今甘肃固原北。 [19] 秦庄公（前 856—前 778）：西周时期秦国国君，嬴姓，名其。公元前 821 年至前 778 年在位。 [20] 幽王（前 795？—前 771）：西周末代天子。姬姓，名宫涅（shēng），公元前 782 年至前 771 年在位。公元前 771 年，犬戎杀死幽王，西周灭亡。 [21] 郦山：即骊山，

位于今陕西西安临潼区境内。 [22] 平王：东周第一代天子。幽王之子，姓姬，名宜臼。都洛邑（今河南洛阳）。 [23] 陵迟：衰落。 [24] 伊、洛：指伊水与洛水。前者为今伊河，是黄河南岸支流洛河的支流之一，源于熊耳山南麓的河南栾川县陶湾镇，流经嵩县、伊川，穿伊阙而入洛阳，东北至偃师注入洛河，与洛水汇合成伊洛河。后者为今洛河，是黄河支流之一，发源于陕西省蓝田县境华山南麓，流经洛阳，于郑州巩义流入黄河。 [25] 曹、鲁：西周诸侯国名。曹国，约公元前 1046 年—公元前 487 年，国君姬姓。都陶丘（今山东菏泽定陶区），疆域大致辖今山东省西南部。鲁国，约公元前 1043 年—公元前 256 年，国君姬姓，鲁氏，首任国君为周武王弟弟周公旦之子鲁公伯禽。国力最强时，疆域北至泰山，南达徐淮，东至黄海，西抵山东定陶一带，都曲阜。 [26] 襄王：即周襄王姬郑，公元前 651 年至前 619 年在位。 [27] 渭汭：指渭水入黄河处。在今陕西潼关县北。这里指泾水入渭之口，在今陕西高陵渭水北岸。 [28] 鲁僖公之二十一年：即公元前 639 年。 [29] 轘辕：山名。在河南偃师东南，接巩义、登封两市界。因山路有十二曲，盘旋往还得名。 [30] 秦穆公：春秋时秦国国君。春秋五霸之一，名任好。公元前 659 年至前 621 年在位。由余：春秋时晋国人，亡命入戎。奉戎国命出使到秦国，被秦穆公用为谋臣。为秦国出谋划策，消灭十二戎国，扩土千里。 [31] 晋悼公：晋国国君。名周，谥号悼。公元前 572 年至前 558 年在位。 [32] 魏绛（？—前 552）：春秋时晋国卿。姬姓，魏氏，名绛，谥庄，史称魏庄子。 [33] 鲁昭公九年：即公元前 533 年。 [34] 梁丙：春秋时晋国大夫。 [35] 景王（？—前 520）：东周第十二任君主。姬姓，名贵，在位 25 年。詹桓伯：东周大臣。生卒年不详。晋平公：春秋时晋国国君。名彪，一名夷，谥平，公元前 557 年至前 532 年在位。 [36] 荀吴（？—前519）：春秋晋国名将。姬姓，中行氏，名吴，谥穆，史称中行穆子。　[37] 蛮氏：春秋时小国名。在今河南汝州市西南、汝阳县东南。　[38] 周贞王（？—前441）：东周天子，姬姓，名介。公元前468年至前441年在位。八年：即公元前461年。　[39] 秦厉公（？—前443）：战国时秦国国君。嬴姓，名刺，公元前476年至前443年在位。大荔：西戎之一。分布于岐梁山泾漆之北（今陕西大荔县）。　[40] 汧：水名。今名千河，源出六盘山南麓，上游东南流经陕西陇县、千阳县，注入渭河。陇：山名。即陇山，在今陕西、甘肃两省交界处。　[41] 义渠：古西戎国名。在今甘肃合水、正宁、环县、宁县、泾川等地。战国时被秦国所灭。　[42] 蒙恬（？—前210）：秦朝名将。祖籍齐国，秦名将蒙骜之孙、蒙武之子，世为秦将。在秦统一过程及抗击匈奴的战争中，屡立战功。秦始皇死，宦官赵高矫诏赐蒙恬自尽。

汉初尚微弱。景帝时，研种求徙于狄道、安故[1]。今金城郡地。武帝又西逐，渡河、湟，初开河西，置四郡。今武威、张掖、酒泉、敦煌等郡地。其后先零种围枹罕[2]，今安乡郡县。零音怜，枹音浮。汉兵击平之，始置护羌校尉。至宣帝代，又寇金城[3]，今金城、会宁、西平、安乡等郡地。赵充国立屯田[4]，且讨且招降者三万余人，置金城属国以处之，自后宾服。后汉光武建武中，初寇金城，马援讨破降之[5]，徙七千口于三辅。今京兆、冯翊、扶风、汧阳等郡地。和帝以后[6]，又反叛，豪滇零称天子[7]，南入益州，今汉川汉中等郡地。东犯魏、赵，今赵、魏、邺等郡地。寇及雍城，今河内郡北故城也。十余年然后破散。顺帝永和中[8]，又叛，汉将马贤战殁[9]，后段颎从讨[10]，及灵帝末方始平定。自光武以后，匈奴少事，唯西羌屡梗焉。

魏晋二代，时乱关、陇，不至大伤害。永嘉以后，吐谷浑兴焉，本辽东鲜卑，晋时数百户，西附于阴山。属晋乱，遂吞并诸羌，而有其地。至其孙叶延[11]，遂为强国。后魏末，其主夸吕自号可汗[12]，建官多效中国。洎隋炀帝，遣观王雄大破之，其主伏允远遁[13]，收其地列置郡县镇戍，后转衰弱。

大唐初，吐蕃始兴焉[14]。其帅后魏末，自临松郡丞，故其主有赞府之号[15]。后魏临松郡，今张掖郡张掖县。高宗时，遂灭吐谷浑，尽有其地。将军薛仁贵等大败于大非川[16]。仪凤中，工部尚书刘审礼又率兵十八万[17]，败殁于青海。调露中，中书令李敬玄又大败于大非川[18]。武太后如意初[19]，王孝杰方大破之[20]，始复龟兹等镇。万岁通天初，又寇梁州，都督许钦明战殁[21]。因赞府杀其名将诸钦陵之后[22]，累破败，遂劣于曩时矣。

这一段记载颇为混乱，刘审礼与李敬玄之败，实为一事，不应分开记载。又，梁州应为凉州之误。“因赞府杀其名将诸钦陵之后”一句，在“钦陵”之前不应加“诸”字。

［注释］

[1] 研种：古代羌人部落之一。战国时游牧于今青海湟水流域。狄道：郡名。秦置，治今甘肃临洮县。安故：郡名。西汉置，治今甘肃临洮县南。 [2] 先零：羌人的一支。西汉时居河、湟一带，以游牧为业。后被迁居青海湖一带，再被迁往陇西、天水、右扶风一带。后渐与汉族及其他民族融合。枹罕：地名。今甘肃临夏。 [3] 金城：为军事要塞，位于今甘肃兰州西。 [4] 赵充国（前137—前52）：西汉名将。字翁孙，汉族，原为陇西上邽（今甘肃天水）人。在征伐匈奴、氐羌的战争中屡立战功，历任蒲类将军、后将军、少府，封营平侯。曾在湟中（今青海湟水两岸）大兴屯田。 [5] 马援（前14—49）：东汉名将。字文渊，右扶风茂陵（今陕西兴平东北）人。历任陇西太守、伏波将军，封新息侯。在平定羌人之乱以及交趾二征的叛乱中，立有大功。 [6] 和帝（79—105）：东汉皇帝刘肇。公元88年至105年在位。 [7] 滇零（？—112）：东汉先零羌别部首领。东汉永初元年（107），西羌起义爆发，其在北地郡（治今宁夏吴忠）自称天子。并招集武都、参狼、上郡、西河诸地之羌，势力大盛，东击赵魏，南入益州，杀汉中太守董炳，攻三辅，汉廷疲于应付。六年（112）卒，子零昌继位。 [8] 永和：东汉顺帝刘保年号，即公元136—141年。 [9] 马贤（？—141）：东汉将领。历任骑都尉、护羌校尉、

弘农太守、征西将军，封都乡侯。在平定羌人之乱立有大功。永和六年（141），率领五六千骑兵攻打羌人且冻部落，在射姑山会战，汉军大败。马贤和他的两个儿子全都战死。 [10] 段颎（？—179）：东汉将领。字纪明，武威姑臧（今甘肃武威）人。历任阳陵令、护羌校尉、执金吾、河南尹、司隶校尉、太尉等职。镇压羌人之乱，多次获胜，封新丰县侯。光和二年（179），因日食事牵连到段颎，在狱中服鸩自尽。 [11] 叶延（309—351）：吐谷浑（鲜卑别部）王。其父死后，继为王，以其祖父吐谷浑之名为姓氏、族名和国号，建置设官，遂为强国。 [12] 夸吕（？—591）：吐谷浑可汗。西魏大统初年（535）继位，自号可汗，居伏俟城（今青海湖西铁卜卡古城）。在位 50 余年，因怒废杀太子，导致内乱。隋开皇九年（589），隋灭陈，惧，遣使入朝。 [13] 伏允（？—635）：吐谷浑可汗。隋时多次侵扰边境。唐初，率兵不断侵扰唐境。唐贞观九年（635），唐军西征，伏允败逃突伦川（今新疆民丰县东），欲逃往于阗。后自缢而死。 [14] 吐蕃（bō）：公元 7 至 9 世纪时在青藏高原建立的政权。在赞普松赞干布时，降服苏毗、羊同等部，完成了统一西藏的任务。定都拉萨，建官制，立军制，定法律，创文字。与唐朝多有交往，亦有战争，9 世纪后逐渐衰落。 [15] 赞府：吐蕃君主的称号。又称赞普。 [16] 薛仁贵（614—683）：唐朝大将。名礼，以字行，绛州龙门（今山西河津）人。善骑射，勇攻战，应募从征高丽，有军功。后率军征讨九姓突厥于天山，军中有“将军三箭定天山”之歌。高宗时再征高丽，留任右威卫大将军兼安东都护，封平阳郡公。咸亨元年（670）大非川一战，为吐蕃所败。后任右领军卫将军、代州都督等职。大非川：地名。即今青海省共和县西南切吉平原。一说为今青海湖西布哈河。 [17] 刘审礼（？—681）：唐朝将领。字审礼，徐州彭城（今江苏铜山）人。历任左骁卫郎将、将作大监、工部尚书、检校左卫大将军等职，封彭城县公。仪凤三年（678），随从中书令李敬玄，率兵18万征讨吐蕃，兵败被执。永隆二年（681），伤重死于吐蕃。 [18] 李敬玄：唐朝大臣。亳州谯（今安徽亳州）人。仪凤元年（676），官拜中书令，封赵国公。三年，拜洮河道大总管，统军18万，与吐蕃战于青海。统兵不前，先锋刘审礼独战被俘，遂大败。称疾归朝，高宗察之，贬官，卒于扬州长史任上。 [19] 如意：武则天年号，即公元692年。 [20] 王孝杰（？—697）：唐朝大将。京兆新丰（今陕西临潼）人。武周长寿元年（692）为武威道行军总管，讨吐蕃，收复碎叶等安西四镇，复置安西都护府于龟兹，因功拜左卫大将军。万岁通天二年（697）任清边道总管讨契丹，坠谷而死。 [21] 许钦明（？—696）：唐朝大将。安陆（今属湖北）人。历任左玉钤卫将军、安西大都护，封盐山郡公。武周万岁通天元年（696）授凉州都督。同年，突厥默啜兵攻城，久战力屈被俘，遇害。 [22] 钦陵：吐蕃政治家、军事家。全名噶尔·钦陵赞卓，禄东赞之子。由于其任吐蕃相，吐蕃语称相为论（汉文史籍亦有用“伦”字的），故史称论钦陵。多次大败唐军。由于其权重势大，吐蕃赞普忌之。公元699年，吐蕃赞普捕杀论钦陵党羽2000余人，论钦陵兵溃自杀。其弟赞婆与其子弓仁先后率领余部归降武周。

［点评］

古代所谓西戎主要包括羌人与戎人，部族众多，分布甚广，迁徙不定。上古时期羌人主要居住于今湖南、浙江一带，相传被舜迁至今甘肃敦煌一带，后又分布于今青海、甘肃一带，绵延千余里，以游牧为业，故称西羌。其一支后来发展成为吐蕃，而吐蕃又是藏族的前身。两汉时期西羌主要分布在今青海、甘肃以及四川、陕西一带，部落甚多，不甘朝廷的压迫，经常起兵反抗，对东汉朝廷给予了沉重的打击。东汉政权后来的崩溃，与羌人起义打击有极大的关系，故杜佑才说“自光武以后，匈奴少事，唯西羌屡梗焉”。

戎人分支甚多，《尚书·禹贡》所记的有织皮、昆仑、析支、渠搜等部，《史记》与上引《通典》所记的绵诸、绲戎、翟獂、义渠、大荔、乌氏、朐衍、骊戎、陆浑戎、阴戎、允姓之戎、狄戎、獂戎、邽戎、冀戎、犬戎、始呼戎、翳徒戎、西落鬼戎等，均为戎人部族，因此史籍上常以诸戎泛称其部族。在战国之前，西戎是中原政权最大的威胁，因为其居住地区与中原各国犬牙交错，所以时有战争爆发。至战国时期经过诸大国的打击，西戎在内地已基本清除殆尽了。故在后世与中原政权发生关系的主要是吐谷浑、吐蕃等，前者属于鲜卑种，与羌、戎并非同一种族。

卷一百九十四　边防典十

北狄序略

北狄，《白虎通》云："狄者，易也，言辟易无别。"《说文》云："狄本犬种，故从犬。"以畜牧为业，随逐水草，无文书，俗简易，以言语为约束，然各有分地。射猎禽兽，食肉衣皮，习于攻战，此天性也。畜之所多则马、牛、羊，其奇畜则橐駞、驴、骡、駃騠、騊駼、驒騱[1]。橐駞言能负橐囊而驮物也。骡，驴种而马生之也。駃騠，骏马也，生七日而超其母。騊駼，野马类也，生北海。驒騱，駏驉类也。駞，徒河反。駃音决。騠音提。騊音陶。

骁音图。驒音颠。又云："驒騱，野马也。"

唐虞则山戎[2]，夏则獯鬻[3]。周则猃狁，懿王时德衰[4]，侵暴及泾阳，今安定、平凉郡地，并泾水之阳。猃音险。狁音允。人被其苦。至曾孙宣王[5]，乃命将讨伐，至太原，称为中兴，四夷宾服。其后山戎越燕伐齐，后又伐燕，齐桓公救燕[6]，败走之。襄王之时，戎狄至雒邑[7]，东至卫境，侵盗尤甚。晋文公乃兴师攘却[8]，居于西河圁、洛之间[9]，今洛之上郡、银川之地。圁音银。号曰赤翟、白翟。而晋北有林胡、楼烦之戎，今郡则楼烦故地。燕北有东胡、山戎，乌桓之先也，后为鲜卑。各分散溪谷，自有君长，往往而聚者百有余戎，然不相统一。及晋悼公纳魏绛之谋，和诸戎，戎服而晋强，晋侯赏魏子金石之乐[10]。至安王之时[11]，赵襄子逾句注而破之[12]。句注山一名西陉山，在今雁门郡。

赵武灵王胡服骑射，组建了骑兵部队，改变了原先车战为主的作战方式，对中原各诸侯国以及后世的军事影响都很大。

洎于战国，赵武灵王变俗胡服[13]，习骑射，北破林胡、楼烦，筑长城，自代傍阴山下[14]，至高阙为塞[15]，按汉武帝元朔二年，遣卫青渡西河，至高阙，破匈奴。河自今灵武郡之西南便北流千余里，过九原郡乃东流。时帝都在秦，所谓西河，疑是此处。其高阙当在河之西，今九原郡之西北也。而置云中、雁门、代郡。其后燕将秦开袭破东胡[16]，却千余里。燕亦筑长城，自造阳至襄平，造阳，在今妫川郡之北。襄平即辽东所理，今安东府。置上谷、今上谷、范阳、文安、河间、妫川等郡。渔阳、今渔阳、密云郡。右北平、今北平郡。辽西、辽东郡以距胡。今安东府地。匈奴之先，夏氏之后，殷伐，奔北夷[17]，至七国时，国渐强盛，以为邻敌。

及秦始皇平天下，北却匈奴[18]，筑长城，渡河以阴山为塞。阴山今安北府北[19]。《山海经》已有匈奴[20]。《周书》又曰[21]："正北匈奴以橐驼、白玉为献"，当时犹微也。

及秦乱，刘项相持之际[22]，未遑边备，单于头曼稍稍渡河南[23]，复其故地。今洛交、安化郡地。至冒顿，匈奴益强盛，尽服从北夷，南与诸夏为敌国，围汉高帝于白登[24]。今云中郡东南。帝因娄敬说[25]，后妻以宗女公主，吕后、文帝复通和亲。其后复大入萧关[26]，今平凉郡萧关县。烧回中宫[27]。今扶风郡界。于是置细柳、棘门、霸上三军以备焉。纳晁错说[28]，召人实塞下，终景帝时，不为大患。

从汉高祖至汉景帝，对匈奴一直实行和亲政策，妻以宗女公主，并赠大量财物，故不为大患。

武帝因王恢议诱单于入塞，不克，自尔侵盗尤甚。卫青、霍去病累岁穷讨[29]，尽徙漠北矣。汉境又至于阴山，开河西，置酒泉等郡今郡以隔绝羌胡，遂通西域。宣帝时，其国乱，贤王以下争立为五单于，呼韩邪南移近塞[30]，朝汉为藩臣。郅支奔康居[31]，为甘延寿诛灭[32]。成帝时，单于又来朝，赐以后宫王嫱[33]，单于喜甚，上书愿保塞上谷今妫川郡以西至敦煌今郡，请罢边备塞吏卒，以休天子人民。郎中侯应习边事[34]，陈十不可。

此事详见《汉书·匈奴传》，经侯应劝谏后，汉朝并没有撤去驻守边塞的军队。

及王莽辅政，易单于玺曰章，改号恭奴，单于复大寇盗。莽又改号降奴、服于，发兵屯戍，议满三十万，十道穷追，分裂为十五单于。严尤谏陈五难[35]。

至后汉建武二十四年，其国饥疫死耗，分为南北单于。其南单于款塞，愿永为藩蔽，扞御北狄，入居云中[36]，今榆林郡单于府地。后又移居美稷[37]。今西河郡。臧宫等上书[38]，请遂灭北匈奴，光武务欲息人，不许。和帝时，北单于为窦宪破灭[39]。安帝时，南单于屡被鲜卑侵掠。灵、献之际[40]，转又挫伤。

［注释］

[1] 橐駞（tuó tuó）：亦作“橐驼”，即“骆驼”。駃騠（jué tí）：良马名。騊駼（táo tú）：良马名。驒騱（tuó xí）：野马名。 [2] 山戎：古族名。亦称“无终”“北戎”等，戎人的一支。春秋时分布在今山西太原，又迁到河北玉田县西北无终山一带，因山而得名。又因居于山北，故又称山戎或北戎。 [3] 獯鬻（xūn yù）：即“猃狁”。 [4] 懿王（约前 937—前 892）：西周第七位君主。姬姓，名囏（jiān）。 [5] 宣王（？ —前 782）：西周第十一位君主。姬姓，名静，一作靖。公元前 828 年至前 782 年在位。 [6] 齐桓公（？ —前 643）：春秋时齐国国君。姜姓，吕氏，名小白。齐桓公任管仲为相，推行改革，国力强盛。打出“尊王攘夷”的旗号，九合诸侯，北击山戎，南伐楚国，成为第一个中原霸主。 [7] 雒邑：古都邑名。位于今河南洛阳洛水北，周成王时所建。 [8] 晋文公（前 697—前 628）：春秋晋国国君，五霸之一。姬姓，名重耳。公元前 636 年至前 628 年在位。在城濮（今山东鄄城西南）之战中击败楚国。在践土（今河南原阳西南）大会诸侯，歃血为盟，当了霸主。 [9] 圁（yín）：古水名，即今陕西北部秃尾河，或说为窟野河。洛：水名，即渭水支流，又称北洛河，在陕西北部，上源石涝河东南流，至大荔县南三河口入渭河。 [10] 魏子：指魏绛。 [11] 安王（？ —前 376）：东周第二十一位国君。姬姓，名骄。公元前 401 年至前 376 年在位。 [12] 赵襄子（？ —前 425）：春秋末晋国大臣赵孟。赵氏家族首领，战国时期的赵国的创始人。

谥号为“襄子”，故史称“赵襄子”。句注：古山名。又名陉岭、西陉山，在今山西代县西北。因山形勾转、水势流注得名。又因与雁门山相接，故也有雁门山之称。 [13] 赵武灵王（？—前295）：战国时赵国第六任国君。姓赵，名雍。推行胡服骑射，改革军事装备和作战方法，以增强军事力量，陆续攻灭中山、林胡、楼烦等国，国势大盛。 [14] 自代傍阴山：自代（今位于山西北部）至内蒙古中部的阴山。 [15] 高阙：军事要隘。在今内蒙古杭锦后旗东北。 [16] 秦开：战国时燕国将军。于公元前300年大破东胡，迫使东胡北移千余里。还曾渡过辽水进攻箕氏朝鲜，直达满番汗，扩地两千余里。东胡：古族名，因居于匈奴之东，故名。战国时为燕国所破，迁于今西辽河上游一带。秦末东胡强盛，后为匈奴冒顿单于击败。余众退居乌桓山和鲜卑山，分别称乌桓、鲜卑。[17] 北夷：古代对北方少数民族的泛称。 [18] 匈奴：古代北方少数民族。商时称鬼方，西周、春秋时称猃狁，战国秦汉始称匈奴，活动于秦、赵、燕以北地区，从事游牧业，善骑射。秦汉之际，冒顿单于统一各部，建立了强大的军事政权，对中原王朝形成严重威胁。经过汉朝沉重的打击后，一部分向西方迁徙，越过中亚细亚到达欧洲；一部分南下降汉。 [19] 安北府：指唐初所置的安北都护府，治所在故单于台（今内蒙古杭锦后旗东北乌加河北）。 [20]《山海经》：古代地理名著。此书内容庞杂、风貌独特，可以看作上古时代的百科全书。并非出自一人之手，也不是一时之作，原为口头传说，可能在战国时期记录成文，秦汉时又有增补。今传本18卷、39篇。 [21]《周书》：二十四史之一。唐令狐德棻撰，全书有本纪8卷，列传42卷，共计50卷。此书至北宋已多残缺，后人取《北史》及其他史书补入。 [22] 刘项：指刘邦与项羽。 [23] 头曼（？—前209）：匈奴第一代单于。挛鞮氏，冒顿单于之父。秦始皇三十二年（前 215），因秦遣蒙恬进取河南地（今河套一带），率所部北徙。秦末边防松弛，又南进，并以头曼城（今内蒙古巴彦淖尔乌拉河以北）为中心建立了一个北方民族的政权。秦二世元年（前 209）为其子冒顿所杀，冒顿自立为单于。 [24] 白登：山名。在今山西大同市东北，现名马铺山。周围约 10 公里，高 300 余米。 [25] 娄敬：西汉大臣。亦称刘敬、娄景，汉初齐人。建议定都关中有功，赐姓刘，故又称刘敬。后封关内侯。刘邦在白登被匈奴打败后，他提出“和亲”政策，建议将鲁元公主（后改为宗室女）嫁与单于，被刘邦采纳，并派他前往订约。 [26] 萧关：关隘名。在今宁夏固原县东南，系古代丝绸之路长安通往塞北及河西走廊的交通要冲。 [27] 回中宫：秦宫名。故址在今陕西陇县西北，后被匈奴所烧。 [28] 晁错（前 200—前 154）：西汉大臣。颍川（今河南禹州）人。历任太子舍人、内史等官，深得汉景帝信任，迁御史大夫。主张移民实边，以抵御匈奴。后因主张削藩，侵犯了诸侯王的利益。吴楚七国之乱时，提出“诛晁错以清君侧”的口号，致使景帝误杀了晁错。 [29] 卫青（？—前 106）：西汉名将。字仲卿，河东平阳（今山西临汾西南）人。卫青出身卑微，母亲是平阳公主家的女奴。后因其同胞姐姐卫子夫被选入宫立为皇后，卫青遂被重用，历任太中大夫、大将军、大司马。其在抗击匈奴的战争立有很大功劳，基本消除了匈奴对汉朝的威胁。霍去病（前 140—前 117）：汉朝名将。名将卫青的外甥，河东平阳（今山西临汾西南）人。元朔六年（前 123），大将军卫青率部反击匈奴，霍去病自愿跟随大军出征。他带精骑 800 人深入匈奴后方，斩俘 2000 余人，表现出卓越的指挥才能。汉武帝任其为骠骑将军。此后，收复了被匈奴占领的河西地区。他又深入敌境 2000 里，歼敌数万，彻底击溃了左贤王的主力，追击匈奴到狼居胥山（今蒙古国德尔山）。因病去世，年仅

23岁。 [30] 呼韩邪（？—前31）：匈奴单于，名稽侯珊。虚闾权渠单于子。汉神爵二年（前60）其父死，出现五单于争立的局面。汉甘露元年（前53）为其兄郅支单于所败，遂归附汉朝。次年，呼韩邪亲自入朝称臣。汉竟宁元年（前33）请求与汉和亲，娶汉宫女王昭君为阏氏。在汉朝支持下，恢复了对匈奴全境的统治。此后，与汉朝保持和好关系达六七十年。 [31] 郅支（？—前36）：匈奴单于。匈奴呼韩邪单于之兄。本名呼屠吾斯。汉宣帝五凤二年（前56）五单于争立，呼屠吾斯于东边自立为郅支骨都侯单于。元帝初，杀汉使，率部西走，并攻占了乌揭、坚昆、丁零，威胁汉朝在西域的统治。建昭三年（前36），被汉西域副校尉陈汤攻杀于康居。 [32] 甘延寿：西汉大将。字君况，北地郡郁郅县（今甘肃庆城县）人。历任辽东太守、西域都护骑都尉，与副校尉陈汤共同诛杀了匈奴郅支单于，因功封延寿义成侯，赐爵陈汤关内侯。 [33] 王嫱：即土昭君，西汉元帝时宫女。奉命远嫁呼韩邪单于，被匈奴立为宁胡阏氏（皇后）。为匈奴与汉世代和好起了很大作用。 [34] 侯应：西汉官员。曾任郎中。以上《论罢边十不可》而闻名于史。 [35] 严尤：新莽大臣。字伯石，曾与王莽共读于长安敦学坊。颇受王莽器重，曾经担任大司马，征战无数，胜多败少。以纳言大将军率军出战昆阳。严尤向王邑献计两次都不被采纳，昆阳之战大败。更始元年（23）被刘信诛杀。 [36] 云中：县名。今内蒙古托克托县东北。 [37] 美稷：县名。今内蒙古准格尔旗西北。 [38] 臧宫（？—58）：东汉中兴名将。字君翁，颍川郏县（今河南郏县）人。历任骑都尉、城门校尉、辅威将军，封朗陵侯。 [39] 窦宪（？—92）：东汉权臣。字伯度，扶风平陵（今陕西咸阳西北）人。汉章帝立其妹为皇后，拜宪为郎、侍中、虎贲中郎将。和帝即位，窦太后临朝称制。拜宪为车骑将军，与执金吾耿秉率军北伐匈奴。永元元年

（89），汉军大败北匈奴，追至燕然山（今蒙古国杭爱山）而还，遂拜为大将军，封武阳侯。自此窦宪威震朝廷，专权擅政，谋图不轨。和帝乃与宦官郑众议定诛灭窦氏。永元四年（92）六月，窦宪及其兄弟被迫自杀。 [40] 灵、献：指汉灵帝与汉献帝。

魏武帝遂分为五部，置于西河、离石诸郡。今太原、西河、昌化郡之间。刘元海则左贤王之孙[1]，而南匈奴种微矣。初，乌桓汉武帝时霍去病击匈奴左地[2]，因徙于上谷、渔阳之间，为汉侦察匈奴动静，始置护乌桓校尉监统之。至后汉，渐强盛，光武纳班彪册，又置校尉。献帝以后，寇掠转甚，竟为曹公所灭[3]。自桓、灵之际，鲜卑又盛，尽有汉北匈奴故地。至光和中[4]，其帅争立，国乱，而檀石槐之种[5]，魏文帝时为小种鲜卑轲比能破灭[6]。比能明帝以后国乱离散，诸部大人慕容、拓跋、宇文更盛，并称大号，跨有中州焉。

蠕蠕自拓跋初徙云中[7]，即有种落，后魏太武神䴥中强盛[8]，又尽有匈奴故地。其主社崘始号可汗[9]，犹言皇帝，以后常与后魏为敌国。明帝熙平以后[10]，其国主争立，大乱。东、西魏之时，突厥既强，蠕蠕主奔西魏，悉被诛灭。

自蠕蠕衰弱，突厥渐盛，至西魏大统中[11]，大破蠕蠕，又尽有匈奴故地。其主土门号可汗[12]，犹古之单于也。北齐、后周争结婚姻，倾府藏事之。至大逻便、沙钵略[13]，分为二国。大逻便之后为西突厥焉。隋文帝开皇中，本国荒乱，其主染干朝隋[14]，并徙种落于朔州及夏、胜二州之间。朔今马邑郡，夏今朔方郡，胜今榆林郡。炀帝亲幸其部。其后始毕可汗围帝于雁门[15]，因隋乱，华人奔凑，又更强盛，控弦百万，势凌中夏。

大唐武德中，寇原州。今平凉郡。贞观初，颉利又至渭桥。四年，李靖灭其国，灵州今灵武郡总管张宝相擒颉利献焉[16]。太宗纳温彦博议[17]，置其余种于河南、朔方之地。其后滋繁，分为六州。至阿史那元珍[18]，叛还故地。开元初，本落乱，又请降，复处河南，俄又叛去。其西突厥，自隋开皇中国乱，各自为一国。大业末，西突厥被北突厥所灭[19]。北突厥，武太后嗣圣初[20]，

唐高祖李渊在太原起兵之时，曾遣使向突厥颉利可汗称臣，颉利也曾派兵支持李渊向长安进军。故贞观元年（627）颉利率大军进抵渭桥之时，唐太宗曾当面指责其背盟，这个盟约就是指李渊称臣、双方和好之事。由于东突厥对唐朝威胁太大，致使唐高祖一度打算迁都，所以太宗即位后，首先要打击的目标便是东突厥。

其主默啜寇定、赵二州[21]，定今博陵郡，赵今赵郡。大杀掠而去。

自三代以还，北狄盛衰可略而纪。其小国者，时有侵扰不为大患者，则不暇录焉。唯契丹，武太后万岁通天初[22]，其帅李尽忠、孙万荣陷营州[23]，今柳城郡。自称为可汗，司农卿麻仁节等二十八将[24]，败于西峡石黄麞谷[25]，仁节死焉。贼又陷冀州，今信都郡。刺史陆宝积死之[26]。夏官尚书平章事王孝杰率兵十八万，又败没于东峡石[27]。又令御史大夫娄师德率兵二十万拒之[28]。万荣为家奴所杀，其党遂溃。

［注释］

[1] 刘元海（？—310）：汉赵的开国皇帝刘渊。字元海，新兴郡虑虒县（今山西五台县）人，匈奴铁弗部。公元 304 年至 310 年在位。匈奴首领冒顿单于后代，南匈奴单于于夫罗之孙，左贤王刘豹之子，母为呼延氏。 [2] 乌桓：古代东北的一个少数民族，是东胡的一支。汉初，东胡为匈奴所灭，其余众退居乌桓山（今内蒙古阿鲁科尔沁旗北部），因以得名。一说其部落酋长名乌桓，以族名名山，遂为族称。匈奴左地：指今克鲁伦河以东及内蒙古东四盟之地。 [3] 曹公：指魏武帝曹操。 [4] 光和：东汉灵帝刘宏年号，即公元 178—184 年。 [5] 檀石槐（约 137—181）：东汉鲜卑部落联盟首领。建庭于高柳（今山西阳高

县）北三百里之弹汗山，东、西部大人皆归附，北拒丁零，东却夫余，西击乌孙，尽据匈奴故地。分其所属为东、中、西三部，各置大人领之。其死后，鲜卑部首领始行世袭制。 [6] 轲比能（？—235）：东汉末三国时鲜卑族首领。本小种鲜卑，魏文帝时，势力强盛，控弦 20 万骑。青龙元年（233），兼并鲜卑各集团，统一漠北，势力强盛，不时寇扰魏边。三年（235），被幽州刺史、领护乌丸校尉王雄派人刺杀。 [7] 蠕蠕：古族名。源于东胡，即“柔然”。四世纪中，在今鄂尔浑河和土拉河流域游牧，附属鲜卑拓跋部。后进居阴山一带，五世纪初迁居漠北。西魏废帝元年（552）并入突厥。 [8] 后魏太武（408—452）：即北魏太武帝拓跋焘，又称佛厘、佛狸。在位期间，任用以崔浩为代表的汉族士族地主，依靠鲜卑骑兵，四处征伐。先后攻灭夏、北燕、北凉等政权，取宋虎牢、滑台等河南地，统一了中国北方。又推行抑佛政策，对佛教打击甚大。正平二年（452）三月，为宦官宗爱所杀。 [9] 社崘：蠕蠕可汗。生卒年不详。 [10] 熙平：北魏孝明帝元诩年号，即公元 516—518 年。 [11] 大统：西魏文帝元宝炬年号，即公元 535—551 年。 [12] 土门（？—552）：突厥可汗。突厥汗国的建立者，阿史那氏。攻灭柔然，与西魏联姻，势力强盛，遂自号伊利可汗，建立突厥汗国。 [13] 大逻便（？—587）：突厥可汗。隋初，沙钵略可汗命其为阿波可汗，统领西北诸部落。后与沙钵略可汗分道侵隋，被隋军击败，议和退兵。沙钵略可汗闻其有二心，回兵突袭其牙帐，使其投奔西面可汗玷厥，乞师十余万，东击沙钵略。沙钵略频频失败，被迫归降于隋朝。开皇七年（587），沙钵略可汗死，其弟处罗侯立，是为叶护可汗。叶护可汗西征，擒大逻便。沙钵略（？—587）：东突厥汗国可汗。又作沙钵罗。设牙帐在于都斤山（今蒙古国杭爱山东），从突厥风俗，续娶北周千金公主为妻。隋朝建立后，在妻千金公主唆使下侵隋。隋开皇二年（582）发阿波等部兵南侵，遭隋军抗击，阿波败走凉州（治今甘肃武威）。其借口阿波出战不力，出兵袭击阿波，阿波投奔西面达头可汗，达头帮助阿波收集旧部，导致东、西突厥分立。突厥分裂后，其屡遭阿波攻击，被迫向隋请和，开皇五年（585）内附。 [14] 染干（？—608）：东突厥可汗。依附于隋，隋封染干为意利珍豆启民可汗（简称启民可汗）。大业四年（608）病卒。 [15] 始毕可汗（？—619）：东突厥可汗。启民可汗之子。隋大业五年（609）即位，屡扰隋边境，曾围困隋炀帝于雁门。隋末，大量汉人避居其地，国势大盛。十三年（617），助李渊占领长安。 [16] 张宝相：唐朝将军。生卒年不详。贞观三年（629），李靖大破突厥，颉利率轻骑远遁，被时任大同道行军副总管张宝相生擒，献于京师。 [17] 温彦博（574—637）：唐朝大臣。字大临，太原祁（今属山西）人。历任中书舍人、中书侍郎、中书令等职，封虞国公。东突厥灭亡后，他力劝太宗将其部落安置于河南地。 [18] 阿史那元珍：东突厥首领。曾经把分散在各地的部落团结起来，于开耀二年（682）在黑沙城发动叛变，被唐军击败。 [19] 北突厥：即东突厥。 [20] 嗣圣：唐中宗李显年号，即公元 684 年。 [21] 默啜（？—716）：东突厥可汗。颉跌利施可汗之弟。唐永淳元年（682）随兄叛唐。其兄自立为可汗后，以其为设，掌兵马。天授二年（691），兄死，继位为可汗，多次南侵唐朝，屡败唐军。其北征黠戛斯，西征葛逻禄，攻灭突骑施汗国。开元二年（714），与吐蕃相约，共攻北庭，大败，国势开始衰落。四年（716）被杀。 [22] 万岁通天：武则天年号，即公元 696—697 年。 [23] 李尽忠（约635—696）：契丹首领。本姓大贺氏。唐授左武卫将军，袭封松漠都督。万岁通天元年（696）五月，因不堪营州都督赵文翙欺辱，联合妻兄契丹孙万荣起兵反抗武周，自称无上可汗，侵入河北地区，大败唐军。后病死。孙万荣（约 640—697）：契丹首领。李尽忠妻兄。李尽忠因病去世，契丹部众在孙万荣的率领下继续反唐，并击败王孝杰所率大军。由于突厥默啜乘虚袭击契丹老巢，奚人背叛，孙万荣在逃跑途中被其部下杀死。 [24] 麻仁节：唐朝将军。生卒年不详。万岁通天元年（696）与诸将讨伐契丹，在黄麞谷遇伏被擒。 [25] 黄麞谷：地名。今河北迁安东北西硖石谷。 [26] 陆宝积（？—696）：唐朝官员。河南洛阳人。武则天天授三年（692），为来庭县令，后任屯田郎中。万岁通天元年（696），为冀州刺史，被契丹攻杀。 [27] 东峡石：地名。位于今河北迁安东北。 [28] 娄师德（630—699）：唐朝宰相。字宗仁，郑州原武（今河南原阳县）人。历任殿中侍御史、河源军司马、左金吾将军、御史大夫、同平章事、纳言等官。为人宽厚，出将入相，屡立功勋。

［点评］

北狄这一称呼早在周代就已有之，指中原北部即今山西、河北的非华夏部落。中原政权强大起来后，迫使这些部落不断北迁，至春秋初，主要分布在秦、晋、郑、卫、邢等国以北，即今陕北及山西、河北两省的中部与北部。至战国秦汉时期，已经基本迁徙到了塞外。在不同的历史时期北狄所指出有不同，商代主要指鬼方，周代则称为狄，战国秦汉时期主要指匈奴。至于东胡与北狄，两者既有联系又有区别，区别在于北狄起源于阴山以北，东胡则起源于大兴安岭地区。战国秦汉时期对中原威胁最大的是匈奴，匈奴衰落以后，对中原威胁最大的则是乌桓、鲜卑、柔然等部，其中鲜卑影响最大，与中原关系最为复杂。其中慕容、拓跋、宇文等部都先后在中原地区建立过政权，主要是在十六国至南北朝时期。在隋唐时期来自北方的主要威胁为突厥。公元6世纪时，其游牧于金山（阿尔泰山）一带。西魏文帝大统十二年（546），其首领土门击败铁勒，收其众5万余落。废帝元年（552）破柔然，建立了一个强大的政权。隋开皇二年（582）分裂为东突厥和西突厥。其中对中原威胁最大的是东突厥汗国。唐太宗灭亡东突厥后，至永淳元年（682），东突厥人再次起兵反唐，在武则天以及开元初期这一段时间内，对唐朝形成了较大的威胁，历史上把这个政权称之为后突厥汗国，以便与东突厥相区别。至于契丹属于东胡族系，源出鲜卑宇文氏。其一直臣服于唐朝，首领世袭松漠都督。只是在武则天统治时期关系处理不当，导致其起兵，虽一度造成了较大的麻烦，但很快就平定了。契丹对中原王朝的威胁主要在后世，即五代、北宋时期。

卷二百　边防典十六

契丹

契丹之先与库莫奚异种而同类[1]，并为慕容氏所破，俱窜于松漠之间。其俗颇与靺鞨同。父母死而悲哭者为不壮，但以其尸置于山树之上。经三年之后，乃收其骨而焚之，因酹酒而祝曰："冬月时，向阳食；夏月时，向阴食。若我射猎时，使我多得猪鹿。"其无礼顽嚚[2]，于诸夷最甚。

后魏初，大破之，遂逃迸，与库莫奚分背。经数十年，稍滋蔓，有部落于和龙之北数百里[3]，和龙今柳城郡。多为寇盗。魏太武帝真君以来[4]，岁贡名马，于是东北群狄悉万丹部、阿大何部、伏弗郁部、羽陵部、日连部、匹黎部、比六于部各以其名马文皮入献[5]，皆得交市于和龙、密云之间[6]。密云今郡。其后为突厥所逼，又以万家寄于高丽。

这些部落皆属于契丹八部，但杜佑没有列举齐全，少了一部，即黎部。其中匹黎部，据《北史》《太平寰宇记》《辽史》等书记载，应为“匹絜部”。

隋开皇末，有别部四千余家，背突厥来降。文帝方与突厥和好，重失远人之情，悉令给粮还本部，敕突厥抚纳之。固辞不去。部落渐众，遂北逐水草，当辽西正北二百里，依托纥臣水而居[7]，东西亘五百里，南北三百里，亦鲜卑故地。分为十部，多者三千，少者千余，随水草畜牧。

大唐贞观二十二年十一月，契丹帅窟哥率其部内属[8]，以契丹部为松漠都督府[9]，拜窟哥为持节十州诸军事、松漠都督于营州，兼置东夷都护，以统松漠、饶乐之地[10]，罢护东夷校尉官。武太后万岁通天元年五月，窟哥曾孙松漠都督羁縻松漠都护府属，今柳城郡。李尽忠与其妻兄归诚州刺史孙万荣[11]，杀都督赵文翙[12]，举兵反，陷营州[13]，今柳城。自号可汗。命左鹰扬将军曹仁师、

这句话文义不通，从字面看应是置松漠都督于营州，即今辽宁朝阳市，然此时的松漠都督府位于今内蒙古，参见注释[9]，营州为营州都督府所在地。前者为羁縻府，后者为正州府，性质也不同。

右金吾将军张玄遇、右武威大将军李多祚、司农少卿麻仁节等二十八将讨之[14]。遇贼于西硖石、黄麞谷，官军败绩，玄遇、仁节没于贼。李尽忠死，孙万荣代领其众，攻陷冀州[15]，今信都郡。刺史陆宝积死之。又陷瀛州属县。今河间郡[16]。又遣夏官尚书、同凤阁鸾台三品王孝杰与苏宏晖率兵十八万[17]，与孙万荣战于东硖石，官军又大败，孝杰没于阵，宏晖弃甲而遁。又命河内王武懿宗为大总管[18]，右肃政御史大夫娄师德为副，沙吒忠义为前军[19]，率兵二十万以讨之。万荣为其家奴所杀，其党遂溃。开元五年十一月，封宗室女为永乐公主，出降契丹松漠王李失活[20]。十年闰五月，敕余姚公主女慕容氏封为燕郡公主，出降松漠郡王李漠郁干[21]。

[注释]

[1] 库莫奚：古族名。鲜卑语音译，6 世纪下半叶，省去库莫，单称“奚”。源出东胡，为鲜卑宇文部之后，与契丹本是同族异部。在唐代将奚与契丹并称为两蕃。 [2] 顽嚚：愚顽奸诈。语出《尚书·尧典》。 [3] 和龙：古城名。本名龙城。故址在今辽宁朝阳市。 [4] 真君：即太平真君，北魏太武帝拓跋焘年号，即公元 440—451 年。 [5] 文皮：指虎豹之皮。 [6] 密云：郡名。北魏

皇始二年（397）置，治白檀县（在今北京密云区东北）。 [7] 托纥臣水：河名。古称乌侯秦水、土护真水、吐护真河、土河、涂河等。为西辽河南源。在今内蒙古东南部。 [8] 窟哥：契丹首领。其于唐初任契丹部落联盟首领后，遂举部内属，唐于契丹游牧地设置松漠都督府和十个州，以窟哥为使持节十州诸军事、松漠都督，封无极男，赐姓李。 [9] 松漠都督府：羁縻府名。治今内蒙古林西县南黄土坑村，一说今阿鲁科尔沁旗西北乌兰苏木村。 [10] 饶乐：即饶乐都督府，唐贞观二十二年（648）于奚族聚居地置，治今内蒙古宁城县西。 [11] 归诚州：唐羁縻州名。武则天垂拱（685—688）初年置，为唐建契丹十州之一。今地不详。 [12] 赵文翙（huì，664—696）：唐朝官员。东夷都护府大都护、营州都督，管理奚和契丹。其为人刚愎自用，政理乖方，引起契丹的极大不满。万岁通天元年（696）五月，契丹松漠都督李尽忠与孙万荣起兵反叛，攻陷了营州，杀死了赵文翙。 [13] 营州：州名。治龙城县，即今辽宁朝阳市。 [14] 曹仁师：唐朝将军。任左鹰扬将军。万岁通天元年（696），契丹叛乱，武则天派遣曹仁师、右金吾卫将军张玄遇、右威卫大将军李多祚、司农少卿麻仁节等二十八将讨伐契丹。官军与契丹战于黄麞谷，几乎全军覆没，曹仁师、张玄遇、麻仁节等死。李多祚（654—707）：唐朝将军。盖川（今辽宁盖州）人，靺鞨族。世为靺鞨酋长，后率部归顺唐朝。骁勇善战，参与平定后突厥、黑水靺鞨、室韦及契丹的反叛，屡立军功，迁右羽林军大将军、上柱国、辽阳郡王，掌握禁兵，宿卫北门二十余年。神龙元年（705），参与政变，拥立中宗复位。神龙三年（707）七月，李多祚协助太子李重俊铲除武三思父子及其党羽，后因士兵临阵倒戈，李多祚兵败被杀。 [15] 冀州：州名。治今河北冀州。 [16] 河间郡：郡名。治今河北献县东南。 [17] 苏宏晖：唐朝将军。武周时任左羽林将军，东硖石谷之战中，由于苏宏晖惧敌逃遁，导致王孝杰战死，唐军大败。武则天闻讯大怒，派使者赴阵前斩杀苏宏晖，使者未到，苏宏晖又因为立了军功而得以赦免。 [18] 武懿宗（641—706）：唐朝外戚。字承美，并州文水（今山西文水）人。武则天堂侄。门荫入仕，历任都水监丞、司农卿、殿中监、右金吾卫大将军、洛州长史等，封河内郡王。性格阴险凶残，曾数次统兵作战，遇敌则逃，却又残杀百姓冒功。唐室恢复后，降为耿国公，后累转为怀州刺史，死于任所。 [19] 沙吒忠义（？—707）：唐朝将军。百济人。历任右武威卫将军、右金吾卫将军等职，封郕国公。曾参与平定契丹的战争。神龙三年（707）跟随太子李重俊讨伐武氏与韦氏失败，被倒戈的部下所杀。 [20] 李失活（？—718）：契丹首领。李尽忠的堂弟。开元二年（714），李失活因突厥默啜衰落，率部落归附唐朝。玄宗复置松漠府，以李失活为都督，封松漠郡王，授左金吾卫大将军。并将宗室女封为公主，嫁与其为妻。开元六年（718）卒。 [21] 李漠郁干（？—724）：契丹首领。开元八年（720），契丹牙将可突干杀其主李娑固及奚王李大酺，拥立郁干为主。唐授其松漠都督之职，封松漠郡王，十年（722），以燕郡公主嫁之。

回纥

回纥在薛延陁北境[1]，居延婆陵水[2]，去长安万六千九百里，胜兵五万人。先属突厥，初有时健俟斤[3]，死，子菩萨立[4]。大唐贞观初，与薛延陁俱叛突厥颉利可汗，侵其北边。颉利遣骑讨之，战于天山，大破之，俘其部众。回纥由是率其众附于薛延陁，号为活颉利发，仍遣使朝贡。其地沙卤，有大羊，而足长五寸。及薛延陁之败，其大酋胡禄俟利发吐迷度率其部诣阙[5]，请同编户。自突厥衰灭，其国渐盛，国主亦号可汗。开元十五年，使大臣梅禄啜来朝[6]，献名马焉。按诸家叙突厥事，以“梅禄”为突厥官号，尚谓突厥见存，乃未之详耳。

这一段文字记述了回纥的前期历史，但对其族源却只字未及。其起源可以追溯至纪元前的赤狄、丁零。秦汉以后原分布在今贝加尔湖一带的一部分丁零人南迁，又称高车，属于铁勒之一支。隋朝时，回纥被称为韦纥。唐灭薛延陀时，其亦出兵，并占据其地与部众。其首领吐迷度遂自称可汗，并臣属于唐。后又灭亡了后突厥，占领其故地。唐封回纥首领为怀仁可汗。遂成为草原上一支强大的力量。

[注释]

[1] 薛延陁：北方古族名。即薛延陀。铁勒诸部之一，由薛、延陀两部合并而成，以游牧为业。最初依附于西突厥，西突厥内乱，遂又依附东突厥。东突厥被唐所灭，薛延陀势力渐盛，回纥、拔野古、阿跌、同罗、仆骨、霫等少数民族纷纷归附，其境东至靺鞨，西至西突厥，南接沙碛，北至俱伦水，有精兵 20 万。逐渐不逊，与唐发生矛盾。贞观二十年（646），太宗派李勣率大军征伐，灭其国。 [2] 婆陵水：河名。又名娑陵水，即今蒙古国北部的色楞格河。 [3] 时健俟斤：回纥早期首领。又称特健俟斤。 [4] 菩萨：回纥首领。时健俟斤之子，生卒年不详。 [5] 胡禄俟利发吐迷度（？—648）：回纥首领。菩萨之子。贞观二十二年（648），为其侄乌纥所杀。胡禄俟利发，为回纥官名。 [6] 梅禄啜：回纥官名。“梅禄”为形容词，“啜”，突厥语音译，乃一部之长。

[点评]

契丹与回纥均为隋唐时期北方的两个重要民族。契丹属于东胡族系，源出鲜卑宇文氏。东晋康帝建元二年（344），前燕主慕容皝向同属鲜卑的宇文逸豆归发动进攻，大败之，从中分离出的一部游牧于潢水（今西拉木伦河）及土河（今老哈河）流域，自号“契丹”。由于其实力有限，故一直向中原王朝称臣。隋唐前期突厥势大，故其既向突厥称臣，同时向中原王朝称臣，以发展贸易，因而得以生存。在唐代除了武则天时期双方发生过战争外，基本与中原王朝相安无事。唐末大乱，其首领耶律阿保机统一了契丹各部，并于公元916年称皇帝，年号神册，国号契丹。公元947年，耶律德光改契丹国号为辽，年号大同，自称太宗。可知其之所以得以发展壮大，主要是乘中原战乱、无力控制的机会。从此中原的北方出现了一个强大的少数民族政权，极大地影响了此后历史发展的进程。

回纥在安史之乱时，曾出兵帮助唐朝平叛，因此双方关系密切，并开展了绢马贸易。回纥因此掌握了大量的丝绸，在一个时期内控制着丝绸之路的丝绸贸易，从而极大地增强了其经济实力。唐朝为感谢其出兵相助，不仅在经济上向其输送利益，而且在政治上建立了密切的关系，前后有七位公主嫁与回纥，其中不乏真公主。贞元四年（788），其向唐朝请求改称回鹘，取义为“回旋轻捷如鹘”。开成五年（840），为黠戛斯所破。部众分三支西迁：一支迁至今吐鲁番盆地，称高昌回鹘或西州回鹘；一支迁至葱岭西楚河一带，为葱岭西回鹘；一支迁至河西走廊，称河西回鹘。回纥原来主要从事畜牧业，南迁以后多从事农业生产，并发展成为今天的维吾尔族和裕固族。

主要参考文献

（汉）司马迁：《史记》，北京：中华书局，1959 年。

（汉）班固：《汉书》，北京：中华书局，1962 年。

（晋）杜预注、（唐）孔颖达疏：《春秋左传正义》，（清）阮元校刻：《十三经注疏》，北京：中华书局，2009 年。

（晋）陈寿：《三国志》，北京：中华书局，1982 年。

（南朝宋）范晔：《后汉书》，北京：中华书局，1965 年。

（南朝梁）沈约：《宋书》，北京：中华书局，1974 年。

（北齐）魏收：《魏书》，北京：中华书局，1974 年。

（唐）房玄龄等：《晋书》，北京：中华书局，1974 年。

（唐）魏徵等：《隋书》，北京：中华书局，1973 年。

（唐）李百药：《北齐书》，北京：中华书局，1972 年。

（唐）令狐德棻等：《周书》，北京：中华书局，1971 年。

（唐）萧嵩等：《大唐开元礼》，据洪氏公善堂刻本影印，北京：民族出版社，2000 年。

（唐）杜佑:《通典》，北京：中华书局，1988 年。

（唐）权德舆:《权德舆诗文集》，上海：上海古籍出版社，2008 年。

（唐）陆贽:《陆贽集》，北京：中华书局，2006 年。

（唐）杜牧:《樊川文集校注》，成都：巴蜀书社，2007 年。

（后晋）刘昫:《旧唐书》，北京：中华书局，1975 年。

（宋）王溥:《唐会要》，上海：上海古籍出版社，2006 年。

（宋）欧阳修、宋祁:《新唐书》，北京：中华书局，1975 年。

（宋）胡寅:《读史管见》，长沙：岳麓书社，2011 年。

（宋）黎靖德编:《朱子语类》，北京：中华书局，1986 年。

（宋）王应麟:《玉海》，南京：江苏古籍出版社、上海书店，1988 年。

（宋）马端临:《文献通考》，北京：中华书局，2011 年。

（清）永瑢等:《四库全书总目》，北京：中华书局，1965 年。

（清）王鸣盛:《十七史商榷》，上海：上海古籍出版社，2013 年。

（清）王先谦:《荀子集解》，北京：中华书局，1988 年。

（清）阎若璩:《尚书古文疏证》，上海：上海书店出版社，2012 年。

（清）章学诚撰、叶长青注:《文史通义注》，上海：华东师范大学出版社，2012 年。

（清）周中孚:《郑堂读书记》，上海：上海书店出版社，2009 年。

（清）吴乘权等辑:《纲鉴易知录》，北京：中华书局，1960 年。

（清）黄以周等辑注:《续资治通鉴长编拾补》，北京：中华书局，2004 年。

吴廷燮:《唐方镇年表》，北京：中华书局，1980 年。

陈尚君:《全唐文补编》，北京：中华书局，2005 年。

范文澜:《中国通史》第 4 册，北京：人民出版社，1978 年。

黎翔凤撰、梁运华整理:《管子校注 · 刘向叙录》，北京：中华书局，

2004年。

曾贻芬校笺:《通典食货典校笺》,成都:巴蜀书社,2013年。

胡寄窗:《中国经济思想史》中册,上海:上海人民出版社,1963年。

吴泽主编:《中国史学史论集》第2集,上海:上海人民出版社,1980年。

刘节:《中国史学史稿》,郑州:中州书画社,1982年。

柴德赓:《史籍举要》,北京:北京出版社,1982年。

梁启超:《中国历史研究法》,北京:东方出版社,1996年。

瞿林东:《杜佑评传》,南宁:广西教育出版社,1996年。

钱穆:《中国史学名著》,台北:联经出版事业公司,1998年。

冯克诚、田晓娜:《四库全书精编·史部》,西宁:青海人民出版社,1998年。

白寿彝:《中国史学史论集》,北京:中华书局,1999年。

金毓黻:《中国史学史》,北京:商务印书馆,1999年。

黄永年:《唐史史料学》,上海:上海书店出版社,2002年。

郭锋:《杜佑评传》,南京:南京大学出版社,2004年。

白寿彝:《中国史学史》,上海:上海人民出版社,2006年。

吴怀祺:《郑樵研究》,厦门:厦门大学出版社,2010年。

邓国光:《经学义理》,上海:上海古籍出版社,2011年。

梁启超:《饮冰室文集》,北京:中华书局,2015年。

瞿林东:《唐代史学论稿》(增订本),北京:高等教育出版社,2015年。

朱维铮:《中国史学史讲义稿》,上海:复旦大学出版社,2015年。

顾涛:《汉唐礼制因革谱》,上海:上海书店出版社,2018年。

张荣芳:《通典:典章制度的总汇》,北京:九州出版社,2018年。

牛润珍、吴海兰、何晓涛:《中国史学思想会通》(隋唐史学思想卷),

福州：福建人民出版社，2018 年。

金宝祥：《北朝隋唐均田制研究》，《西北师大学报》（社会科学版），1978 年第 3 期。

李之勤：《论杜佑〈通典〉与刘秩〈政典〉》，《西北大学学报》1978 年第 3 期。

［日］玉井是博著，曾贻芬译：《〈通典〉的撰述和流传》，《史学史资料》1980 年第 6 期。

陈光崇：《刘秩事辑考》，《史学史研究》1983 年第 2 期。

瞿林东：《论〈通典〉的方法和旨趣》，《历史研究》1984 年第 5 期。

刘海峰：《两〈唐书 · 地理志〉户口资料系年——兼考〈通典 · 州郡典〉户口之年代》，《厦门大学学报》1987 年第 3 期。

丁克家：《〈经行记〉考论》，《回族研究》1991 年第 1 期。

秦序：《刘贶与〈太乐令壁记〉》，《黄钟》1993 年第 1—2 期。

姚华：《〈通典〉产生的社会历史条件》，《历史教学问题》1993 年第 4 期。

剑光、国慰：《杜佑思想局限性述论》，《思想战线》1994 年第 4 期。

郑祖襄：《〈通典 · 乐典〉述评》，《音乐艺术》1996 年第 3 期。

宋岘：《唐代中国文化与巴格达城的兴建——唐杜环〈经行记〉新证之一》，《海交史研究》1998 年第 1 期。

杨际平：《〈唐令 · 田令〉的完整复原与今后均田制的研究》，《中国史研究》2002 年第 2 期。

李珍：《〈通典〉的民族史观》，《中国民族报》2002 年 12 月 31 日，第 3 版。

郭绍林：《论杜佑的〈通典 · 兵典〉》，《华北水利水电学院学报》（社科版）2003 年第 3 期。

张宗奇：《从杜环〈经行记〉到吴鉴〈清净寺记〉：8—14 世纪教外

中国人对伊斯兰文化的理解》，宁夏大学回族研究所编，《中国回族研究论集》，民族出版社，2005年。

李锦绣：《〈通典·边防典〉“吐火罗”条史料来源与〈西域图记〉》，《西域研究》2005年第4期。

韩昇：《杜佑及其名著〈通典〉新论》，上海社会科学院《传统中国研究集刊》编辑委员会编：《传统中国研究集刊》（第二辑），上海人民出版社，2006年。

吴毅：《杜环〈经行记〉及其重要价值》，《西北大学学报》（自然科学版）2008年第6期。

周怀宇、赵伟：《浅论唐代杜佑〈通典〉》对〈管子〉的继承》，《安徽省管子研究会2010年年会暨全国第五届管子学术研讨会交流论文集》，安徽省管子研究会，2010年。

［日］金子修一：《围绕〈大唐元陵仪注〉的诸多问题》，《中国史研究动态》2011年第4期。

李妮：《略论〈通典·乐典〉与治学价值》，《音乐时空》2012年第2期。

张轲风：《〈通典〉与〈政典〉渊源考辩》，《云南大学学报》2017年第6期。

亓娟莉：《刘贶〈太乐令壁记〉新证与辑补》，《音乐研究》2018年第3期。

白悦波：《政术与学术：关于〈通典〉的创作初衷及其相关问题的考察》，杜文玉主编：《唐史论丛》第31辑，西安：三秦出版社，2020年。

马锋、廖紫蕙：《〈经行记〉拂菻国篇研究成果中未有定论的问题》，《外国问题研究》2020年第1期。

《中华传统文化百部经典》已出版图书

书　　名	解读人	出版时间
周易	余敦康	2017 年 9 月
尚书	钱宗武	2017 年 9 月
诗经（节选）	李　山	2017 年 9 月
论语	钱　逊	2017 年 9 月
孟子	梁　涛	2017 年 9 月
老子	王中江	2017 年 9 月
庄子	陈鼓应	2017 年 9 月
管子（节选）	孙中原	2017 年 9 月
孙子兵法	黄朴民	2017 年 9 月
史记（节选）	张大可	2017 年 9 月
传习录	吴　震	2018 年 11 月
墨子（节选）	姜宝昌	2018 年 12 月
韩非子（节选）	张　觉	2018 年 12 月
左传（节选）	郭　丹	2018 年 12 月
吕氏春秋（节选）	张双棣	2018 年 12 月
荀子（节选）	廖名春	2019 年 6 月
楚辞	赵逵夫	2019 年 6 月
论衡（节选）	邵毅平	2019 年 6 月
史通（节选）	王嘉川	2019 年 6 月
贞观政要	谢保成	2019 年 6 月
战国策（节选）	何　晋	2019 年 12 月
黄帝内经（节选）	柳长华	2019 年 12 月
春秋繁露（节选）	周桂钿	2019 年 12 月
九章算术	郭书春	2019 年 12 月
齐民要术（节选）	惠富平	2019 年 12 月
杜甫集（节选）	张忠纲	2019 年 12 月
韩愈集（节选）	孙昌武	2019 年 12 月
王安石集（节选）	刘成国	2019 年 12 月
西厢记	张燕瑾	2019 年 12 月

书　　名	解读人	出版时间
聊斋志异（节选）	马瑞芳	2019 年 12 月
礼记（节选）	郭齐勇	2020 年 12 月
国语（节选）	沈长云	2020 年 12 月
抱朴子（节选）	张松辉	2020 年 12 月
陶渊明集	袁行霈	2020 年 12 月
坛经	洪修平	2020 年 12 月
李白集（节选）	郁贤皓	2020 年 12 月
柳宗元集（节选）	尹占华	2020 年 12 月
辛弃疾集（节选）	王兆鹏	2020 年 12 月
本草纲目（节选）	张瑞贤	2020 年 12 月
曲律	叶长海	2020 年 12 月
孝经	汪受宽	2021 年 6 月
淮南子（节选）	陈　静	2021 年 6 月
太平经（节选）	罗　炽	2021 年 6 月
曹操集	刘运好	2021 年 6 月
世说新语（节选）	王能宪	2021 年 6 月
欧阳修集（节选）	洪本健	2021 年 6 月
梦溪笔谈（节选）	张富祥	2021 年 6 月
牡丹亭	周育德	2021 年 6 月
日知录（节选）	黄　珅	2021 年 6 月
儒林外史（节选）	李汉秋	2021 年 6 月
商君书	蒋重跃	2022 年 6 月
新书	方向东	2022 年 6 月
伤寒论	刘力红	2022 年 6 月
水经注（节选）	李晓杰	2022 年 6 月
王维集（节选）	陈铁民	2022 年 6 月
元好问集（节选）	狄宝心	2022 年 6 月
赵氏孤儿	董上德	2022 年 6 月
王祯农书（节选）	孙显斌	2022 年 6 月
三国演义（节选）	关四平	2022 年 6 月
文史通义（节选）	陈其泰	2022 年 6 月

书　　名	解读人	出版时间
汉书（节选）	许殿才	2022 年 12 月
周易略例	王锦民	2022 年 12 月
后汉书（节选）	王承略	2022 年 12 月
通典（节选）	杜文玉	2022 年 12 月
资治通鉴（节选）	张国刚	2022 年 12 月
张载集（节选）	林乐昌	2022 年 12 月
苏轼集（节选）	周裕锴	2022 年 12 月
陆游集（节选）	欧明俊	2022 年 12 月
徐霞客游记（节选）	赵伯陶	2022 年 12 月
桃花扇	谢雍君	2022 年 12 月